ΣBEST シグマベスト



# 高校入試5科の要点整理

文英堂

# 受験生必携！ 最強のまとめ本！

本書は，５教科の入試問題を徹底的に分析し，よく出る内容を掲載した参考書です。各教科20～30の単元に分け，それぞれの単元が見開きで構成されています。要点が見やすく，覚えやすいように整理されているので，入試や模擬テスト直前の最終チェックに最適の1冊です。

## 入試 直前チェック

入試直前で「ここだけは確認してほしい」という内容を掲載しています。
コーナー内にある旗(　)と同じものを，本文内の関連する箇所につけていますので，理解が不十分な場合には，そこを重点的にチェックしましょう。

**重要**

絶対に覚えておきたい用語・内容です。
入試直前には，ここだけでも見直しましょう。

**必出**

入試でよく出される，定番の内容です。
必ずおさえておきましょう。

受験生が，特に間違えやすい内容です。
注意しましょう。

# 社会

# 01 世界と日本のすがた

## 地球の姿

- □ **陸地と海洋**　陸地：海洋＝３：７。**三大洋**など，海洋が多い。陸地は南極大陸を含む**六大陸**から成る。

▶三大洋は大きい順に，**太平洋・大西洋・インド洋**である。

- □ **州と国** 重要　① **ヨーロッパ・アジア・アフリカ・北アメリカ・南アメリカ・オセアニア**州に分かれる。アジアは，さらに東・東南・南・西・中央アジアに分類することがある。現在，世界には**190**あまりの国がある。
  ② **国の成立**…**領土・国民・主権**の３つの条件が必要。
  ③ **国のかたち**…**島国**（**海洋国**）や**内陸国**などがある。国境には，自然（山や川など）を利用するほか，緯線《いせん》や経線《けいせん》を利用した人工的なものもある。
  ④ **国名の由来《ゆらい》**…赤道が通る国**エクアドル**（赤道の意）など。

⚠ 緯線・経線を利用した国境線は**直線**になる。

## 地球儀と世界地図

- □ **世界地図**　① **正距方位《せいきょほうい》図法**…図の中心からの方位と距《きょ》離《り》が正しい地図。航空図に利用される。
  ② **メルカトル図法**…**角度**が正しい。航海図に利用される。
  ③ **モルワイデ図法**…**面積**が正しい。赤道から離《はな》れるほど形がゆがむ。世界全図や分布図などに利用される。

▶平面の地図は，球形の地球を描くため，すべてを正しく描くことはできない。

- □ **地球儀《ぎ》**　地球を縮小したため，距離・面積・方位が正しい。一度に全体を見ることができず，持ち運びには不便。
- □ **緯度《いど》と経度《けいど》**　地球上の位置を示す番地のようなもの。
  ① **緯度**…**赤道**が緯度０度。**北緯《ほくい》**と**南緯**に90度ずつ。同じ緯度を結んだ赤道に平行な線が**緯線**。

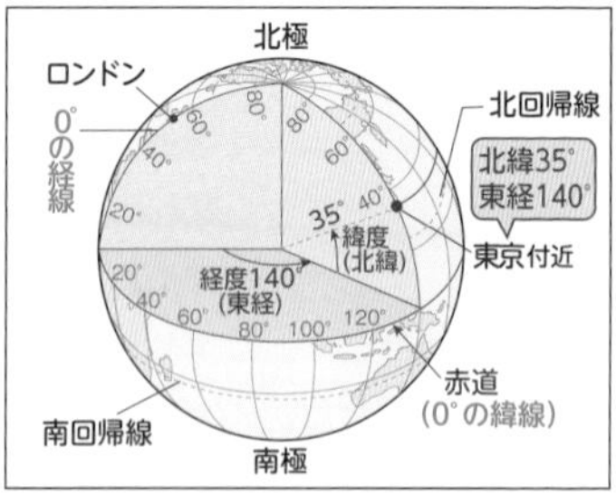


↑緯度と経度

  ② **経度**…ロンドンを通る**本初子午線《ほんしょしごせん》**が０度。**東経**と**西経**に180度ずつ。北極と南極を結ぶ**子午線**を**経線**という。180度の経線にほぼ沿って**日付変更線《ひづけへんこうせん》**。

入試 直前チェック

- それぞれの地図の特色をまとめておく。
- 日本の領域をおさえておく。

## 時差

□ **日本の位置**　およそ北緯 20 度から 50 度の間。およそ東経 120 度から 155 度の間。

□ **日本の標準時子午線**　東経 135 度。兵庫県明石《あかし》市を通る。

▶東経 135 度，東経 140 度，北緯 40 度の緯経線の通る所に注目。

□ **時差**　経度 15 度で 1 時間の時差が生じる。

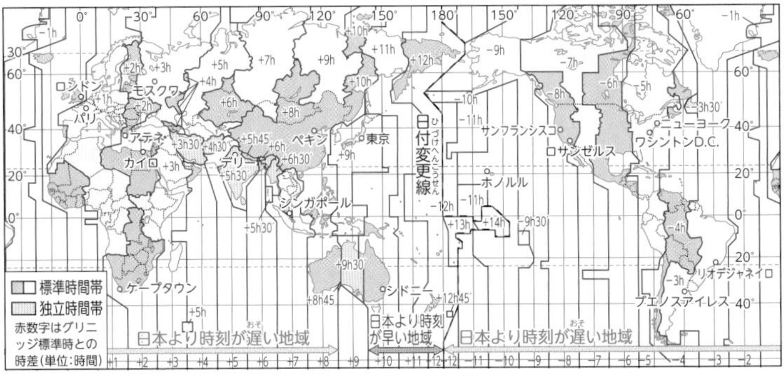


↑世界の等時帯

## 日本の領域

□ **日本列島**　4 つの大きな島とその周辺の島。総面積は約 38 万 $km^2$。ロシア，韓国と領土問題。

（←竹島）（←北方領土）

- 北端…**択捉《えとろふ》島**　南端…**沖ノ鳥《おきのとり》島**
- 東端…**南鳥《みなみとり》島**　西端…**与那国《よなぐに》島**

□ **領域**　領土，領海，領空から成る。領海は日本の場合は海岸線から 12 海里《かいり》。

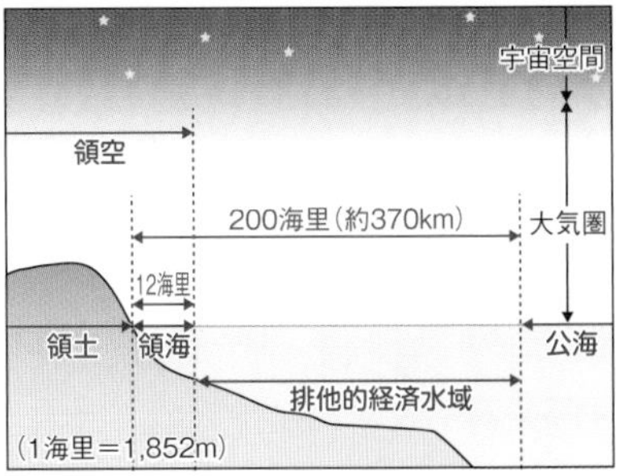


↑領土，領海，領空の範囲

□ **排他的経済水域** 重要　沿岸から領海をのぞく 200 海里以内。沿岸国が水産資源や鉱産《こうさん》資源を利用する権利がある水域。

▶日本は**島国(海洋国)**のため，領海と排他的経済水域を合わせた水域が広い。

□ **都道府県**　1 都 1 道 2 府 43 県。いくつかの都道府県をまとめて，7 地方区分とすることもある。

（←北海道，東北，関東，中部，近畿，中国・四国，九州）

地理

# 02 世界の人々の生活と環境

## 世界の気候

□ 熱帯　多雨で，年中高温。赤道付近に分布。**スコール**という一時的な強い風を伴《ともな》う大粒の雨が降る。高床の家。

① **熱帯雨林気候**…赤道直下に分布。１年中，多雨。密林。

② **サバナ気候**…熱帯雨林気候の周辺。雨季《うき》と乾季《かんき》。草原。

▶高温のため，**風通しのよい**衣服を着る。

□ 乾燥帯《かんそうたい》　雨がひじょうに少ない。伝統的な家では，日干しれんがでつくった住居が見られる。

① **砂漠《さばく》気候**…ほとんど降雨なし(砂漠)。**オアシス**に水。

② **ステップ気候**…少雨。ステップ(丈《たけ》の短い草原)。らくだや羊を飼う遊牧の牧畜が行われる。

▶日差しから肌を守るため，**長袖《ながそで》**の衣類を身につける。

↑オアシス

□ 温帯　適度な気温と降水量。四季の変化がはっきりしている。

① **温暖湿潤《しつじゅん》気候**…季節風→夏は高温多雨，冬は寒冷少雨。日本など。

② **西岸海洋性気候**…大陸の西部。夏は涼しく，冬は温暖。ヨーロッパ大西洋側。

③ **地中海性気候** 重要 …夏は高温で乾燥→果樹(オリーブやオレンジ，ぶどうなど)の栽培《さいばい》。地中海沿岸。アメリカ西岸，チリ中部，オーストラリア南西部にも分布。

必出 暖流の**北大《きたたい》西洋海流《せいようかいりゅう》**と，その上を吹く**偏西風《へんせいふう》**の影響を受けるヨーロッパの北西部は，高緯度《いど》まで温暖。

□ 冷帯(亜寒帯《あかんたい》)　気温の年較差が大。シベリアやカナダ，アラスカに分布。北部に針葉樹の大森林(タイガ)。シベリアなどには，**永久凍土《とうど》**が広がる。
←一年中こおった土

⚠ 永久凍土がとけないように，**高床の建物**が見られる。

↑高床の建物

□ 寒帯　年中寒冷。植物はごく少ない。両極付近に分布。

① **氷雪《ひょうせつ》気候**…１年中，氷と雪におおわれる。南極大陸，グリーンランド内部。

② **ツンドラ気候**…夏にだけ，こけ類などが生える湿原《しつげん》。シベリア，カナダの北部など。**カリブー**(トナカイ)が生息する。

□ 高山気候　高山に特有な気候。標高が高い地域は同じ緯度でも標高が低い地域に比べて気温が低くなる。昼と夜の１日の気温差が大きい。アンデス山脈。

▶アンデス山脈の標高が高いところでは，**アルパカ**や**リャマ**を放牧している。

入試 直前チェック

- 世界各地の気候の特色をおさえておく。
- 宗教による人々の生活の違いを確認しておく。



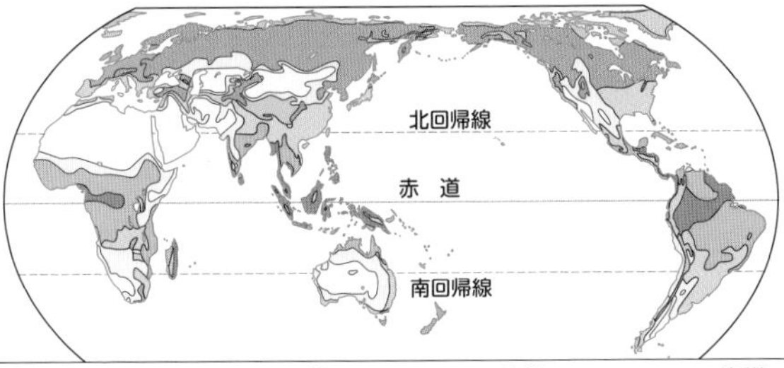


| 熱帯 | 乾燥帯 | 温帯 | 冷帯 | 寒帯 |
| --- | --- | --- | --- | --- |
| 熱帯雨林気候 | ステップ気候 | 西岸海洋性気候 | 冷帯（亜寒帯）気候 | ツンドラ気候 |
| サバナ気候 | 砂漠気候 | 温暖湿潤気候 | | 氷雪気候 |
| | | 地中海性気候 | | |

↑世界の気候帯

## 世界の人口

- □ **世界の人口**　現在約 78 億人で，2050 年には 97 億人になると予測←発展途《と》上《じょう》国の著《いちじる》しい人口増加（人口爆発）。
- □ **人口密集地域**　① **アジア州**。② アフリカ州。

▶アジア州が約 150 人／km²，アフリカ州が約 45 人／km²。

## 世界の宗教と衣食住

- □ **世界の三大宗教** 重要　**仏教**，**キリスト教**，**イスラム教**。
  - ① **仏教**…東アジアから東南アジア。修行僧《そう》。
  - ② **キリスト教**…世界で最も信者が多い。聖書，教会での礼拝。
  - ③ **イスラム教**…西アジアを中心とし，アフリカ州北部から東南アジア。聖地メッカ。経典はコーラン。
- □ **衣食住**　おもな主食は，米・小麦・いも類やとうもろこし。衣服・食物・住居は，地域の気候や宗教などによって異なる。
  ① 衣服…風通しのよい服。② 食物…**イスラム教**では，飲酒や豚肉《ぶたにく》を食べることが禁じられている。**ヒンドゥー教**では，**牛肉**を食べない。③ 住居…モンゴルの遊牧民は**ゲル**とよばれる組み立て式の住居に住む。
  ↑神聖な生き物

▶三大宗教以外にも，ヒンドゥー教は，インドで多く信仰されているため，世界の宗教人口の中でも割合が高い。

▶イスラム教は，聖地メッカに向けていのるなど，決まり事がある。

↑イスラム教徒の女性

地理

# 03 アジア州

## 東アジア

□ **朝鮮《ちょうせん》半島**　北朝鮮（社会主義）と韓国《かんこく》（資本主義）の対立。
ほぼ北緯 38 度線が境

① **朝鮮民主主義人民共和国（北朝鮮）**…鉱工業。畑作。

② **大韓民国《だいかんみんこく》（韓国）**…稲《いなさく》作。重化学工業化→**アジア NIES《ニーズ》**。

**必出 NIES**　新興《しんこう》工業経済地域の略。**韓国，シンガポール，台湾《たいわん》，ホンコン**が**アジア NIES**。

□ **中華《ちゅうか》人民共和国** 重要　社会主義国で，首都はペキン。

↑ 必出 中国の農牧業

① **人口大国**…人口を抑えるために，**「一人っ子政策」**を実施《じっし》した結果，2023 年に世界の人口第２位に。
2015 年に廃止

▶中国は９割以上が**漢族**だが，西部や南西部に 50 以上の少数民族がいる。おもな５つの民族がそれぞれ**自治区**を形成。

② **工業化**…「世界の工場」として発展をとげる。ハイテク産業が発展。大気汚《お》染《せん》などの環境《かんきょう》問題が深刻。

③ **経済格差**…沿海部に大都市が集中し，産業が発展。内陸部は発展が遅《おく》れる。

▶**経済特区《とっく》**　外国の資本や技術の導入をすすめる。

## 東南アジア

□ **インドシナ半島**　サバナ気候で**季節風（モンスーン）**の影響《えいきょう》が強い。メコン川などの大河川の流域で**稲作**がさかん→**タイ**，ベトナムは米の輸出国。
戦前から独立国

▶**華人《かじん》**　中国系の住民。東南アジアで経済力が強い。

□ **プランテーション（大農園）**　熱帯地方の商業的農業。植民地時代に成立。

① **マレーシア**…天然ゴム→アブラやし。

② **インドネシア**…天然ゴム，コーヒー，さとうきび。

③ **フィリピン**…さとうきび，バナナ。

□ **地下資源**　マレーシアの天然ガス，インドネシアの石油，天然ガス，すず。

□ **工業化**　シンガポールを筆頭に，マレーシア，タイなど **ASEAN《アセアン》 諸国**。
東南アジア諸国連合

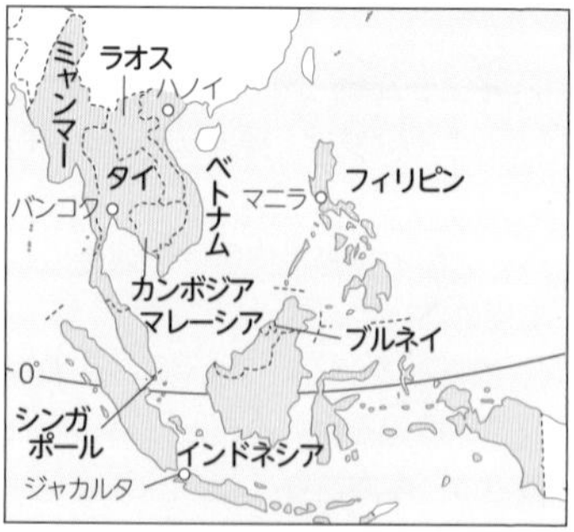


↑ASEAN 加盟国

## 入試 直前チェック

- 中国の経済発展による課題をまとめておく。
- 東南アジアの農業や地域連合をおさえておく。



## 南アジア

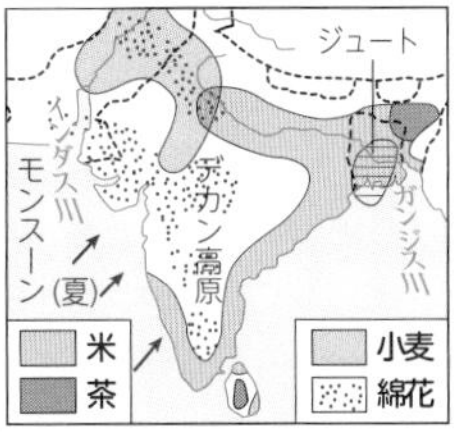


↑南アジアの農業

□ **自然**　北部に高い**ヒマラヤ山脈**。南部にデカン高原。西岸はモンスーンが強く，多雨。

□ **インド**　**ヒンドゥー教**と**カースト制度**。**米**，**茶**(アッサム地方)，**綿花**(デカン高原)。作物の品種改良，化学肥料の普及《ふきゅう》により，小麦と米の生産量が増加。鉄鉱石《てっこうせき》が豊富→鉄鋼《てっこう》業(←ジャムシェドプル)。綿工業(←コルカタ)がさかん。**情報通信技術(ICT)**産業が急速に発展。
急激な人口増加で，2023 年に世界の人口第 1 位に。約 14 億人。

▶ベンガルールは情報通信技術(ICT)産業の中心地となっている。

□ **バングラデシュ**　中国から外国企業《きぎょう》の工場移転が進む。特に，縫製《ほうせい》工場が多く，衣類の輸出が増加している。

□ **宗教**　パキスタンやバングラデシュは**イスラム教**。スリランカは**仏教**の信者が多い。

## 西アジア・中央アジア

イスラム教のモスク→

□ **気候**　多くが乾燥《かんそう》帯。

□ **宗教**　多くがイスラム教の信者。

□ **資源**　石油，石炭，天然ガス，**レアメタル**(←希少な金属)などの鉱産資源が多く産出される。

□ **世界最大の産油地帯**　**ペルシャ湾《わん》**沿岸の**サウジアラビア**，**クウェート**，**イラク**，**イラン**，**アラブ首長国連邦《しゅちょうこくれんぽう》**は世界のおもな産油国。日本にも多く輸出する。

□ **石油輸出国機構(OPEC《オペック》)** **重要**　世界の産油国が団結し，利益を守る。石油価格の引き上げ→石油危機《きき》(1973 年)。石油産業の国有化。

▶**パイプライン**　石油や天然ガスを輸送するための管。安価で大量輸送することができる。

□ **乾燥地帯**　かんがい施設の整備，海水を淡水《たんすい》化する工場を建設。

□ **イスラエル**　ユダヤ教。周辺のアラブ(←イスラム教)諸国と対立。

▶武力紛争《ふんそう》が度々おこっている。

地理

# 04 ヨーロッパ州とアフリカ州

## ヨーロッパの位置と自然

□ **高緯度《こういど》の位置**　ヨーロッパはおよそ**北緯《ほくい》35度～70度**の高緯度にあり，北は北極圏内《けんない》。**日本では秋田(八郎潟《はちろうがた》)を通る北緯40度線が，ヨーロッパでは地中海を通過。**

□ **温和な気候** **重要**　暖流《だんりゅう》の**北大西洋海流**と，その上を吹く**偏西風《へんせいふう》**のため，北西部は高緯度まで温和な**西岸海洋性気候**。地中海沿岸は，夏に乾燥《かんそう》し，冬に雨が多い**地中海性気候**。

□ **地形**　スカンディナビア半島に**フィヨルド**。南部に**アルプス山脈**。

↑氷河によってできた谷に海水が入った湾(わん)

□ **スカンディナビア半島**　高緯度に位置するが，**暖流**と**偏西風**の影響《えいきょう》で，極端には寒くない。北極圏では一晩中太陽が沈まない白夜《びゃくや》が見られる。社会保障が発達している**スウェーデン**や，森と湖の国**フィンランド**など。

↑ヨーロッパの国々

▶**北海油田**の開発により，イギリスや**ノルウェー**は石油輸出国になる。

## ヨーロッパの統合

□ **ヨーロッパ連合(EU)** **重要**　加盟国の経済的，政治的統合をめざして結成。**27か国**が加盟(2021年7月現在)。多くの国が共通の通貨である**ユーロ**を使用。本部はベルギーのブリュッセル。加盟国間の自由な通行や関税の廃止《はいし》など。

▶1995年にオーストリア，スウェーデン，フィンランドが加盟。2004年に10か国，2007年に2か国，2013年に1か国増えた。2020年，イギリスが脱退。

□ **農業の特色**　畑作と家畜《かちく》の飼育を組み合わせた**混合農業**が，西ヨーロッパで広く行われる。地中海沿岸では，ぶどう・オリーブなどの**地中海式農業**がさかん。世界最大のワインの生産地域。北部で乳牛を飼育する**酪農《らくのう》**。オランダの**ポルダー**(干拓地《かんたくち》)では**園芸農業**がさかん。

入試 直前チェック

- ヨーロッパ連合の利点と課題をまとめておく。
- 植民地だったころのアフリカ州への影響をおさえておく。

□ 工業の特色　**ルール工業地域**など国際河川のライン川沿いに工業が発達。ドイツの自動車・医薬品など。最近では，航空機において各国が分野ごとに製造してフランスで組み立てる，**国際分業**が行われている。

□ 国の結びつき　ロンドンとパリを結ぶ**ユーロスター**など，交通網《もう》が整備され，近隣の国への移動が簡単になる。

□ 歴史のある国　**ローマ帝国《ていこく》**や**ギリシャ**など，古代文明が栄えた国があり，歴史的建造物が多く残る→世界遺産。

□ 国の特色　日本より国土の小さい国が多く，西ヨーロッパは人口密度が高い。先進工業国が多い。

□ 経済格差　北アフリカや西アジアなどからの移民が増えている。統合をすすめる上で，**西ヨーロッパと東ヨーロッパとの経済格差**が問題となっている。

□ 民族とキリスト教宗派　ゲルマン系民族は**プロテスタント**，ラテン系民族は**カトリック**，スラブ系民族は**正教会**が多い。

⚠ **フランス**は食料を自給し，小麦や乳製品を輸出→**西ヨーロッパ最大の農業国。ドイツ**は**ルール工業地域**などで重化学工業が発達→**世界有数の工業国**。

▶ローマ市内にあるバチカン市国はカトリック総本山を中心とする世界最小の国家。

▶東ヨーロッパでは，経済が発展していないため，ユーロを導入していない国が多い。

## アフリカ州

□ 自然 重要　世界最大の**サハラ砂漠《さばく》**。低木がまばらに生える**サバナ**という草原。**サヘル**で砂漠化が進行。**ナイル川**が地中海に流れこむ。

↑サハラ砂漠

□ 植民地　かつてヨーロッパ諸国の植民地だった国が多く，多くの人が**奴隷《どれい》**としてアメリカ大陸へ連れていかれた。英語・フランス語の公用語や，緯度・経度《けいど》を利用した直線状の国境線に名残《なごり》が見られる。

□ 経済　特定の産物の輸出に頼った**モノカルチャー経済**の国が多い。そのため，年によって国の収入が安定しないという課題がある。

□ 資源　**鉱産資源**が豊富。ナイジェリア・アンゴラの石油，ボツワナのダイヤモンド。ザンビアの銅。

⚠ ギニア湾沿岸では**カカオ(豆)**の生産がさかん。

▶**AU(アフリカ連合)**　アフリカ諸国が加盟する国際機関。2002年に発足。

▶南アフリカ共和国では，**レアメタル**の産出がさかん。

地理

# 05 南北アメリカ州とオセアニア州

## アメリカ合衆国

□ **地形**　東部になだらかな**アパラチア山脈**，中央部に**中央平原**と**グレートプレーンズ**，西部に険しい**ロッキー山脈**。

▶中央平原と**グレートプレーンズ**（大平原）の間に**プレーリー**（大草原）が広がる。

□ **農牧業** 重要　世界最大の食料，飼料の生産国。**企業《きぎょう》的な農業**（機械化），**適地適作**（気候や土地に適合した作物を栽《さい》培《ばい》）をすすめ，乾燥《かんそう》地ではセンターピボット方式の農法。

① 乾燥した西部…放牧。フィードロット（大規模肥育場）。
② カリフォルニア…**地中海式農業**（果樹の栽培）。
③ 五大湖周辺…**酪農《らくのう》**。←牛乳と乳製品
④ 温暖な南部…綿花，大豆，とうもろこし。
⑤ 冷帯の中・北部…かんがい農業。小麦やとうもろこし。

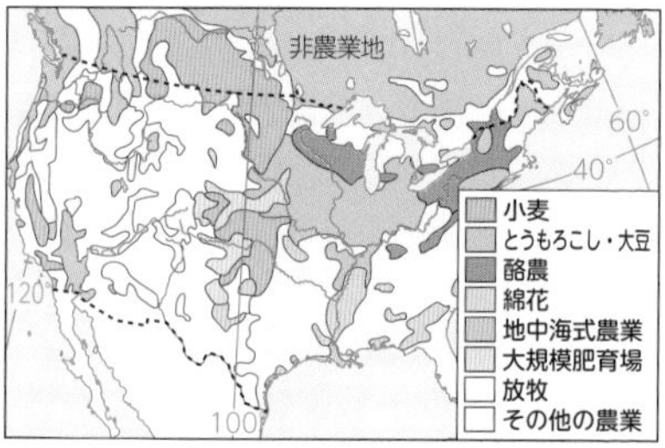


↑ 必出 アメリカの農牧業地域

□ **地下資源**　石炭→アパラチア炭田，石油→メキシコ湾《わん》岸油田など。**シェールガス**の開発。

⚠ 近年，メキシコに接する南西部でスペイン語系住民（**ヒスパニック**）が増加している。

□ **工業** 重要　世界を代表する工業国（大資本と大量生産）。高度な技術。**多国籍《たこくせき》企業**（国際化した大企業）も多い。

① **五大湖沿岸**…古くからの工業地帯。水運が発達。デトロイト（自動車），シカゴ（食品加工，農業機械），クリーブランド，ピッツバーグ（鉄鋼《てっこう》）。
② **中部大西洋岸**…**ニューヨーク**，フィラデルフィア。
③ **サンベルト**…1970年代から発展。電子・航空機工業。
　南部…バーミングハム，ヒューストン，ダラス。
　西部…ロサンゼルス，サンノゼ。
④ **情報通信技術（ICT）産業**，宇宙，バイオテクノロジー。

▶サンベルトは北《ほく》緯《い》37度以南の温暖な地域。先端技術の工業が発達。

必出 サンノゼ付近は電子工業がさかんで，**シリコンバレー**とよばれる。

## カナダ

□ **住民**　イギリス系住民が多いが，ケベック州はフランス系住民が多数。
□ **農業と資源**　アメリカから続く春小麦地帯で，春小麦の栽培。

入試直前チェック

- アメリカ合衆国のさかんな農業や工業の特色をまとめておく。
- 南アメリカ州の自然の特色を場所とともにおさえておく。

## 中南アメリカ

□ **南アメリカ大陸**　東部にブラジル高原。中央部は**アマゾン川**の流れる低地。西部は高く険しい**アンデス山脈**。

▶赤道直下の**エクアドル**の首都キトなどの高原都市。アマゾン川流域では**焼畑農業**が行われる。

□ **密林《みつりん》と草原**　アマゾン川流域の熱帯雨林は**セルバ**，ブラジル高原のサバナは**カンポ**，ラプラタ川流域の草原は**パンパ**とよばれる。

□ **歴史**　インカ帝国《ていこく》などの先住民による文明→ヨーロッパの人々の進出→植民地→多くのキリスト教を信仰する人はその名残《なごり》。

▶公用語はブラジルがポルトガル語，その他の多くの国はスペイン語。

□ **住民**　スペイン系やポルトガル系の白人，アフリカ系黒人，先住民と白人の混血《こんけつ》である**メスチーソ**など。

□ **南アメリカの国々** 重要

① **ブラジル**…世界有数の**コーヒー**豆の産地(ブラジル高原南部)→大農園で栽培→近年，多角化。鉄鉱石《てっこうせき》を産出し，工業化もすすむ。さとうきび原料の**バイオ燃料**の生産がさかん。日系人が多い。BRICS《ブリックス》の１つ。
サンパウロ州　イタビラ・カラジャス鉄山

▶バイオ燃料
原料のさとうきびは，生長時に二酸化炭素を吸収するので，燃焼しても大気中の二酸化炭素を増やすことにはならない点で**再生可能エネルギー**とされる。

② **アルゼンチン**…広大な**パンパ**で小麦栽培や牧畜(牛，羊)。ヨーロッパへ肉類の輸出(冷凍《れいとう》船の利用)。

③ **アンデス諸国**…**ベネズエラ**→マラカイボ湖で石油。**コロンビア**→コーヒー。**ボリビア**→すず。**チリ**→銅。

## オセアニア

□ **区分**　ポリネシア・ミクロネシア・メラネシア。多くが**さんご礁《しょう》**の島。

□ **オーストラリア**　先住民は**アボリジニ**。イギリスの植民地だった。世界最大の牧羊国→大鑽井盆地《だいさんせいぼんち》は掘《ほ》り抜き井戸《いど》で乾燥地も放牧に利用。酪農，小麦栽培もさかん。西部では，露天掘りによる**鉄鉱石**の大産地，東部では**石炭**を産出→ともに**日本向けに輸出**。アジア州との貿易が拡大。アジア太平洋経済協力(APEC《エイペック》)の結成。

□ **ニュージーランド**　偏西風《へんせいふう》の影響《えいきょう》を受けた西岸海洋性気候。牛・羊の牧畜と小麦栽培。イギリス系白人が多く，先住民の**マオリ**は少数。
畜産品の輸出が多い

# 地域調査と日本の特色①

## 地形図の読み方

□ **地形図**　国土地理院が発行する**2万5千分の1地形図**と，**5万分の1地形図**が，最も重要。

→2万5千分の1地形図の主曲線は，標高**10m**おき。

□ **方位《ほうい》**　上が北，下が南，右が東，左が西。

□ **縮尺《しゅくしゃく》** 重要　**「実際の距離《きょり》×縮尺＝地図上の長さ」**が公式。

$2\,\text{km}(200{,}000\text{cm}) \times \frac{1}{25{,}000} = 8\,\text{cm}$

（2km(200,000cm)←実際の距離，$\frac{1}{25,000}$←縮尺，8cm←これが地図上の長さ）

□ **等高線《とうこうせん》**　等高線の間かくが密《みつ》→傾斜《けいしゃ》が急（地形が険しい）。間かくが広い→傾斜がゆるやか。

□ **扇状地《せんじょうち》の地形図** 重要　同心円状の等高線。**果樹園**に利用。

□ **三角州《さんかくす》の地形図**　等高線がほとんどない。低地。**水田**。

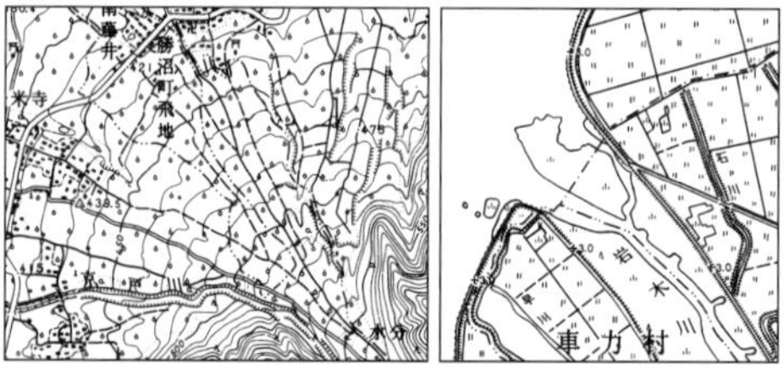


←扇状地（左）と三角州（右）の地形図

必出→おもな地図記号

## 日本の国土

□ **地形の特色**

① **フォッサマグナ**…本州中央部の断層。

② **山がちの国土**…**環《かん》太平洋造山帯**に属し，高く険しい山地が連なる。

③ **火山が多い**…火山帯。地震《じしん》も多い。

④ **川は短く急流**…山がちのため。

⑤ **せまい平地**…平野と盆地の面積は国土の4分の1。川沿いに，**扇状地**や**三角州**など。

⑥ **出入りが複雑で長い海岸線**…**三陸《さんりく》海岸**，志摩《しま》半島などには，**リアス海岸**。日本海側などに砂丘《さきゅう》の砂浜《すなはま》海岸。

↑日本の地形

- 地形図上の長さから実際の距離を求められるようにしておく。
- 日本の気候の特色を説明できるようにしておく。



□ **海流**　暖流《だんりゅう》の**黒潮《くろしお》**（日本海流）と**対馬《つしま》海流**。寒流の**親潮《おやしお》**（**千島《ちしま》海流**）と**リマン海流**。三陸沖《おき》に黒潮と親潮の**潮目《しおめ》**があり好漁場。
潮境（ざかい）

## 日本の気候

□ **日本の気候** 重要　夏に南東，冬に北西の**季節風**（モンスーン）。四季が明確。

□ **北海道の気候**　夏は涼しく，冬の寒さはかなり厳しい（**冷帯**）。降水量は年間を通じて少ない。梅雨《つゆ》はない。

□ **太平洋側の気候**　**夏**に**多雨**，**冬**は**乾燥《かんそう》**。
梅雨や台風

□ **瀬戸内《せとうち》の気候**　少雨で，冬も温暖。

□ **中央高地の気候**　少雨で，気温の**年較差《ねんかくさ》**や１日の較差が大きい。
冬は低温

□ **日本海側の気候**　北西の季節風が吹く**冬**に，**雪**や**雨が多い**。
日本海をわたって来る間に多湿となる

□ **南西諸島の気候**　冬もひじょうに**温暖**。**多雨**（**亜《あ》熱帯**）。

必出 自然災害による被害を予測した**ハザードマップ**が作成されている。

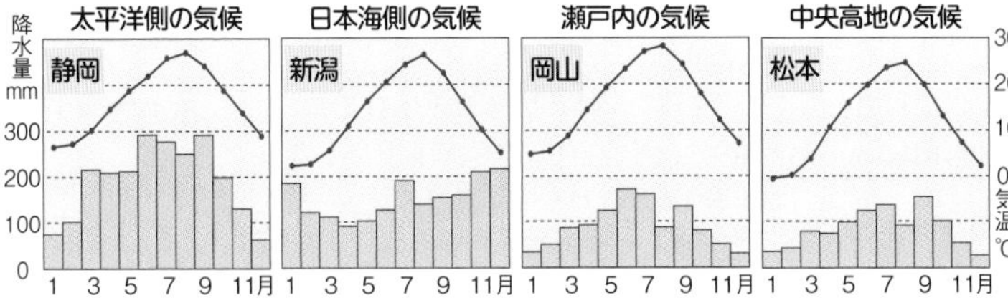


↑ 必出 各地の気候グラフ

## 日本の人口

□ **人口**　約1億2,600万人（2020年現在），人口密度も高い。

□ **人口分布**　**太平洋ベルト**に人口集中→東京，大阪，名古《なご》屋《や》の**三大都市圏《けん》**で**過密《かみつ》**。山村や離島《りとう》では**過疎《かそ》**。

▶**過疎**　人口が減少して社会が衰退《すいたい》している状態。

□ **人口構成**　少子化と高齢《こうれい》化が進んだ**少子高齢社会**。人口減少も進んでいる。

□ **人口ピラミッド**　日本はつぼ型。出生率が高いアジアやアフリカに多い富士山型，死亡率が低いつりがね型，出生率が低下したつぼ型に分けられる。

▶日本は富士山型→つりがね型→つぼ型と変化していった。

07 地理

# 日本の特色②

## 日本の資源・エネルギー

□ **鉱産資源**　ほとんどを輸入に頼る。

□ **電力**　現在の日本は火力発電が中心。

① **火力発電**…原油や石炭，天然ガスが燃料。工業地域や大都市近郊《きんこう》，沿岸部に立地。

▶**地球温暖化**に影《えい》響《きょう》を及ぼす。

② **原子力発電**…ウランが燃料。沿岸部に立地。
↖冷却水を得るため

▶2011 年の福島第一原発事故により，利用見直し。

③ **水力発電**…山地に立地。1950年代までは多くの電力供給。

□ **資源活用** 重要　① 水力や，太陽光，風力，地熱などの環境《かんきょう》に配慮した**再生可能エネルギー**の利用が進められる。

② **リサイクル**など**持続可能な社会**の実現に向けた取り組み。

## 日本の農林水産業と工業

□ **農業**　稲作《いなさく》中心。

① **近郊農業《きんこうのうぎょう》**…大都市の周辺で行われる農業。鮮度《せんど》が求められる野菜や果物を生産。

② **促成栽培《そくせいさいばい》**…農作物の生長を早め，出荷《しゅっか》時期をずらす。
↖高知平野や宮崎平野など

③ **抑制《よくせい》栽培**…農作物の生長を遅《おく》らせて出荷時期をずらす。
↖長野県の高原など

□ **水産業**　かつては**遠洋漁業**がさかん→漁獲量《ぎょかくりょう》の減少→安定的な供給のため，**養殖業**や**栽培漁業**が行われる。

▶大きくなるまで育てるのが養殖業。稚魚《ちぎょ》や稚貝まで育て，放流してからとるのが栽培漁業。

□ **畜産《ちくさん》業**　おもに北海道地方で乳牛や肉牛，九州地方で肉牛や豚《ぶた》，鶏《にわとり》の飼育。

□ **食料自給率**　安い農産物の輸入により低下。特に，小麦や大豆の食料自給率が低い。

□ **林業**　木材の輸入により，国内の生産が減少。

▶近年は，品質がよい国内の木材が見直されている。

□ **工業** 重要　軽工業から重化学工業へと発展→**太平洋ベルト**に工業地域が形成。原料を輸入するのに便利な沿岸部に形成。

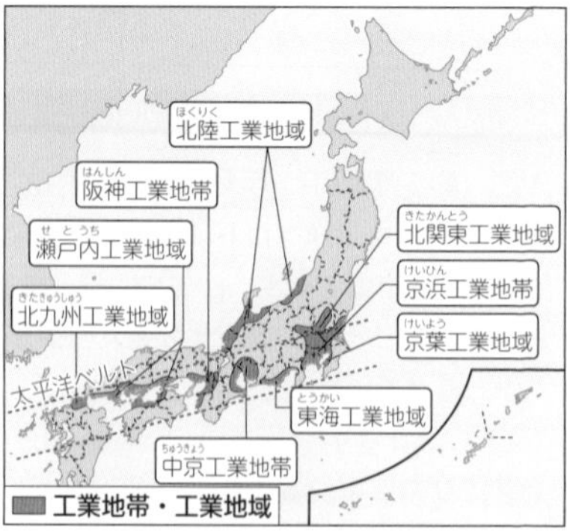


↑おもな工業地帯·工業地域

入試 直前チェック

- それぞれの発電方法の特徴をまとめておく。
- 日本のおもな貿易品や主要相手国をおさえておく。



## 日本の貿易

□ **貿易の変化** 重要　日本は世界有数の貿易国。かつては原料を輸入し，製品を輸出する**加工貿易**が中心。**貿易摩擦《まさつ》**により，工業の設備を海外に設けて，現地で生産(**産業の空洞《くうどう》化《か》**)。

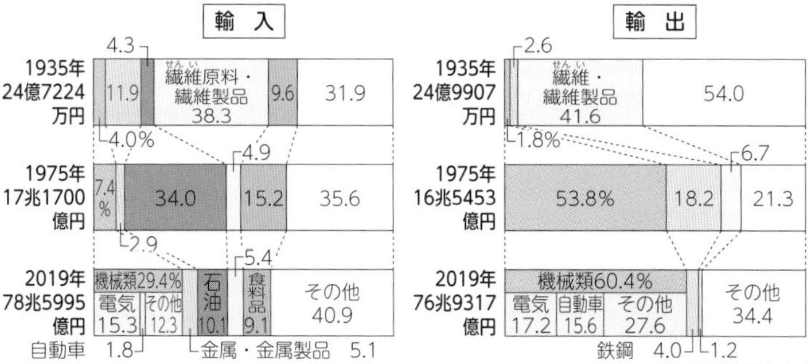

(財務省資料ほか)

↑ 必出 日本の貿易品の変化

## 日本の商業とサービス業

□ **産業の分類**　日本では**第三次産業**に従事している人が約７割を占める。

(東京都や沖縄県の割合が特に高い)

▶**第一次産業**は農林水産業など，**第二次産業**は建設業，製造業など，**第三次産業**はサービス業や商業など。

□ **生活の変化**　インターネットの普及《ふきゅう》に伴《ともな》い，**情報通信技術(ICT)産業**が発達しており，三大都市圏に企業などが集中。また，人工知能(AI)の研究も進んでいる。

## 交通・通信

□ **交通**　1960年代以降，新幹線，高速道路，航空網《もう》の整備が進む→**高速交通網**により都市間の移動時間が短縮。

▶船での輸送は，鉱産資源や大きく重い機械類が多い。

① 高速道路の整備により，自動車による輸送が中心となる。高速道路の周辺には**工業団地**や物流倉庫が立地。

② 成田《なりた》国際空港や関西国際空港は貨物量が多く，飛行機では**高価な小型の輸送が多い**。

□ **通信**　インターネットの普及《ふきゅう》により，**情報通信網**が発達。

地理

# 08 九州地方と中国・四国地方

## 九州地方の自然

□ **気候**　全体に温暖。特に南西諸島は亜熱帯《あねったい》。

□ **地形**【重要】

① 九州北西部には，**リアス海岸**。

② 北部に**筑紫《つくし》山地**。中部〜南部の九州山地は険しい。

③ **阿蘇山《あそさん》**（←熊本県）と**カルデラ**。鹿児島，宮崎県南部に**シラス**（←火山灰土）の台地。

> 【必出】**カルデラ**　噴火により山頂部が吹き飛び，できたくぼ地。

## 九州地方の農業

□ **北九州の農業**

① **筑紫平野の稲作《いなさく》**…九州一の稲作地帯。二毛作。（←筑後川流域にクリーク〔水路〕）

② **みかん栽培《さいばい》**…佐賀，熊本，長崎の各県で生産。

③ **有明海《ありあけかい》の干拓《かんたく》**…江戸《えど》時代から干拓→水田。

> ▶水田の裏作《うらさく》で小麦を栽培。

□ **宮崎平野の農業**　温暖な気候，**ビニールハウス**などで**野菜の促成《そくせい》栽培**。トラック便などで輸送→きゅうり，ピーマン，かぼちゃなどを，東京，大阪へ出荷《しゅっか》。

□ **シラスの台地**【重要】　笠野原《かさのはら》の開発→いも類（←さつまいもなど）・草花・飼《し》料《りょう》用作物など**畑作**や**畜産《ちくさん》**が中心。肉牛・豚《ぶた》・鶏《にわとり》の飼育。

□ **沖縄**　**さんご礁《しょう》**，マングローブの自生。暖かい気候を利用してさとうきび・パイナップル・菊《きく》の栽培。

> ▶熊本県の八代《やつしろ》平野では，水田の裏作で**い草《ぐさ》**を栽培。

## 九州地方の産業

□ **北九州工業地域（帯）**　**鉄鋼《てっこう》業**を初めとする**金属工業**がさかん。**食料品工業の割合も比較的高い。エネルギー革命**後，著《いちじる》しく地位が低下している。

□ **電子工業**　熊本，宮崎，大分，長崎などの空港周辺に，1970年代から**IC（集積回路）**などをつくる**電子工業**が多く立地。電子部品（←軽量で高価）は航空機で輸送。

> ▶きれいな水や空気にめぐまれた九州地方では，交通の発達により，電子工業が発展した。アメリカの**シリコンバレー**にならい，九州を**シリコンアイランド**とよぶ。現在では他の地域でもさかん。

□ **地熱発電**　**火山**が多い九州地方は，地熱発電所（←八丁原発電所）が多い。

□ **産業と環境**　**延岡《のべおか》**や**水俣《みなまた》**で化学工業がさかん。水俣では，メチル水銀《すいぎん》中毒（←新潟水俣病も同じ）の**水俣病**という**公害病**が発生。

入試 直前チェック

- 九州地方のおもな農作物の特色をおさえておく。
- 中国・四国地方の工業を地図と関連づけてまとめておく。

## 中国・四国地方の自然

□ **気候** 重要

① **山陰**《さんいん》(日本海側)…**冬に雨や雪**で降水量が多い。

② **瀬戸内**《せとうち》(瀬戸内海沿岸)…**1年中，雨が少ない**。冬も温和。水不足に備えて，**ため池**がつくられている。

③ **南四国**(太平洋側)…**夏に多雨，冬も温暖**。台風が多い。

必出 夏の**南東季節風**は**四国山地**にさえぎられ，冬の**北西季節風**は**中国山地**にさえぎられるので，年中少雨。

□ **地形**　なだらかな**中国山地**と，険しい**四国山地**。山口県の秋吉台《あきよしだい》に**カルスト地形**。児島湾《こじまわん》の干拓(岡山県)。
↑石灰岩が雨にとける

## 瀬戸内の産業

□ **瀬戸内工業地域** 重要　海岸の埋《う》め立《た》て地に，**石油化学コンビナート**や**製鉄所**など…**水島**《みずしま》(倉敷市)や**周南市**《しゅうなん》など。
↑山口県

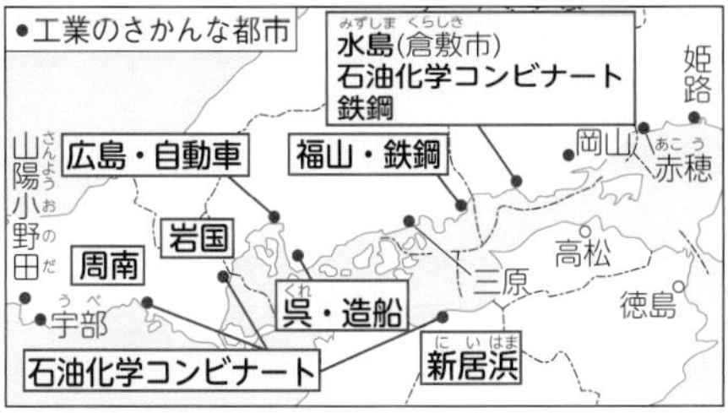

↑瀬戸内の工業

□ **瀬戸内の農業**

① **岡山平野**…稲作のほか，**ぶどう**，**もも**などの栽培。

② **愛媛県**のみかん**栽培**…山の斜面《しゃめん》の**段々畑**《だんだん》など。

③ 讃岐《さぬき》平野のため池…香川用水(吉野川《よしの》)の利用へ変化。

□ **水産業**　沿岸漁業の衰《おとろ》え。**かき**の**養殖**。**栽培漁業**。
↑広島

□ **広島市**　**政令指定都市**。**平和記念都市**，**地方中枢都市**。
↑岡山市も　↑中国・四国地方の中心

□ **本州四国連絡橋** 重要　瀬戸大橋，明石《あかし》海峡大橋・大鳴門《おおなると》橋，しまなみ海道。
↑岡山―香川間　↑兵庫―徳島間　↑広島―愛媛間

## 山陰と南四国の農業と課題

□ **鳥取県**　山ろくで**なし**の栽培。**鳥取砂丘**《さきゅう》で農地開発。
↑らっきょう・すいか・たばこ

⚠ **愛媛県**の**みかん**，**鳥取県**の**なし**は，それぞれ全国有数の生産量。

□ **高知平野の農業**　**温暖な気候**を利用。

① **米の二期作**《にきさく》…1年に2回，米をつくる。近年は減少。

② **野菜の促成栽培**…ビニールハウスや温室で，なす，ピーマンなどの野菜を冬～春に栽培→東京，大阪へ。
↑宮崎平野と同じ

□ **過疎化**《かそか》　中国地方や四国山地の山間部は，過疎化が進む。

▶観光や通信網《もう》を活用し，**地域おこし**が行われている。

地理

# 09 近畿地方と中部地方

## 近畿地方

- □ **地形**　① **北部**…丹波《たんば》高地。若狭湾《わかさわん》は**リアス海岸**。
  ② **中部**…日本最大の**琵琶湖《びわこ》**。琵琶湖から**淀《よど》川**が大阪湾へ流れる。大阪平野，京都・奈良盆地。
  ③ **南部**…険しい紀伊《きい》山地と志摩《しま》半島。温暖な気候。

> ⚠ **日本海側の気候**は，**冬に雪が多い**。そのため，農耕ができず，**米の単作《たんさく》地帯**である。これは，**山陰《さんいん》**，**近畿地方の北部**，**北陸地方**，**東北地方の日本海側**のすべての地域に共通している。

- □ **都市の特色**　**京都・奈良**は**古都**で，**世界文化遺産**が多数ある。**大阪**は**商業の町**(**天下の台所**)で**大阪大都市圏《けん》**の中心。1960年代から人口増加に伴《ともな》って，郊外《こうがい》に**ニュータウン**が建設された。
- □ **阪神《はんしん》工業地帯**　重工業も軽工業も発達。下請《したう》けの**中小企業《きぎょう》**が多い。中京《ちゅうきょう》・京浜《けいひん》とならび，全国有数の出荷額《しゅっかがく》。
  ←おもに食料品
  ① **大阪湾沿岸**…重化学工業。大阪，神戸《こうべ》，尼崎《あまがさき》，堺《さかい》など。
  ② **泉南《せんなん》地域**…**関西国際空港**の開港。
  ←1994年
- □ **中央低地の農業**
  ① **特色**…**稲作《いなさく》**と，大都市周辺の**近郊《きんこう》農業**がさかん。
  ② **近郊農業**…**大都市向け**に**野菜**，果物，草花など。
- □ **紀伊半島の産業**
  ① **紀州《きしゅう》みかん**…**紀ノ《きの》川**，**有田《ありだ》川流域**でみかん栽培《さいばい》。
  ② **吉野《よしの》すぎ**…紀伊《きい》山地は林業がさかん。私有林が多い。
- □ **伝統と開発**　**伝統的工芸品**が発達。神戸《こうべ》市の海岸沿いには**ポートアイランド**などが建設。
  ←西陣織(京都)，奈良墨(奈良)

## 中部地方の自然

- □ **北陸《ほくりく》地方**　福井，富山，越後《えちご》の各平野。佐渡島《さどしま》。冬の北西からの季節風が山地にあたるため，**冬は雪が多い**→世界有数の豪雪《ごうせつ》地帯→スキー場建設。
- □ **中央高地** 重要　**日本アルプス**の山々の間に盆地が点在。年間を通じて少雨で，気温の年較差《ねんかくさ》の大きい**中央高地の気候**。
  ←飛騨，木曽，赤石の各山脈
- □ **東海《とうかい》地方**　木曽《きそ》川，長良《ながら》川，揖斐《いび》川の流れる**濃尾《のうび》平野**は広い。温和な気候。
  西部の低地に輪中→

中部地方の３つの地域→

入試 直前チェック

- 中部地方の3つの地域とその気候をおさえておく。
- 中京工業地帯の工業の特色を説明できるようにしておく。

## 東海地方の工業

□ **中京工業地帯** 重要　名古屋《なごや》が中心。日本第１位の出荷額。
↑名古屋大都市圏

① **陶《とう》磁器**…食器，土管，タイル。**瀬戸《せと》**，**多治見《たじみ》**，常滑《とこなめ》。
↑ファインセラミックスもさかん

② **自動車**…**豊田《とよた》**，刈谷《かりや》，名古屋。

③ **鉄鋼《てっこう》**，**機械**…**名古屋**，**東海**。

④ 石油化学コンビナート…**四日市《よっかいち》**→**四日市ぜんそく**。
↑大気汚染による公害病

□ **東海工業地域** 重要　**浜松《はままつ》**，静岡，沼津《ぬまづ》，三島《みしま》，**富士《ふじ》**など。
↑楽器やオートバイ　↑製紙

**必出** **豊田**は日本最大の自動車工業都市。中京工業地帯の生産額の多くを自動車(輸送機器)が占めている。

## 東海地方の農業

□ **濃尾平野**

① **西部の低地**…**輪中《わじゅう》**の集落。**稲作**がさかん。
↑水害を防ぐため集落を堤防で囲む

② **東部の台地**…**愛知用水**。**畑作**がさかん。**近郊農業**。
↑知多半島

□ **渥美《あつみ》半島**　施設園芸農業での電照菊《でんしょうぎく》や，温室メロンの栽培。
↑抑制栽培

□ **静岡県の農業**　**茶**，**みかん**など。
↑牧ノ原や磐田原などの台地

▶ビニールハウスなどを使用し，出荷時期を早める。

⚠ みかんの生産は**和歌山県**，**愛媛県**，**静岡県**が多い。

## 中央高地

□ **農業** 重要　① **盆地の稲作**…**棚田《たなだ》**などの工夫《くふう》。

② **果樹**…**甲府《こうふ》盆地**の**ぶどう**，もも。**長野盆地**の**りんご**。

③ **高原野菜**…**浅間山《あさまやま》**，**八ヶ岳《やつがたけ》**の山ろくで**高冷地《こうれいち》農業**。
↑野辺山原

□ **精密機械工業**　長野県の**岡谷《おかや》**，**諏訪《すわ》**などで，製糸業から転換《てんかん》(きれいな空気，豊かな労働力)。**電子工業**も発達。

⚠ 中央高地は水資源にめぐまれた，日本有数の**電源地帯**。

## 北陸地方

□ **日本の穀倉《こくそう》地帯**　**米の単作地帯**。広い水田。

□ **伝統工業**　冬の家内《かない》工業から発展。織物(小千谷縮《おぢやちぢみ》など)，漆器《しっき》(輪島塗《わじまぬり》)，焼物《やきもの》(九谷焼《くたにやき》)など。

□ **北陸工業地域**　豊富な電力(水力)，工業用水をもとに重化学工業が発展→富山，新潟，上越《じょうえつ》。港湾《こうわん》の整備。

□ **原子力発電所**　福井県の若狭湾沿いに多く立地。

▶富山県の売薬などの**地場産業**が見られる。福井県鯖《さば》
江《え》市では眼鏡のフレーム。

10

地理

# 関東地方と東北地方，北海道地方

## 関東地方

□ **地形**　西と北に山地。中央部は**関東平野**《かんとう》（↑日本最大），**利根川**《とね》。**武蔵野**《むさしの》の台地などに，火山灰が堆積《たいせき》した赤土の**関東ローム**。

▶関東地方は冬の北西季節風が強く，**からっ風**とよばれる。

□ **首都・東京**　日本の政治・経済の中心。**都心**の周辺に新宿《しんじゅく》などの**副都心**。幕張《まくはり》新都心などの建設で機能を分散。**情報通信産業**などの企業《きぎょう》の本社が集中している。

▶東京では，周辺より気温が高くなる**ヒートアイランド現象**が見られる。

□ **人口の移動** 重要　東京は**夜間人口**より**昼間人口**のほうが多い。特に23区に多く集まる。周辺の県は，逆に夜間人口のほうが多い。通勤・通学のラッシュが問題。

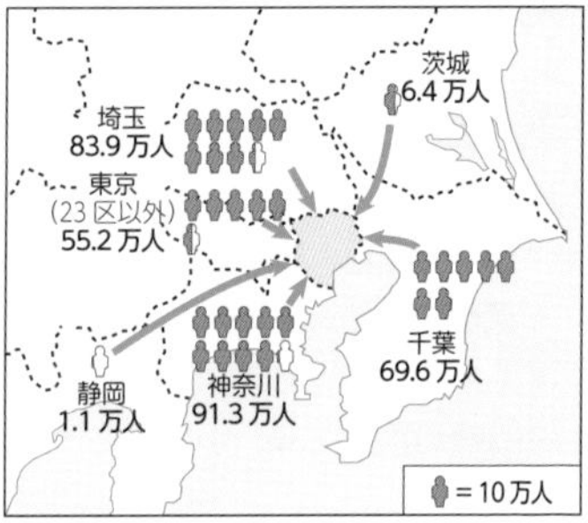

↑東京23区への通勤・通学者数

□ **京浜工業地帯**《けいひん》　日本有数の総合工業地帯。繊維《せんい》工業の比重は小さい。**機械工業**，印刷《いんさつ》業に特色。

□ **京葉工業地域**《けいよう》　千葉県の東京湾《わん》沿岸で重化学工業がさかん。**鉄鋼業**《てっこう》（↑千葉・君津・木更津），**石油化学コンビナート**（↑市原）。

□ **北関東工業地域**　県や市町村による工業団地の形成，工場誘致により発展。現在は，高速道路周辺に多くの工場がある。

▶2011年に北関東自動車道が開通したことで，常陸《ひたち》那珂《なか》港への輸送が可能に。

□ **関東平野と周辺の農業**→首都圏《しゅとけん》への出荷《しゅっか》。
① **稲作**《いなさく》…利根川下流の水郷《すいごう》地帯は，早場米《はやばまい》（↑出荷時期を早める）の産地。
② **台地の畑作**…**近郊農業**《きんこう》がさかん。こんにゃくいも，ゆうがお(→かんぴょう)などの工芸作物や，落花生《らっかせい》。温暖な房総《ぼうそう》半島で，草花や野菜。
③ **高原野菜**…**嬬恋村**《つまごい》（↑浅間山の山ろく）(群馬県)の**キャベツ**。

## 東北地方

□ **地形**　**奥羽山脈**《おうう》，北上《きたかみ》高地，阿武隈《あぶくま》高地が南北に走る。**三陸海岸**《さんりく》南部は典型的な**リアス海岸**。

□ **白神山地**《しらかみ》　世界最大のぶなの原生林→**世界遺産**に登録。

▶東日本大震災の**津波**で，太平洋沿岸は大きな被害を受けた。

**入試 直前チェック**

- 関東地方の人口の変化を資料とともにおさえておく。
- 北海道地方の農業の特色をまとめておく。

☐ **気候**　① **日本海側**…**冬に積雪**が多く，降水量が多い。
② **太平洋側**…夏に多雨。冬は少雨。**夏の低温→冷害**。

▶太平洋側で**やませ**が吹くと，気温が低くなる。

☐ **農牧業** 重要
① **日本の穀倉地帯**《こくそう》…米の単作。**冷害**の対策(品種改良)。
↑庄内平野，秋田平野，仙台平野など
② **果樹**…**津軽**《つがる》**平野**(青森県)の**りんご**，**山形県**の**さくらんぼ**，ぶどう，福島県のもも，なし。
③ **酪農**《らくのう》…北上高地，阿武隈高地で乳牛飼育。

⚠ **八郎潟**《はちろうがた》(秋田県)はかつて日本第２の湖であったが，大部分が干拓《かんたく》された。**北緯**《ほくい》**40度線**と**東経140度線**が交わるところでもある。

☐ **三陸沖**《おき》**の好漁場**　寒流の親潮《おやしお》(千島《ちしま》海流)と暖流《だんりゅう》の黒潮《くろしお》(日本海流)の出合う**潮目**《しおめ》。八戸《はちのへ》，宮古《みやこ》，石巻《いしのまき》などの漁港。

☐ **鉱工業**　阿賀野《あがの》川支流の只見《ただみ》川で，水力発電。伝統的な**地場産業**として，**盛岡**《もりおか》**の鉄器**，**鳴子**《なるこ》**のこけし**など。近年，空港や高速道路沿いに，工場が立地。
↑宮城県大崎市

☐ **伝統行事**　仙台七夕まつり，秋田竿燈《かんとう》まつり，青森ねぶた祭など生活と文化に結びついた行事が受け継がれている。

## 北海道地方

☐ **気候**　冷帯に属し，夏が短く冬が長い。太平洋側で**濃霧**《のうむ》，オホーツク海沿岸では**流氷**が見られる。

⚠ 知床《しれとこ》などで**エコツーリズム**の取り組みが広まっている。

☐ **農業** 重要
① **畑作**…大農法(**十勝**《とかち》**平野**が中心)。気候にあった作物→飼料《しりょう》作物，豆類，てんさい，じゃがいもなどを**輪作**。
↑冷帯で降水量は少なめ
② **酪農**…乳製品。**根釧**《こんせん》**台地**は日本最大の酪農地帯。
③ **稲作**…品種改良などの技術の進歩で北進→全国有数の生産量。**石狩**《いしかり》**平野**，**上川**《かみかわ》**盆地**，**富良野**《ふらの》**盆地**など。

☐ **水産業**　漁獲量《ぎょかくりょう》は最も多い。ほたて貝の**養殖**が増加。北洋漁業→排他的経済水域の設定で衰退《すいたい》。

☐ **文化** 重要　明治時代初めに政府は**北海道開拓使**《かいたくし》を置き，**屯田兵**《とんでんへい》や各地からの移住者などによって大規模な開拓を行った。このときに先住民の**アイヌ**の人たちは土地をうばわれ，人口も減少していった。

▶先住民である**アイヌ**の人たちの文化の継承《けいしょう》をはかっている。

↑アイヌの人たちの伝統的な衣装

歴史

# 11 文明のおこりと日本の成り立ち

## 人類と文明のおこり

- □ 人類の初め　猿人《えんじん》。原人。新人(ホモ・サピエンス)。 ←人類の直接の祖先
- □ 旧石器時代　**打製**《だせい》**石器**。狩猟《しゅりょう》と採集の生活。
- □ 新石器時代　**磨製**《ませい》**石器**。**農耕**と**牧畜**《ぼくちく》→定住。
- □ 文明のおこり　① **エジプト文明**…**ナイル川流域**。
  ② **メソポタミア文明**…**チグリス川・ユーフラテス川流域**。
  ③ **インダス文明**…**インダス川流域**。④ **中国文明**…**黄河**《ホワンホー》《こうが》**流域**。
- □ 世界の三大宗教　**仏教**，**キリスト教**，**イスラム教**。
  ←シャカ(釈迦)　←イエス　←ムハンマド

**必出** ①エジプトは太陽暦《れき》，象形《しょうけい》文字，ピラミッド。②メソポタミアは太陰暦《たいいんれき》，くさび形文字，ハンムラビ法典など。

## 地中海の古代文明

- □ ギリシャ　① **ポリス**(**都市国家**)…アテネとスパルタが代表的。アテネでは市民による**民主政**が行われた。
  ② **ギリシャ文化**…人間性豊かな文化。哲学《てつがく》，美術など。
- □ ローマ帝国《ていこく》　王政→共和政→帝政《ていせい》。紀元前１世紀，地中海一帯を統一。**イエス**が**キリスト教**をひらく。

▶ギリシャ文化とオリエントの文化が融合(**ヘレニズム**)→中国を経て日本にも影響《えいきょう》。

## アジアの古代文明

- □ インドの文明　**シャカ**が仏教をひらく。ガンダーラ美術。
  ←紀元前６～前５世紀（シャカ）　ヘレニズムの影響をうけた仏像→（ガンダーラ美術）
- □ 中国の古代帝国　① 殷《いん》の**甲骨**《こうこつ》**文字**。② 紀元前６世紀，**孔子**《こうし》による**儒学**《じゅがく》。③ 秦《しん》の**始皇帝**《しこうてい》が，**万里**《ばんり》**の長城**《ちょうじょう》を築く。
  ④ **シルクロード**(**絹**《きぬ》**の道**)で，**漢**《かん》と**西方**が結ばれた。
  ←紀元前 202 年に成立（漢）

▶秦の始皇帝は紀元前 221 年に中国を統一。

## 日本のあけぼの

- □ 日本の歩み　**旧石器時代**→**縄文**《じょうもん》**時代**(１万年前～紀元前４世紀ごろ)→**弥生**《やよい》**時代**(紀元前４～後３世紀まで)。
- □ 縄文時代　① 狩猟や漁，採集→えものを求めて移動。
  ② 磨製石器や骨角器《こっかくき》，**縄文土器**。**土偶**《どぐう》。
  ←厚くてもろい（縄文土器）
  ③ **竪穴**《たてあな》**住居**，**貝塚**《かいづか》(食物の残りかすなどを捨てる)。
- □ 弥生時代　① **稲作**《いなさく》が広がる→定住し，**貧富や身分の差**。
  ② 石器や木器のほか，**青銅器・鉄器**の使用。**弥生土器**。
  ←銅鐸(どうたく)など（青銅器）　←薄くてかたい（弥生土器）
  ③ 竪穴住居，**高床**《たかゆか》**倉庫**(稲を貯蔵)。

⚠ **①旧石器時代→岩宿遺跡**《いわじゅくいせき》(群馬)
**②縄文時代→三内**《さんない》**丸山**《まるやま》**遺跡**(青森)
**③弥生時代→登呂**《とろ》**遺跡**(静岡)，**吉野**《よしの》**ケ里**《がり》**遺跡**(佐賀)

入試 直前チェック

- 古代文明はどの河川の流域でおこったかをまとめておく。
- 聖徳太子《しょうとくたいし》が行った政治についておさえておく。

## 国のおこりと日本の統一

□ **邪馬台国《やまたいこく》** 3世紀ごろ，女王**卑弥呼《ひみこ》**が支配。

▶239年，卑弥呼は魏《ぎ》に使いを送る。

□ **大和《やまと》政権** **大王《おおきみ》**を中心とした，近畿《きんき》地方の有力な**豪族《ごうぞく》**の連合政府。
（↑7世紀ごろから天皇といわれる）

## 古墳文化と大陸文化の伝来

□ **古墳《こふん》** ① 大王や豪族の墓。3～6世紀に発達。（↑古墳時代）
② **前方後円墳→大仙《だいせん》古墳**が代表的。**埴輪《はにわ》**や副葬品《ふくそうひん》。

□ **大陸文化の伝来** 大陸から**渡来人《とらいじん》**が伝える。土木工事，養蚕《ようさん》，鍛冶《かじ》などの技術。**漢字**や**儒学**(**儒教**)，**仏教**(百済《くだら》《ひゃくさい》から)。（6世紀ごろ→仏教）

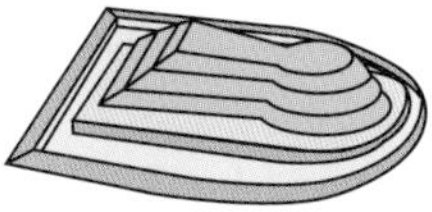

↑ 必出 前方後円墳

## 聖徳太子と飛鳥文化

□ **聖徳太子の政治** 聖徳太子は**推古《すいこ》天皇**の**摂政《せっしょう》**として政治を行う。蘇我馬子《そがのうまこ》と協力。(593年～)。
① 天皇中心の国→**冠位《かんい》十二階の制度，十七条の憲法**。
② 進んだ中国文化の吸収→**遣隋使《けんずいし》**の派遣《はけん》(**小野妹子《おののいもこ》**)。

□ **飛鳥《あすか》文化** 飛鳥地方が中心の**仏教文化**。**法隆寺《ほうりゅうじ》**の建立《こんりゅう》。

▶飛鳥文化には，ヘレニズムやガンダーラ美術の影響が見られる。

## 大化の改新と律令国家

□ **大化《たいか》の改新《かいしん》** 重要 ① 645年，**中大兄皇子《なかのおおえのおうじ》**が**中臣鎌足《なかとみのかまたり》**と（↑後の藤原鎌足）ともに**蘇我《そが》氏**を滅《ほろ》ぼし，政治を改革する。
② 天皇中心の中央集権国家をめざす→**公地《こうち》・公民《こうみん》**。

▶豪族が支配していた土地や人民を，国家の直接支配にした。

□ **壬申《じんしん》の乱** 672年，**天智《てんじ》天皇**の没後《ぼつご》，皇位《こうい》をめぐって大海人皇子《おおあまのおうじ》と大友皇子《おおとものおうじ》が争う。勝利した大海人皇子が**天《てん》武《む》天皇**として即位。

□ **律令《りつりょう》国家** ① **大宝《たいほう》律令**…701年に制定。律令国家の成立。
② **役所**…中央は二官(**太政官《だいじょうかん》**と**神祇官《じんぎかん》**)と八省。
③ **地方**…**国**に**国司《こくし》**，**郡《ぐん》**に**郡司《ぐんじ》**，里《り》に里長《りちょう(さとおさ)》。九州に**大宰府《だざいふ》**。
④ **班田収授法《はんでんしゅうじゅのほう》**…土地を人民に分配→**口分田《くぶんでん》**を与える。
⑤ **税**…**租《そ》**，**調《ちょう》**，**庸《よう》**。兵役《へいえき》(**防人《さきもり》**，**衛士《えじ》**)。国ごとの**雑徭《ぞうよう》**。
（↑租：収穫の約3％の稲　雑徭：土木工事の労役）

▶大宰府は，九州地方の政治のほかに外交や防衛を行った。東北地方には**多賀城《たがじょう》**を設置。

歴史

# 12 奈良時代と平安時代

## 平城京と聖武天皇の政治

□ 平城京《へいじょうきょう》　710年，唐《とう》の都《みやこ》**長安《ちょうあん》**にならって**奈良盆地**につくられた→**奈良時代**。

□ 産業の発展《へいぜいきょう》　道路や**駅《えき》**を整備。都では**市《いち》**。貨幣《かへい》の発行＝**和同開珎《わどうかいちん》《かいほう》**や**富本銭《ふほんせん》**。

□ 聖武天皇《しょうむてんのう》の政治　**仏教**に基づく政治を行う。

① 国ごとに**国分寺《こくぶんじ》**，**国分尼寺《こくぶんにじ》**をつくらせる。

② 奈良に**東大寺《とうだいじ》**をつくり，金銅《こんどう》の**大仏《だいぶつ》**を建立《こんりゅう》。

□ 遣唐使《けんとうし》　遣隋使《けんずいし》にひき続いて派遣《はけん》。

630年から894年まで十数回→

和同開珎→

## 天平文化

□ 天平《てんぴょう》文化 重要　**唐**の影響《えいきょう》を受けた**貴族**の文化。**仏教文化**。

□ 作品　① 建築…**東大寺正倉院《しょうそういん》**，唐招提寺金堂《とうしょうだいじこんどう》。② 彫刻《ちょうこく》…日光《にっこう》・月光菩薩像《がっこうぼさつぞう》(東大寺法華堂《ほっけどう》)。③ 絵画…吉祥天像《きちじょうてんぞう》(薬師寺《やくしじ》)。

□ 奈良時代の書物　① 歴史書…『**古事記《こじき》**』，『**日本書紀《にほんしょき》**』。② 地理書…『**風土記《ふどき》**』。③ 和歌集…『**万葉集《まんようしゅう》**』(**万葉仮名《がな》**の使用)。

←漢字の音で日本語をあらわす

## 律令政治のゆるみ

□ 公地《こうち》・公民《こうみん》制の崩壊《ほうかい》　① 農民は税，労役《ろうえき》，兵役《へいえき》に苦しむ。

耕作放棄によるあれ地が増加→

② 開墾《かいこん》の奨励《しょうれい》…**口分田《くぶんでん》**が不足。

③ **墾田永年私財法《こんでんえいねんしざいのほう》**(743年)…開墾した土地の**永久的な私有**を認める→有力な**寺社**，**貴族**が私有地(**荘園《しょうえん》**)を増やす。

□ 律令《りつりょう》政治の乱れ　① **藤原《ふじわら》氏**と他の貴族の勢力争い。

② 有力な僧《そう》の政治への口だし。

←僧の道鏡(どうきょう)の事件

必出「**貧窮問答歌《ひんきゅうもんどうか》**」(『万葉集』)は，歌人の**山上憶良《やまのうえのおくら》**が農民の貧しい生活を，その身になってよんだもの。

## 平安時代の始まり

□ 平安京《へいあんきょう》　794年，**桓武天皇《かんむてんのう》**は，律令政治を立て直すために，**京都**に都を移した→**平安時代**。

□ 桓武天皇の政治　律令を実情に合わせて改革。**坂上田《さかのうえのた》村麻呂《むらまろ》**を**征夷大将軍《せいいたいしょうぐん》**にして**蝦夷《えみし》**をせめ，胆沢城《いさわじょう》を築く。

□ 仏教　① **最澄《さいちょう》**(伝教大師《でんぎょうだいし》)…**天台宗《てんだい》**→**延暦寺《えんりゃくじ》**(比叡山《ひえいざん》)。

② **空海《くうかい》**(弘法大師《こうぼう》)…**真言宗《しんごん》**→**金剛峯寺《こんごうぶじ》**(高野山《こうやさん》)。

▶**最澄**，**空海**の2人は唐で仏教を学び，厳しい修行《しゅぎょう》や学問を重視し，それまでの仏教を強く批判《ひはん》した。

入試 直前チェック

- 藤原氏が行った摂関政治についておさえておく。
- 平安時代に栄えた国風文化の作品をまとめておく。

## 荘園の発達と摂関政治

□ **荘園の発達**　**荘園**…貴族，寺社，地方豪族《ごうぞく》の**私有地**。

□ **摂関政治《せっかん》**　**藤原氏**が，10 世紀半ばから**摂政《せっしょう》**や**関白《かんぱく》**の職を独占，政治を支配。
（摂政：天皇が幼いとき　関白：天皇が成人のとき）

□ **藤原氏の全盛**　**藤原道長《ふじわらのみちなが》**，**頼通《よりみち》**の父子のとき全盛。
（10 世紀末～ 11 世紀半ば）

▶荘園以外の土地（公領《こうりょう》）は国司が支配した。

## 国風文化の発展

□ **国風文化《こくふう》**　894 年，**菅原道真《すがわらのみちざね》**の意見で**遣唐使が停止**→唐の影響が薄《うす》れ，日本人の風土や生活，感情に合った独自の文化が発達。**仮名文字**の発明で文学が発達。貴族が中心。

□ **国文学**　① 和歌…『**古今《こきん》和歌集**』（**紀貫之《きのつらゆき》**ら）。
② 物語…『**源氏《げんじ》物語**』（**紫式部《むらさきしきぶ》**），『竹取《たけとり》物語』。
③ 随筆《ずいひつ》…『**枕草子《まくらのそうし》**』（**清少納言《せいしょうなごん》**），『**土佐《とさ》日記**』（**紀貫之**）。
（土佐日記：女性をよそおって執筆）

□ **絵画**　大和絵《やまとえ》・絵巻物《えまきもの》…「鳥獣戯画《ちょうじゅうぎが》」，「源氏物語絵巻」。

□ **浄土信仰《じょうどしんこう》**　空也《くうや》，源信《げんしん》が広める。阿弥陀堂《あみだどう》の建築→**平等《びょうどう》院鳳凰堂《いんほうおうどう》**（藤原頼通），**中尊寺金色堂《ちゅうそんじこんじきどう》**（奥州《おうしゅう》藤原氏）。
（平等院鳳凰堂：京都府宇治市　中尊寺金色堂：岩手県平泉町）

□ **建築**…**寝殿造《しんでんづくり》**

↑中尊寺金色堂

▶**浄土信仰**　阿弥《あみ》陀仏《だぶつ》にすがって念《ねん》仏《ぶつ》を唱《とな》えれば，極《ごく》楽《らく》浄土に生まれ変わることができるという信仰。

## 武士の台頭と平氏の政治

□ **武士の登場**　名主《みょうしゅ》らが自衛のために武装《ぶそう》，**武士団**を形成。武士団の頭《かしら》（＝**棟梁《とうりょう》**）は**源氏《げんじ》**（源 義家《みなもとのよしいえ》以来東国で勢力）と**平氏《へいし》**（西国《さいごく》で勢力，都で院《いん》＝上皇《じょうこう》と結ぶ）。

□ **武士の反乱**　10 世紀に**平 将門《たいらのまさかど》**が関東で，**藤原純友《すみとも》**が瀬《せ》戸内《とうち》で反乱。11 世紀に東北地方で前九年・後三年合戦。
→源氏と平氏が勢力をのばした。

□ **院政《いんせい》**　天皇が位《くらい》をゆずって**上皇《じょうこう》**となり，**院**で政治を行った→藤原氏をおさえるため，**白河《しらかわ》上皇**が始める（1086 年）。

□ **平氏政権**　**保元《ほうげん》・平治《へいじ》の乱**で平氏が政治の実権をにぎる。

□ **平清盛《きよもり》**　武士として初めて**太政大臣《だいじょう》**になる。中国の宋《そう》と貿易（**日宋貿易**）。貴族的な政治を行う。
（日宋貿易：宋銭などを輸入。兵庫の港を整備。）

⚠ **名主**とは，荘園や公領内で，墾田やかつての口分田を私有する有力農民。

▶**保元・平治の乱**　天皇，上皇，藤原氏などの争いに源氏と平氏が加わる。

# 武家政治の展開

## 鎌倉幕府

- □ 平氏《へいし》の滅亡《めつぼう》　源 頼朝《みなもとのよりとも》らが壇ノ浦《だんのうら》で滅《ほろ》ぼす。
- □ 鎌倉《かまくら》幕府の成立　① 1185 年，頼朝が**守護《しゅご》**，**地頭《じとう》**を設置。
  ② 1192 年，頼朝が**征夷大将軍《せいいたいしょうぐん》**になる。
- □ 執権《しっけん》政治　頼朝の死後，**北条氏《ほうじょうし》**が**執権**となり政治を行う。
- □ 承久《じょうきゅう》の乱　1221 年，源氏の将軍が絶えたのを機に，**後鳥羽上皇《ごとばじょうこう》**が挙兵《きょへい》→失敗→**武家政治が確立**。
- □ 御成敗《ごせいばい》(貞永《じょうえい》)式目《しきもく》　最初の武士の法律。1232 年，**北条泰時《やすとき》**が制定。
- □ 主従関係　将軍が**御家人《ごけにん》**に土地を与え(**御恩《ごおん》**)，御家人は忠誠《ちゅうせい》をつくす(**奉公《ほうこう》**)。

鎌倉幕府のしくみ→

- 将軍 ― 執権（将軍を助ける）
  - 鎌倉
    - 侍所《さむらいどころ》：御家人の統率《とうそつ》，軍事・警察
    - 政所《まんどころ》：幕府の財政
    - 問注所《もんちゅうじょ》：裁判
    - 六波羅探題《ろくはらたんだい》：京都警備《けいび》と朝廷監視《ちょうていかんし》，西国《さいごく》の武士の監督
  - 地方
    - 守護：国内の御家人の統率・警察
    - 地頭：荘園《しょうえん》・公領《こうりょう》管理，年貢《ねんぐ》取りたて

⚠ 頼朝は弟である**源義経《よしつね》**を平泉《ひらいずみ》へ追いつめ，**奥州藤原氏《おうしゅうふじわら》**も滅ぼした。

## 鎌倉時代の経済と文化

- □ 産業　① 農業…**二毛作《にもうさく》**が始まる。牛馬の使用。
  ② 商業…**定期市《ていきいち》**。宋銭《そうせん》。運送業者の**馬借《ばしゃく》**や**問《とい》**(**問丸《といまる》**)が活動。
- □ 鎌倉文化　質実剛健《しつじつごうけん》。禅《ぜん》宗の影響《えいきょう》が強い。

| | | |
|---|---|---|
| 浄土系 | 浄土《じょうど》宗 | 法然《ほうねん》 |
| 浄土系 | **浄土真宗** | **親鸞《しんらん》** |
| 浄土系 | 時《じ》宗《しゅう》 | 一遍《いっぺん》 |
| | **日蓮《にちれん》宗** | **日蓮** |
| 禅宗 | **臨済《りんざい》宗** | **栄西《ようさい》《えいさい》** |
| 禅宗 | **曹洞《そうとう》宗** | **道元《どうげん》** |

| | | |
|---|---|---|
| 文学 | 和歌 | **『新古今和歌集』**(**藤原定家《ふじわらのさだいえ》《ていか》**ら) |
| 文学 | 軍記物《ぐんきもの》 | 『平家物語』，『保元《ほうげん》物語』など |
| 文学 | 随筆《ずいひつ》 | 『方丈記《ほうじょうき》』(鴨長明《かものちょうめい》)，**『徒然草《つれづれぐさ》』**(**兼好《けんこう》法師**) |
| | 学問 | 金沢《かねざわ》文庫(北条実時《さねとき》が設立) |
| 美術 | 美術 | 絵巻物《えまきもの》，似絵《にせえ》，金剛力士像《こんごうりきしぞう》(運慶《うんけい》ら) |
| 美術 | 建築 | **東大寺南大門**(天竺様《てんじくよう》)，円覚寺舎利殿《えんがくじしゃりでん》 |

**必出** 農民は中央の貴族や寺社などの**荘園領主《しょうえんりょうしゅ》**や**国司《こくし》**といった旧支配層だけでなく，幕府が任命した**地頭**にも年貢を納めた。

▶武士は簡素《かんそ》で実用的な住居に住み，流鏑馬《やぶさめ》など武芸にはげんだ。

## 鎌倉幕府の衰え

- □ 元寇《げんこう》 **重要**　執権**北条時宗《ときむね》**のとき，中国の**元《げん》**が北九州に襲来《しゅうらい》(**文永《ぶんえい》・弘安《こうあん》の役《えき》**)。御家人の活躍などで防ぐ。
  1274 年→　←1281 年
- □ 幕府の衰《おとろ》え　① 元寇の戦費で，幕府の財政が悪化。
  ② 御家人も貧窮《ひんきゅう》→救済のための**徳政令《とくせいれい》**で経済が混乱。

▶皇帝《こうてい》のフビライ・ハンは，**元**をたて，朝鮮《ちょうせん》半島の**高麗《こうらい》**も征服。

入試 直前チェック

- 鎌倉幕府のしくみをおさえておく。
- 室町幕府の成立から滅亡までの流れをまとめておく。

## 建武の新政と室町幕府

□ **鎌倉幕府の滅亡**　1333年，**後醍醐天皇《ごだいごてんのう》**が**足利尊氏《あしかがたかうじ》**，楠《くすの》木正成《きまさしげ》らとともに，鎌倉幕府をたおす。

□ **建武《けんむ》の新政《しんせい》**　**後醍醐天皇**による政治→貴族を重視→武士の不満。

□ **室町《むろまち》幕府の成立**　足利尊氏が挙兵→後醍醐天皇が吉野《よしの》に逃れ(**南朝《なんちょう》**)，尊氏は京都に**北朝《ほくちょう》**をたてる(＝**南北朝時代**)。1338年に尊氏が**征夷大将軍**となり，室町幕府を開いた。

▶**南北朝の合一**
3代将軍**足利義満《よしみつ》**のとき(1392年)。室町幕府は義満のころ全盛で，「**花《はな》の御所《ごしょ》**」とよばれた邸宅《ていたく》や，**金閣《きんかく》**をつくった。

⚠ 室町幕府は，鎌倉幕府の執権にかわる**管領《かんれい》**を将軍の補佐《ほさ》役とした。

□ **守護大名《しゅごだいみょう》**　国司の権限を吸収し，一国を領地のように支配した。室町幕府では守護大名が大きな勢力をもった。

□ **応仁《おうにん》の乱**　京都を中心に，1467年から11年続いた守護大名などの争い→多くの守護大名が勢力を失い，幕府も没《ぼつ》落《らく》→**下剋上《げこくじょう》**の風潮が広まり，**戦国大名**が登場した。

□ **戦国時代**　戦国大名が争う。15～16世紀の約100年間。

## 室町時代の生活と産業

□ **日明《にちみん》(勘合《かんごう》)貿易**　**義満**は**倭寇《わこう》**を取りしまり，**明**と貿易。
（倭寇：大陸沿岸を荒らした海賊　明：銅銭などを輸入）

▶**勘合**という合い札を用いた。

□ **農民の自治《じち》**　農民の生活向上。**惣《そう》**で寄合→自治。

□ **土一揆《つちいっき》**　農民が団結して領主などに対抗。

▶**正長《しょうちょう》の土一揆**は近江《おうみ》の馬借などの徳政一揆(1428年)。**加賀《かが》の一向《いっこう》一揆**，**山城国《やましろの》一揆**で地域の自治。

□ **都《ど》市**　門前町《もんぜんまち》，港町，城下町などが発達。

□ **産業**　① **農業**…各地に特産物(麻《あさ》・桑《くわ》・藍《あい》・茶)。二毛作も広がり，農業技術も発達，普及《ふきゅう》。
② **商業**…**定期市**と**座《ざ》**(商工業者の同業者組合)の発達。**土《ど》倉《そう》**，**酒屋《さかや》**などの金融《きんゆう》業者，**馬借**などの運送業者。

## 室町時代の文化

□ **室町文化** 重要
- **義満**のころ…**北山《きたやま》文化**
- **義政《よしまさ》**のころ…**東山《ひがしやま》文化**

□ **特色**　武家《ぶけ》の文化と公家《くげ》の文化の融合《ゆうごう》。**禅宗**の影響。

| | |
|---|---|
| 建築 | **金閣**(義満が建立《こんりゅう》)，**銀閣《ぎんかく》**(義政が建立)<br>**書院造《しょいんづくり》**(武士の住宅)，龍安寺石庭《りょうあんじせきてい》 |
| 文学 | 連歌《れんが》，御伽草子《おとぎぞうし》(「一寸法師《いっすんぼうし》」など) |
| 芸能 | **能《のう》**(**観阿弥《かんあみ》**・**世阿弥《ぜあみ》**が大成)，**狂言《きょうげん》** |
| その他 | 雪舟《せっしゅう》の水墨画《すいぼくが》，茶の湯・生《い》け花など |

# ヨーロッパ世界の発展

## 中世ヨーロッパとイスラム世界

□ **中世ヨーロッパの世界**　キリスト教が人々の精神的な支えとなる。やがて**正教会**(ビザンツ帝国《ていこく》)と**カトリック教会**(ローマ教皇)が強い勢力をもつ。

▶バチカンのサン・ピエトロ大聖堂はカトリックの総本山である。

□ **ヨーロッパの封建《ほうけん》制度**　国王，諸侯《しょこう》，騎士《きし》が主従関係で結合し，それぞれ領主として農民(農奴《のうど》)を支配。

□ **イスラム教**　**ムハンマド**が７世紀に開く。アラビア半島を中心に広大な**イスラム帝国**。イスラム文化の発達。
←アラビア数字など

▶アヤ・ソフィア大聖堂は，正教会の大聖堂がイスラム教のモスクに転用された。

□ **十字軍**　① 11 ～ 13 世紀，キリスト教の聖地《せいち》エルサレムをイスラム勢力から取り返そうとするが，失敗。
② 影響《えいきょう》…ローマ教皇の権威《けんい》が低下。諸侯，騎士が没落《ぼつらく》。中国の紙と火薬，イスラム文化などの伝来。

## 近代への動き

□ **ルネサンス**　14 世紀のイタリアで始まった**文芸復興《ぶんげいふっこう》**(再生)。人間中心の文化…古代のギリシャ，ローマに学ぶ。

**必出** **ダンテ**の『神曲《しんきょく》』，**レオナルド・ダ・ビンチ**や**ミケランジェロ**の絵画，彫刻《ちょうこく》，**ガリレオ・ガリレイ**の地動説。

□ **宗教改革** **重要**　ルター，**カルバン**らが聖書に基づく信仰を主張→**プロテスタント**。**カトリック**も改革。

□ **新航路の発見**

——— コロンブス
(1492年・アメリカ大陸)

——— バスコ・ダ・ガマ
(1498年・インド航路)

- - - - - マゼラン船隊
(1522年・世界一周)

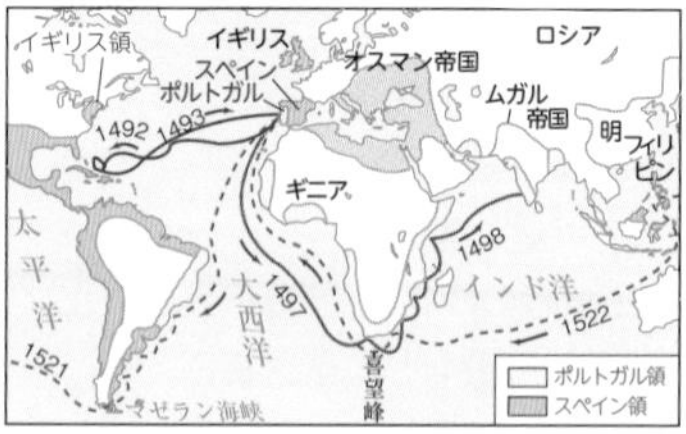


⚠ 1549 年に日本に来た**フランシスコ・ザビエル**は，カトリックのイエズス会の宣教師。

## 市民革命

□ **イギリスの絶対王政《ぜったいおうせい》**　**エリザベス１世**の時代が全盛。

□ **イギリスの市民革命**　２回の革命で絶対王政をたおす。
① **ピューリタン革命**…クロムウェルの下《もと》で共和政。
←1640 ～ 49 年
② **名誉《めいよ》革命**…王権を制限し，議会政治の基礎《きそ》を確立(1688年)。国王に**権利章典《しょうてん》**を認めさせる。
1689 年

▶ピューリタン(清教徒《せいきょうと》)とはカルバン派のプロテスタント。

入試 直前チェック

- 欧米諸国《おうべい》でおこった市民革命についておさえておく。
- 欧米諸国のアジア進出についてまとめておく。

□ **アメリカの独立**　① イギリス本国の課税に対する反対運動への弾圧《だんあつ》に抗議《こうぎ》→**独立戦争**がおこる。
② **独立宣言**…1776 年，基本的人権の尊重をうたう。

□ **フランス革命**　① **絶対王政**…ルイ 14 世の時代が全盛。
② 1789 年，パリ市民がバスチーユ牢獄《ろうごく》をおそう。**国民議会**が**人権宣言**を発表。1792 年，共和政となる。
③ **ナポレオン**…皇帝《こうてい》となり，ヨーロッパを征服《せいふく》→没落。
（←フランス革命の思想を広めた）

> ⚠ **ルソー**，**モンテスキュー**らの**啓《けい》蒙《もう》思想**はフランス革命などに大きな影響を与えた。

## 産業革命と欧米諸国の近代化

□ **産業革命**　**蒸気《じょうき》機関**の発明。**工場制機械工業**の成立。**18 世紀後半**に**イギリス**で始まり（「世界の工場」），**資本主義**の社会が成立。

> ▶**機械の発明**
> **蒸気機関**の改良（ワット）→動力。**紡績《ぼうせき》機**，**織機《しょっき》**の発明で，まず**綿工業**が発達した。

□ **イギリス**　自由主義の広がり。政党政治の確立。

□ **フランス**　成人男子による**普通《ふつう》選挙**が行われる。

□ **ドイツ**　1871 年，**プロイセン**の首相ビスマルクがプロイセン王をドイツ皇帝とする**ドイツ帝国**を成立させた。

□ **イタリア**　**イタリア王国**が成立する。

□ **ロシア**　クリミア戦争に敗れ，改革を進める→**農奴解放**。

□ **アメリカ**　太平洋岸まで領土が広がる。1861 年，**南北戦争**の開始→**リンカン大統領**の**奴隷《どれい》解放宣言**。
（←1863 年）

> ⚠ 資本主義の社会問題が深刻になり，**マルクス**，**エンゲルス**が**社会主義**の理論を示した。

## 欧米諸国のアジア進出

□ **イギリスの中国進出**　① 中国（清）と**アヘン戦争**（1840 年）→**南京《ナンキン》条約**。香港《ホンコン》をうばい，広州《コワンチョウ》など 5 港で貿易。関税自主権《かんぜいじしゅけん》がなく，領事《りょうじ》裁判権を認めた不平等条約。
② **太平天国《たいへいてんごく》の乱**…**洪秀全**《ホンシュウチュワン》《こうしゅうぜん》が中心（1851 ～ 64 年）。

> ▶イギリスは清《しん》から**茶**，**陶磁器《とうじき》**，**絹織物**を輸入し，**銀**で支払っていた。そこでインドで**アヘン**をつくり，清へ密輸《みつゆ》し，インドへの綿製品の輸出を経て銀を得た。

□ **イギリスのインド進出**　① **東インド会社**が植民地化。
② **インド大反乱**（1857 年）をきっかけにムガル帝国を滅《ほろ》ぼし，イギリスがインド全土を直接支配。

□ **東南アジアほか**　フランスがインドシナ半島，オランダがインドネシア，ロシアが極東《きょくとう》に進出など，ヨーロッパ諸国の進出により，大部分が植民地化。

歴史

# 15 全国統一と江戸幕府

## 全国の統一と桃山文化

□ **鉄砲《てっぽう》とキリスト教の伝来**　① **鉄砲**…1543年，ポルトガル人が種子島《たねがしま》へ→全国統一を早める。
② **キリスト教**…1549年，**フランシスコ・ザビエル**が来日。
↑鹿児島に上陸

□ **南蛮貿易《なんばんぼうえき》**　**ポルトガル人**，**スペイン人**と九州で貿易。

□ **織田信長《おだのぶなが》の統一事業**　1573年に室町《むろまち》幕府をたおす。**楽市《らくいち》・楽座《らくざ》**→自由な商業。一向一揆《いっこういっき》や延暦寺《えんりゃくじ》を弾圧《だんあつ》。

□ **豊臣秀吉《とよとみひでよし》の全国統一**　関白《かんぱく》となり全国統一(1590年)。
↑1585年
① **太閤検地《たいこうけんち》**…**検地帳**で石高《こくだか》や耕作者(本百姓《ほんびゃくしょう》)を確定。
② **刀狩《かたながり》**…農民から武器をとりあげ**兵農分離《へいのうぶんり》**。
③ **禁教**…宣教師の国外追放。一方で貿易は奨励《しょうれい》。
↑バテレン追放令
④ **朝鮮侵略《ちょうせんしんりゃく》**…明《みん》を征服する足がかりとして出兵。

□ **桃山《ももやま》文化**　大名《だいみょう》らの気風《きふう》を反映し，**豪華《ごうか》で雄大《ゆうだい》**。
① 建築…雄大な**天守閣《てんしゅかく》**と巨大な石垣をもつ**城《しろ》**。
② 絵画…**狩野永徳《かのうえいとく》**，狩野山楽《さんらく》らのふすま絵，屏風絵《びょうぶえ》。

⚠ 検地によってこれまで土地の支配者であった荘園《しょうえん》領主《りょうしゅ》や名主《みょうしゅ》の権利がなくなり，荘園制は消滅《しょうめつ》。武士が土地や農民を支配するしくみが完成。

▶**文禄《ぶんろく》・慶長《けいちょう》の役《えき》**　朝鮮の**李舜臣《イスンシン》《りしゅんしん》**の活躍などにより失敗。豊臣氏の没落《ぼつらく》の原因となる。

▶その他にも**茶の湯**(**千利休《せんのりきゅう》**)や歌舞伎《かぶき》踊《おど》り(出雲《いずも》の阿国《おくに》)，浄瑠璃《じょうるり》などがある。

## 江戸幕府の成立

□ **徳川家康《とくがわいえやす》の全国統一**　豊臣秀吉の死後，家康は**関ヶ原《せきがはら》の戦い**に勝利→1603年に江戸《えど》幕府を開く。大名が治める**藩《はん》**のほかに，要地は幕府が直接支配(幕領《ばくりょう》)→**幕藩体制《ばくはんたいせい》**。
↑1600年

□ **大名の統制**　① 大名を**親藩《しんぱん》**，**譜代《ふだい》・外様《とざま》大名**に分ける。
② **武家諸法度《ぶけしょはっと》**…大名統制のための法律。**参勤交代《さんきんこうたい》**など。

▶朝廷《ちょうてい》や公家《くげ》に対しては**禁中並公家諸法度《きんちゅうならびにくげしょはっと》**を定め，**京都所司代《しょしだい》**に監視《かんし》させた。

↓江戸幕府のしくみ

- **将軍**
  - **老中《ろうじゅう》**（**大老**）臨時の職
    - **大目付《おおめつけ》**……大名や諸役人の取りしまり
    - **町奉行《まちぶぎょう》**……江戸の町政など
    - **勘定《かんじょう》奉行**……財政・幕領の監督
      - **郡代《ぐんだい》・代官《だいかん》**……年貢《ねんぐ》の徴収《ちょうしゅう》など
    - **遠国《おんごく》奉行**……幕領の行政，重要都市の支配
  - **若年寄**（老中の補佐《ほさ》）── **目付《めつけ》**……旗本・御家人の取りしまり
  - **寺社奉行**……寺社・僧《そう》・神官の取りしまり
  - **京都所司代《しょしだい》**……京都の警備，朝廷と西国《さいごく》大名の取りしまり
  - **大阪城代《じょうだい》**……西日本の軍事

入試 直前チェック

- 織田信長と豊臣秀吉の統一事業をまとめておく。
- 江戸幕府がどのように全国を支配したのかをおさえておく。

□ 身分制度　武士と百姓，町人に分かれた。

□ 百姓の統制　年貢《ねんぐ》を多く，確実に得るために統制。

① **村役人《むらやくにん》**…庄屋《しょうや》(名主《なぬし》)，組頭《くみがしら》，百姓代《だい》。**五人組**の制度。

② えた身分とひにん身分…他の身分から厳しく差別。

③ 米以外は栽培《さいばい》制限，田畑売買の禁止，重い年貢の負担。（↑四公六民など：年貢）

⚠ 江戸時代の村役人は名主《なぬし》。平安時代後半から，荘園や公領《こうりょう》内で土地を支配した名主《みょうしゅ》と区別すること。

## 鎖国

□ 朱印船貿易《しゅいんせんぼうえき》　**朱印状**を発行。東南アジアに**日本町《にほんまち》**。

□ 鎖国《さこく》 重要　① **鎖国令**…日本人の海外渡航《とこう》・帰国を禁止。（1635年→：帰国を禁止）

② **島原《しまばら》・天草一揆《あまくさいっき》**(1637 年)後，**オランダと中国(清《しん》)**以外の来航を禁止(1639 年)。（↑鎖国令を強化）③ 貿易は**長崎の出島《でじま》**に制限。（←1641 年）

□ アイヌとの交易　**松前藩《まつまえはん》**が独占。**シャクシャイン**蜂起《ほうき》。

□ 琉球《りゅうきゅう》王国の支配　**薩摩藩《さつまはん》**によって支配。**琉球使節**を派遣《はけん》。

⚠ 朝鮮からは**朝鮮通信使《ちょうせんつうしんし》**が来日。対馬藩《つしまはん》が連絡や交易を行っていた。

## 産業の発達

□ 農業　新田《しんでん》の開発や農業技術の発達で，収穫《しゅうかく》が増加。

□ 商業　① **専門化**…問屋《といや》，仲買《なかがい》，**両替商《りょうがえしょう》**など。

② **株仲間《かぶなかま》**…商人や職人の同業者組合→営業を独占。

③ **蔵屋敷《くらやしき》**…大名が米を売るための倉庫→おもに大阪。

□ 都市　**三都《さんと》→江戸，大阪(天下の台所)，京都。**

□ 交通　① **五街道《ごかいどう》**…江戸が中心。**宿場《しゅくば》**や**関所《せきしょ》**を設ける。

② **海運**…江戸と大阪の間を**菱垣廻船《ひがきかいせん》**や**樽《たる》廻船**が運行。（↑東北・北陸へは東廻り航路と西廻り航路）

▶**農業技術の発達**
農具では**備中《びっちゅう》ぐわ**，**千歯《せんば》こき**が広まった。**油《あぶら》かす**や，いわしから加工された**干鰯《ほしか》**などの肥料《ひりょう》も普及《ふきゅう》。

## 元禄文化

□ 元禄文化《げんろくぶんか》 重要　**綱吉《つなよし》**の時代を中心に，**上方《かみがた》**で発達した**町人文化。**（↑17～18世紀：綱吉　↑大阪，京都：上方）

□ 儒学《じゅがく》　家康が朱子学《しゅしがく》者の林羅山《はやしらざん》を登用→**朱子学**が**官学《かんがく》**となる。綱吉→湯島聖堂《ゆしませいどう》で儒学を奨励。

□ 文学　浮世草子《うきよぞうし》…**井原西鶴《いはらさいかく》**『日本永代蔵《にっぽんえいたいぐら》』，人形浄瑠璃…**近松門左衛門《ちかまつもんざえもん》**『曽根崎心中《そねざきしんじゅう》』，俳諧《はいかい》…**松尾芭蕉《まつおばしょう》**『奥《おく》の細道《ほそみち》』。

□ 絵画　**尾形光琳《おがたこうりん》**(装飾《そうしょく》画)，**菱川師宣《ひしかわもろのぶ》**(浮世絵《うきよえ》を始める)。

▶**生類憐《しょうるいあわれ》みの令**
犬などを極端に保護する綱吉の悪法。

▶諸藩では**藩校**がつくられた。民間では，**寺子屋《てらこや》**が広まった。

歴史

# 16 江戸幕府の改革～明治維新

## 幕府政治の改革

- □ 新井白石《あらいはくせき》の財政再建(正徳《しょうとく》の治《ち》)　貨幣《かへい》の質を良くする→物価安定。長崎貿易を制限→金，銀の流出を防止。
- □ 享保《きょうほう》の改革　8代将軍**徳川吉宗《とくがわよしむね》**が行う。
  - ① **政治のひきしめ**…**公事方御定書《くじかたおさだめがき》**，**目安箱《めやすばこ》**。
  - ② **収入の増加**…**新田《しんでん》の開発**。年貢《ねんぐ》率の安定。**上《あ》げ米《まい》の制**。
    大名に米を納めさせる→
  - ③ **支出の抑制《よくせい》**…質素，倹約《けんやく》，学問や武芸の奨励《しょうれい》。
- □ 寛政《かんせい》の改革　老中《ろうじゅう》の**松平定信《まつだいらさだのぶ》**→失敗。
  - ① **改革前の様子**…**田沼意次《たぬまおきつぐ》**→**株仲間《かぶなかま》**の公認，わいろが横行。**天明《てんめい》の大ききん**で，**百姓一揆《ひゃくしょういっき》**や**打《う》ちこわし**。
    ↑税金をとる
  - ② **農村の立て直し**…出かせぎ禁止，米の備蓄《びちく》。
  - ③ **旗本《はたもと》や御家人《ごけにん》の借金の帳消《ちょうけ》し**。朱子学《しゅしがく》の奨励。
- □ 天保《てんぽう》の改革　老中の**水野忠邦《みずのただくに》**→失敗。
  - ① **改革前の様子**…**天保の大ききん**。大阪で**大塩《おおしお》の乱**。
    ↑大塩平八郎が反乱
    全国で**百姓一揆**や**打ちこわし**が増加。
  - ② **農村の立て直し**…出かせぎ農民を強制的に帰村させる。
    ↑人返し令
  - ③ **倹約令**・**株仲間《かぶなかま》の解散**。出版や風俗の取りしまり。
    ↑物価の引き下げをはかる
  - ④ 江戸や大阪周辺の農村を幕領にしようとした。
- □ 諸藩《しょはん》の改革　**薩摩藩《さつまはん》**や**長州藩《ちょうしゅうはん》**は，軍備を増強し，藩の**専《せん》売《ばい》制**を強めて，財政の立て直しを進めた。

| | |
|---|---|
| 17 | **(元禄文化)** |
| 18世紀 | 正徳の治<br>享保の改革<br>田沼意次の政治<br>寛政の改革<br>**(化政文化)** |
| 19 | 天保の改革 |

↑政治と文化

▶**朱子学の奨励**
幕府の学問所(昌《しょう》平坂《へいざか》学問所)では朱子学以外の学問(異学)を禁止。

⚠ 18世紀末，ロシアが来航して通商を求めた。1808年イギリス船が長崎に来た(フェートン号事件)。幕府は1825年に**異《い》国船打払令《こくせんうちはらいれい》**を発布《はっぷ》。

## 化政文化

- □ 化政《かせい》文化 **重要**　19世紀初めの文化《ぶんか》・文政《ぶんせい》年間に，**江戸**を中心に栄えた。成熟《せいじゅく》した**町人文化**。
- □ 文学　小説…**十返舎一九《じっぺんしゃいっく》**『東海道中膝栗毛《とうかいどうちゅうひざくりげ》』，**曲亭《きょくてい》(滝沢《たきざわ》)馬琴《ばきん》**『南総里見八犬伝《なんそうさとみはっけんでん》』。俳句《はいく》…**与謝蕪村《よさぶそん》**，**小林一茶《こばやしいっさ》**。
- □ 錦絵《にしきえ》　多色刷りの**浮世絵《うきよえ》**。**喜多川歌麿《きたがわうたまろ》**(美人画)，**葛飾北《かつしかほく》斎《さい》**(「富嶽《ふがく》三十六景」)，**歌川《うたがわ》(安藤《あんどう》)広重《ひろしげ》**(「東海道五十三次《つぎ》」)。
- □ 新しい学問　① **国学《こくがく》**…日本の古典を研究。『**古事記伝《こじきでん》**』を著《あらわ》した**本居宣長《もとおりのりなが》**。② **蘭学《らんがく》**…**前野良沢《まえのりょうたく》**，**杉田玄白《すぎたげんぱく》**らの『**解体新書《かいたいしんしょ》**』。**平賀源内《ひらがげんない》**，**伊能忠敬《いのうただたか》**など。

▶**国学**は，その後，天皇《てんのう》をとうとぶ**尊《そん》王《のう》思想**と結びついた。また，鎖国《さこく》を批判《ひはん》した**高野長英《たかのちょうえい》**，**渡辺崋山《わたなべかざん》**らの蘭学者は，幕府から処《しょ》罰《ばつ》された(**蛮社《ばんしゃ》の獄《ごく》**)。

入試 **直前チェック**

- 江戸幕府の3大改革のそれぞれの内容をおさえておく。
- 明治政府が行った政策についてまとめておく。



## 日本の開国

□ **黒船の来航**　1853年,**ペリー**が浦賀《うらが》に来航。開国を迫《せま》る。
神奈川県─↑

□ **日米和親《にちべいわしん》条約** 重要　1854年に結ぶ。**下田《しもだ》**，**函館《はこだて》**の2港を開く。下田に領事《りょうじ》を置く。**鎖国の終わり。**

□ **日米修好通商《しゅうこうつうしょう》条約** 重要　1858年，**井伊直弼《いいなおすけ》**が**大老**のとき，幕府は朝廷《ちょうてい》の許可を得ずに結んだ。他の4か国とも結ぶ。
オランダ・ロシア・イギリス・フランス─↑

**不平等条約**…**関税自主権《かんぜいじしゅけん》**がなく，**領事裁判権《りょうじさいばんけん》**を認めた。
**5港の開港**…函館，神奈川，長崎，新潟，兵庫。
↑─横浜　神戸─↑
**経済の混乱**…貿易が始まり，物価が上昇→各地で一揆。

必出 **不平等条約の改正**　輸出入品の税率を日本で決める**関税自主権**を得ることと，外国人が罪をおかしたとき，その国の領事が裁判を行う**領事裁判権(治外法権)の撤廃《てっぱい》**が課題。

## 江戸幕府の滅亡

□ **尊王攘夷《じょうい》運動**　吉田松陰《しょういん》らは，朝廷を無視して開国した幕府を強く批判。
長州藩─↓

**幕府**
**井伊直弼**の弾圧《だんあつ》(**安政《あんせい》の大獄《たいごく》**)→**桜田門外《さくらだもんがい》の変《へん》**
→朝廷との関係強化(公武合体《こうぶがったい》)。**薩摩藩**と協調
↔
**長州藩**は朝廷と結び攘夷を主張。

□ **攘夷から倒幕《とうばく》へ**

**長州藩**…尊王攘夷派が外国船を砲撃《ほうげき》
→報復として四国連合艦隊《しこくれんごうかんたい》の下関《しものせき》砲撃
**薩摩藩**…公武合体派→生麦《なまむぎ》事件→薩英《さつえい》戦争
敗→北
攘夷を捨て倒幕をめざす。
1866年に**薩長《さっちょう》同盟**…土佐《とさ》藩出身の坂本龍馬《さかもとりょうま》が仲介《ちゅうかい》。

□ **大政奉還《たいせいほうかん》** 重要　1867年，15代将軍**徳川慶喜《よしのぶ》**が政権を朝廷に返還《へんかん》。

□ **王政復古《おうせいふっこ》の大号令《だいごうれい》**　倒幕派は天皇《てんのう》中心の政治を宣言。徳川氏の権力を奪《うば》う。旧幕府側の反発で新政府軍と旧幕府軍の戦い(**戊辰《ぼしん》戦争**)→新政府の国内統一。

## 明治維新

□ **五箇条《ごかじょう》の御誓文《ごせいもん》**　1868年，明治新政府の方針を示す。
↑─庶民には五榜(ごぼう)の掲示(けいじ)

□ **中央集権国家の建設**
① **版籍奉還《はんせきほうかん》**…藩主の土地や人民を天皇に返させた(1869年)。
② **廃藩置県《はいはんちけん》**…藩を廃し県を置き，**県令《けんれい》**を任命(1871年)。

□ **身分制度の改革**　天皇一族→**皇族《こうぞく》**，公家《くげ》や大名《だいみょう》→**華族《かぞく》**，武士→**士族《しぞく》**，百姓・町人→**平民《へいみん》**。えた，ひにんの**解放令**。居住・移転や職業選択，商業の自由化。
いわゆる四民平等─↑　差別は残された─↑

⚠ 明治新政府の実権は，薩摩出身の**西郷隆盛《さいごうたかもり》**や**大久《おおく》保利通《ぼとしみち》**，長州出身の**木戸孝允《きどたかよし》**らがにぎる。

17

歴史

# 日本の近代化

## 富国強兵と文明開化

- □ 富国強兵《ふこくきょうへい》の政策　① **学制《がくせい》**…1872年。小学校の設立など。
  ② **徴兵令《ちょうへいれい》**…1873年。満20歳《さい》以上の男子に兵役《へいえき》の義務
  →西洋式の軍隊が成立。
  ③ **地租《ちそ》改正**…1873年。地価《ちか》3％を現金納入→財政の安定。
- □ 殖産興業《しょくさんこうぎょう》　**富岡《とみおか》製糸場**などの**官営模範《かんえいもはん》工場**，鉄道の開通。
- □ 外交　① **国境の画定**…千島《ちしま》列島，小笠原《おがさわら》諸島が日本領。
  ② **日朝修好条規《にっちょうしゅうこうじょうき》**…1876年，西郷隆盛《さいごうたかもり》や板垣退助《いたがきたいすけ》らの**征韓論《せいかんろん》**を退《しりぞ》けつつも，朝鮮《ちょうせん》に不平等条約をおしつけ開国させた。
- □ 文明開化　欧米《おうべい》文化の流入。**福沢諭吉《ふくざわゆきち》『学問のすゝ《す》め』**。
  ←太陽暦など
- □ 西南《せいなん》戦争　**西郷隆盛**ら鹿児島の士族《しぞく》の反抗《はんこう》→鎮圧《ちんあつ》。
  ←1877年

▶地租改正後も江《え》戸《ど》時代と変わらない負担。さらに徴兵令や小学校の設置が生活を圧迫《あっぱく》→**農民一揆《いっき》**や**地租改正反対一揆**。地租は1877年に**2.5**％に引き下げ。

▶**藩閥《はんばつ》政治**への批判は**自由民権運動**に移る。

## 自由民権運動と憲法の制定

- □ 自由民権《みんけん》運動　藩閥政府に反対し，国会開設を求める。
  ① **民撰《みんせん》議院設立の建白《けんぱく》書**(1874年)…**板垣退助**ら。立志社《りっししゃ》。
  ② **国会期成《きせい》同盟**の結成(1880年)…全国的な広がり。
  ③ 政府は，1890年に国会を開くことを約束(1881年)。
  ④ 政党結成…**自由党**(**板垣退助**)，**立憲改進党《りっけんかいしんとう》**(**大隈重信《おおくましげのぶ》**)。
- □ 大日本帝国《ていこく》憲法　**伊藤博文《いとうひろぶみ》**らが，君主権の強いドイツ(プロイセン)憲法を参考に作成→1889年発布《はっぷ》。天皇《てんのう》の権力が強く，非民主的。翌年に**教育勅語《ちょくご》**(忠君愛国《ちゅうくんあいこく》の道徳)。
- □ 議会の開設　**帝国議会→第1回衆議院議員選挙**。選挙権は，**直接国税15円以上納付の満25歳以上の男子**のみ。
  ←1890年

▶自由党はフランス流の民権思想に基づく改革を主張して運動。政府の弾圧《だんあつ》に抵抗し，生活に困窮《こんきゅう》した農民と結びついて，**秩《ちち》父事件《ぶじけん》**などをおこした。

## 条約改正と日清戦争

- □ 条約改正への努力　欧化《おうか》政策(鹿鳴館《ろくめいかん》)などは失敗。
- □ 条約改正　① **領事《りょうじ》裁判権の撤廃《てっぱい》**(1894年)…**陸奥宗光《むつむねみつ》**。
  ② **関税自主権《かんぜいじしゅけん》の回復**(1911年)…**小村寿太郎《こむらじゅたろう》**。
- □ 日清《にっしん》戦争　朝鮮をめぐる日本と清の争い(1894～95年)。日本の勝利で**下関《しものせき》条約**(**台湾《たいわん》**，**遼東《リアオトン》半島**や**賠償《ばいしょう》金**を得る)。
- □ 三国干渉《かんしょう》　**ロシア**など3国の圧力で**遼東《りょうとう》半島**を返還《へんかん》。
  ←ロシアがフランスとドイツをさそった

⚠ 領事裁判権の撤廃は日清戦争の直前，**ロシア**の南下を警戒《けいかい》した**イギリス**が，日本との関係強化をねらって認めた。

入試 **直前チェック**

- 自由民権運動から議会の開設までの流れをおさえておく。
- 日清戦争前後のできごとをまとめておく。

## 帝国主義の進展と日露戦争

□ **列強の世界進出**　イギリス，フランス，ドイツ，ロシア，アメリカなどが，アフリカ，アジア，太平洋地域を分割《ぶんかつ》支配→**帝国主義**。中国も半植民地化。

□ **日英《にちえい》同盟**　**ロシア**の中国進出に対抗し，イギリスと日本が手を結ぶ(1902 年)。

□ **日露《にちろ》戦争** 重要　1904 ～ 05 年。**ポーツマス条約**で日本の優位(**南樺太《からふと》**などを得る)。

□ **韓国併合《かんこくへいごう》**　1910 年に日本は韓国を植民地として支配(同化政策)→**三《さん》・一独立《いちどくりつ》運動**。
1919 年

□ **中国の民族運動**　強国の侵略《しんりゃく》に反対した**義和団《ぎわだん》事件**→**孫文《スンウェン》《そんぶん》**の**三民主義**→**辛亥《しんがい》革命**で清《しん》をたおし**中華《ちゅうか》民国**。
1912 年

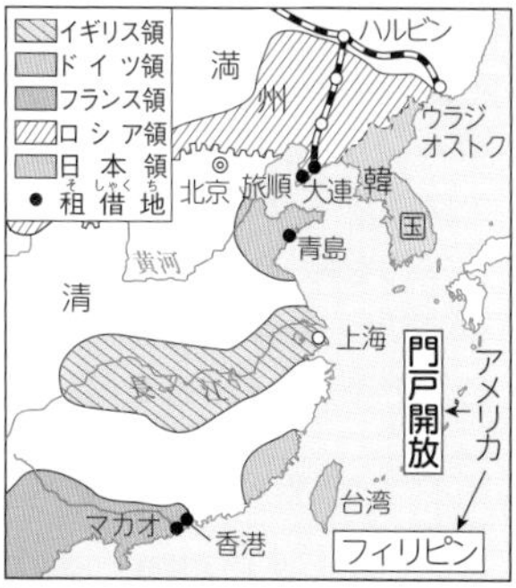

↑各国の中国分割

## 日本の産業革命と社会問題

□ **軽工業の産業革命**　1880 年代末～ 90 年代。**繊維《せんい》工業**が中心。綿糸・綿織物や生糸《きいと》(製糸業)で機械化。

□ **重工業の産業革命**　1900 年代から始まる。日清戦争の賠償金の一部で，**官営**の**八幡《やはた》製鉄所**を操業。

□ **資本主義の発達**　大資本家が力を強め，**財閥《ざいばつ》**を形成。

□ **農村の変化**　貧富《ひんぷ》の差が拡大→**小作農《こさくのう》**の**小作争議**。

□ **労働運動のおこり**　労働環境《かんきょう》の悪化，社会問題化→**労働組合**の結成，**労働争議**。

□ **公害《こうがい》問題の発生**　**足尾《あしお》銅山鉱毒《こうどく》事件**…**田中正造《たなかしょうぞう》**。

⚠ 1901 年に最初の社会主義政党(社会民主党)がつくられたが，政府は厳しく弾圧した。1910 年に**大逆《たいぎゃく》事件**で**幸徳秋水《こうとくしゅうすい》**らが処罰《しょばつ》された。

## 明治時代の文化

□ **教育の普及《ふきゅう》**　学制→就学《しゅうがく》率が高まる。高等教育も発達。→**慶應義塾《けいおうぎじゅく》**，**東京専門学校**(後の早《わ》稲田《せだ》大学)，**同志《どうし》社《しゃ》英学校**などの私立学校も設立。

□ **自然科学**　北里柴三郎《きたさとしばさぶろう》，**野口英世《のぐちひでよ》**，志賀潔《しがきよし》ら。

□ **文学**　二葉亭四迷《ふたばていしめい》，**森鷗外《もりおうがい》**，**夏目漱石《なつめそうせき》**，**樋口一葉《ひぐちいちよう》**ら。

□ **その他**　**黒田清輝《くろだせいき》**(洋画)。**横山大観《よこやまたいかん》**(日本画)。**フェノロサ**や岡倉天心《おかくらてんしん》は日本美術の見直し。滝廉太郎《たきれんたろう》(近代音楽)。

# 二度の世界大戦と日本

## 第一次世界大戦

□ 国際対立　**三国同盟**(ドイツ，イタリア，オーストリア)と**三国協商**《きょうしょう》(イギリス，フランス，ロシア)が対立。

□ 第一次世界大戦　**サラエボ事件**が口火。イギリスなどの連合国が，ドイツなどの同盟国を破る(1914 ～ 18 年)。

□ 日本の参戦　**日英**《にちえい》**同盟**を理由に参戦。大戦中，日本は中国に**二十一か条の要求**→中国で反日《はんにち》運動(**五**《ご》**・四**《し》**運動**)。

□ ロシア革命　**レーニン**の指導で**社会主義革命**(1917 年)。
↑世界で最初の社会主義国

▶**シベリア出兵**《しゅっぺい》
各国がロシア革命に干渉《かんしょう》した。日本もシベリアに軍隊を派遣《はけん》した。

## 第一次世界大戦後の世界

□ ベルサイユ条約 **重要**　連合国とドイツの講和条約→ドイツに厳しい内容。
↑賠償金，軍備制限
ヨーロッパでの**民族自決**《みんぞくじけつ》の実現(1919 年)。

□ 国際協調の動き
① **国際連盟の設立**…アメリカの**ウィルソン**大統領が提案→アメリカは国内の反対で不参加。
② **軍縮の動き…ワシントン会議**で海軍の軍縮。ロンドン海軍軍縮会議など。

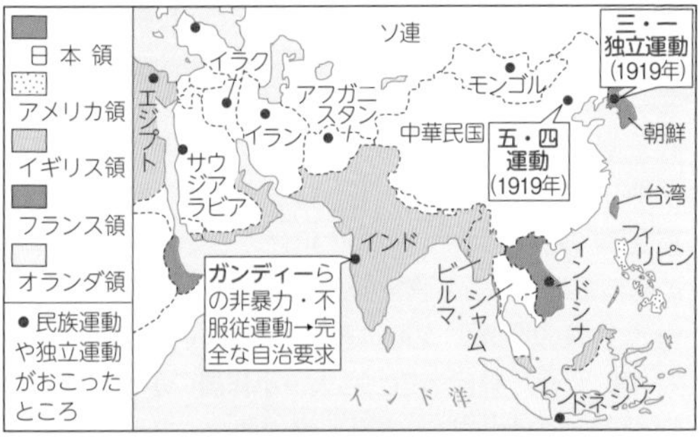

↑第一次世界大戦後の民族運動

## 第一次世界大戦後の日本

□ 米騒動《こめそうどう》　大戦の影響《えいきょう》で米価が上昇→暴動(1918 年)。

□ 不景気　**関東大震災**も影響。社会運動が高まる。

□ 大正《たいしょう》デモクラシー **重要**
① **護憲**《ごけん》**運動**…**尾崎行雄**《おざきゆきお》，**美濃部達吉**《みのべたつきち》ら。
↑天皇機関説
② **政党内閣**《ないかく》…**原敬**《はらたかし》が最初の本格的な**政党内閣**を組織。
③ **普通**《ふつう》**選挙**…1925 年に実現。同時に**治安維持**《いじ》**法**も制定。
↑選挙権は満 25 歳以上のすべての男子

**必出** **民本主義**《みんぽん》
**吉野作造**《よしのさくぞう》が，普通《ふつう》選挙や政党内閣の必要性を説いた。

▶**大衆文化**　白樺《しらかば》派の文学など。ラジオ放送開始。

入試 直前チェック

- 第二次世界大戦へと向かう日本の様子をおさえておく。
- 第二次世界大戦後の民主化政策をまとめておく。

## 世界恐慌とファシズム

□ 世界恐慌《きょうこう》 **重要** 1929 年，アメリカで急激《きゅうげき》な不景気《ふけいき》が発生→世界に波及《はきゅう》→アメリカは**ニューディール**，イギリスとフランスは**ブロック経済**→自由な貿易は縮小。ソ連は五か年計画によって影響を受けず。

□ ファシズムの台頭《たいとう》 経済のゆきづまり→イタリアで**ムッソリーニ**の**ファシスト党**，ドイツで**ヒトラー**の**ナチス**。

**必出** **ファシズム** 自国のゆきづまりを，独裁《どくさい》と軍事力によって解決しようとする動き。

## 日本の中国侵略と第二次世界大戦

□ 日本経済のゆきづまり 不景気→社会不安→軍部台頭。
① **五《ご》・一五《いちご》事件**(1932 年)…満州《まんしゅう》国の承認に反対した**犬養毅《いぬかいつよし》**首相が軍人に暗殺《あんさつ》される→**政党政治の終わり**。
② **二《に》・二六《にろく》事件**(1936 年)…**軍部**の政治支配が強まる。(↑大臣などを殺傷)

□ 日本の中国侵略
① **満州事変《まんしゅうじへん》**…柳条湖《リウティアオフー》《りゅうじょうこ》事件(↑1931 年)→満州占領《せんりょう》→**満州国**(1932 年)。
② **国際連盟の脱退**(1933 年)…国際連盟は満州国を認めず。
③ **日中戦争《にっちゅう》**…盧溝橋《ルーコウチアオ》《ろこうきょう》事件(1937 年)を機に日本が中国侵略《しんりゃく》。

□ 第二次世界大戦 ① **ドイツ**がポーランドに侵入。(↑1939 年)
② **太平洋戦争**…1941 年，日本がアメリカと開戦。
③ **連合国**(米，英，ソなど)が**枢軸国《すうじく》**(↑三国同盟)(日，独，伊)を破って，1945 年に終戦。日本は**ポツダム宣言**を受諾《じゅだく》。

▶**抗日《こうにち》民族統一戦線** 中国では蔣介《チャンチェ》石《シー(しょうかいせき)》の**国民政府**と毛《マオ》《もう》沢東《ツォトン》《たくとう》の**共産党**が協力し，首都を南京《ナンキン》から重慶《チョンチン》に移して徹底《てってい》抗戦。

▶**戦時体制** **国家総動員法《そうどういん》**により，経済や国民生活を政府が統制できるようになり，政党を解散させて**大政翼賛会《たいせいよくさんかい》**がつくられた。

## 第二次世界大戦後の日本と世界

□ 日本の民主化 占領した連合国(↑GHQ)が主導→**男女普通選挙**，**農地改革**，**財閥解体《ざいばつかいたい》**など。**日本国憲法**の制定。

□ 国際連合と冷戦 1945 年に**国際連合**が発足。しかし，東西両陣営の対立(**冷戦**)→**朝鮮《ちょうせん》戦争**(1950 ～ 53 年(↑休戦))。

□ サンフランシスコ平和条約(↑1951 年) 日本の独立回復(1952 年)。

□ 高度経済成長 日本は1955～73年,年平均10%の経済成長。

□ 冷戦後の世界 マルタ会談(↑1989 年)で冷戦終結。ソ連解体(↑1991 年)。**EU**の発足(↑1993 年)。2001 年アメリカで**同時多発テロ**(↑米はアフガニスタン攻撃)。**イラク戦争**(↑2003 年)。

▶ 1972 年に沖縄が返還《へんかん》された。

**必出** 同時に**日米《にちべい》安全保障《ほしょう》条約**も結ばれた。ソ連とは**日ソ共同宣言**を結び(1956 年)，同年，日本の**国際連合への加盟**も実現。

19

歴史

# 日本の政治や文化の流れ

## 原始～平安時代

### □ 律令《りつりょう》国家の成立と衰退《すいたい》

| 年代 | 時代 | 政治や社会のおもな動き | 文化 | 文化の特色 |
|---|---|---|---|---|
| | **縄文《じょうもん》時代** | 採集と狩り・漁，平等な社会 | **縄文文化** | 縄文土器，**貝塚《かいづか》**，土偶《どぐう》<br>磨製《ませい》石器，弓矢 |
| 300<br>200<br>100<br>紀元前<br>紀元後<br>100<br>200<br>300 | **弥生《やよい》時代** | 稲作《いなさく》が広まる<br>むらから国へ→貧富の差<br>倭《わ》に100余国<br>239 **邪馬台国《やまたいこく》**が魏《ぎ》に使い | **弥生文化** | 弥生土器，**石包丁《いしぼうちょう》**<br>青銅器（銅剣《けん》・銅矛《ほこ》・銅鐸《たく》）<br>**高床《たかゆか》倉庫** |
| 400<br>500 | **古墳《こふん》時代** | 大和政権が国土統一<br>倭王武《ぶ》が中国（南朝の宋《そう》）に使い | **古墳文化** | **前方後円墳《ふん》**，埴輪《はにわ》，銅鏡<br>渡来人《とらいじん》が漢字・儒学・**仏教** |
| 600 | **飛鳥《あすか》時代** | 593 **聖徳太子**が摂政《せっしょう》となる<br>645 **大化の改新** | **飛鳥文化** | 初の仏教文化→**法隆寺《ほうりゅうじ》** |
| 700 | **奈良時代** | 701 **大宝律令**→律令国家の確立 | **天平文化** | **唐風の仏教文化**（聖武《しょうむ》天皇） |
| 800<br>900<br>1000<br>1100<br>1200 | **平安《へいあん》時代** | 794 **平安京**に移る<br>（藤原氏の**摂関《せっかん》政治**）<br>1086 **白河《しらかわ》上皇**が**院政**<br>1167 **平清盛《きよもり》**が太政《だいじょう》大臣になる | **国風文化** | （894 遣唐使の停止）<br>**日本独自の文化**，貴族中心<br>仮名《かな》文学→和歌・物語・日記<br>律令国家の衰《おとろ》え→浄土《じょうど》信仰 |

## 鎌倉・室町時代

### □ 中世は武家政権が成立し発展

| 年代 | 時代 | 政治や社会のおもな動き | 文化 | 文化の特色 |
|---|---|---|---|---|
| 1200 | | 1185 **源頼朝《よりとも》**が守護・地頭を設置 | | |
| 1300 | **鎌倉《かまくら》時代**<br>1333 | 1221 **承久の乱**→北条《ほうじょう》氏が実権<br>1274 **元寇《げんこう》**（1281）→徳政令 | **鎌倉文化** | 新しい仏教の成立<br>貴族の伝統的文化に武家文化（軍記物など）が加わる |
| | **南北朝**<br>1338 | 1334 **建武の新政**（**後醍醐《ごだいご》天皇**）<br>1338 **室町幕府**（**足利尊氏《あしかがたかうじ》**） | | |
| 1400<br>1500 | **室町《むろまち》時代**<br>**戦国《せんごく》時代**<br>1573 | 1467 **応仁の乱**（～77）<br>1573 **織田信長《おだのぶなが》**が室町幕府を倒《たお》す | **室町文化**<br>**（北山文化）**<br>**（東山文化）** | **公家文化と武家文化が融合《ゆうごう》**<br>**金閣**（**足利義満《よしみつ》**）<br>**銀閣**（**足利義政《よしまさ》**），簡素で気品のある文化，水墨画《すいぼくが》 |
| | **安土《あづち》・桃山《ももやま》時代** | 1590 **豊臣秀吉《とよとみひでよし》**が全国統一 | **桃山文化** | 権力や富を背景に豪華《ごうか》で雄大《ゆうだい》 |

入試 直前チェック

- 各時代の文化の特色をまとめておく。
- 法令がどのように変化していったのかをおさえておく。

## 江戸時代と明治以後

### □ 近世封建《ほうけん》社会から近代国家の成立へ

| 年代 | 時代 | 政治や社会のおもな動き | 文化 | 文化の特色 |
|---|---|---|---|---|
| 1600 | | 1603 **江戸幕府**（**徳川家康**《とくがわいえやす》） | | |
| | 1603 | 1637 **島原・天草一揆**<br>→**鎖国**《さこく》(徳川家光) | **元禄**《げんろく》**文化** | **上方**《かみがた》の町人による文化→民衆の文化。現実的・人間的ではなやか |
| 1700 | **江戸**《えど》**時代** | 1716 **享保**《きょうほう》**の改革**(**徳川吉宗**《よしむね》)<br>1787 **寛政**《かんせい》**の改革**(**松平定信**《まつだいらさだのぶ》) | | |
| 1800 | 1867 | 1841 **天保**《てんぽう》**の改革**(**水野忠邦**《みずのただくに》) | **化政**《かせい》**文化** | **江戸**の町人を中心とした文化→円熟《えんじゅく》。活気は薄《うす》れる。幕府の政治への風刺《ふうし》や批判《ひはん》 |
| | **明治**《めいじ》**時代** | 1868 **明治維新**<br>自由民権運動<br>1889 大日本帝国憲法 | **近代文化** | ヨーロッパ文化の影響《えいきょう》<br>自然科学の発達 |
| 1900 | **大正時代** | **大正デモクラシー** | **市民文化** | |
| | **昭和**《しょうわ》**時代** | 1941 ファシズム→**太平洋戦争**<br>1946 **日本国憲法**の公布<br>1951 **サンフランシスコ平和条約**<br>1972 日中国交正常化 | **現代の文化** | テレビの普及《ふきゅう》→大衆に文化が広がる。 |

## 各時代のおもな法令

□ 飛鳥時代
- **十七条憲法**…聖徳太子《しょうとくたいし》。役人の心構え。
- **大宝律令**《たいほうりつりょう》…唐《とう》の律令をもとに制定(701 年)。

□ 鎌倉時代　**御成敗式目**《ごせいばいしきもく》**(貞永**《じょうえい》**式目)**…北条泰時《ほうじょうやすとき》(1232 年)。

□ 戦国時代　**分国法**《ぶんこくほう》…戦国大名が，それぞれ制定。

□ 江戸時代
① **武家諸法度**《ぶけしょはっと》…大名《だいみょう》の統制(1615 年)。参勤交代《さんきんこうたい》。
② **禁中並**《きんちゅうならびに》**公家諸法度**《くげしょはっと》…朝廷《ちょうてい》と公家《くげ》の統制。京都所司代《しょしだい》。
③ **公事方**《くじかた》**御定書**《おさだめがき》…徳川吉宗《とくがわよしむね》(享保《きょうほう》の改革)。裁判の基準。

□ 明治時代
① **五箇条**《ごかじょう》**の御誓文**《ごせいもん》…新しい政治の方針を示す(1868 年)。
② **大日本帝国憲法**…1889 年に発布。天皇《てんのう》主権。

□ 現代　**日本国憲法**…1946 年に公布。国民主権・基本的人権の尊重・平和主義。
（↓翌年に施行）

**必出 荘園**《しょうえん》**の歴史**
①**律令国家**…豪族《ごうぞく》所有の土地・人民が，**天皇**の所有に(**公地**《こうち》**・公民**《こうみん》)。
②**奈良**《なら》**時代**…**荘園**(私有地)が成立。
③**鎌倉時代**…武家が荘園や公領《こうりょう》支配。
④**太閤検地**《たいこうけんち》で荘園の消滅。

歴史

# 20 日本と中国・朝鮮の関係

## 紀元前１世紀～平安時代

□ 中国の歴史書と古代の日本

① 『**漢書**《かんじょ》』…紀元前１世紀ごろには，日本は 100 余《あま》りの国に分立していた。

② 『**後漢書**《ごかんじょ》』…倭《わ》の奴国《なこく》《なのくに》の王が，後漢の光武帝《こうぶてい》より**金印**《きんいん》を授《さず》かる(57 年)。金印は，江戸《えど》時代に志賀島《しかのしま》で発見。

③ 『**魏志**《ぎし》』**倭人伝**… 3 世紀の日本の記述。**邪馬台国**《やまたいこく》の女王**卑弥呼**《ひみこ》が魏に使節を派遣《はけん》。

□ 古墳《こふん》時代の関係　**倭**《わ》**の五王**は中国の南朝に使節を派遣。朝鮮《ちょうせん》半島→多くの渡来人《とらいじん》。**百済**《くだら》《ひゃくさい》→**仏教**が伝来。

□ 遣隋使《けんずいし》　**聖徳太子**《しょうとくたいし》が**小野妹子**《おののいもこ》らを隋に派遣。対等の関係をめざした。

□ 遣唐使《けんとうし》　630 年から，平安《へいあん》時代の 894 年に**菅原道真**《すがわらのみちざね》の提案で停止されるまで，十数回，派遣された。

唐《とう》の**律令**《りつりょう》**制度**が伝えられて，律令政治がすすめられた。
唐の高僧《こうそう》である**鑑真**《がんじん》の来日。正倉院《しょうそういん》宝物。

□ 最澄《さいちょう》と空海《くうかい》　平安時代，唐で新しい仏教を学ぶ。

**最澄**(伝教大師《でんぎょうだいし》)…天台《てんだい》宗。比叡山《ひえいざん》に延暦寺《えんりゃくじ》。
**空海**(弘法《こうぼう》大師)…真言《しんごん》宗。高野山《こうやさん》に金剛峯寺《こんごうぶじ》。

□ 日宋《にっそう》貿易　平氏は日宋貿易で財を得る。**平清盛**《たいらのきよもり》は兵庫の港(今の神戸《こうべ》港)を整えて，貿易を拡大。おもな輸入品の１つである**宋銭**は，日本国内でも流通した。

| 世紀 | 日本 | 中国 | 朝鮮 |
|---|---|---|---|
| 1 | 弥生《やよい》時代 | 漢(後漢) | |
| 2 | | 220 | 高句麗(～668)<br>百済(～660) |
| 3 | | 三国 | |
| 4 | 古墳時代 | | |
| 5 | | 南北朝 | |
| 6 | 飛鳥《あすか》 | 589<br>隋 | |
| 7 | | 618 | 676 |
| 8 | 710<br>奈良 | 唐 | |
| 9 | 794 | 907 | 新羅《しらぎ》《しんら》 |
| 10 | 平安時代 | 五代<br>960 | 935<br>936 |
| 11 | | 宋 | 高麗《こうらい》 |
| 12 | (1185) | | |

白村江の戦い(663)

## 鎌倉・室町・江戸時代

□ 禅《ぜん》宗の伝来　鎌倉《かまくら》時代に，宋の禅宗が伝わる。

**栄西**《ようさい》…臨済《りんざい》宗。幕府や武士の支持を得る。
**道元**《どうげん》…曹洞《そうとう》宗。山中にこもって座禅《ざぜん》にうちこむ。

□ 元寇《げんこう》 **重要**　文永《ぶんえい》の役《えき》(1274 年)と弘安《こうあん》の役(1281 年)。鎌倉幕府の衰退《すいたい》の一因となった。

□ 倭寇《わこう》　元や明《みん》との私的な貿易が続いていたが，朝鮮や中国沿岸では略奪《りゃくだつ》などもおこった。これを倭寇という。

| 世紀 | 日本 | 中国 | 朝鮮 |
|---|---|---|---|
| 13 | 鎌倉 | (宋)<br>1279<br>1271 | (高麗) |
| 14 | 1333<br>1338 | 元 | |
| 15 | 室町《むろまち》 | 1368<br>明 | 1392<br>朝鮮国 |
| 16 | 1573 | | |

入試 直前チェック

- 古代中国の王朝の順序をおさえておく。
- 近代の中国とのできごとをまとめておく。

□ **日明《にちみん》貿易（勘合《かんごう》貿易）** 重要　**足利義満《あしかがよしみつ》**は**倭寇**を取りしまり，**勘合**を用いて明と貿易。のち，**博多《はかた》**商人と**堺《さかい》**商人が進出。貿易の利益は，室町《むろまち》幕府の有力な財源。

{ **輸入品**…生糸《きいと》，陶磁器《とうじき》，**銅銭《どうせん》**（永楽《えいらく》通宝などの明銭《みんせん》）。
　**輸出品**…美術工芸品，刀剣《とうけん》，銅。

□ **朱印船《しゅいんせん》貿易**　正規の商船に**朱印状《しゅいんじょう》**を与えて，貿易。

□ **鎖国《さこく》下の貿易**　キリスト教の布教をしない**中国（清《しん》）**と**オランダ**の商船だけが**長崎（出島《でじま》）**で貿易。

□ **朝鮮国と日本**

① **朝鮮の建国**…**倭寇**の討伐《とうばつ》に功績のあった**李成桂《イソンゲ》《りせいけい》**が高《こう》麗《らい》を滅《ほろ》ぼし朝鮮を建国。日本との貿易や交流がさかん。
（↑朝鮮国（1392～1897））

② **豊臣秀吉《とよとみひでよし》の朝鮮侵略《しんりゃく》**…文禄《ぶんろく》・慶長《けいちょう》の役の２回出兵。秀吉の死後，撤退《てったい》。朝鮮は李舜臣《イスンシン》《りしゅんしん》の水軍が活躍。陶《とう》工《こう》が日本に渡る。

③ **朝鮮通信使《ちょうせんつうしんし》**…徳川家康《とくがわいえやす》は，対馬藩《つしまはん》を通じて朝鮮と国交を回復。将軍が代わるごとに慶賀《けいが》の朝鮮通信使が来日。日本からも使節を送る。

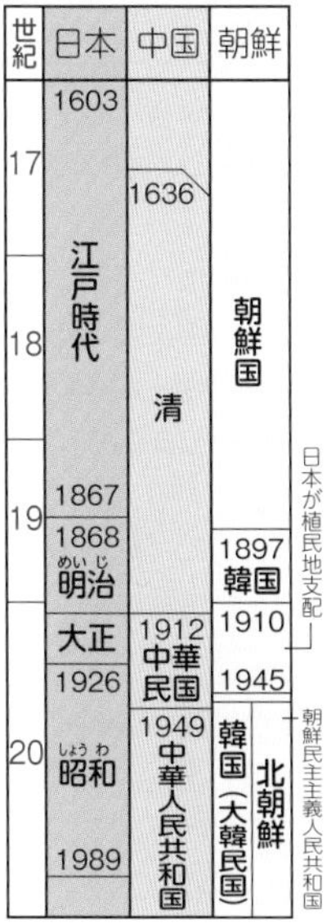


## 明治時代～現代

| 年 | 中国と日本の関係 | 年 | 朝鮮と日本の関係 |
|---|---|---|---|
| 1894 | **日清《にっしん》戦争**→下関《しものせき》条約（1895 年） | 1873 | 日本で**征韓論《せいかんろん》**…西郷隆盛《さいごうたかもり》など |
| 1900 | **義和団《ぎわだん》事件**（～ 1901 年） | 1876 | **日朝修好《しゅうこう》条規**…不平等条約 |
| 1915 | **二十一か条の要求** | 1910 | **日本の韓国併合《かんこくへいごう》** |
| 1919 | **五《ご》・四《し》運動** | 1919 | **三《さん》・一独立《いちどくりつ》運動**…朝鮮の独立運動 |
| 1931 | **満州《まんしゅう》事変**→満州国（1932 年） | | |
| 1937 | **日中戦争**→日本の敗戦（1945 年） | 1945 | 日本の敗戦で朝鮮は解放→独立 |
| 1949 | 中華《ちゅうか》人民共和国の成立 | 1950 | **朝鮮戦争**（～ 53 年休戦） |
| 1972 | **日中共同声明**で国交回復 | 1965 | **日韓《にっかん》基本条約**…韓国と国交を回復 |
| 1978 | **日中平和友好条約** | | 北朝鮮とは正式な国交なし |

公民

# 21 現代社会と個人の尊重

## わたしたちの生活と現代社会

- □ グローバル化　人・モノ・お金・情報が，国境をこえて移動し，世界が一体化すること→**多文化社会**の発展。
- □ 少子高齢《こうれい》社会　出生《しゅっしょう》率の低下と，医療《いりょう》の発展により**少子高齢化**がすすむ。親と子ども，または夫婦だけの**核家族世帯**の割合が増加→**社会保障制度**に大きな影響《えいきょう》を与える。
- □ 情報社会　情報通信技術（ICT）の発達により，情報が重要な役割をもつようになる社会。
- □ 文化　文化のおもな領域には**科学**，**宗教**，**芸術**がある。歴史の中で**伝統文化**が育成。文化財の保護や，**アイヌ**の人々や琉球《りゅうきゅう》など，さまざまな文化の理解と尊重が大切。
- □ 社会集団　人間は学校など**社会集団**の中で生活しており，**きまり**を守る必要がある。**対立**が生じると，**合意**をめざす。
- □ 効率と公正　合意をめざす上で，無駄《むだ》のない状態（**効率**）を心がける。その際，機会や結果に不平等がないようにする（**公正**）。

▶**多文化社会**は内なる国際化→さまざまな文化をもつ人と共生。だれもが使いやすい**ユニバーサルデザイン**の広がり。

▶情報リテラシー（情報を正しく活用する力）を養う必要性。

## 人権思想と憲法

- □ 人権思想　① **社会契約《けいやく》説**…ロック。←イギリス。抵抗権
  ② **啓蒙《けいもう》思想**…モンテスキューやルソーら。←フランス。三権分立／←フランス。人民主権
- □ 憲法　国の基本法・最高法規。基本的人権を保障《ほしょう》。
- □ 大日本帝国《ていこく》憲法　**天皇《てんのう》主権**。自由や権利は法律で制限。
- □ 日本国憲法 **重要**
  ① 1946年11月3日公布，翌年5月3日施行。
  ② 基本原理…**国民主権**，**基本的人権の尊重**，**平和主義**。
  - **国民主権**…天皇は国の**象徴《しょうちょう》**。**国事行為《こくじこうい》**のみを行う。
  - **基本的人権の尊重**…侵《おか》すことのできない永久の権利。
  - **平和主義**…前文と，**戦争放棄《ほうき》**および**戦力不保持**を定めた**第9条**。**自衛隊《じえいたい》**を保持。**日米安全保障条約**により，日本での米軍駐留《ちゅうりゅう》を認める。

▶**天皇の国事行為**　内閣《ないかく》総理大臣や最高裁判所長官の任命，国会の召集《しょうしゅう》など…**内閣の助言と承認**が必要。

**必出** **非核三原則**（核兵器を「持たず，作らず，持ちこませず」）を掲《かか》げる。

入試 直前チェック

- 日本国憲法の基本原理をおさえておく。
- 自由権，社会権の分類ができるようにしておく。



## 基本的人権の尊重

□ 自由権　① **精神の自由**…思想，良心，信教，表現などの自由。
② **身体の自由**…奴隷《どれい》的拘束《こうそく》や苦役《くえき》を受けない。
③ **経済活動の自由**…職業選択《せんたく》の自由，財産権の保障など。

□ 平等権　個人を尊重し，法の下《もと》の平等を保障。**子ども（児童）の権利条約**，**男女雇用《こよう》機会均等法**（←1985年制定。），**男女共同参画社会基本法**（←1999年制定。），**障害者基本法**などの制定により，個人として能力を発揮できる社会をめざす。

▶部落差別解消推進法，**アイヌ民族支援法**などの法律によっても差別を禁止している。

□ 社会権 重要　すべての国民が人間らしく豊かに生きる。
① **生存《せいぞん》権**…**健康で文化的な最低限度の生活**を保障。
② **教育を受ける権利**…学校教育のほか，生涯《しょうがい》学習を含《ふく》む。
③ **労働者の権利**…**勤労の権利**と**労働基本権（労働三権）**。（←団結権，団体交渉権，団体行動権）

▶1919年に制定されたドイツの**ワイマール憲法**が最初に保障。

▶日本国憲法**第25条**で保障。

□ 人権を守るための権利
① **参政《さんせい》権**…選挙権，被《ひ》選挙権，国会や政府への請願《せいがん》権。
② **請求《せいきゅう》権**…裁判を受ける権利，賠償《ばいしょう》請求権。

□ 公共の福祉《ふくし》　人権の限界。基本的人権の濫用《らんよう》は許されない→**公共の福祉**のために制限されることがある。

□ 国民の３つの義務　① 子どもに普通《ふつう》**教育**を受けさせる義務，② **勤労《きんろう》**の義務，③ **納税《のうぜい》**の義務。

□ 新しい人権 重要　社会環境《かんきょう》の変化によって，新たに保障した権利。個人情報保護制度。
① **知る権利**…国や地方の役所の情報を入手できる権利。**情報公開制度**によって，請求に応じ情報を開示。
② **プライバシーの権利**…私生活を公開しない。**肖像《しょうぞう》権**など。
③ **環境権**…住みやすい環境を享受《きょうじゅ》する権利。**日照権**など。
④ **自己決定権**…自分の生き方を自由に決める権利。インフォームド・コンセントなど。

↑日照権に配慮したマンション

▶大規模な開発をする場合は，**環境アセスメント**（環境影響評価）が義務付けられている。

□ 国際社会と人権　国際連合で**世界人権宣言**（←1948年制定）→（人権保障を法的に義務付け→）**国際人権規約**が採択される。

22

公民

# 民主政治

## 民主主義

□ **直接民主制**　人々が直接話し合いに参加して，物事を決める。スイスの一部の州など。

□ **間接民主制** 重要　**議会制民主主義**ともいう。選挙で選ばれた代表者が集まった議会で物事を決める。意見がまとまらなければ，**多数決の原理**を用いることが多い。しかし，決める前には少数の意見も聞くなど**少数意見の尊重**が必要。

| 王政 | 民主政 |
|---|---|
| 代表者<br>↑<br>×<br>国民 | 代表者<br>（交代することもある）<br>↑<br>国民 |

↑王政と民主政の違い

## 選挙制度

□ **選挙制度**　① **公職選挙法**…選挙管理委員会。

② **選挙権**…満 18 **歳《さい》以上**の男女による普《ふ》通《つう》選挙。

□ **選挙の 4 原則**　① **普通選挙**…一定年齢以上の国民が選挙権を持つ。

② **平等選挙**…一人一票。

③ **直接選挙**…代表者を直接選ぶ。

④ **秘密選挙**…無記名投票。

□ **選挙区制** 重要　① **大選挙区制**… 1 つの選挙区から 2 名以上の代表を選出。

② **小選挙区制**… 1 つの選挙区から 1 名の代表を選出。死票が多くなる。

③ **比例代表制**…得票数に応じて議席を配分。死票が少ない。

衆議院議員総選挙は，**小選挙区比例代表並立制**が採用されている。参議院議員選挙は，選挙区制と比例代表制が採用されている。

| 選挙法改正年 | 選挙資格 | | | 有権者数（選挙年） | 人口対有権者比率 |
|---|---|---|---|---|---|
| | 性別 | 年齢 | 納税 | | |
| 1889年（明治22） | 男 | 25歳 | 15円 | 45万人（1890年） | 1.1％ |
| 1900年（明治33） | 男 | 25歳 | 10円 | 98万人（1902年） | 2.2％ |
| 1919年（大正8） | 男 | 25歳 | 3円 | 306万人（1920年） | 5.5％ |
| 1925年（大正14） | 男 | 25歳 | ／ | 1240万人（1928年） | 20.0％ |
| 1945年（昭和20） | 男女 | 20歳 | ／ | 3687万人（1946年） | 48.7％ |
| 2015年（平成27） | 男女 | 18歳 | ／ | 10620万人（2016年） | 83.6％ |

↑日本の選挙権の拡大

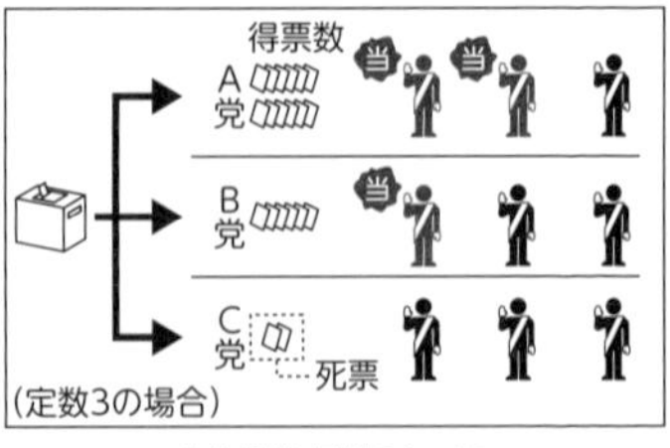


↑比例代表制のしくみ

入試 直前チェック

直接民主制と間接民主制の違いを説明できるようにしておく。

日本の選挙制度を課題とともにまとめておく。



□ **選挙制度の課題** 重要 投票率を高めるための取り組みが行われている。

① 投票率の低下…期日前投票の制度などで投票率を高めるための取り組みをしている。

② **一票の格差**…当選するために必要な票数に差が生じて，選挙区の有権者が持っている一票の価値に差が生じること。

▶若い年代で投票率が低くなっている。

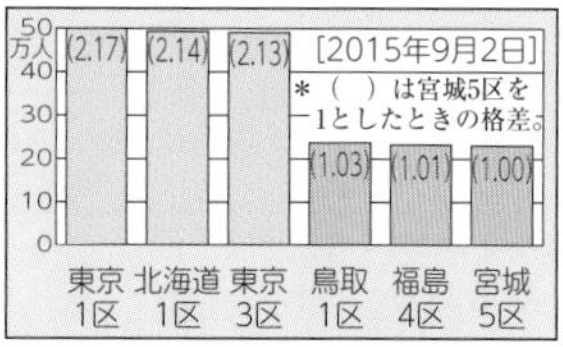


↑一票の格差

□ **おもな政治参加方法**

① 選挙での投票。

② 選挙運動の手伝い。

③ 利益団体(圧力団体)への参加。

④ 住民運動やまちづくりへの参加。

⑤ 議員や行政への請願《せいがん》，陳情《ちんじょう》。

⑥ 情報公開制度などを利用した調査や監視。

| | | |
|---|---|---|
| 国 | 衆議院議員 | 25 歳以上 |
| | 参議院議員 | 30 歳以上 |
| 地方 | 市(区)町村長 | 25 歳以上 |
| | 市(区)町村議会議員 | 25 歳以上 |
| | 都道府県知事 | 30 歳以上 |
| | 都道府県議会議員 | 25 歳以上 |

↑ 必出 被《ひ》選挙権を得る年齢

## 政党

□ **政党** 同じ考えを持つ人々が集まって作った団体。

□ **政党政治** 政党が政策を**政権公約**(マニフェスト)として発表。政権を担う政党を**与党《よとう》**，それ以外の政党を**野党**という。いくつかの政党で内閣《ないかく》が作られる政権を**連立政権**(連立内閣)という。

① **二党制**(**二大政党制**)…二つの政党がほとんどの議席をしめる。（←イギリスなど）

② **多党制**…主要な政党が三つ以上ある議会。（←日本など）

▶日本の政党政治…1955 年から 1980 年代までは自由民主党が単独政権(55 年体制)。1990 年代以降は政権交代がおこったが，現在は自由民主党を中心に政権を担っている。

## 世論とマスメディア

□ **世論《せろん》《よろん》** 政府は，世論を参考に政治を行う。

□ **マスメディア** 新聞やテレビなどの情報は，各社で異なり，その意見が反映されていることもある。情報を批《ひ》判的《はんてき》に読み解く力の**メディアリテラシー**が求められる。

▶**ソーシャル・ネットワーキングサービス(SNS)**の情報は，裏付けがないものがあることに注意する。

公民

# 23 国会と内閣

## 国会のしくみ

- □ 国会の地位　国権の最高機関，国の唯一《ゆいいつ》の立法機関。
- □ 二院制　衆議院と参議院。審議《しんぎ》や議決を慎重《しんちょう》に行う。

| 衆議院 | | 参議院 |
|---|---|---|
| 465 名 | 議員定数 | 245 名 |
| 4 年<br>解散あり。任期途中でも資格を失う。 | 任　期 | 6 年<br>解散なし。3 年ごとに半数を改選。 |
| 満 25 歳《さい》以上 | 被《ひ》選挙権 | 満 30 歳以上 |
| 小選挙区…289 名<br>比例代表…全国の 11 ブロックから 176 名 | 選出方法 | 比例代表…98 名<br>選挙区…各都道府県ごと(45 区 147 名) |
| 国民の意思や世論を反映→衆議院の優越《ゆうえつ》 | 特　色 | 落ち着いて議案を研究・審議→良識の府 |

▶国会の種類
①常会《じょうかい》…通常国会。年1回，1月中に召《しょう》集《しゅう》。会期は 150 日。
②特別会…特別国会。衆議院解散後の総選挙日から 30 日以内に召集。
③臨時《りんじ》会…臨時国会。内閣《ないかく》が必要と認めたときなど。

⚠ 参議院は，2022 年の選挙で定数 248 名(選挙区 148 名，比例代表 100 名)となる予定。

## 国会のはたらき

- □ 国会の権限 重要
  ① 法律の制定，条約の承認，憲法改正の発議《はつぎ》。
  ② 予算の議決，決算の承認。
  ③ 内閣総理大臣の指名，国政調査権，内閣不信任の決議。←衆議院のみの権限
  ④ 弾劾《だんがい》裁判所の設置。

必出 憲法改正
各議院の総議員の 3 分の 2 以上の賛成で，国会が発議し，国民投票を行い，有効投票の過半数の賛成が必要。

- □ 法律の制定　法律案は内閣または国会議員から提出。両院で，それぞれ委員会での審議(公聴会《こうちょうかい》を開くこともある)→本会議での審議を行って，多数決で決定。
- □ 予算　内閣が作成し，常会に提出する。衆議院で先に審議する→衆議院の予算先議権。
- □ 国政調査権　証人喚問《かんもん》などを求めることが可能。
- □ 条約　内閣が締結《ていけつ》。その前か後に，国会の承認が必要。
- □ 衆議院の優越 重要
  ① 法律案は衆議院の 3 分の 2 以上の再可決で成立。
  ② 内閣総理大臣の指名，予算の議決，条約の承認。
  ③ 予算の先議権，内閣不信任の決議。

⚠ 衆議院のほうが，議員の任期が短く，解散もあるので，参議院より民意をよく反映している。そのため衆議院を優越させている。

入試 直前チェック

- 衆議院と参議院の違いをまとめておく。
- 内閣のしくみと権限をおさえておく。

## 国会と内閣

□ **議院内閣制**　内閣は**国会の信任**の上に成り立ち，国会に対して，**連帯して責任**を負《お》う。

□ **内閣の不信任** 重要　国会(衆議院)は内閣の不信任を決議できる。

① **衆議院が内閣不信任案を可決**すると，内閣は **10 日以内**に衆議院を**解散**するか，**総辞職**をしなくてはならない。

② 衆議院が解散されると，**40 日以内**に総選挙が行われ，**総選挙の日から 30 日以内**に**特別会**(特別国会)が召集される。ここで内閣は総辞職する→新しい内閣総理大臣の指名。

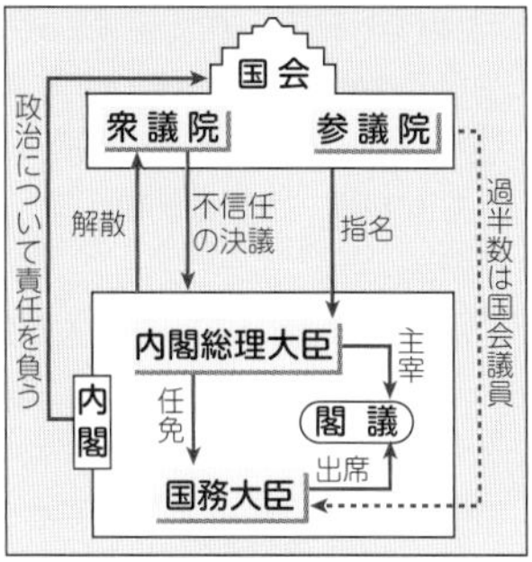

↑議院内閣制のしくみ

## 内閣のはたらき

□ **内閣のしくみ**　内閣総理大臣↑首相とその他の国務《こくむ》大臣で構成。**閣議**を開き，意思を決定。**全会一致《いっち》**が原則。

① **内閣総理大臣**…**国会が指名**，**天皇《てんのう》が任命**。国会議員，文民《ぶんみん》↑軍人ではない者であることが条件。

② **その他の国務大臣**…内閣総理大臣が任命。天皇が認証《にんしょう》。**過半数は国会議員**。文民であることが条件。

□ **内閣の権限** 重要

① **天皇の国事行為《こくじこうい》**に**助言**と**承認**を与える。

② **予算や法律案の提出。国会の召集**(臨時会)，**衆議院の解散**の決定。

③ **最高裁判所長官の指名**，↑任命は天皇 その他の裁判官の任命。

④ 条約の締結，外交関係の処理。

⑤ **その他**…**政令**の制定，公務員に関する事務，恩赦《おんしゃ》。

□ **公務員**　**国家公務員**↑国の機関で働くと，**地方公務員**↑地方公共団体で働く。**全体の奉仕《ほうし》者**。

□ **行政改革**　公務員制度改革，地方分権の推進，規制緩和《かんわ》など。

**▶国の行政機関**
内閣は**行政権**をもち，その下に**内閣府**と 11 の省があり，さらにその下に多くの庁や**行政委員会**がある。内閣から独立して**会計検査院**と**人事院《じんじいん》**がある。

公民

# 24 裁判所と地方自治

## 裁判所のしくみ

- □ **司法権の独立**　司法権は裁判所に属す。裁判所は公正・中立であるために，国の他の機関から干渉《かんしょう》されない。
- □ **裁判所の種類**　**最高裁判所**と，**下級裁判所**(高等裁判所，地方裁判所，家庭裁判所，簡易《かんい》裁判所)。
- □ **最高裁判所**
  - ① **裁判官**…15 人のうち 1 人が長官。**長官は内閣《ないかく》が指名し，天皇が任命**。その他の裁判官は，**内閣が任命**。
  - ② **国民審査《しんさ》**…最高裁判所の裁判官は，就任後初めて行われる衆議院議員総選挙のときと，その後は 10 年ごとの総選挙のときに，国民審査を受ける。
  - ③ 下級裁判所の裁判官を**指名**する(内閣が任命)。
- □ **裁判の種類** 重要　裁判は原則として公開。
  - ① **民事《みんじ》裁判**…**民事事件**(私的な争い)を裁く。**原告《げんこく》**(訴《うった》えた人)と**被告《ひこく》**(訴えられた人)。
  - ② **刑事《けいじ》裁判**…**刑事事件**(刑法上の犯罪《はんざい》)を裁く。**検察官《けんさつかん》**が被疑者《ひぎしゃ》を起訴《きそ》→検察官が**原告**，起訴された人が**被告人《ひこくにん》**。
- □ **三審《さんしん》制**　1 つの事件で 3 度まで裁判を受けられる。
- □ **刑事被告人の権利**　弁護《べんご》人を依頼する権利。証人喚問《かんもん》権(公費で証人を求める権利)。**黙秘《もくひ》権**。←自分に不利なことは話さなくてよい
- □ **裁判員制度** 重要　重大な刑事事件の審理《しんり》・判決に国民が参加。

⚠ **司法権の独立**　裁判官は，良心に従って裁判をし，**憲法と法律にのみ拘束《こうそく》**される。

▶裁判官は心身の故障《こしょう》，定年，**弾劾《だんがい》裁判**や**国民審査**でやめさせられる他は，身分や報酬《ほうしゅう》が保障《ほしょう》される。

▶**再審制度**　判決確定後でも，新たな証拠《しょうこ》などがあれば裁判のやり直しが認められる。

▶**司法制度改革**　日本司法支援センター(法テラス)の設置など，裁判を利用しやすくするための改革。

## 三権分立

- □ **違憲《いけん》立法(法令)審査権** 重要　裁判所は，法律，命令などが憲法違反でないかどうかを判断する権限をもつ。最終の裁判を行うのは，**最高裁判所**(←「**憲法の番人**」)。
- □ **弾劾裁判所**　不正を行った裁判官を裁く。弾劾裁判所の設置は**国会**の権限。

必出 三権分立のしくみ→

入試 直前チェック

- 裁判所や裁判の種類をまとめておく。
- 三権分立のしくみと国民の関係をおさえておく。

## 地方自治のしくみ

□ **地方自治**　地域の住民自身が，地域の政治をすすめる。地方自治は民主政治の原点→「**民主主義の学校**」。住民は首長《しゅちょう》と地方議員を選挙で選ぶ，二元代表制。

□ **地方議会**　**条例**の制定や改廃《かいはい》，予算の議決，決算の承認などを行う。議会は公開される。

□ **執行機関**《しっこうきかん》　① **首長**…**都道府県知事**《ちじ》，**市（区）町村長**。補助で副知事（都道府県），副市（区）町村長（市区町村）。
② **行政委員会**…教育委員会，監査《かんさ》委員など。

**必出 首長と議会**
首長は議会の決めた条例や予算の再議を求めることができる。議会が首長の不信任を決議→辞職か，10日以内に議会を解散。

## 住民の権利

□ **住民の直接請求権**《せいきゅう》　住民の署名《しょめい》を集めて請求する。

| 直接請求の種類 | | 請求先 | 必要な署名数 |
|---|---|---|---|
| 条例の制定，改廃 | | 首　長 | 有権者の50分の1以上 |
| 監査 | | 監査委員 | |
| 議会の解散 | | 選挙管理委員会 | 有権者の3分の1以上（40万をこえる場合は例外あり） |
| リコール（解職） | 首長，議員 | 選挙管理委員会 | |
| | 主な公務員 | 首　長 | |

⚠ 憲法改正の場合は**国民投票**，最高裁判所の裁判官の場合は国民審査，特別法の場合は住民投票という。

□ **住民投票権**（←レファレンダムともいう）　特定の地方公共団体だけに適用される法（**特別法**）の制定には，**住民投票**で過半数の賛成が必要。

□ **住民運動**　**オンブズパーソン制度**や**ボランティア**による公共活動。NPO（**非営利組織**）による社会貢献《こうけん》。

▶**オンブズパーソン制度**　住民の側から行政に対する苦情を処理・監察《かんさつ》する制度。

## 地方財政

□ **歳出**《さいしゅつ》　民生費，土木費，教育費などが多い。

□ **歳入**《さいにゅう》　① **地方税**…**都道府県税**（事業税や住民税）や市町村税（固定資産税や住民税）。**自主財源**として重要。
② **地方交付税**《こうふぜい》**交付金**…国が出す→**使いみちの指定はない**。（←一般財源）
③ **国庫支出金**《こっこししゅつきん》…国が出す→**使いみちを指定**（特定財源）。
④ **地方債**《さい》…地方公共団体が発行する借り入れ証書。

⚠ **地方分権一括**《いっかつ》**法**により，各自治体が独自の目的税を導入することが可能になった。

公民

# 25 経済と生産活動

## 経済と消費生活

□ **経済とは**　**財《ざい》**や**サービス**を生産したり消費したりする活動。

{ **財**…家具，衣料など形のあるもの。
{ **サービス**…医療《いりょう》など形のないもの。

□ **経済の主役**　経済主体ともいう。

① **家計**…家族単位の収入と支出。

② **企業《きぎょう》**…財やサービスを生産，販売。

③ **政府**…国や地方公共団体の経済活動。

□ **経済の循環《じゅんかん》**　家計と企業と政府の３つの主体の間で，貨幣《かへい》を仲立ちとして財やサービスが交換《こうかん》され，循環すること。

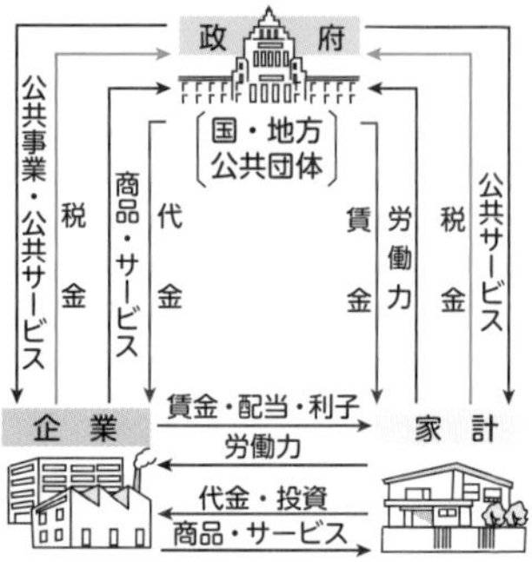


↑経済の循環

□ **家計収入**　① **勤労《きんろう》所得**…賃金など，勤労者の所得。

② **事業所得（個人事業主所得）**…農家，個人商店などの所得。

③ **財産所得**…預金《よきん》の利子《りし》，株式の配当《はいとう》，賃貸《ちんたい》料など。

④ その他…年金，失業保険など政府から支給される所得。

□ **家計支出**　食料費などの**消費支出**と，**非《ひ》消費支出**(税金など)。銀行預金などは**貯蓄《ちょちく》**。

□ **希少性**　求める量に対し，財やサービスの量が足りない状態。

## 契約と消費者の権利

□ **契約《けいやく》**　自分の意思で自由に契約を結ぶ，**契約自由の原則**が成り立っている。

□ **消費者の権利** 重要　安全を求める権利，知らされる権利，選択《せんたく》する権利，意見を反映させる権利←アメリカで宣言。日本→**消費者基本法**。

▶1962 年にアメリカのケネディ大統領が宣言。

□ **消費者保護行政** 重要　**消費者庁**の設置。国の国民生活センター，地方公共団体の消費生活センターでは，欠陥《けっかん》商品や悪徳商法などの被害から消費者を保護→**クーリング・オフ制度**，**消費者契約法**，**製造物責任法（PL 法）**など。

□ **支払い手段の変化**　現金のほか，クレジットカード，IC カードや携帯《けいたい》電話を用いた電子マネーの利用など。

▶クレジットカードは，返済不能なほどの買い物をしてしまう例も多いため，計画的に使う必要がある。

入試 直前チェック

- 消費者を守るための法律をまとめておく。
- 資本主義経済や株式会社のしくみをおさえておく。

## 商品の流通

□ 流通　生産された商品→卸売業者《おろしうり》→小売業者《こうり》→消費者までをつなぐしくみ。

□ 商業　① **卸売業**…生産者から買いつけ，小売商に売る。
② **小売業**…卸売商から仕入れて，消費者に売る。

□ 流通の合理化　生産者から直接仕入れる，大量に仕入れるなど。インターネット・ショッピングの出現。
↑商品の保管費用の削減という利点もある

▶卸売業者や小売業社が商品を企画して販売するプライベートブランド(PB)が近年普及《ふきゅう》している。

## 生産活動

□ 資本《しほん》主義経済　生産に必要な**設《せつ》備《び》(工場)**を備え，原材料を買い，**労働者**を雇《やと》って，**利潤《りじゅん》**目的で商品を生産する。その元手の**資本**を出す人が，**資本家**。

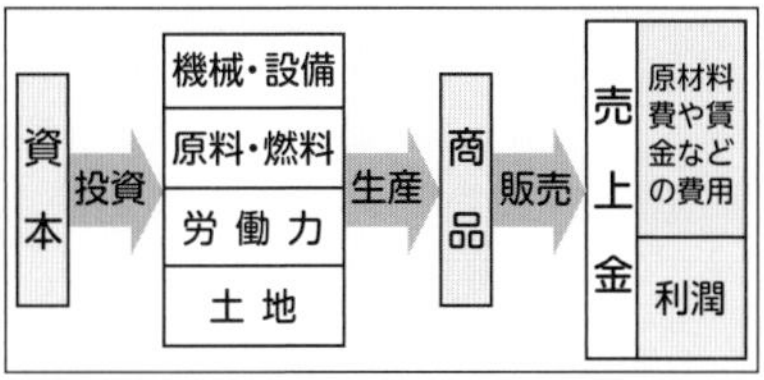


↑生産のしくみ

□ 技術革新　生産を効率的な方法で行うための研究。市場開拓《かいたく》など。

□ 企業　経済活動の単位。大企業と中小企業。

□ 中小企業　日本の企業数の99%以上。日本全体の従業員数の約70%，売上高の約43%を占《し》める。新しい事業を展開するベンチャー企業や，新しく企業をおこす**起業**も増えている。

□ 企業の社会的責任(CSR)　企業が福祉《ふくし》や文化支援などで社会に貢献《こうけん》。

| | | |
|---|---|---|
| 私企業 | 個人企業 | 農家，個人商品など |
| | 法人企業 | 企業(株式会社など) |
| 公企業 | 地方公営企業 | 水道，バスなど |
| | 独立行政法人 | 造幣局《ぞうへいきょく》など |

↑企業の種類

□ 株式会社のしくみ **重要**　必要な資金を小額の株式に分けて発行→株主《かぶぬし》は有限責任，**株主総会《そうかい》**を通じて経営に参加。会社が利潤を上げると，出資額に応じて利潤の分配(**配当**)を受ける。

□ 株価　株式は**証券取引所**などで売り買いされ，株式の値段が決まる。

公民

# 26 労働と金融のしくみ

## 労働者の権利

- □ 労働基本権（労働三権）　**団結権**，**団体交渉権**，**団体行動権**は，日本国憲法で保障《ほしょう》。
- □ 労働三法 重要　① **労働基準法**…労働条件の最低基準を規定。**労働基準監督署《かんとくしょ》**などが監督にあたる。
  - ② **労働組合法**…労働基本権を具体的に保障→労働組合の組織・権限や労働委員会などについて規定。
  - ③ **労働関係調整法**…労使の対立や争議の調整，解決。
- □ 労働組合　労働者が生活向上のためにつくる団体。日本では企業《きぎょう》別労働組合が多く，組織率が低い。
- □ 日本の雇用《こよう》　終身雇用と年功序列賃金《ねんこうじょれつちんぎん》から能力（成果）主義へ。また**非正規労働者・外国人労働者**が増加。
- □ 労働環境《かんきょう》　長時間労働などの課題がある。育児・介護《かいご》休業法などで安心して働ける制度を整え，**ワーク・ライフ・バランス**の実現をめざす。
  ↑仕事と家庭の両立

▶おもな内容　労働時間は，週40時間，1日8時間以内。少なくとも休日は週1日。

▶さまざまな雇用形態
①**正社員**…期間の定めがない
②**パート・アルバイト**
③**契約労働者**…原則3年以内の労働契約
④**派遣労働者**…人材派遣会社から他の企業に派遣される

## 価格のしくみと物価

- □ 市場《しじょう》経済　売り手と買い手が集まる**市場**でやり取りされる経済。需要《じゅよう》量と供給《きょうきゅう》量の関係で価格（**市場価格**）が決まる。
- □ 均衡《きんこう》価格 重要　需要量と供給量が一致《いっち》する価格。
  均衡価格の変動
  - **需要＞供給…価格は上がる**
  - **需要＜供給…価格は下がる**
- □ 独占《どくせん》価格　少数の企業が**市場**を**独占**しているときの価格。市場の独占がおこると，需要の変化が価格に影響《えいきょう》されない。
- □ 独占　自由競争で生産が大企業に集中し，市場を独占→**独占価格**の形成→特定の企業による独占は消費者に不利。
- □ 独占の禁止　**独占禁止法**→**公正取引《こうせいとりひき》委員会**が監視や指導を行う。

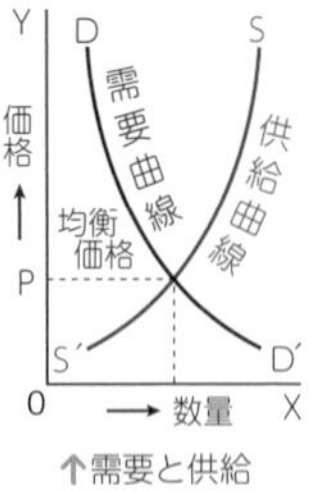


↑需要と供給
①**需要量**（D）…価格が下がるほど増加。（**需要曲線**）
②**供給量**（S）…価格が上がるほど増加。（**供給曲線**）

入試 直前チェック

- 均衡価格のしくみや公共料金についておさえておく。
- 日本銀行の役割をまとめておく。

□ **公共《こうきょう》料金** 重要　国や地方自治体が価格を決定したり，認可したりする。**郵便**，**水道**など，価格の変動が国民の生活に大きな影響をおよぼす料金。

▶おもな公共料金
電気料金，都市ガス料金，鉄道運賃，公営水道料金，公立学校授業料など。

□ **物価《ぶっか》**　さまざまな財《ざい》やサービスの価格を，総合し平均したもの。

## 貨幣と金融のしくみ

□ **貨幣《かへい》の流通**　交換《こうかん》の仲立ち。物品貨幣(布，貝など)→金属貨幣(金など)→紙幣《しへい》(銀行券)。貨幣を使用することで，時間や場所の制約がなくなる。

□ **金融**　資金を融通《ゆうずう》すること。

① **間接金融**…金融機関がお金の貸し借りの間に入る。
　↑証券会社，銀行など

② **直接金融**…直接お金を借りる。
　↑株式や債券，配当など

□ **銀行の仕事**　人々の貯蓄《ちょちく》を**預金**として集めて，家計や企業に貸し出す。お金の借り入れ者は，借り入れ金額と**利子《りし》**を支払う。
　↑元金

□ **日本銀行の役割** 重要

① **国の中央銀行**で，唯一《ゆいいつ》の**発券《はっけん》銀行**。
　↑紙幣を発行

② **銀行の銀行**…一般の銀行に資金を貸し付け。

③ **政府の銀行**…政府の資金の出し入れを行う。

④ **金融政策**…国債や手形の売買による公開市場操作など。

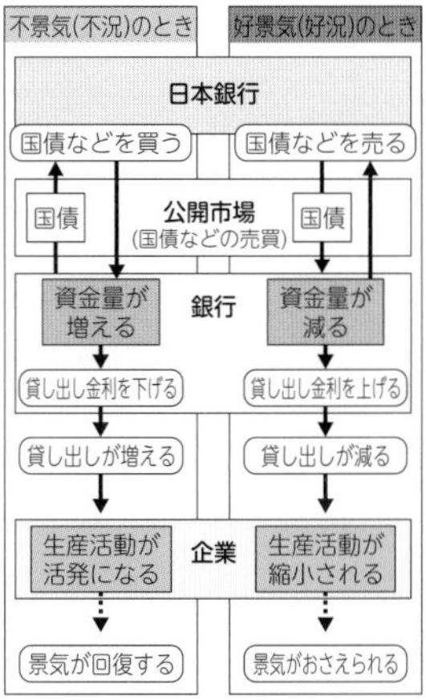

↑公開市場操作の流れ

## 景気変動

□ **景気変動**　好景気と不景気を交互《こうご》にくり返す。

□ **インフレーション(インフレ)**　通貨の流通量が増え，その価値が下落→物価が上昇。**好景気**のとき。

□ **デフレーション(デフレ)**　**不景気**で所得が低くなり，消費が低迷する→物価が下落。

⚠急激《きゅうげき》な不景気による社会の混乱を**恐慌《きょうこう》**という。

□ **景気対策**　不景気のときは減税や公共投資の増加を行う。

社会　理科　数学　英語　国語

公民

# 27 為替・財政・福祉

## 為替とグローバル経済

- □ **為替相場《かわせそうば》**　国と国との間で通貨を交換《こうかん》するときの比率。
- □ **円高**　円の価値が高くなること。(例)1 ドル＝ 100 円→ 90 円
- □ **円安**　円の価値が低くなること。(例)1 ドル＝ 100 円→ 110 円
- □ **輸出・輸入への影響《えいきょう》**
  - ←1ドルの商品を買うのに必要な円が安くなる
  - **円高**…外国の商品を安く買うことができるため，**輸入**に有利。
  - ←1ドルで買ってもらうときの利益が大きくなる
  - **円安**…日本の商品が売りやすくなるため，**輸出**に有利。
- □ **多国籍企業《きぎょう》**　複数の国に生産拠点《きょてん》や販売拠点を置く企業。

## 財政と政府の役割

- □ **財政**　政府(国や地方公共団体)の経済活動。
  - **国家財政**
    - **歳入《さいにゅう》**…中心は**税金《ぜいきん》**。ほかに**国債《こくさい》**(借り入れ)など。
    - **歳出《さいしゅつ》**…**公共的な財《ざい》やサービス**の提供。
- □ **財政の意義**　① 景気《けいき》変動の緩和《かんわ》，② 所得の再分配。

⚠ 財政の基本は**利益**より**仕事の内容**を重視した経済活動。資本主義経済の欠点を補《おぎな》う。

- □ **税金(租税)** 重要　財政収入の中心。**国税**と**地方税**。
  - **直接税**…**所得税**や相続《そうぞく》税。
  - **間接税**…税を払う人と，納税する人が別。**消費税**や酒税など。

| | | 直接税 | 間接税 |
|---|---|---|---|
| 国税 | | **所得税**<br>**相続税**<br>法人税 | **消費税**<br>**酒　税**<br>たばこ税<br>関　税 |
| 地方税 | 都道府県 | **道府県民税**<br>(都民税)<br>**事業税**<br>自動車税 | 道府県たばこ税<br>ゴルフ場利用税<br>地方消費税 |
| | 市町村 | 市町村民税<br>固定資産税 | 市町村たばこ税<br>入湯《にゅうとう》税 |

↑おもな税金

- □ **累進課税《るいしんかぜい》**　所得の高い人ほど税率が高い→所得の再分配の機能。
- □ **歳出**　国の財政では，地方交付《こうふ》税交付金などの**地方財政関係費**，**社会保障《ほしょう》費**，**公共事業費**，**国債《こくさい》費**，防衛費など。
- □ **社会資本**　多くの人々が，共同して利用する施設《しせつ》。生活関連社会資本と生産関連社会資本。
  - ←学校・公園・上下水道など（生活関連社会資本）
  - ←道路・港湾など（生産関連社会資本）
- □ **財政政策** 重要　政府が景気の安定をはかる。
  - **不景気**のとき→公共投資を増加。減税する。
  - ←社会資本の整備
  - **好景気**のとき→公共投資を減少。増税する。

入試 直前チェック

- 円高，円安の関係をまとめておく。
- 日本の社会保障制度の特徴をおさえておく。

## 社会保障の充実

□ **社会保障に対する国の責務**　「すべて国民は，**健康で文化的な最低限度の生活**を営《いとな》む権利を有する。」←日本国憲法第 25 条の**生存《せいぞん》権**の保障。

□ **日本の社会保障制度** 重要

① **社会保険**…保険料を支払《しはら》い，必要なときに給付を受ける。すべての人が**医療《いりょう》保険**と**年金保険**に加入。

**医療保険，年金保険（国民年金・厚生《こうせい》年金）**
**雇用保険，労災保険，介護《かいご》保険**など。

② **公的扶助《ふじょ》**…最低限度の生活を営むことができない人に，国が援助する**生活保護**。お金などを支給する。

③ **社会福祉《ふくし》**…社会生活上，ハンディキャップをもつ人々（社会的弱者）に対し，保護や援助のサービスをする。**児童福祉，母子・父子・寡婦《かふ》福祉，障がい者福祉，高《こう》齢者《れいしゃ》福祉**など。

④ **公衆衛生**…国民の健康増進をはかる。伝染病《でんせんびょう》予防，予防接種，廃棄物《はいきぶつ》処理，下水道処理など。

□ **課題**　年金の水準が低いこと，社会福祉が不十分なことが指摘されている。**少子高齢化**による社会保障への影響。社会保障の充実と経済成長の両立。

**▲ 民間保険**
民間の保険会社が運営する保険。**任意加入**で，社会保険とは区別される。
①**生命保険**…家族の死亡時に支給。
②**災害保険**…火災保険など。
③**任意の年金保険**…公的年金を補うために加入。

**▶介護保険制度**
介護を社会全体で支えることを目的に 40 歳《さい》以上から加入が義務づけられている。

## 公害と環境保全

□ **四大公害**　**四日市《よっかいち》ぜんそく**（三重県），**水俣《みなまた》病**（熊本県・鹿児島県），**新潟水俣病**（新潟県），**イタイイタイ病**（富山県）。

□ **さまざまな公害**　大気汚染《おせん》・水質汚濁《おだく》・土壌《どじょう》汚染・地《じ》盤沈下《ばんちんか》・騒音《そうおん》・振動《しんどう》・悪臭《あくしゅう》。

□ **公害の防止**　**公害対策基本法→環境《かんきょう》基本法**。**環境庁**（←1971 年）の発足→**環境省**。

□ **循環《じゅんかん》型社会の形成**　大量消費・廃棄→資源の再利用（←リサイクルなど）。

▶リデュース，リユース，リサイクル（**3R**）の促進が求められる。

28

公民

# 国際社会と世界の平和

## 国際社会の国家

- □ **国家の要素**　**国民，領域，主権。**
- □ **主権国家**　主権を持つ国家。領域は，**領土，領海，領空**で構成。領海の外側は，排他的経済水域が広がる。
- □ **国旗・国歌**　日本の国旗は**日章旗**，国歌は**君が代**。
- □ **国際法**　国際社会の秩序《ちつじょ》と平和を守るための法。
- □ **領土をめぐる問題**　**竹島**，**北方領土**など。
  韓国→　←ロシア連邦

▶国際連合の組織の1つとして，**国際司法裁判所**がオランダのハーグに置かれている。

## 国際連合の成立としくみ

- □ **成立**　第二次世界大戦の後，国際連合憲章《けんしょう》に基づいて創設(1945年)。本部はアメリカの**ニューヨーク**。
- □ **主要機関** 重要　**安全《あんぜん》保《ほ》障《しょう》理事会**，総会，事務局，経済社会理事会，国際司法裁判所，信託《しんたく》統治理事会の6つ。

▶**国際連合憲章**
憲章は，国連の目的を，**国際平和と安全の維持《いじ》，諸国間の友好関係の促《そく》進《しん》，人権と自由の尊重の促進**などにあると定めている。

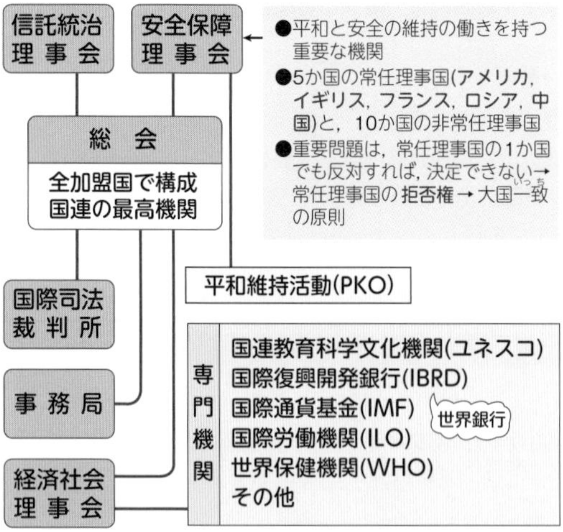


- □ **平和維持活動(PKO)**　総会または安全保障理事会の決議→停戦や選挙の監視《かんし》，兵力引《ひ》き離《はな》しなど。
- □ **国際原子力機関(IAEA)**　原子力の平和利用をすすめる。

▶日本は**PKO協力法**の制定により，これまでにカンボジアや東ティモールに自衛隊《じえいたい》を派遣《はけん》している。

入試 直前チェック

- 国連のどの機関がどのような仕事をしているのかをおさえておく。
- どのような国際協力が行われているのかをまとめておく。



## 国際社会の動き

□ **持続可能な開発目標(SDGs)**　2015年，国連で2030年までに達成すべき目標を示した。

□ **国際協力**　民間の**非政府組織(NGO)**の活動も国際化。日本の**政府開発援助(ODA)**の援助額は世界有数で，青年海外協力隊の派遣など，国際協力に貢献《こうけん》している。

□ **地域的経済統合**　各地域ごとに経済協力を強める動き。
{ **ヨーロッパ連合(EU)**，**東南アジア諸国連合(ASEAN《アセアン》)**，
**石油輸出国機構(OPEC《オペック》)**，米国・メキシコ・カナダなど。
←USMCA

□ **平和への課題**　**パレスチナ問題**。民族対立や領土問題に関係する地域紛争《ふんそう》。**難民**問題も生じる。
←UNHCRによる保護活動

□ **核廃絶《はいぜつ》への取り組み**　部分的核実験禁止条約，核拡散防止条約，包括《ほうかつ》的核実験禁止条約など。
←1963年　←1968年　←1996年

□ **競争と協調**　国際競争の激化と経済摩擦《まさつ》。**自由貿易協定(FTA)**，経済連携《れんけい》協定(EPA)で協調をはかる。
特定の地域の間で関税や規制の撤廃→

□ **国際経済の課題**　**南北問題**，**南南問題**の解決。発展途上国の資源ナショナリズム。
←先進国と発展途上国の経済格差

□ **多様性の尊重**　文化の多様性を守るとともに「人間の安全保障」の考え方を生かす。
←世界遺産条約
一人一人の人間の命，人権を大切にする→

**▶フェアトレード**(公正取引)　発展途上《とじょう》国の商品を先進国が適正な価格で買うことで，発展途上国の自立を支援し，経済格差の解消をはかる。

**▶マイクロクレジット**(少額融資《ゆうし》)　貧困層が事業を始めるために少額を融資し，収入を得る機会を与える。

**▶主要国首脳《しゅのう》会議(サミット)**　アメリカ，ヨーロッパ，日本などの主要国の代表による定期的な国際会議。これにEUと新興国11か国を加えたG20も開催《かいさい》。

## 資源・エネルギーと地球環境問題

□ **限りある資源**　私たちは，**化石燃料**，レアメタルなどの資源やエネルギーを消費して生活→これからは**再生可能エネルギー**，バイオ燃料などの活用も必要。
←石油・石炭など
太陽熱・太陽光・風力など→
←バイオマスの利用

**▶バイオマス**　生物を資源としてエネルギーを得る。

□ **地球環境問題**　**地球温暖化**，酸性雨，オゾン層の破壊《はかい》，砂漠《さばく》化，熱帯雨林の減少など。

▶1972年の国連人間環境会議や1992年の**国連環境開発会議**(地球サミット)などで対策。

□ **京都議定書**　1997年，先進国による二酸化炭素など**温室効果ガス排出量の削減**目標を定めた。

□ **パリ協定**　2015年，温室効果ガスの削減目標を制定。
←発展途上国を含む

29

地理

# 地理の最終チェック

## 世界の主要国まとめ

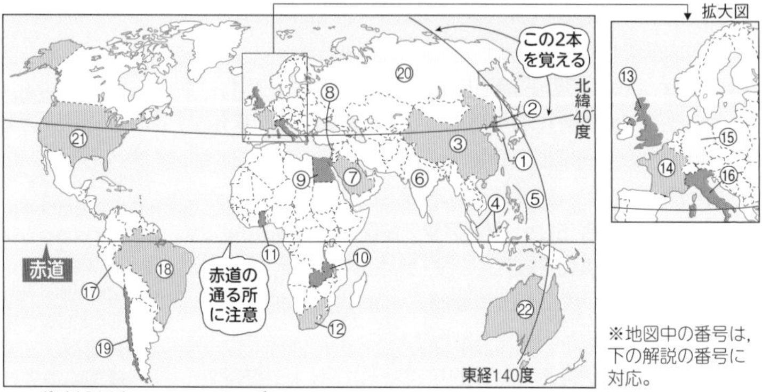


※地図中の番号は，下の解説の番号に対応。

- □ ① 大韓民国《だいかんみんこく》…アジアNIES《ニーズ》。
- □ ② 朝鮮《ちょうせん》民主主義人民共和国
- □ ③ 中国…社会主義，経済特区《とっく》。
- □ ④ マレーシア…工業化，アブラやし。
- □ ⑤ フィリピン…バナナ，砂糖《さとう》。
- □ ⑥ インド…ヒンドゥー教，ICT 産業。
- □ ⑦ サウジアラビア…大産油国。
- □ ⑧ イスラエル…ユダヤ教。
- □ ⑨ エジプト…スエズ運河，ナイル川。
- □ ⑩ ザンビア…銅。
- □ ⑪ ガーナ…カカオ，金，原油。
- □ ⑫ 南アフリカ共和国…金，ダイヤ。
- □ ⑬ イギリス…産業革命，北海油田。
- □ ⑭ フランス…小麦，ワイン。
- □ ⑮ ドイツ…ルール工業地域。
- □ ⑯ イタリア…地中海式農業。
- □ ⑰ ペルー…アルパカ，銅。
- □ ⑱ ブラジル…コーヒー，鉄鉱石。
- □ ⑲ チリ…地中海式農業，銅。
- □ ⑳ ロシア…経済改革，最大の国土。
- □ ㉑ アメリカ合衆国…適地適作の農業。サンベルトの電子工業など。
- □ ㉒ オーストラリア…羊毛。日本へ鉄鉱石や石炭を大量に輸出。

## 覚えておきたい地理の数字

- □ ① 地球の周囲の長さ…**4万 km**。
- □ ② 陸と海の面積の比…**3：7**。
- □ ③ 日本標準時子午線《しごせん》…**東経 135 度**。
- □ ④ 時差…東京とロンドンは **9 時間**。経度差 15 度で 1 時間の時差。
- □ ⑤ 2万5千分の1地形図の等高線《とうこうせん》…主《しゅ》曲線は**高度 10m** ごと。
- □ ⑥ 日本の人口…約 **1 億 2,600 万人**。
- □ ⑦ 日本の国土面積…約 **38 万 $km^2$**。

歴史

# 30 政治上の重要人物

## おもな天皇や上皇

- □ ① **推古天皇《すいこてんのう》**…女帝。593 年，**聖徳太子《しょうとくたいし》**が摂政《せっしょう》となる。
- □ ② **天智天皇《てんじ》**…中大兄皇子《なかのおおえのおうじ》(645 年に**大化《たいか》の改新《かいしん》**)が即位。大津《おおつ》に都を置く。
- □ ③ **天武天皇《てんむ》**…大海人皇子《おおあまのおうじ》が，**壬申《じんしん》の乱《らん》**(672 年)に勝って即位。
- □ ④ **聖武天皇《しょうむ》**…国分寺《こくぶんじ》，東大寺《とうだいじ》(大仏《だいぶつ》)を建立《こんりゅう》。**天平《てんぴょう》文化**が栄える(8 世紀)。
- □ ⑤ **桓武天皇《かんむ》**…794 年，**平安京《へいあんきょう》**に移る。律令《りつりょう》政治の立て直しをはかる。
- □ ⑥ **白河上皇《しらかわじょうこう》**…1086 年，上皇となり，**院政《いんせい》**を始め，藤原氏《ふじわらし》をおさえる。
- □ ⑦ **後鳥羽《ごとば》上皇**…1221 年，**承久《じょうきゅう》の乱**で北条《ほうじょう》氏に破れ，隠岐《おき》に流される。
- □ ⑧ **後醍醐《ごだいご》天皇**…鎌倉《かまくら》幕府をたおし，**建武《けんむ》の新政《しんせい》**を開始(1334 年)。**南朝《なんちょう》**。
- □ ⑨ **明治《めいじ》天皇**…王政復古《おうせいふっこ》(1867 年)，五箇条《ごかじょう》の御誓文《ごせいもん》(1868 年)。

## 政権をにぎったおもな人物

- □ ① **中臣鎌足《なかとみのかまたり》**…**大化の改新**(645 年)に参加し，藤原の姓《せい》を得る→藤原氏。
- □ ② **藤原道長《ふじわらのみちなが》**…藤原氏の**摂関《せっかん》政治**が全盛(10 世紀末～ 11 世紀初め)。
- □ ③ 〃 **頼通《よりみち》**…藤原道長の子で，京都の宇治《うじ》に**平等院鳳凰堂《びょうどういんほうおうどう》**を建立。
- □ ④ **平 清盛《たいらのきよもり》**…平治《へいじ》の乱(1159 年)を経て，**太政大臣《だいじょうだいじん》**となり，政権をにぎる。
- □ ⑤ **源 頼朝《みなもとのよりとも》**…平氏をたおし，1192 年に**征夷大将軍《せいいたいしょうぐん》**となる→**鎌倉幕府**。
- □ ⑥ **北条義時《よしとき》**…**執権《しっけん》**として実権をにぎる。**承久の乱**で後鳥羽上皇を破る。
- □ ⑦ 〃 **泰時《やすとき》**…執権。**御成敗式目《ごせいばいしきもく》(貞永《じょうえい》式目)**を制定(1232 年)。
- □ ⑧ 〃 **時宗《ときむね》**…執権。13 世紀後半，**元寇《げんこう》**では元を退《しりぞ》けた。
- □ ⑨ **足利尊氏《あしかがたかうじ》**…後醍醐天皇を吉野《よしの》に追いやり，**室町《むろまち》幕府**を開く(1338 年)。
- □ ⑩ 〃 **義満《よしみつ》**…3 代将軍。明《みん》と**日明(勘合《かんごう》)貿易**を始める。**金閣《きんかく》**を建立。
- □ ⑪ 〃 **義政《よしまさ》**…8 代将軍。京都東山《ひがしやま》に**銀閣《ぎんかく》**を建立→**東山文化**。
- □ ⑫ **豊臣秀吉《とよとみひでよし》**…全国統一→**太閤検地《たいこうけんち》**，**刀狩《かたながり》**，**朝鮮侵略《ちょうせんしんりゃく》**。
- □ ⑬ **徳川家康《とくがわいえやす》**…**征夷大将軍**となり，**江戸《えど》幕府**を開く(1603 年)。
- □ ⑭ 〃 **家光《いえみつ》**…3 代将軍。**島原《しまばら》・天草一揆《あまくさいっき》**(1637 ～ 38 年)を経て，**鎖国《さこく》**を完成。
- □ ⑮ 〃 **綱吉《つなよし》**…5 代将軍。儒学《じゅがく》の奨励《しょうれい》。生類憐《しょうるいあわれ》みの令。
- □ ⑯ 〃 **吉宗《よしむね》**…8 代将軍。**享保《きょうほう》の改革**を行い，幕府政治の立て直しをはかる。
- □ ⑰ **松平定信《まつだいらさだのぶ》**…老中《ろうじゅう》。**寛政《かんせい》の改革**(農村の立て直し，武士の借金帳消し)→失敗。
- □ ⑱ **水野忠邦《みずのただくに》**…老中。**天保《てんぽう》の改革**(倹約《けんやく》令や風俗の取りしまり)→失敗。
- □ ⑲ **徳川慶喜《よしのぶ》**…15 代将軍。1867 年に**大政奉還《たいせいほうかん》**。戊辰《ぼしん》戦争に敗れる。

31

公民

# 公民の最終チェック

## 日本の政治のしくみ

□ ① 国会　**国権の最高機関**。唯一《ゆいいつ》の立法機関。衆議院と参議院の二院制。

- **憲法改正の発議《はつぎ》**…各議院の総議員の3分の2以上の賛成→**国民投票**。
- **予算の議決**…**衆議院に先議権**があり，その議決は**衆議院が優越《ゆうえつ》**。
- **内閣《ないかく》総理大臣の指名**…国会議員の中から国会が指名。天皇《てんのう》が任命。
- **内閣不信任の決議（衆議院）**…内閣は10日以内に**衆議院解散**か，**総辞職**。
- **弾劾《だんがい》裁判所の設置**…不正な行為をした裁判官を裁く。

□ ② 内閣　内閣総理大臣（首相）と，それに任命される国務《こくむ》大臣で構成。

- **国会の召集《しょうしゅう》，衆議院の解散**を決める…解散→**総選挙**→特別会→**新内閣**。
- **最高裁判所長官の指名**…任命するのは天皇。
- **条約の締結《ていけつ》**…事前か事後に国会の承認が必要。
- **天皇の国事行為《こくじこうい》に対し，助言と承認を与える**…内閣が責任を負《お》う。

□ ③ 裁判所　**司法権の独立**。裁判官は法と良心に従う→裁判官の独立。

- **違憲《いけん》立法（法令）審査《しんさ》権**…最高裁判所に最終的な権限→「**憲法の番人**」。
- **最高裁判所長官の任命**…内閣が指名し，天皇が任命。
- **その他の裁判官の任命**…最高裁判所が指名し，内閣が任命。
- **国民審査**…最高裁判所の裁判官について，衆議院議員総選挙のときに行う。

□ ④ 地方自治　**直接請求《せいきゅう》権**により，住民の意見を反映。

- **条例の制定や改廃《かいはい》，監査《かんさ》の請求**…有権者の**50分の1**以上の署名《しょめい》。
- **議会の解散，リコール（解職）の請求**…有権者の**3分の1**以上の署名。

## 経済の重要用語

□ ① **均衡《きんこう》価格**…市場における需要《じゅよう》量と供給《きょうきゅう》量が一致《いっち》するときの価格。

□ ② **インフレ**…通貨の価値が下がり，物価《ぶっか》が上がる。↔**デフレ**。

□ ③ **株式《かぶしき》会社**…株式を発行。株主《かぶぬし》は**株主総会**に参加，**配当《はいとう》**を得る。

□ ④ **独占《どくせん》禁止法**…市場の独占を禁止。**公正取引《こうせいとりひき》委員会**によって運用。

□ ⑤ **日本銀行**…日本の**中央銀行**。**発券《はっけん》銀行**，**政府の銀行**，**銀行の銀行**。

□ ⑥ **直接税**…**所得税**（累進課税《るいしんかぜい》），**法人税**など。↔**間接《かんせつ》税**（**消費税**，酒税など）。

□ ⑦ **円高《えんだか》**…**為替《かわせ》相場**で円の価値が高まること。輸入に有利。↔**円安**。

□ ⑧ **社会保障《ほしょう》制度**…**社会保険**，**公的扶助《ふじょ》（生活保護）**，**社会福祉《ふくし》**，**公衆衛生**。

# 理科

01

生命

# 植物の特徴となかまわけ

## 種子でふえる植物

□ **種子植物**　花をさかせて**種子**をつくり，**種子でなかまをふやす植物**。**維管束**《いかんそく》**が発達**。次の２つに分類される。

▶乾燥した土地でも生育できる。

**1 被子植物** 重要　めしべに**子房**《しぼう》があり，**胚珠**《はいしゅ》**が子房の中にある**花をつくる(➡ p.68)。
被子植物は，さらに単子葉類と双子葉類に分類される。
例 アブラナ・イネ

**2 裸子植物** 重要　子房がなく，**胚珠がむき出しになっている**花をつくる。花弁やがくもない。
例 マツ・イチョウ

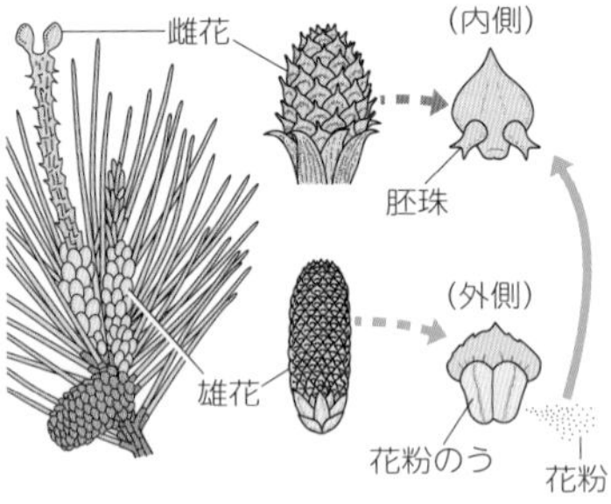

↑裸子植物（マツ）

## 被子植物の分類

□ **単子葉類**　**子葉が１枚**で発芽する植物。
例 イネ・ムギ・トウモロコシ・ユリ・ススキ

□ **双子葉類**　**子葉が２枚**で発芽する植物。双子葉類は，花弁のつくりから，さらに**合弁花類**と**離弁花類**に分類される。

必出 単子葉類と双子葉類は，**葉脈・茎の維管束・根のつくり**で区別できる(下図)。

| | 葉脈 | 茎の維管束 | 根のつくり |
|---|---|---|---|
| 単子葉類 | 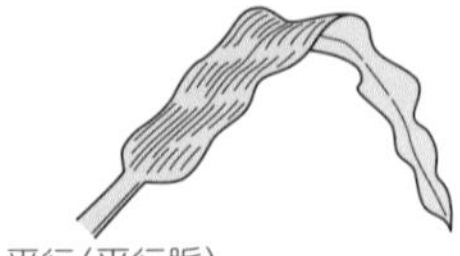 平行(平行脈) | 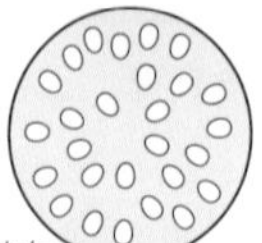 散在 | 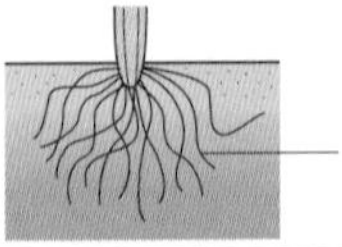 ひげ根 |
| 双子葉類 |  網目状(網状脈) | 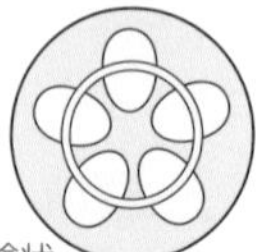 輪状 | 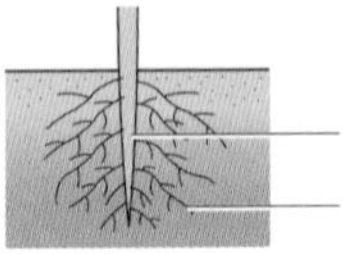 主根 側根 |

**入試直前チェック**

- 子房があるのは被子植物，子房がないのは裸子植物。
- 単子葉類と双子葉類は葉脈や根のつくりで分類する。

**1 合弁花類**　花弁が**1つにくっついている。**

例 アサガオ・ツツジ・タンポポ

**2 離弁花類**　花弁が**1枚ずつ離れている。**

例 アブラナ・エンドウ・サクラ

⚠ タンポポは，**5枚の花弁がくっついて，1枚のように見えている。**

## 種子をつくらない植物

□ **種子をつくらない植物**　種子をつくらず，**胞子**をつくってなかまをふやす。**シダ植物**と**コケ植物**に分類される。

□ **シダ植物**　葉の裏側に胞子をつくる**胞子のう**がある。胞子が熟すと胞子のうがはじけて胞子を飛ばす。
↑湿った場所に落ちると発芽する

① **根・茎・葉の区別がある。**
↑地下にある茎を地下茎という

② **維管束がある。**

例 ワラビ・ゼンマイ・スギナ・ノキシノブ

□ **コケ植物**　雌株に胞子をつくる**胞子のう**がある。

① **根・茎・葉の区別がない。**

② **維管束がなく，からだの表面から水分を吸収する。**

③ **仮根がある。**仮根には，主にからだを地面などに固定するはたらきがある。

例 ゼニゴケ・スギゴケ

▶ゼニゴケ

## 植物の分類

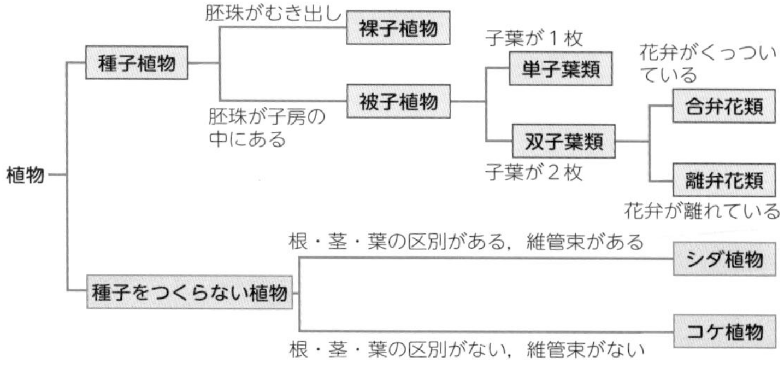

生命

# 02 生物と細胞・植物のからだ①

## 生物の観察

□ **顕微鏡の使い方** 重要

① **接眼レンズ**をはめ，次に，**対物レンズ**をはめる。

② 接眼レンズをのぞきながら反射鏡としぼりを調節し，**視野を明るくする。**

③ プレパラートをのせ，**横からのぞきながら調節ねじを回して**，対物レンズとプレパラートを近づける。

④ 接眼レンズをのぞきながら**ピントをあわせる。**

▶これを逆にすると，鏡筒を通して**対物レンズにほこりが入るおそれがある。**

▶直射日光は絶対に当てないこと。

□ **顕微鏡での観察倍率** 次式で求める。

**観察倍率＝接眼レンズの倍率×対物レンズの倍率**

## 生物のからだと細胞

□ **細胞** 生物のからだをつくっている基本単位。

□ **細胞のつくり** 動物細胞と植物細胞で少しちがう。

**1 核・細胞膜**

←ふつう，1つの細胞に1個ある

**動物細胞**と**植物細胞**に共通。

←植物のからだを支える

**2 細胞壁・葉緑体・大きく成長した液胞** **植物細胞**にだけ見られる。

←光合成を行う

▶核以外の部分を細胞膜も含めて**細胞質**という。

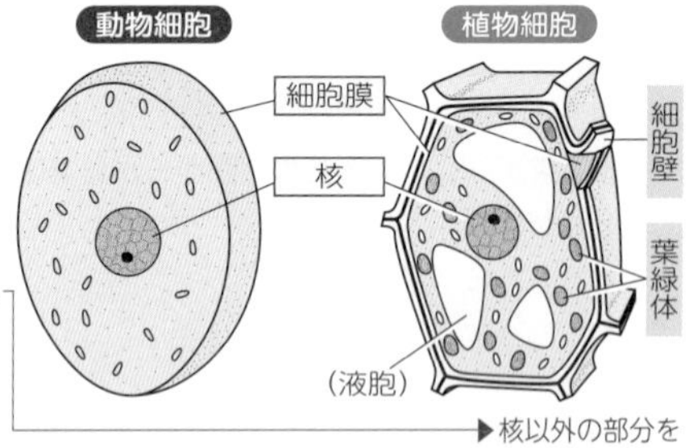


□ **生物の分類** **単細胞生物**と**多細胞生物**に分類できる。

## 葉のつくりとはたらき

□ **葉のつくり**

**1 表皮** うすい細胞の層で，ところどころに**気孔**がある。

←孔辺細胞以外は葉緑体をもたない

**2 葉脈** 葉の**維管束**。

□ **葉のはたらき**

① **栄養分をつくる**(光合成)➡**葉緑体**。

② **水分を出す**(蒸散)➡**気孔**。

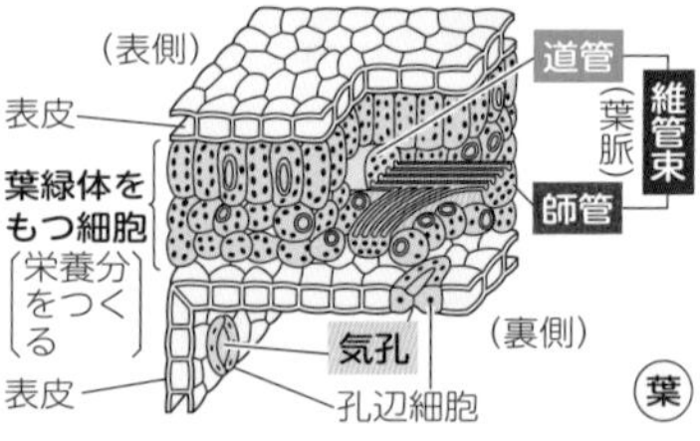

入試 **直前チェック**

- 対物レンズとプレパラートを近づけるときには横から見る。
- 呼吸は1日中行われ，光合成は昼だけ行われる。

## 光合成による栄養分の生産

□ **光合成**　植物が，**光のエネルギーを使ってデンプンなどの栄養分をつくる**はたらき。

**1 光合成を行う場所**　植物の細胞中に含まれる**葉緑体**で行われる。葉緑体は葉の細胞に多い。
（葉緑素という色素を含む）

**2 光合成に必要なもの**　**光・二酸化炭素・水**の３つ。どれか１つでも欠けると，光合成は行われない。

**3 光合成でできるもの**　**デンプン**などの栄養分がつくられる。このとき，**酸素**が発生する。

**4 光合成産物のゆくえ**

**デンプン**…水に溶けやすい物質に変えられて，師管を通して植物体各部へ運ばれる。
**酸素**…葉の気孔から体外へ放出される。

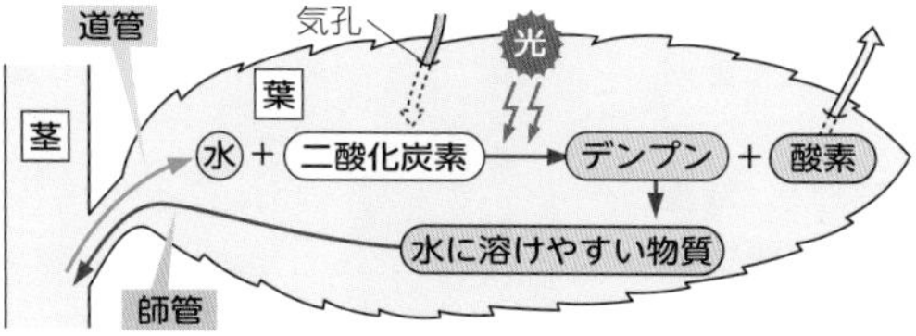


**［実戦コーチ］**

葉での光合成を確かめる実験では，次の２点をおさえておくこと。
①葉を，あたためたエタノールにつけて脱色する。
➡**葉緑体の色をとり除いて，実験での色の変化をわかりやすくするため。**
②葉を，うすいヨウ素液につける。
➡**光合成が行われた部分にはデンプンができており，青紫色になる。**

## 光合成と呼吸

□ **植物の呼吸**　植物も，動物と同じように，**つねに呼吸を行い**，酸素を吸収して二酸化炭素を放出している。

**必出** 吸収された酸素は，**細胞の呼吸**に使われる。細胞では，酸素を使って栄養分を分解し，エネルギーをとり出し，二酸化炭素を放出する。(光合成の逆)

□ **光合成と呼吸**　光合成と呼吸では，出入りする気体が逆である。

**光合成**…二酸化炭素を吸収し，酸素を放出する。
**呼吸**…酸素を吸収し，二酸化炭素を放出する。

□ **昼と夜でのちがい** **重要**　昼間は，光合成と呼吸の両方を行っている。

**昼間**…**光合成量＞呼吸量➡見かけ上光合成だけ。**
（二酸化炭素の放出が，見かけ上ない）
**夜間**…**呼吸だけ**が行われる。

03

生命

# 植物のからだ②

## 被子植物の花のつくりと種子のでき方

□ **被子植物の花のつくり**　被子植物では，**胚珠《はいしゅ》が子房《しぼう》の中にある。**

□ **種子と果実のでき方** 重要　花粉がめしべの柱頭について受粉したあと，受精(➡くわしくは p.77)してできる。

{ 胚珠→種子
{ 子房→果実

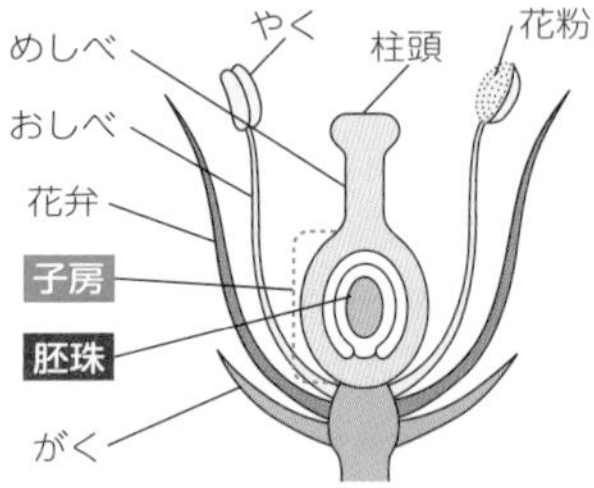


## 根のつくりとはたらき

□ **根のつくり**

1 **表皮**　若い根の先のほうの表皮細胞は，**根毛《こんもう》**に変形。

2 **維管束**　道管と師管《しかん》が交互《こうご》に配列している。

3 **伸長部**　根冠《こんかん》の上の部分で，**成長点**でふえた細胞が**成長して伸びる。**

□ **根のはたらき**

① **水・養分を吸収➡根毛。**
　↑根の表面積が大きくなり，水や養分を効率よく吸収できる

② **からだを支える。**

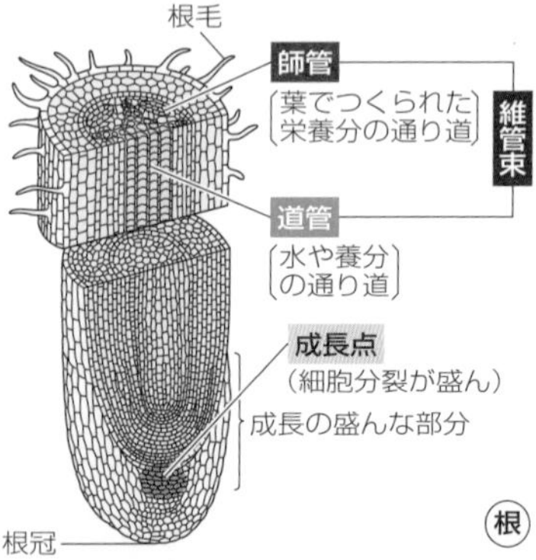


## 茎のつくりとはたらき

□ **茎のつくり**

1 **道管**　内側を通っている。

2 **師管**　外側を通っている。

3 **維管束**　道管と師管の束。

□ **茎のはたらき**

① **水・養分を運ぶ。➡維管束**

② **からだを支える。**

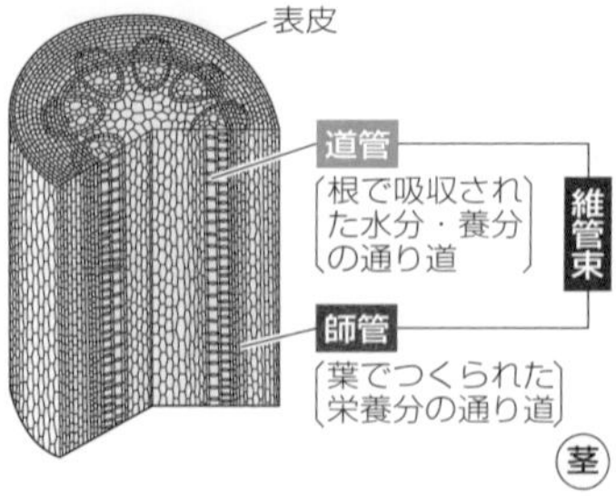

入試直前チェック

- 受粉後，子房は果実に，胚珠は種子になる。
- 土中の水や養分は道管，葉でできた栄養分は師管を通って移動する。

## 植物体での水や養分の移動

□ **水・養分の吸収**　若い根の先の**根毛**《こんもう》から吸収する。

□ **水・養分の移動** 重要　土中の水や養分は，**道管**を通して植物体内を移動する。

〔水・養分➡根〔表皮（根毛）⇨道管〕➡茎〔道管〕
➡葉〔葉脈（道管）⇨葉の細胞⇨気孔〕➡水蒸気〕

□ **光合成産物（栄養分）の移動** 重要　光合成でつくられたデンプンは，水に溶けやすい物質に変えられ，**師**《し》**管**《かん》を通して移動する。

〔葉〔葉の細胞の光合成…デンプン→水に溶けやすい物質⇨葉脈（師管）〕➡茎〔師管〕➡根〔師管⇨細胞（水に溶けやすい物質→デンプン）〕〕

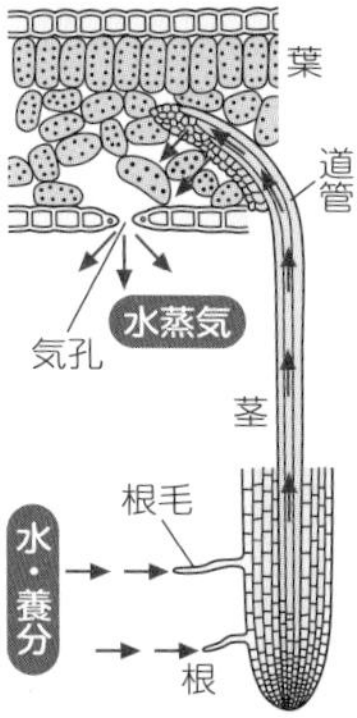


## 植物体での気体の出入り

□ **蒸散**《じょうさん》　植物が葉の**気孔**から水分を蒸発させる現象。

① 気孔は**孔辺**《こうへん》**細胞**の変形によって開閉する。
←葉緑体をもつ

② 気孔は葉の裏側に多い。
➡**葉の裏側からの蒸散が盛ん。**

③ 多くの植物は，光が当たると蒸散が盛んに起こる。

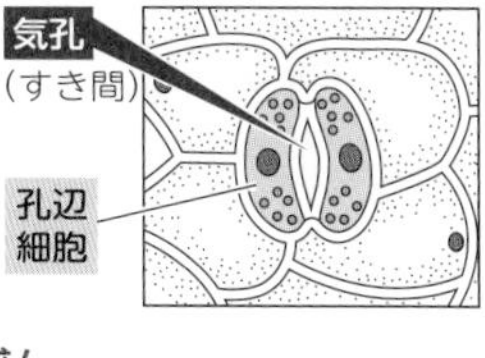


**〔実戦コーチ〕**
下図のような蒸散の実験では，**気孔の数が多いものほど蒸散量が多い**ことに注意せよ。ワセリンをぬると**気孔がふさがる。**

□ **気孔から出入りする気体**　蒸散による水蒸気の放出や，**呼吸・光合成による酸素・二酸化炭素の吸収と放出。**

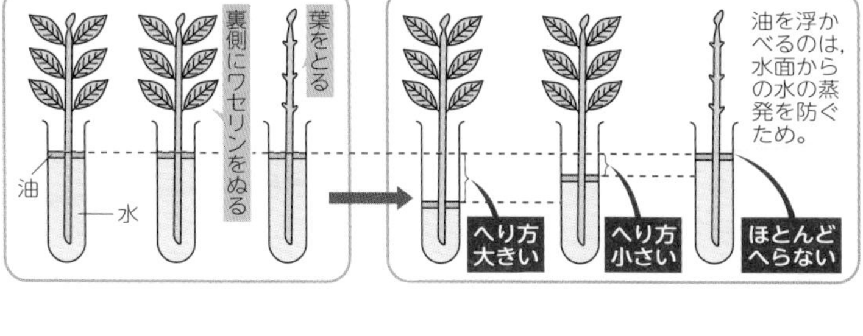

# 04 動物の特徴となかまわけ

## 脊椎動物の種類と生活

□ **脊椎動物《せきつい》**　**背骨のある動物**を**脊椎動物**という。**哺乳類《ほにゅう》**・**鳥類**・**は虫類**・**両生類**・**魚類**の５つにわけられる。

**必出** 背骨のない動物は**無脊椎動物**という。

<table>
<tr><th></th><th>魚類</th><th>両生類</th><th>は虫類</th><th>鳥類</th><th>哺乳類</th></tr>
<tr><td rowspan="2">うまれ方</td><td colspan="2">卵生<br>(殻《から》のない卵を水中にうむ)</td><td colspan="2">卵生<br>(殻のある卵を陸上にうむ)</td><td>胎生《たいせい》</td></tr>
<tr><td colspan="2">体外受精</td><td colspan="3">体内受精</td></tr>
<tr><td>呼吸</td><td>えら呼吸</td><td>子はえら呼吸と皮ふ呼吸，親は肺呼吸と皮ふ呼吸</td><td colspan="3">肺呼吸</td></tr>
<tr><td>体表</td><td>うろこ</td><td>しめった皮ふ</td><td>うろこ・甲ら</td><td>羽毛</td><td>毛</td></tr>
<tr><td>足と運動のしかた</td><td>ひれと尾を使って泳ぐ</td><td>後足ではねる(カエル)</td><td>四足とからだをくねらせて前進</td><td>つばさで空中を飛び，後足で地表を歩く</td><td>四足が発達し，活発に動く</td></tr>
</table>

□ **胎生と卵生**

**1 胎生**　ある程度母親の体内で育った**子**をうんで，なかまをふやすこと。

**2 卵生**　**卵**をうんで，なかまをふやすこと。

□ **肉食動物と草食動物**

**1 肉食動物**

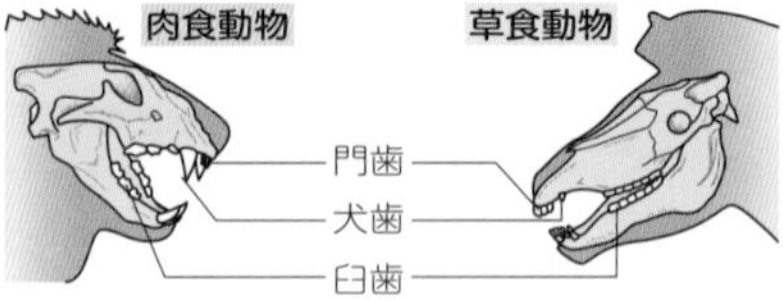


① **目**…前方に向き，立体的に見える範囲《はんい》が広い。

② **歯**…**犬歯《けんし》**と**臼歯《きゅうし》**が発達しており，獲物《えもの》をとらえたり，肉を引きさいて骨をくだいたりすることに適している。

**2 草食動物**

① **目**…側方に向き，広い範囲を見わたすことができる。

② **歯**…**門歯**と**臼歯**が発達しており，草や木を食いちぎってすりつぶすことに適している。

入試 直前チェック

子と親で呼吸器官が異なるのは両生類だけ。

外骨格をもつのは節足動物，外とう膜をもつのは軟体動物。

## 無脊椎動物の種類と生活

□ **無脊椎動物** 重要　背骨のない動物を**無脊椎動物**という。**節足《せっそく》動物**や**軟体《なんたい》動物**などがある。

▶節足動物は，からだをおおっている殻である外骨格と，その内側についている筋肉で動く。

**1 節足動物**　からだやあしに**節**があり，**外骨格**をもつ。**昆虫《こんちゅう》類**と**甲殻《こうかく》類**などに分けられる。

① **昆虫類**…気門から空気をとり入れて呼吸する。

例 バッタ・カブトムシ・モンシロチョウ

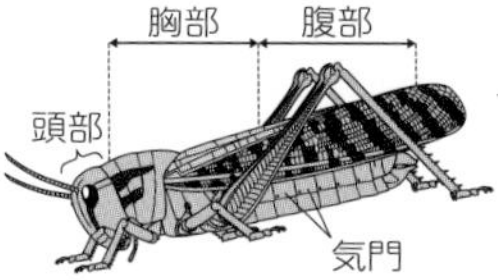


必出 からだが頭部・胸部・腹部に分かれており，胸部や腹部に気門がある。

② **甲殻類**…多くは水中で生活し，えら呼吸する。

例 エビ・カニ・ザリガニ・ダンゴムシ

↑—気門から空気をとり入れる

③ その他…**クモ類・ムカデ類**など。

例 クモ・サソリ・ムカデ・ヤスデ

**2 軟体動物**　からだやあしに節はなく，**外とう膜《まく》**とよばれる膜に内臓が包まれている。

↑—水中で生活するものはえらで呼吸し，陸上で生活するものは肺で呼吸する

例 イカ・タコ・アサリ・サザエ・マイマイ

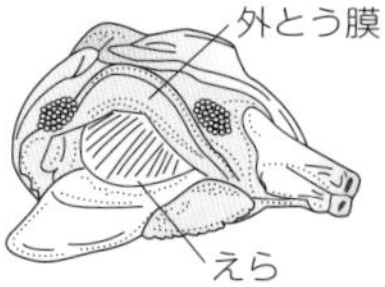


**3 その他の無脊椎動物**…ミミズやウニ，ヒトデ，クラゲなど。

## 動物の分類

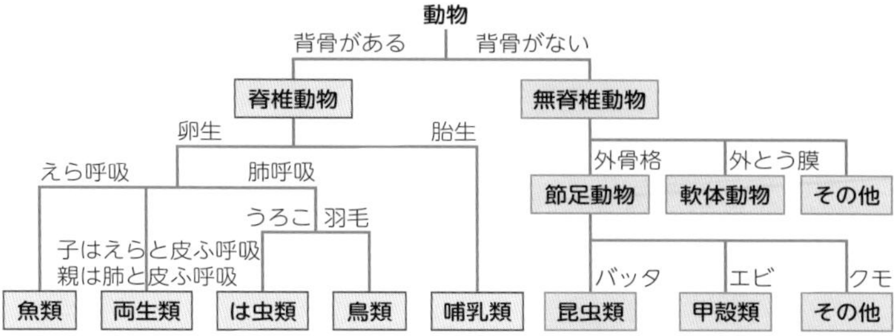

05

生命

# 動物のからだ①

## 消化と栄養分の吸収

□ **消化**　食物が分解され，吸収しやすい物質になることを**消化**という。

1 **消化管**　口から肛門《こうもん》までの食物が通る管。

2 **消化液**　だ液や胃液など，**食物を消化するはたらきのある液。**

3 **消化酵素《しょうかこうそ》**　消化液に含まれ，**食物中の栄養分を分解する物質**（胆汁《たんじゅう》には含まれていない）。

① **アミラーゼ**（**だ液**）…**デンプン**を分解する。

② **ペプシン**（**胃液**）・**トリプシン**（**すい液**）…**タンパク質**を分解する。

③ **リパーゼ**（**すい液**）…**脂肪《しぼう》**を分解する。

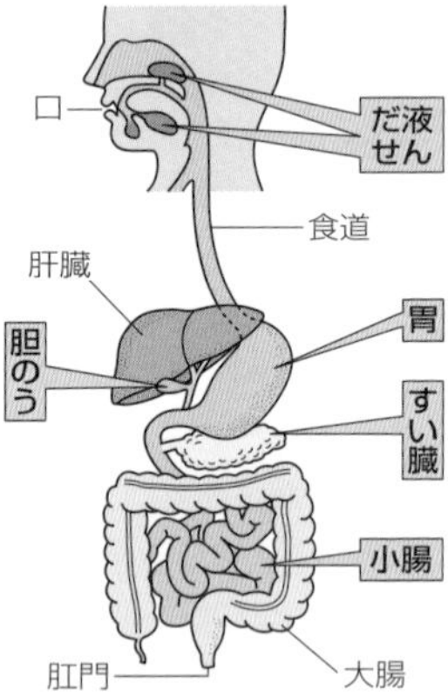


□ **吸収**　消化された栄養分は**小腸**の**柔毛《じゅうもう》**から吸収。

{ **デンプン→ブドウ糖** / **タンパク質→アミノ酸** } ➡毛細血管

**脂肪→脂肪酸＋モノグリセリド**➡リンパ管

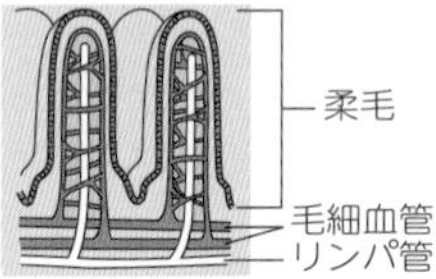


□ **吸収された養分のゆくえ**

1 **ブドウ糖**…一部は肝臓でグリコーゲンにつくり変えられて貯蔵され，必要に応じて全身へ送られる。

2 **アミノ酸**…一部は肝臓でタンパク質につくり変えられ，必要に応じて全身へ送られる。

3 **脂肪**…全身へ運ばれたり，脂肪組織に貯蔵されたりする。

▶リンパ管は，心臓近くの血管と合流するので，そこから血液によって全身へ脂肪が運ばれる。

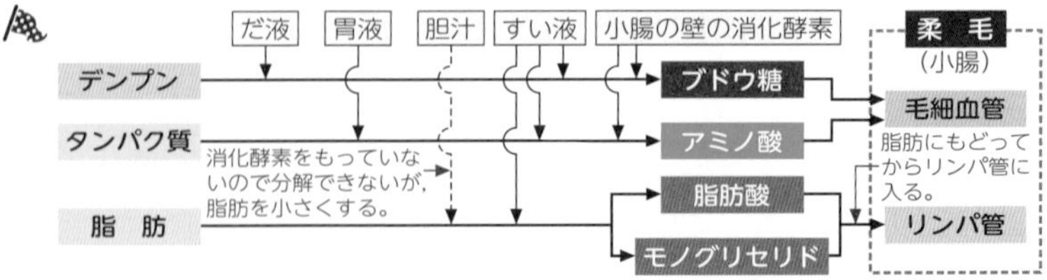

入試 直前チェック

- 消化酵素は，決まった栄養分にはたらく。
- 肺胞と毛細血管との間では，酸素と二酸化炭素が交換される。

## 肺と呼吸

□ **呼吸**　全身の細胞に必要な酸素をとり入れ，不要な二酸化炭素を体外に出す。

□ **肺のつくり**（右図） **重要**　肺胞《はいほう》と，それをとりまく毛細血管との間で**酸素と二酸化炭素の交換**を行う。
←気管支の先にある小さなふくろ

□ **肺への空気の出し入れ**

- **息をはく←横隔膜《おうかくまく》が上がり，ろっ骨が下がる。**
- **息を吸う←横隔膜が下がり，ろっ骨が上がる。**

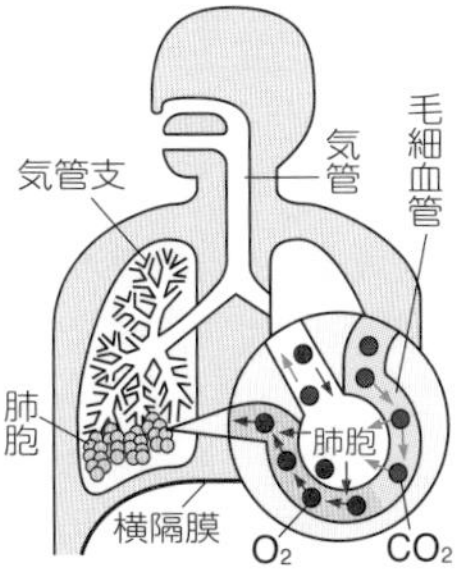


## 血液の成分

□

| 成分 | つくりと特徴 | はたらき |
|---|---|---|
| 赤血球 | 円盤状で**核がない。ヘモグロビン**をもち，赤色。 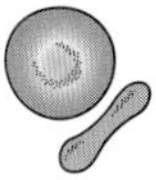 | **酸素を運搬**する。 |
| 白血球 | アメーバ状で，形は一定しない。核がある。 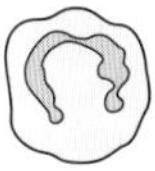 | 体内に入った**細菌を殺す。** |
| 血小板 | 細胞の破片。決まった形がない。  | 出血時に血を固まらせる。 |
| 血しょう | 黄色みがかった透明な液体。毛細血管の外にしみ出て，**組織液**となる。 | **栄養分**や**二酸化炭素，不要物**を運ぶ。 |

**必出** **ヘモグロビン**
血液中に含まれている赤色の色素。**酸素の多い所（肺）では酸素と結びつき，酸素の少ない所（全身の細胞）では酸素を放す。**（これによって酸素が運ばれる）

## 不要物の排出

□ **体内でできる不要物とその排出《はいしゅつ》経路**

二酸化炭素 ――→ 肺 ――→ 呼気

水 ＝＝→ 肺，じん臓

アンモニア → 肝臓 -尿素→ じん臓 → ぼうこう → 尿

└→ 汗せん ――→ 汗

⚠ アンモニアはタンパク質の分解で生じる有毒物質で，**肝臓**で毒性の低い**尿素**に変えられてから排出される。

06

生命

# 動物のからだ②

## 血液の循環

### □ 心臓のつくり

1 **心房**　血液が**もどってくる部屋**。
←左心房と右心房の２つ

2 **心室**　血液を**送り出す部屋**。
←左心室と右心室の２つ

3 心房と心室の間に逆流を防ぐ**弁**がある。

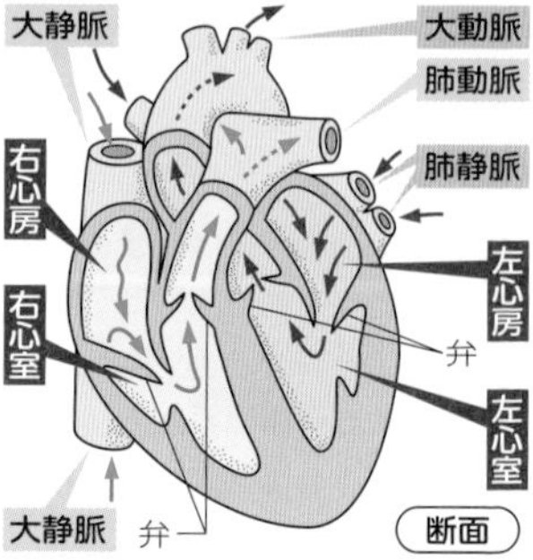


### □ 血液の循環 重要

1 **動脈**…**心臓から出る血液**が流れる血管。
←血管の壁が厚い
**静脈**…**心臓へもどる血液**が流れる血管。
←弁がある

2 **動脈血**…酸素を多く含む血液。
**静脈血**…二酸化炭素を多く含む血液。

3 血管の場所による血液中の成分のちがい
**小腸から出る血液**…**栄養分を含む**割合が多い。
**じん臓から出る血液**…**不要物が少ない**。
←二酸化炭素以外の不要物

▶動脈と静脈は**毛細血管**によってつながっている。

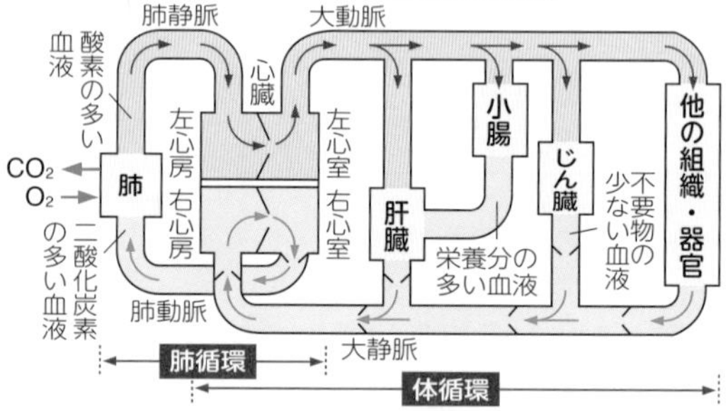


**必出** **肺循環と体循環**
**肺循環**…右心室→肺動脈→肺→肺静脈→左心房
**体循環**…左心室→大動脈→全身→大静脈→右心房

### □ 血液と細胞との物質交換

細胞のまわりは組織液で満たされており，細胞と血液の間では組織液を介して物質交換が行われている。

1 **血液→組織液→細胞**…栄養分と酸素が移動

2 **細胞→組織液→血液**…アンモニアや二酸化炭素などの不要物が移動

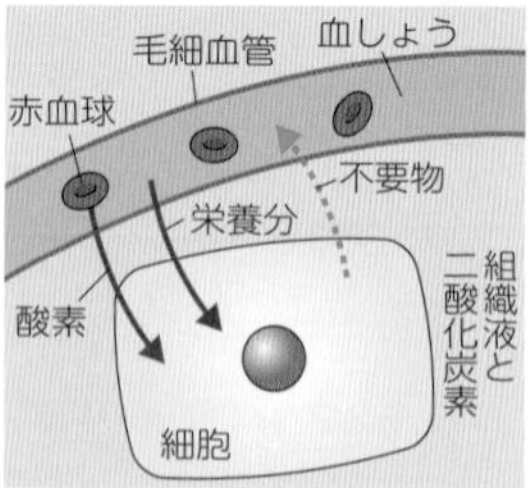


### □ 細胞による呼吸

←「肺での呼吸」と区別する

細胞において，酸素を使って栄養分が分解され，生きるためのエネルギーをとり出すはたらき。このとき，二酸化炭素と水が生じる。

入試 直前チェック

- 肺動脈には静脈血が流れ，肺静脈には動脈血が流れる。
- 反射は，刺激を受けとってから反応が起こるまでの時間が短い。



## 刺激と感覚器官

□ 刺激《しげき》と感覚器官

**1 刺激**　光，音，におい，味，温度，痛みなど。

**2 感覚器官**　刺激を受けとる器官。

⚠ 感覚器官によって，受けとることのできる刺激は決まっている。

例 目，耳，鼻，舌，皮ふ

## 刺激を伝えるしくみ

□ 神経系　**中枢《ちゅうすう》神経**と**末しょう神経**からなる。

**1 中枢神経**　神経細胞が多数集まっている所。
ヒトでは，**脳**と**脊髄《せきずい》**。

**2 末しょう神経**　中枢神経とからだの各部をつなぐ神経。

- **感覚神経**…刺激の信号を中枢神経に伝える神経。
- **運動神経**…中枢神経の命令を運動器官(筋肉)に伝える神経。

□ 意識して起こす反応と反射 **重要**

**1 意識して起こす反応**　脳が命令を出す。
(刺激)→感覚器官→〔感覚神経〕→脊髄→脳→脊髄→〔運動神経〕→筋肉→(反応)

**2 反射**　無意識に起こる反応。
(刺激)→感覚器官→〔感覚神経〕→脊髄→〔運動神経〕→筋肉→(反応)

例 熱いものにさわったとき，思わず手を引っこめる。

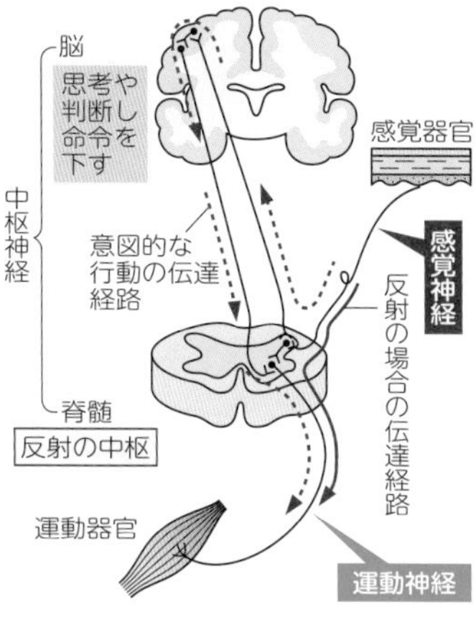


## ヒトのうでの骨と筋肉

□ 筋肉　筋肉が縮む力によって**関節**を曲げる。
筋肉と骨はけんでつながっている。

**1 うでを曲げるとき**　内側の筋肉が縮む。

**2 うでをのばすとき**　外側の筋肉が縮む。

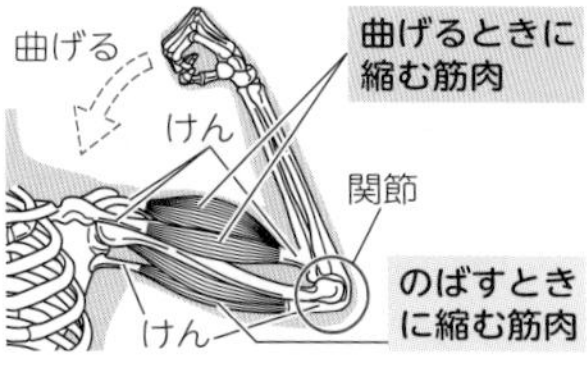

生命

# 07 生物の成長とふえ方

## 生物の成長と細胞の変化

□ **細胞分裂**　細胞が分かれて数をふやすこと。**単細胞生物の増殖《ぞうしょく》**と，**多細胞生物の発生・成長**の原因になる。

必出 細胞分裂の観察には，分裂の盛んな**植物の根の先端付近**が使われる。

□ **細胞分裂の起こり方** 重要
核の分裂→細胞質が分かれる。

**細胞分裂の模式図（植物細胞）**

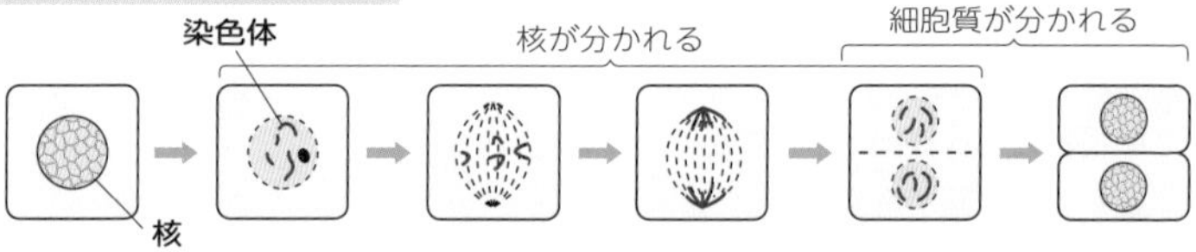


① 分裂前に染色体が複製される。

② 染色体が現れる。

③ 染色体が中央に並び，２つに分かれる。

④ 分かれた染色体が細胞の両側へ移動する。

⑤ 中央にしきりができ，染色体が見えなくなる。

⑥ 新しい２つの細胞になる。

□ **成長のしくみ**
① **細胞分裂**によって細胞の数がふえる。
② ふえた細胞が，一定の大きさにまで**成長する。**

□ **成長点**　細胞分裂が盛んな所を**成長点**という。**根の先端付近**などにあり，そこがもっとも成長する。

**細胞分裂と細胞の成長**

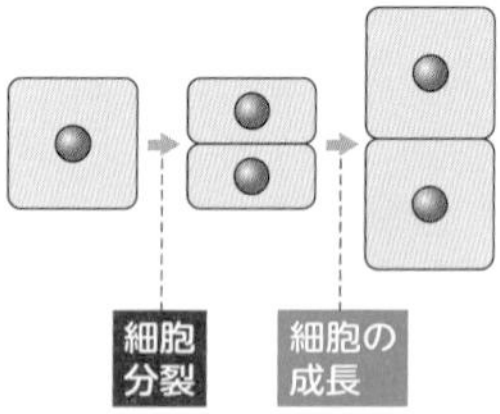


**根の成長**

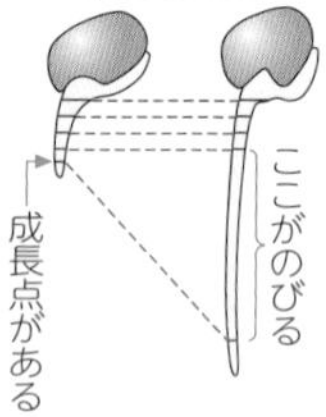


## 生物の生殖

□ **生殖**　生物が子をつくることを**生殖**という。

**1 有性生殖**　雌の生殖細胞（**卵細胞**や**卵**）と雄の生殖細胞（**精細胞**や**精子**）が**受精**し，**受精卵**をつくる。この受精卵が成長して新しい個体ができるふえ方。

**2 無性生殖**　**受精を行わず**に，**分裂**したり，**からだの一部から新しい個体ができたりする**ふえ方。

▶ミカヅキモ，ゾウリムシなど。

▶ジャガイモ，コダカラベンケイソウ，オランダイチゴなど。

## 入試 直前チェック

- 細胞分裂によってふえた細胞が大きくなることで成長する。
- 減数分裂によって，生殖細胞の染色体の数は体細胞の半分になる。



### □ 植物の受精と発生（被子植物） 重要

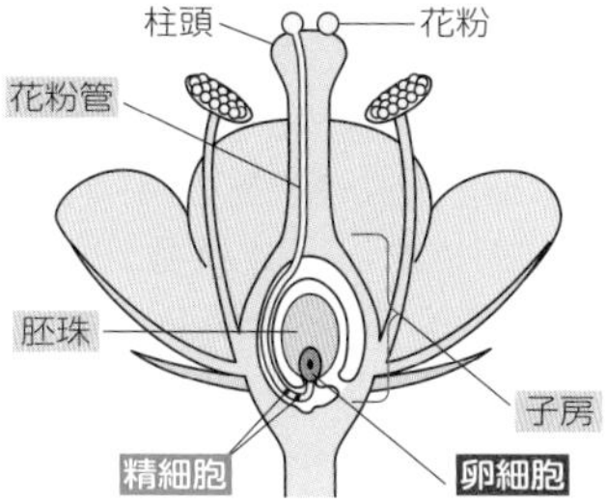


**1 被子植物の受精**

① 花粉がめしべの柱頭につくと（**受粉**），**花粉管**が出て**胚珠へ向かってのびる。**

② 花粉管の中を**精細胞**が移動し，胚珠の中の**卵細胞**と**受精**する。（←受精卵ができる）

**2 被子植物の発生**　受精卵が細胞分裂をくり返して胚《はい》になり，植物のつくりが完成していく過程を**発生**という。

### □ 動物の受精と発生

**1 動物の受精**　雌は**卵**，雄は**精子**という**生殖細胞**をつくり，これらが**受精**する。

**2 動物の発生**　受精卵が細胞分裂をくり返して**胚**（動物では食物をとり始めるまでを胚という）になり，動物のつくりが完成していく過程を**発生**という。

### □ 減数分裂 重要

生殖細胞をつくるときは，**染色体の数が半分になる**特別な細胞分裂を行う。これを**減数分裂**という。

⚠ 受精によって，受精卵の染色体の数は**体細胞と同じ数**になる。

### □ 有性生殖と無性生殖の特徴

**1 有性生殖の特徴**　子は両方の親から**半分ずつ**染色体（遺伝子を含む）を受けつぐ。

⚠ 両方の親と異なる形質が子に現れることがある。

**2 無性生殖の特徴**　子は親の染色体を**そのまま**受けつぐ。

⚠ 子の形質は，**親の形質とまったく同じ**になる。

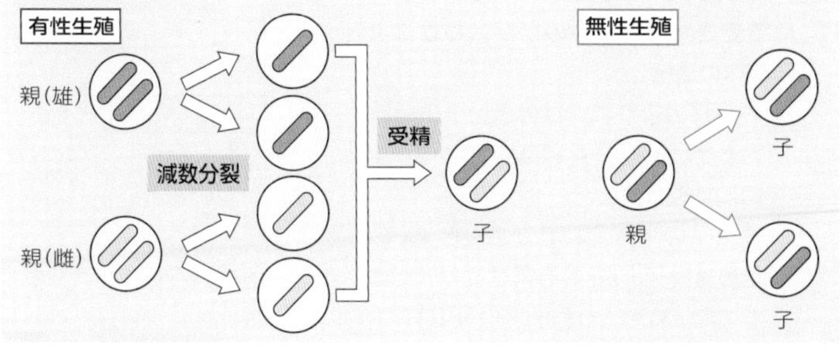

生命

# 08 遺伝のしくみ・生物の進化

## 遺伝の規則性

- □ **遺伝**　**親の形質が子に受けつがれる**ことを**遺伝**という。遺伝は，**遺伝子**が受けつがれることで起こる。

▶**遺伝子**
核の中の**染色体**に含まれる。

- □ **純系**　代をくり返しても，その形質がすべて親と同じである場合，これらを**純系**という。
- □ **対立形質**　エンドウの種子の形について「丸形」と「しわ形」というように，**1つの点から見て，対をなす形質**を，**対立形質**という。

**必出** 対立形質をもつ純系どうしをかけ合わせたとき，子に現れる形質を**顕性**《けんせい》**(の)形質**，子に現れない形質を**潜性**《せんせい》**(の)形質**という。

- □ **分離の法則**　減数分裂によって生殖細胞がつくられるとき，対になっている遺伝子は分かれて別々の生殖細胞に入る。これを**分離の法則**という。
- □ **遺伝子の伝わり方**　対になっている染色体には，対立形質に対応する遺伝子が対になって存在する。

**1 純系の親から子への遺伝(エンドウの種子の形)**

① エンドウの種子で，丸形は顕性形質(遺伝子はA)，しわ形は潜性形質(遺伝子はa)である。

② 純系の丸形と純系のしわ形をかけ合わせると，右の図のように**子の遺伝子の組み合わせはすべてAaとなり，形質は丸形となる。**

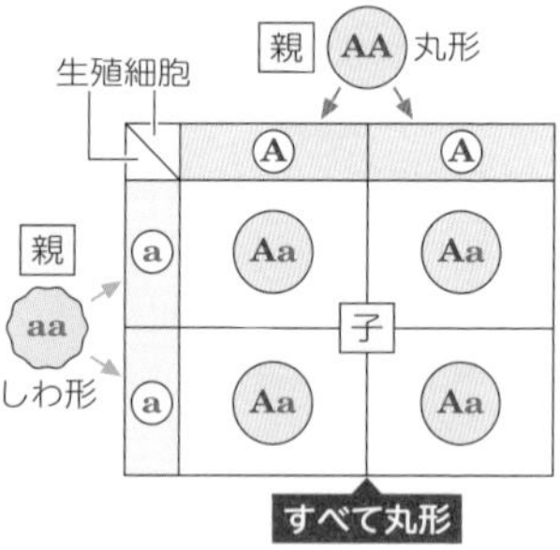


**2 1でできた子どうしのかけ合わせによる孫への遺伝**

① 右の図のように，孫の遺伝子の組み合わせは，AA：Aa：aa＝1：2：1の比で現れる。

② 遺伝子の組み合わせがAAとAaの形質は丸形，aaの形質はしわ形となるので，丸形：しわ形＝(1＋2)：1＝3：1の比となる。

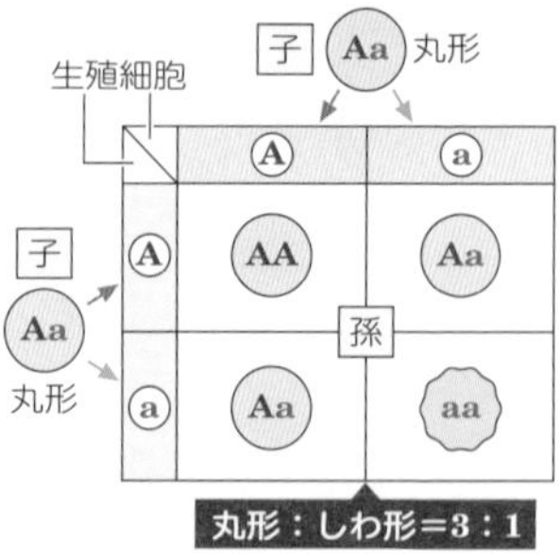

入試 直前チェック

生殖細胞がつくられるとき，対になっている遺伝子が分かれる。

シソチョウは，鳥類とは虫類の特徴をもつ。

3 対立形質をもつ純系どうしをかけ合わせて子をつくり，子どうしを自家受粉させて孫をつくるときの遺伝子の伝わり方をまとめると，右の図のようになる。これを，実際の実験によって確認するためには，できるだけ多くを調べる。実験数が少ないと，結果の誤差が大きくなる。

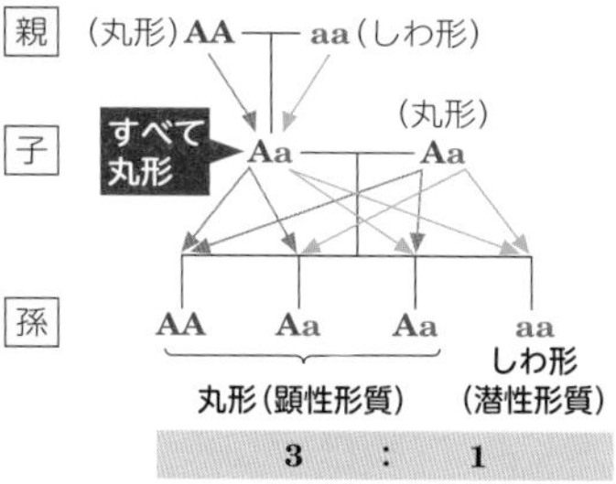


## DNA の研究

☐ DNA(デオキシリボ核酸)　**遺伝子は染色体の中にあり**，その本体は**DNA(デオキシリボ核酸)**という物質である。DNA は**二重らせん構造**になっていて，その間に **A，T，G，C の 4 種類の構成要素が多数並んでいる。**

DNA の構造

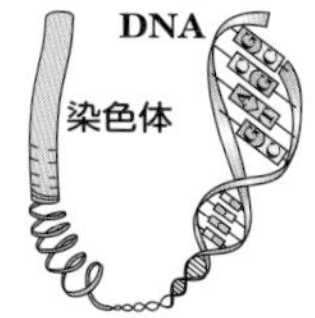


☐ DNA の研究とその利用　**農業，医療などに利用**されている。

## 進化とその証拠

☐ 進化　生物が，長く代を重ねる間に変化すること。

⚠ 進化は，化石や各なかまの共通性などから調べる。

☐ 進化の証拠

1 **シソチョウ(始祖鳥)の化石**　**鳥類**とは**虫類**の特徴をもち，鳥類がは虫類から進化した証拠となる。

① **鳥類の特徴**…つばさ・羽毛・くちばし。

② **は虫類の特徴**…つばさのつめ・歯・尾骨。

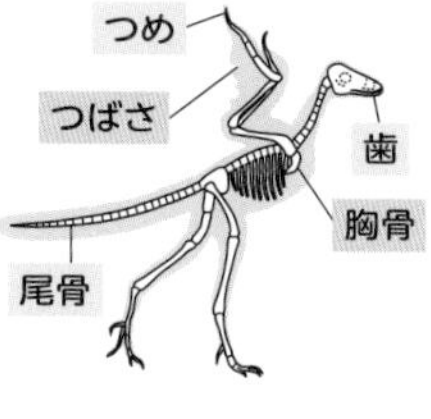


2 **相同器官**　形やはたらきがちがっていても，**基本的なつくりや発生の起源が同じ**器官を**相同器官**という。

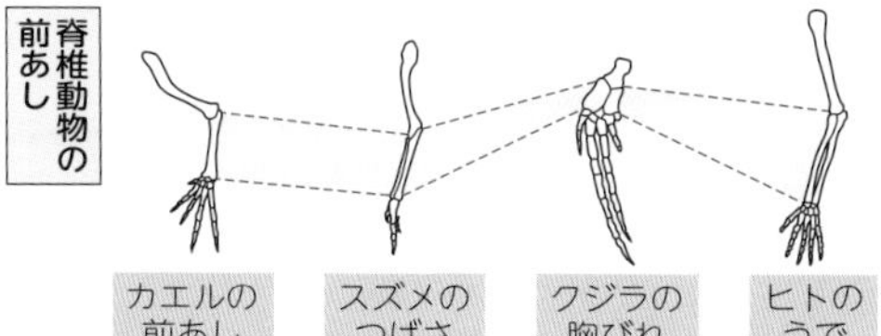

09 地球

# 火山と火成岩

## マグマと火山

□ **マグマ** 地球内部にある，**地下の岩石がどろどろにとけた高温の物質。**

▶海洋プレート（➡ p.83）が地下約 100～150km の深さまで沈みこんだところの上方で，岩石の一部がとけてできると考えられている。

□ **溶岩** マグマが**地上に流れ出たもの。**また，地上で冷えて固まったものも**溶岩**という。

□ **火山** マグマの噴出によって形成される山。**マグマの性質によって形がちがう。**

□ **火山噴出物** 重要

1. **火山砕《さい》せつ物** 火山弾《だん》・火山れき・火山灰
2. **溶岩** マグマが地上に流れ出たもの。
3. **火山ガス ほとんどが水蒸気。**ほかに硫化水素，二酸化硫黄《いおう》，二酸化炭素など。

□ **マグマの性質と火山の形**

1. **傾斜がゆるやかな形の火山** 全体的にうすく広がった形をしている。噴出するマグマは，**ねばりけが弱い。**冷え固まった溶岩の色は**黒っぽい。**
   例 ハワイのマウナロア・キラウエア
2. **円錐の形の火山** 噴出するマグマは，ねばりけが中程度である。
   例 桜島，浅間山
3. **ドーム状の形の火山** あまり横には広がらず，もり上がった形をしている。噴出するマグマは，**ねばりけが強い。**冷え固まった溶岩の色は**白っぽい。**
   例 昭和新山，雲仙《うんぜん》普《ふ》賢岳《げんだけ》

⚠ マグマが流れ出ることは少なく，溶岩が火口をふさぎやすいため，内部の圧力が大きくなり，爆発的な噴火になりやすい。

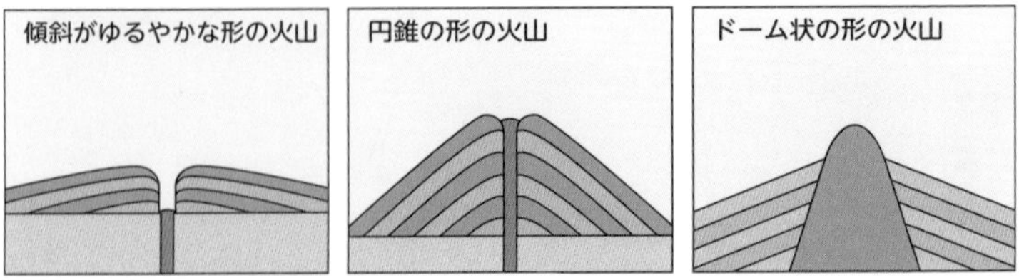

**入試直前チェック**

- マグマのねばりけが強いほど，もり上がった形の火山になる。
- 等粒状組織は，マグマが地下深くでゆっくり冷え固まってできる。

## 火成岩

□ **火成岩** 重要　マグマが冷え固まってできた岩石。でき方のちがいで，**火山岩**と**深成岩**に分類される。

**1 火山岩**　マグマが**地表または地表付近で，急に冷え固まってできた**岩石。**石基**《せっき》と**斑晶**《はんしょう》からなる**斑状**《はんじょう》**組織**。

例 流紋岩，安山岩，玄武《げんぶ》岩

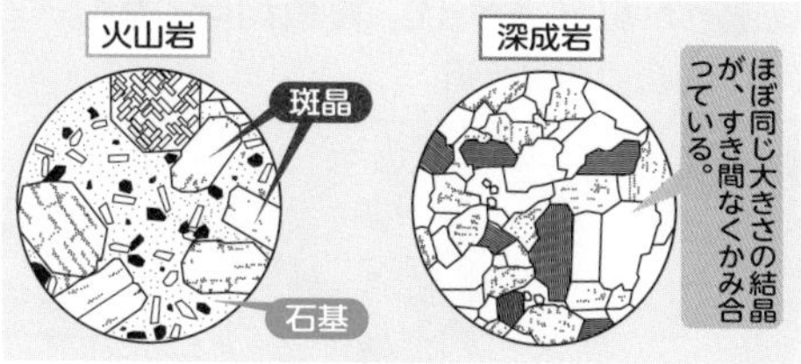


**必出 石基**
急に冷え固まったため，結晶になれなかった部分。

**2 深成岩**　マグマが**地下の深い所で，ゆっくり冷え固まってできた**岩石。ほぼ同じ大きさの結晶からなる**等粒**《とうりゅう》**状**《じょう》**組織**。

例 花こう岩，せん緑岩，斑れい岩

□ **鉱物** 重要　火山灰や火山岩，深成岩などに見られる結晶状の物質。マグマが冷え固まってできたものである。

**1 無色鉱物**　**無色または白色や灰色をした鉱物**。石英と長石がある。

**2 有色鉱物**　**色のついた鉱物**。黒色や暗緑色などの色をしている。黒雲母《くろうんも》，角セン石，輝石，カンラン石など。

| 火山岩(斑状組織) | 流紋岩 | 安山岩 | 玄武岩 |
|---|---|---|---|
| 深成岩(等粒状組織) | 花こう岩 | せん緑岩 | 斑れい岩 |
| 密度〔g/cm$^3$〕 | 2.7 ← | → | 3.2 |
| 岩石全体の色あい | 白っぽい ← | → | 黒っぽい |

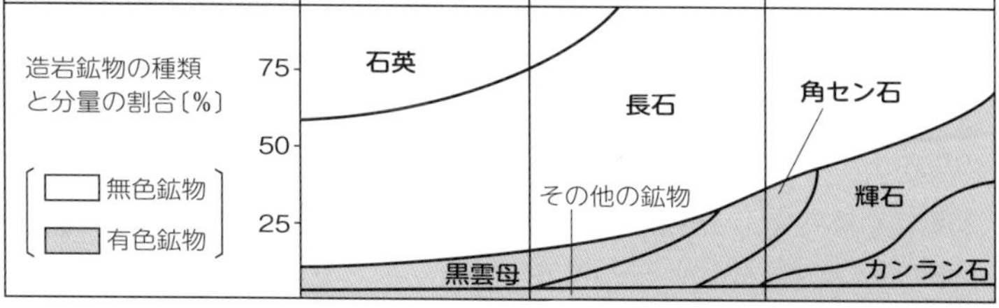

地球

# 10 地震とそのゆれ

## 震度とマグニチュード

□ **震度** 重要　観測地点での**ゆれの程度**を**震度**という。同じ地震でも場所によって震度は変わる。ふつう，**震源から遠ざかるにしたがって，震度は小さくなる。**

必出 震度は，0〜7までの**10階級**ある(5と6は強と弱がある)。

□ **日本付近の震央分布**

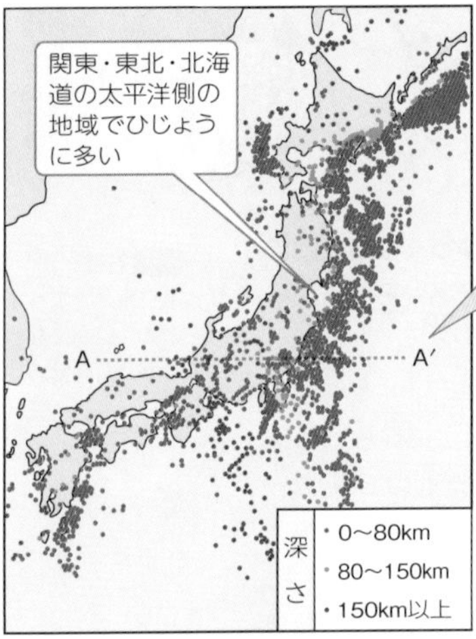


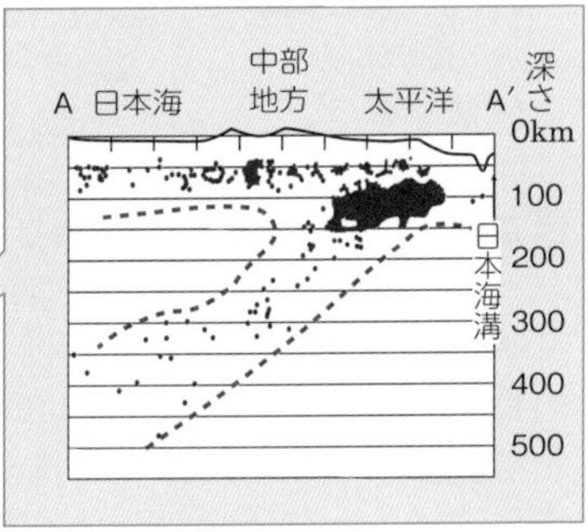


A─A′の線での垂直断面図(震源分布)

□ **マグニチュード**　**地震の規模(エネルギーの大きさ)**を表す指標。1つの地震に対して，**マグニチュードの値は1つ**である。

⚠ マグニチュードが1大きくなると，エネルギーは**約32倍**になる。

□ **震源と震央**　地震のゆれが起こった地下の地点を**震源**といい，震源の真上の地表の地点を**震央**という。

□ **震源距離**　観測地点から震源までの距離を**震源距離**という。また，震央から震源までの距離を**震源の深さ**という。

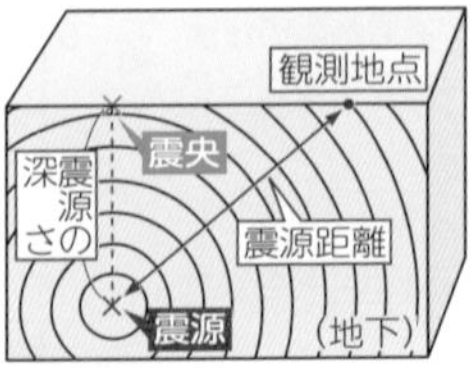


□ **地震による災害**　**土《ど》砂《しゃ》崩《くず》れ**や**液状化現象**。震源が海底のときは**津波**が発生する場合もある。

入試 直前チェック

- 震度はゆれの程度，マグニチュードは地震の規模。
- P波による初期微動のあと，S波による主要動が現れる。

## 地震のゆれの伝わり方

□ **地震のゆれ** 重要 地震によるゆれ方には２種類あり，**初期微動**，**主要動**という。

1 **初期微動** 地震のゆれの記録のなかで，はじめに現れる**小さなゆれ**。P波による。

2 **主要動** 初期微動に続いて現れる**大きなゆれ**。S波による。

←P波とS波は同時に発生

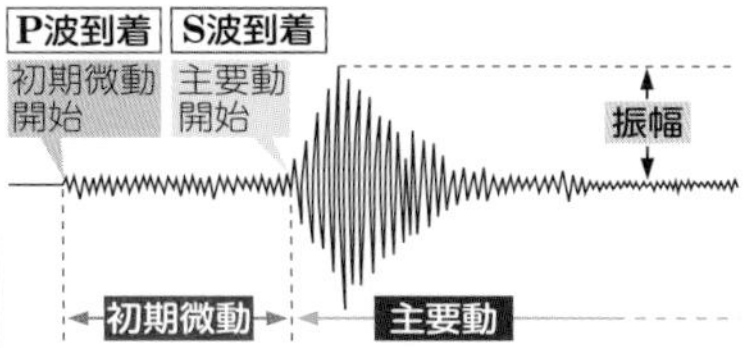


□ **初期微動継続時間** 重要 各観測地点で，**初期微動が続いた時間**。初期微動が始まってから主要動が始まる（P波が到着してからS波が到着する）までの時間である。初期微動継続時間は，**震源距離に比例**するため，初期微動継続時間から震源までの距離を求めることができる。

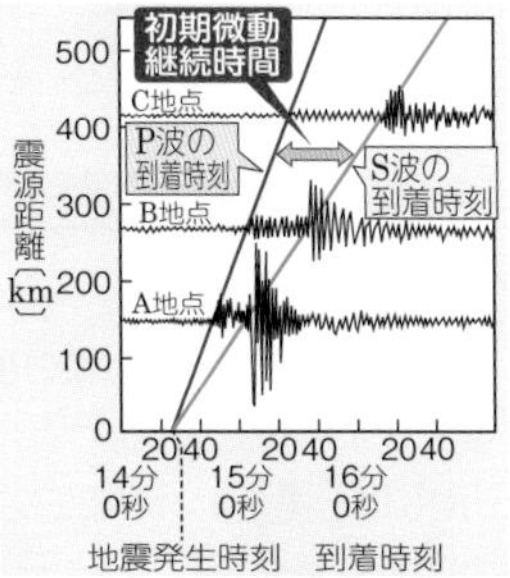


必出 初期微動を起こす波を**P波**，主要動を起こす波を**S波**という。

## 地震の起こる場所

□ **日本付近の震源の分布** **震源の浅い地震**は**太平洋側**に多く，日本海側にいくにしたがって，震源は深くなっている（p.82の震源分布の図参照）。

□ **プレート** 地球表面にある厚さ70～100km程度の岩盤。

□ **地震の原因** 海洋プレートが大陸プレートの下にななめにもぐりこむ。大陸プレートが少しずつ引きずりこまれ，ひずみが蓄積される。そのひずみに耐えきれなくなって**大陸プレートが反発して地震が発生する。**

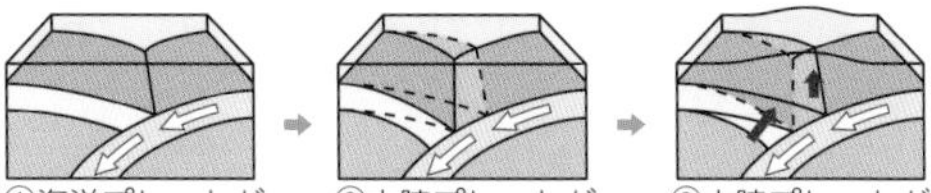

①海洋プレートが大陸プレートの下にもぐりこむ。 ②大陸プレートが海洋プレートに引きずりこまれる。 ③大陸プレートが反発してもどるときに地震が起こる。

□ **活動する大地による恩恵と災害**

1 **恩恵** **地熱発電**，温泉，美しい景観など。

2 **災害** **地震**，**火山の噴火《ふんか》**など。

▶地震では，**建物の倒壊**や**土砂災害**，**津波**などのほか，**ライフラインの寸断**などをもたらす。

11

地球

# 地層と堆積岩

## 風化と流水のはたらき

□ **風化**　地表付近の岩石が，気温の変化や風雨のはたらきで表面からくずれていくことを**風化**という。

□ **流水のはたらき**

1 **侵食《しんしょく》**…地面や岩石などを**けずる**はたらき。

2 **運搬《うんぱん》**…侵食されてできた土砂を**運ぶ**はたらき。

3 **堆積《たいせき》**…運んできた土砂を**積もらせる**はたらき。

▶**侵食**は流れの速い**上流**で，**堆積**は流れの遅い**下流**で強くはたらく。

□ **流水のはたらきによってできる地形**　**V字谷**(侵食)，**扇状地《せんじょうち》・三角州《す》**(堆積)。

## 地層と化石

□ **地層のでき方**　川から運ばれてきた土砂が，海底に層状に堆積してできる。**粒の小さいものほど沖合に堆積する。**(沖合←河口から遠い所)

□ **化石**　大昔の生物の死がいや巣穴など。

□ **示相化石** 重要　地層が堆積した当時の**環境を知る手がかり**となる化石。

**必出 示相化石**
①**サンゴ…あたたかくて浅い海。**
②**アサリ・ハマグリ…浅い海。**
③**シジミ…淡水の湖や河口。**

□ **示準化石** 重要　地層が堆積した**年代を知る手がかり**となる化石。

1 **古生代の化石**　サンヨウチュウ・フズリナなど。

2 **中生代の化石**　アンモナイト・恐竜など。

3 **新生代の化石**　ビカリア・ナウマンゾウなど。

□ **地層からわかること**

① ふつう，**下の地層ほど古い。**

② **示相化石**や**火山灰の層(火山活動)**から，**当時の環境**がわかる。

③ 堆積物の変化から**大地の変化(隆《りゅう》起《き》・沈降《ちんこう》)**がわかる。

④ **火山灰の層**や**同じ示準化石が発見された層**から**地層の広がり**がわかる。このような層を**かぎ層**という。

↓**柱状図**　この地域では，地層が西から東へ低くなるように傾いている。

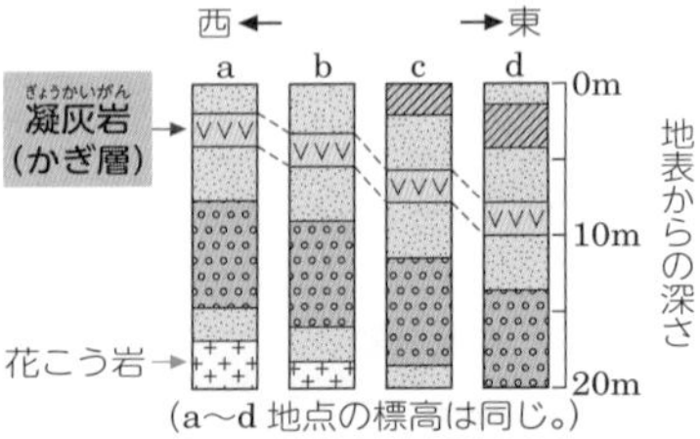


(a〜d 地点の標高は同じ。)

入試直前チェック

- 地層が堆積した環境は示相化石，年代は示準化石でわかる。
- れき岩の粒>砂岩の粒>泥岩の粒。

## 堆積岩の特徴

□ **堆積岩《たいせきがん》**　堆積物が長い間に押し固められてできた岩石をまとめて**堆積岩**という。

□ **堆積岩と火成岩のちがい**

| | 堆積岩 | 火成岩 |
|---|---|---|
| 粒の形 | **丸みを帯びている** | **角ばっている** |
| 粒の大きさ | **ほぼ同じ大きさ** | **大きさはいろいろ** |
| 化石 | **含むことがある** | **含むことがない** |

⚠ 土砂が流水で運搬される間に角《かど》がけずられるため，**堆積岩の粒は丸みを帯びている。**

□ **堆積岩の種類** 重要

1 **れき岩・砂岩・泥岩《でいがん》**　**土砂が堆積してできた**堆積岩。これらは粒の大きさで分類され，粒の直径が大きい順に並べると，**れき岩・砂岩・泥岩**の順となる。

⚠ **粒の大きさ**
れき岩…2mm 以上。
砂岩…0.06～2mm。
泥岩…0.06mm 以下。

2 **石灰岩・チャート**　生物の死がいが堆積してできた堆積岩。**石灰岩**に**塩酸を加えると二酸化炭素が発生**する。
（石灰岩←主成分は炭酸カルシウム）
**チャート**は塩酸を加えても気体は発生しないが，**ひじょうに固い。**
（チャート←主成分は二酸化ケイ素）

3 **凝灰岩**　火山灰などの**火山噴出物が堆積してできた**堆積岩。**凝灰岩**の層はかぎ層となる。

▶**凝灰岩**は流水の作用を受けていないので，**粒が角ばっている。**

## 大地の変動

□ **断層としゅう曲**　プレートの移動によって岩盤《がんばん》に大きな力が加わり続ける。このとき，岩盤が破壊されて**断層**というずれ（地層があれば地層もずれる）ができたり，**しゅう曲**という**地層の曲がり**ができたりする。

▶断層には，左下の図の**正断層**のほかに，**逆断層**や**横ずれ断層**がある。

必出 くり返しずれが生じ，そのたびに地震を引き起こす断層を**活断層**という。

**断　層**

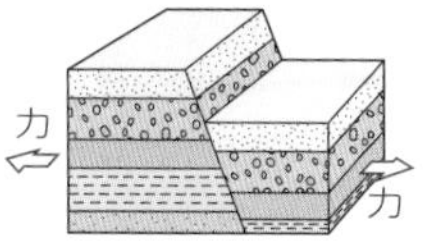


**しゅう曲**

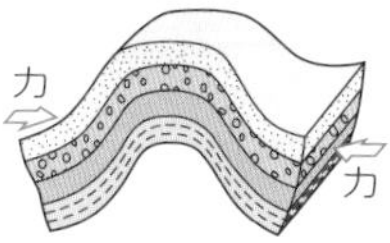

12

地球

# 気象観測・雲のでき方

## 気象観測

□ **気象要素**　気温，湿度，雲量，気圧，風速，風向など。
↑地上約 1.5m の高さで，直射日光が当たらないようにして測る

□ **天気記号** 重要

| 天気 | 快晴 | 晴れ | くもり | 雨 | 雪 |
|---|---|---|---|---|---|
| 記号 | ○ | ⦶ | ◎ | ● | ⊗ |

□ **雲量**　空全体を 10 とした場合，雲が占める割合が 0，1 の場合は快晴，2 ～ 8 の場合は晴れ，9，10 の場合はくもり。

□ **風の観測**　風向(風の吹いてくる方位を 16 方位で表す)，風速(m/s)，風力(13 段階)。

□ **等圧線**　気圧の等しい地点を結んだ線。

① **4hPa ごと**に引き，**20hPa ごと**に太くする。

② **枝分かれしたり，交わったり，途中で消えたりしない。**

必出 **天気図記号での風の表し方**

下の図は，「北西の風，風力 4，天気は雨」を示す。

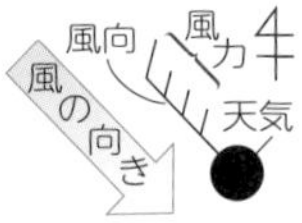


## 圧力

□ **圧力** 重要　1 $m^2$ あたりの面を垂直に押す力の大きさを**圧力**という。単位には**パスカル**(Pa)や**ニュートン毎平方メートル**($N/m^2$)を用いる。**1 Pa ＝ 1 $N/m^2$**

⚠ 同じ大きさの力がはたらくとき，面積が小さいほど圧力は大きくなる。

公式　重要

$$\text{圧力〔Pa〕}\ (\text{〔N/m}^2\text{〕}) = \frac{\text{面を垂直に押す力〔N〕}}{\text{力のはたらく面の面積〔m}^2\text{〕}}$$

□ **大気圧(気圧)**　空気の重さによる圧力。地上では，約 1013hPa《ヘクトパスカル》( 1 hPa ＝ 100Pa)。

① **標高が高くなるほど**空気の層がうすくなるため，**大気圧は小さくなる。**

② 同じ地点での大気圧は，**あらゆる向きに，同じ大きさではたらく。**そのため，右図のような装置で注射器のピストンを押すと，発泡ポリスチレンの立方体は，そのままの形で小さくなる。

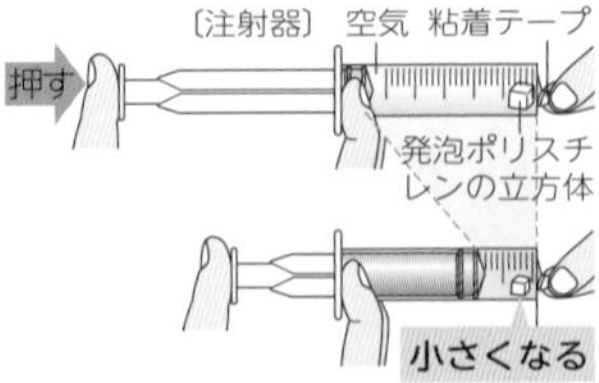

入試 直前チェック

- 天気図記号では，風向を羽根の向き，風力を羽根の数で表す。
- 水蒸気量が一定の場合，気温が高くなるほど湿度が低くなる。



## 雲のでき方

□ **雲のでき方**

① 空気のかたまりが上昇すると，上空の気圧が低いため空気のかたまりが**膨脹《ぼうちょう》する**。

② 空気が膨脹するとき**温度が下がる**。

③ 温度が**露点《ろてん》以下**になると**水蒸気が凝《ぎょう》結《けつ》する**。➡雲ができる。

例

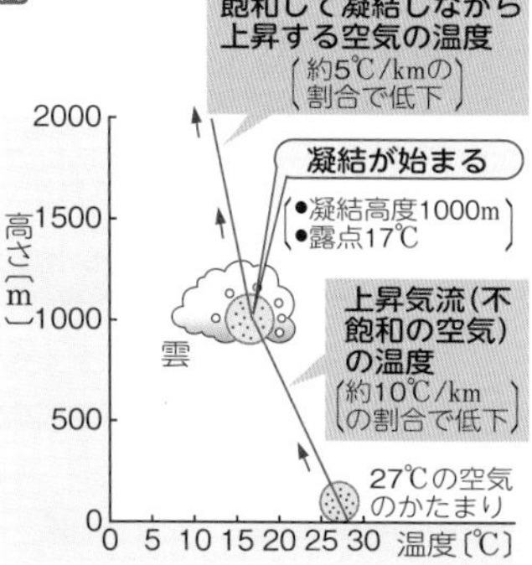


□ **雲ができる場合**　雲ができるとき，必ず**上昇気流**がある。

① 日射による上昇(**積乱雲**の発生)。

② **前線面**に沿う暖気の上昇。

③ 空気が**高い山を越える**場合。

④ **低気圧の中心に吹きこむ風が上昇**する場合。

## 大気中の水蒸気量

□ **飽和水蒸気量**　大気1 $m^3$ に含むことのできる水蒸気の最大量。**気温が高いほど，飽和水蒸気量は大きい。**

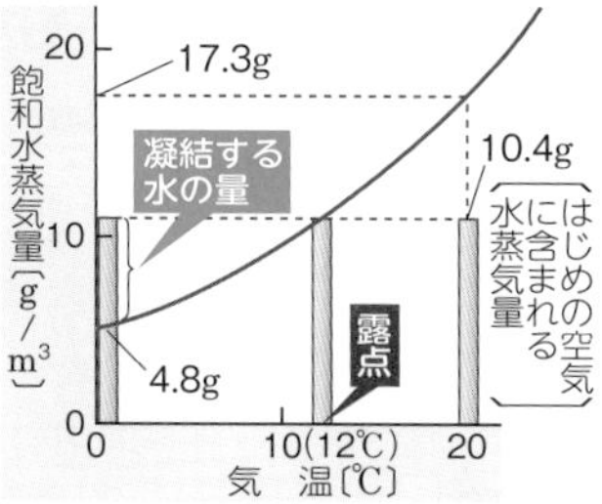


□ **露点**　水蒸気が凝結し始める温度。

□ **湿度《しつど》を求める公式** 重要

公式

$$湿度〔\%〕=\frac{空気中の水蒸気量〔g/m^3〕}{飽和水蒸気量〔g/m^3〕}\times 100$$

□ **晴れの日の湿度と気温**　**気温が高いときは湿度が低く，気温が低いときは湿度が高い。**

⬅**飽和水蒸気量のグラフの読み方**

いま空気中に10.4 $g/m^3$ の水蒸気が含まれるとする。気温が20℃のときの湿度は，

$\frac{10.4〔g/m^3〕}{17.3〔g/m^3〕}\times 100$

より約60%

**露点**は湿度が100%になるときの温度で，12℃。0℃のときにできる水滴の量は，

10.4－4.8＝5.6〔$g/m^3$〕。

# 天気の変化

## 高気圧・低気圧

□ **高気圧**　まわりより気圧が高い所。中心付近から時計回りに風が吹き出す。

□ **低気圧**　まわりより気圧が低い所。中心付近へ反時計回りに風が吹きこむ。

□ **風の吹き方**　気圧の**高い所から低い所へ**向かって，右にそれて吹く。
（北半球の場合。南半球では左にそれる。）

**必出** 高気圧の中心付近では下降気流が発生し，晴天となることが多いが，低気圧の中心付近では上昇気流が発生し，雨やくもりとなることが多い。

## 前線

□ **前線《ぜんせん》**　冷たい空気と暖かい空気のぶつかりあった所に境《さかい》目《め》ができる。この境目の面を**前線面**といい，前線面が地表と交わる所を**前線**という。

□ **前線の種類** 重要　① **温暖前線**，② **寒冷前線**，③ **閉《へい》そく前線**（寒冷前線が温暖前線に追いついたもの），④ **停滞《ていたい》前線**。
（温暖前線：暖気が寒気の上にのり上がりながら進む）
（寒冷前線：寒気が暖気を押し上げながら進む）

**必出 前線記号**

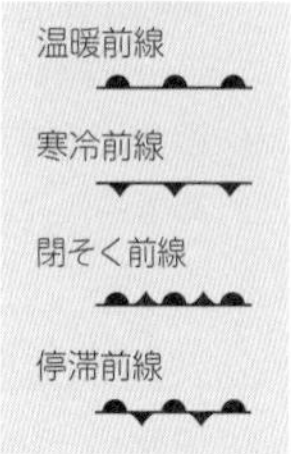


寒気と暖気の勢力がほぼつり合って，移動しない前線を**停滞前線**という。**梅雨前線**や**秋雨前線**などがある。

□ **温帯低気圧の構造と前線**

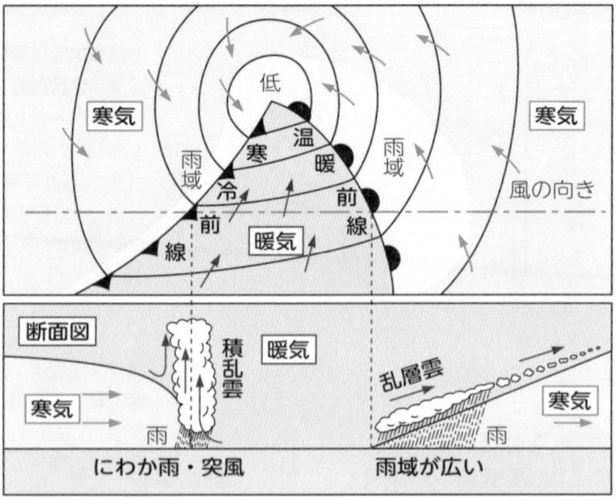


□ **寒冷前線の通過にともなう天気の変化** 重要
① **気温が低下**。② **気圧が上昇**。③ **風向が急変**（南より→**北より**）。④ **短時間にはげしい雨が降る**。

⚠ **温暖前線の通過にともなう天気の変化**
①**気温**…通過後上昇。
②**気圧**…通過前にだんだん低下。
③**風向**…あまり変化せず。
④**天気**…通過前に弱くて長い雨，通過後やむ。

入試直前チェック

- 寒冷前線は，寒気が暖気を押し上げながら進む。
- 冬の気圧配置は西高東低，夏の気圧配置は南高北低。



## 日本の天気

□ **天気の変化**　**偏西風**《へんせいふう》によって，低気圧や移動性高気圧が西から東に移動し，天気も**西から変化**しやすい。

▶台風も偏西風の影響で東よりに移動しやすい。

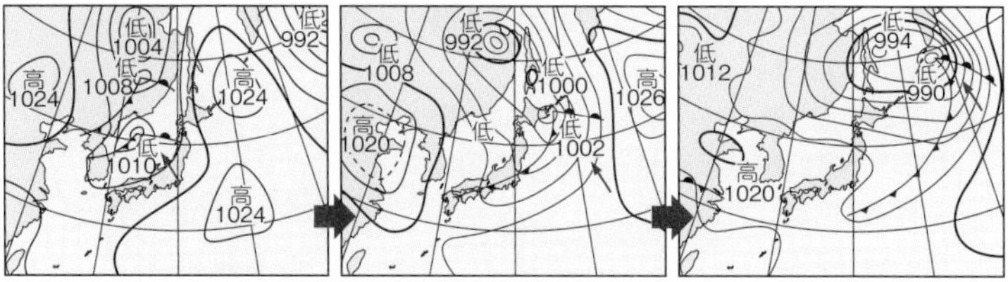


□ **日本の天気に影響を与える気団**

1. **シベリア気団**　冷たくて乾燥している(**冬**)。
2. **小笠原気団**　暖かくて湿っている(**夏**)。
3. **オホーツク海気団**　冷たくて湿っている(**つゆ[梅雨]・秋雨**)。

□ **日本の四季の天気** **重要**

1. **冬**　**北西の季節風**が吹き，**日本海側では多くの雪が降り，太平洋側では乾燥した晴れの日が続く。**
2. **夏**　**南東の季節風**が吹き，**高温多湿で晴れが多い。**
3. **春・秋**　数日おきに天気が変わりやすい。
4. **つゆ(梅雨)・秋雨**　雨やくもりの日が多い。

⚠ **低気圧**と**移動性高気圧**が交互に日本をおとずれる。

▶**つゆ**は6月ごろ，**秋雨**は9月ごろである。

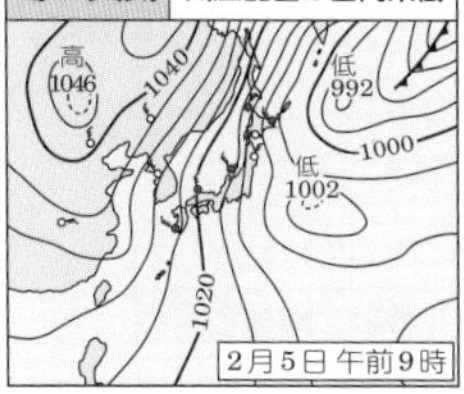


**冬の天気**　気圧配置は**西高東低**

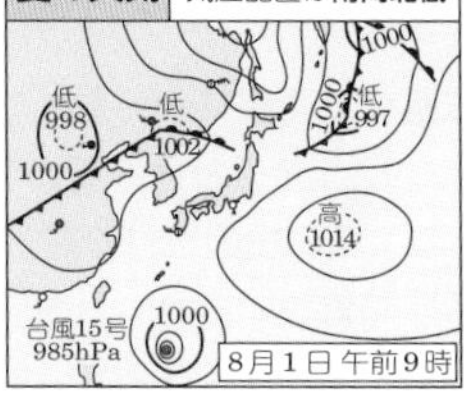


**夏の天気**　気圧配置は**南高北低**

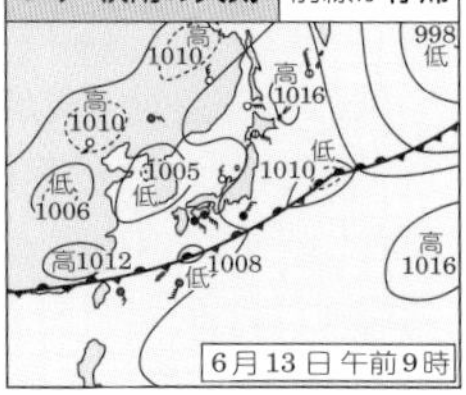


**つゆ・秋雨の天気**　前線が**停滞**

□ **気候に関係する恩恵と災害**

1. **恩恵**　雨による水は飲料水や農業・工業用水となるだけでなく，森林をはぐくみ，美しい景観をうみ出す。
2. **災害**　**台風**や**梅雨・秋雨**などによる豪雨《ごうう》は，洪水，土砂くずれなどを起こす。

▶発達した積乱雲によって，雷や竜《たつ》巻《まき》が起こることもある。

# 14 地球 天体の1日の動きと1年の動き

## 地球の自転と天体の日周運動

### □ 地球の自転と天体の日周運動 重要

① 地球は，北極と南極を結ぶ直線(地軸)を軸として，**西から東へ1日(24時間)に1回転(360°)する。**

② 地球の自転が原因で，天球上の天体は，**東から西へ(地球の自転とは逆向き)，1日に1回転(1時間に15°)する**ように見える。

**[天体の見かけの速さ]**

$$\frac{360°}{24\text{時間}} = 15°/\text{時間}$$

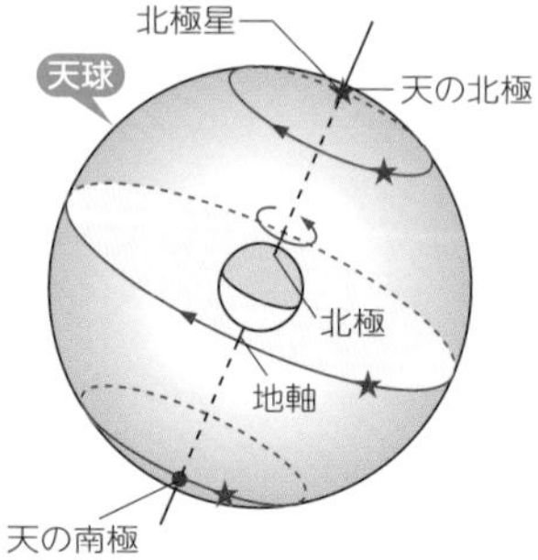


## 天体の日周運動の観測

### □ 星の日周運動 重要

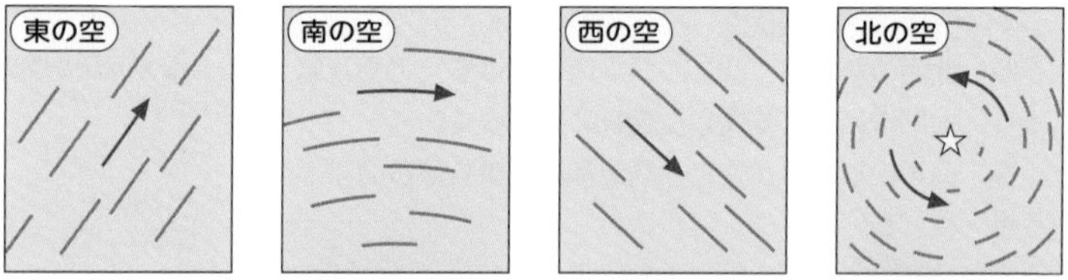


**右上がり**にのぼっていく。

**左から右へ**，水平に近い弧をかくようにして動く。

**右下がり**にしずんでいく。

**北極星**を中心にして，**1時間に15°ずつ反時計まわりに動く。**

### □ 太陽の日周運動

**東から西へ1時間に15°**動く。太陽が真南にきたときを**南中**といい，そのときの高さを**南中高度**という。南中したときが，その日のうちで最も高い。

### □ 透明半球による太陽の動きの観測

① 透明半球と同じ大きさの円と円の中心をかいた厚紙に，透明半球を固定する。

② **サインペンの先の影が円の中心にくるように**して，太陽の位置を透明半球に記録する。
(↑観測者を示す)

③ 1時間おきに記入し，印をつけた点をなめらかな線で結び，太陽の軌《き》跡《せき》をかく。

春分・秋分のころ

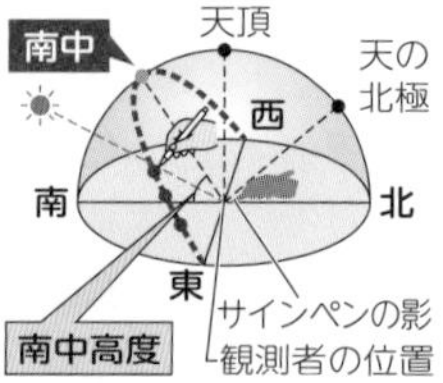

**入試 直前チェック**

- 天体は，東から西へ1時間に 15°動く。
- 同じ時刻に見える星座は，東から西へ1か月に約 30°動く。

## 地球の公転と天体の年周運動

□ **季節による星の年周運動** 重要　同じ時刻に見える星座は，毎月少しずつ西へより，1年でもとの位置にもどる。
① 1日に**約1°東から西へ動く**（360°÷365 日＝約1°/日）。
② 南中時刻が毎日**4分早くなる**〔(60 分×24 時間)÷360°〕。

必出 年周運動は，**地球の公転**で起こる見かけの運動。

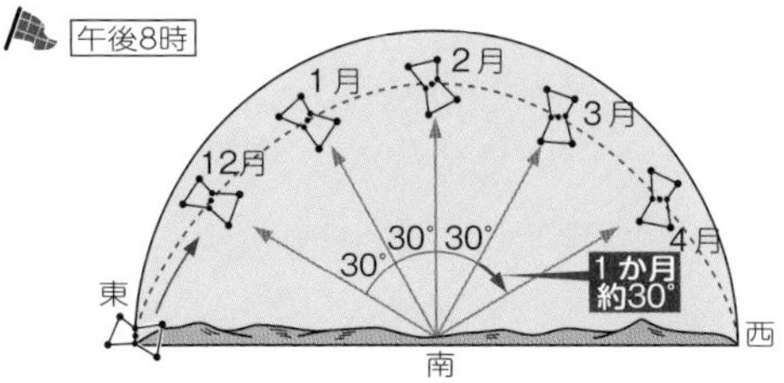


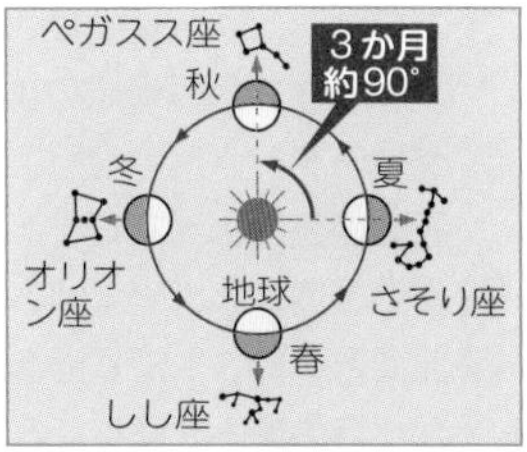


□ **黄道**　天球上での太陽の通り道を黄道という。黄道上には 12 の星座が見られる。
↖さそり座，みずがめ座，おうし座など

⚠ 季節を代表する星座は，地球から見て太陽と反対側に位置している。

□ **地球の公転と季節の変化**　地球は，公転面に対して垂直の方向から 23.4° 地軸を傾けたまま公転している。
➡太陽高度と昼の長さが変わり，季節が移り変わる。

- **春分**…太陽が赤道上➡**真東→真西，昼≒夜の時間。**
- **夏至《げし》**…太陽が北緯 23.4° 上➡**高度最高，昼最長。**
- **秋分**…太陽が赤道上➡**真東→真西，昼≒夜の時間。**
- **冬至《とうじ》**…太陽が南緯 23.4° 上➡**高度最低，昼最短。**

**〔実戦コーチ〕**
下の太陽の南中高度の変化と関連して，**北極星（天の北極）の高度＝緯度**は覚えておこう。

- **春分・秋分の太陽高度＝90°－緯度**
- **夏至の太陽高度＝春分＋23.4°**
- **冬至の太陽高度＝春分－23.4°**

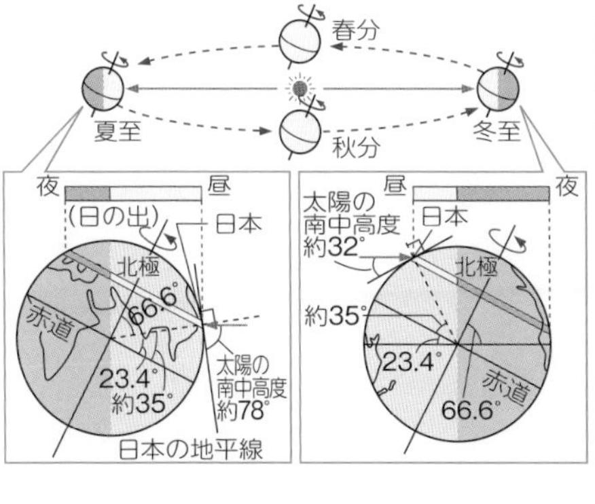


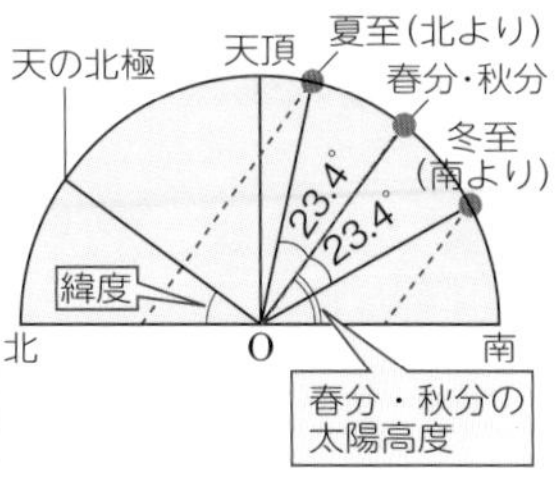

地球

# 15 太陽と月・太陽系と惑星

## 太陽と月

□ **太陽のようす**　太陽は自ら光を出す**恒星《こうせい》**である。

**1 表面の温度　約 6000℃。**

**2 黒点《こくてん》**　黒い点のように見える部分で，**約 4000℃。**

**3 プロミネンス(紅炎)**　炎に見えるガスの動き。
↕—皆既日食のときに見える

**4 コロナ**　周囲の高温(100 万℃以上)のガスの層。

□ **月のようす**　月は地球のまわりを公転する**衛星《えいせい》**である。

**1 クレーター**　月の表面に見られる円形のくぼみ。**いん石の衝突によってできた。**

**2 自然環境**　大気や水はない。

**3 見え方**　いつも同じ面を地球に向けているため，**地球から月の裏側を見ることができない。**

**4 満ち欠け**　周期は**約 29.5 日**。同じ時刻に見た月の位置は，前日より東へ移動して見える。
地球が公転しているため—↑

□ **月の満ち欠け**

月は，太陽の光を反射しながら地球のまわりを公転するため，地球から見ると，右図のように満ち欠けして見える。

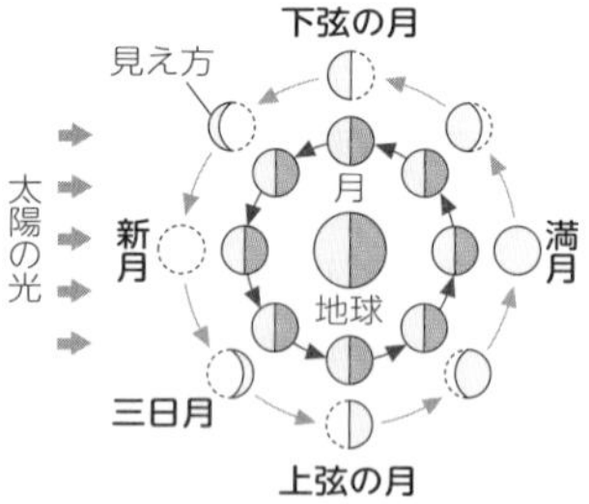


□ **日食と月食** 重要

**1 日食　月が太陽をかくす現象。**日食が起こるときの月は**新月**である。

**2 月食　月が地球の影に入る現象。**月食が起こるときの月は**満月**である。

**⚠ 黒点の観察**

①望遠鏡を使って，太陽の像を記録用紙に投影し，黒点の位置や形をスケッチする。

②1 週間，同じ時刻に観察する。

**[観察結果]**

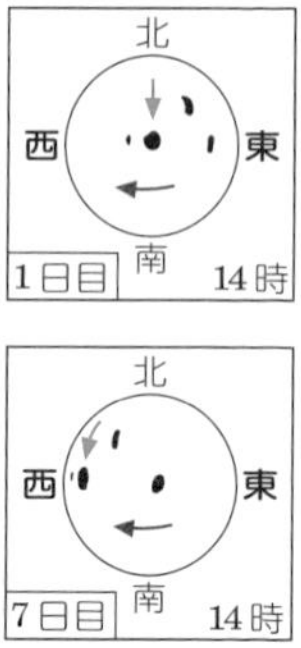


**[考察]**

①黒点が東から西へ移動する。➡**太陽が東から西へ自転している。**

②中央で円形であった黒点が周辺部でだ円形になる。➡**太陽は球形である。**

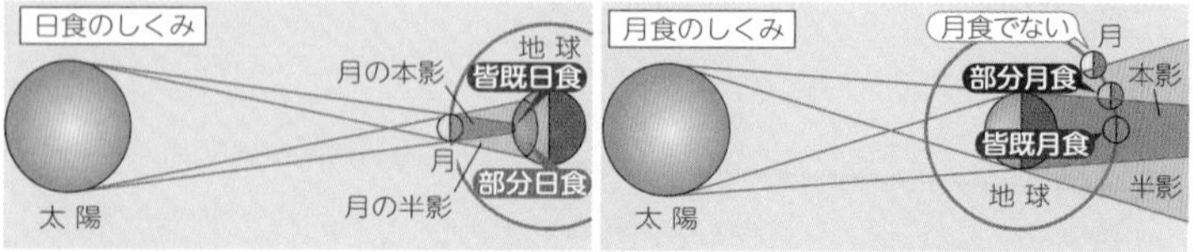

入試 直前チェック

- 日食は月が太陽をかくす現象，月食は地球の影に月が入る現象。
- 金星は，明け方の東の空，夕方の西の空に見える。

## 太陽系と惑星

□ **太陽系**　太陽のまわりを公転する天体群。

- 惑星《わくせい》
  - **地球型惑星**…水星・金星・地球・火星
  - **木星型惑星**…木星・土星・天王星・海王星
- **衛星**…惑星のまわりを公転する天体。例 月
- **小惑星**…主に火星と木星の間を公転している天体。
- **太陽系外縁天体**《たいようけいがいえんてんたい》…海王星より外側を公転する天体。
- **すい星**…惑星と公転面が異なる軌道を公転する天体。

必出 小形で密度が大きい惑星を**地球型惑星**，大形で密度が小さい惑星を**木星型惑星**という。

⚠ **地球より内側を公転する惑星**を**内惑星**，**地球より外側を公転する惑星**を**外惑星**という分け方もある。

例 イトカワ，リュウグウ

□ **金星（内惑星）と火星（外惑星）の比較**

| | 金星（内惑星） | 火星（外惑星） |
|---|---|---|
| 太陽に対する見かけの動き | **太陽の近くで，真夜中に見られない** | **真夜中に見られる** |
| 見かけの大きさの変化 | **変化が大きい** | **変化が大きい**<br>ほかの外惑星は変化が小さい |
| 満ち欠け | **満ち欠けが大きい** | **満ち欠けが小さい** |

□ **金星の動きと満ち欠け・大きさの変化**

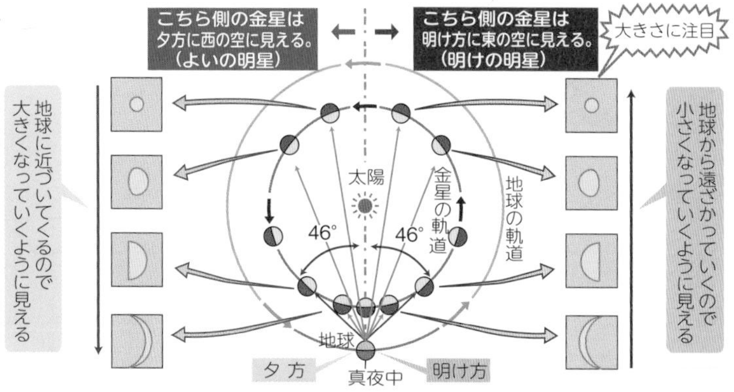


□ **銀河系と銀河**

1 **銀河系**　太陽系を含む，多数の恒星などの天体の集団。
　└横から見るとレンズ状，上から見るとうず巻きの円盤状に見える。

⚠「天の川銀河」ともよばれる。

2 **銀河**　銀河系以外の銀河系のような天体の集団。

物質

# 16 物質のなかまわけと気体の性質

## 物質のなかまわけ

□ **物体と物質**　ものを外見で判断するときは**物体**というが，材料から判断するときは**物質**という。

▶コップは**物体**，ガラスは**物質**。

□ **質量**　上皿てんびんや電子てんびんではかることのできる量を**質量**という。**場所が変わっても変化しない。**

⚠ 単位はkgやgなどを使う。（➡ p.110）

□ **金属の特徴** 重要

① **金属光沢《こうたく》**がある。　② **電気**や**熱**をよく通す。

③ たたいたり引っ張ったりすると**よく延びる。**

金属以外の物質を**非金属**という。

▶**金，銀，銅，鉄，アルミニウム**など。

▶**ガラス，食塩，プラスチック，木，ゴム**など。

□ **有機物と無機物** 重要

**1 有機物**　炭素を含み，**加熱すると燃え**（←酸素が必要），**二酸化炭素**や**水**を発生する物質を**有機物**という。

▶**砂糖，デンプン，ロウ，エタノール，プラスチック**など。

**2 無機物**　有機物以外の物質を**無機物**という。**炭素や二酸化炭素は炭素を含むが無機物である。**

▶**食塩，金属**など。

□ **体積のはかり方**　**メスシリンダー**を用いる。

⚠ **体積の単位**
1L＝1000mL
1mL＝$1cm^3$

**1 液体の体積のはかり方**

① 目の位置は**液面と同じ高さ**。

② 液面の**平らな所**を読む。

③ **1目盛りの $\frac{1}{10}$** まで読む。

**2 固体の体積のはかり方**　メスシリンダー内の液体にしずめ，ふえた液体の体積をはかる。

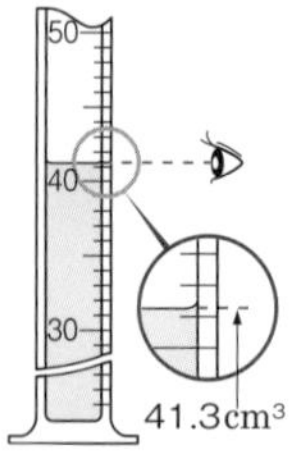


□ **密度**　**一定体積あたりの質量**をその物質の**密度**という。ふつう，**$1cm^3$あたりの質量**で表す（単位：$g/cm^3$）。

公式　重要

$$\text{密度}〔g/cm^3〕=\frac{\text{質量}〔g〕}{\text{体積}〔cm^3〕}$$

① **密度が同じであれば，同じ物質である。**

② 右のグラフで，**同じ直線上であれば密度が等しい。➡同じ物質である。**

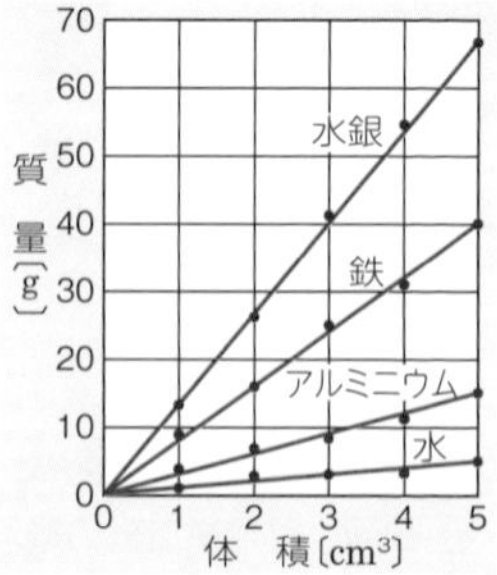

入試 直前チェック

- 燃えて二酸化炭素が発生するのは有機物。
- 水上置換法で集めることができるのは，酸素，水素，二酸化炭素。

## 気体の性質

| 酸素 $O_2$ | 水素 $H_2$ | 二酸化炭素 $CO_2$ | アンモニア $NH_3$ | 塩素 $Cl_2$ |
|---|---|---|---|---|
| 無色 | 無色 | 無色 | 無色 | **黄緑色** |
| 無臭 | 無臭 | 無臭 | **刺激臭** | **刺激臭** |
| 水に溶けにくい | 水に溶けにくい | 水に**少し溶ける** | 水に**ひじょうによく溶ける** | 水に**よく溶ける** |
| | | 炭酸水は**弱い酸性** | アンモニア水は**アルカリ性** | 水に溶けると**酸性** |
| 空気よりわずかに**重い** | 空気より**軽い** | 空気より**重い** | 空気より**軽い** | 空気より**重い** |
| ほかの物質を燃やす性質(**助燃性**)がある | 爆発するように激しく燃え，**水になる** | **石灰水を白くにごらせる** | 有毒である | 水溶液には**漂白・殺菌作用**がある |
| **過酸化水素水** + **二酸化マンガン** | **亜鉛** + **うすい塩酸** | **石灰石** + **うすい塩酸** | **塩化アンモニウム＋水酸化カルシウム（加熱）** | 濃塩酸 + 二酸化マンガン |
| **水上置換法** | **水上置換法** | **下方(水上)置換法** | **上方置換法** | **下方置換法** |

## 気体の集め方

□ **気体の集め方と気体の性質** 気体の集め方は，**水への溶け方と空気に対する重さ**で決める。水に溶けにくい気体は**水上置換法**で集める。（空気に対する重さは関係ない）

**必出** 水上置換法は上方置換法・下方置換法よりも純粋な気体を集めることができる。そのため，水に少し溶ける二酸化炭素の純粋な気体を集めたいときは水上置換法を用いる。

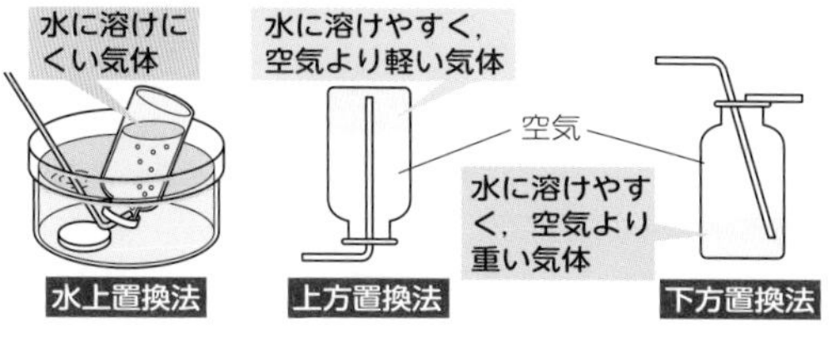

# 17 水溶液の性質と状態変化

## 水溶液の性質

☐ **溶質・溶媒《ようばい》・溶液**

**1 溶質**　溶液に溶けている物質を**溶質**という。

**2 溶媒**　溶質を溶かしている液体を**溶媒**という。

**3 溶液**　溶質が溶媒に溶けている液全体を**溶液**という。溶媒が水である溶液を特に**水溶液**という。

> ⚠ 食塩水では，**溶質は食塩，溶媒は水**である。

☐ **水溶液の特徴**

① **透明《とうめい》**である。　② **濃さはどこも均一**である。

> **必出** 水や酸素など１種類の物質でできているものを**純粋な物質**といい，空気や水溶液など数種類の物質が混じり合っているものを**混合物**という。

> ▶時間がたっても**溶質が沈殿することはない。**

☐ **溶液の濃度《のうど》**　溶質の質量が溶液全体の質量の何%にあたるかで表す。これを**質量パーセント濃度**という。

$$\text{質量パーセント濃度〔\%〕}=\frac{\text{溶質の質量〔g〕}}{\text{溶液の質量〔g〕}}\times 100$$

$$=\frac{\text{溶質の質量〔g〕}}{\text{溶質の質量〔g〕}+\text{溶媒の質量〔g〕}}\times 100$$

## 物質が水に溶ける量

☐ **飽和《ほうわ》水溶液**　**物質が，それ以上溶けることができなくなった水溶液**を**飽和水溶液**という。

☐ **溶解度《ようかいど》** **重要**　物質を 100g の水に溶かして飽和水溶液にしたとき，溶けた物質の質量を**溶解度**という。**溶解度は物質によって決まっていて，水の温度によって変化する。**固体の場合，ふつう，水の温度が高くなると，溶解度も大きくなる。
（食塩の溶解度は，あまり変わらない）

☐ **溶解度曲線**　右図のように，水の温度と溶解度の関係をグラフにしたものを**溶解度曲線**という。

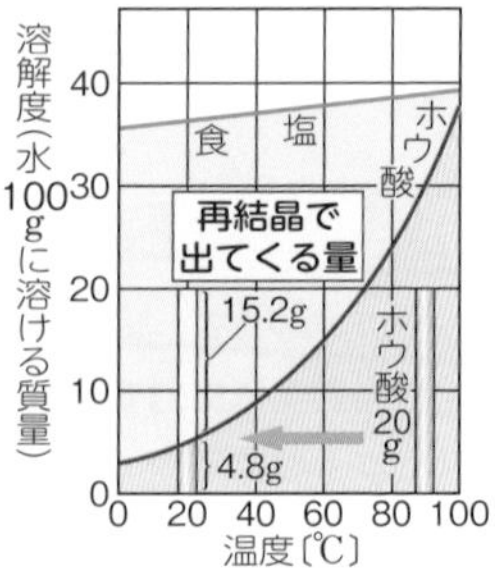


↑90℃の水 100g に 20g のホウ酸を溶かしたあと 20℃に冷やすと，15.2g の結晶が出てくる。

☐ **再結晶《さいけっしょう》**　溶質が固体である水溶液から，溶けていた固体を再び結晶としてとり出すことを**再結晶**という。
（結晶：規則正しい形をした固体）

☐ **再結晶の方法** **重要**

① 溶解度の差が大きい物質➡水溶液の**温度を下げる。**
（ホウ酸，硝酸カリウム，ミョウバンなど）

② 溶解度の差が小さい物質➡水溶液の**水を蒸発させる。**
（食塩（塩化ナトリウム）など）

**入試 直前チェック**

- 再結晶を行うには，①水溶液の温度を下げる。②水を蒸発させる。
- 混合物を蒸留すると，沸点の低い物質がはじめに多く出てくる。



## 状態変化

□ **状態変化**　物質の状態が**固体** $\underset{\text{冷却}}{\overset{\text{加熱}}{\rightleftarrows}}$ **液体** $\underset{\text{冷却}}{\overset{\text{加熱}}{\rightleftarrows}}$ **気体**と変化すること。**全体の体積は変化するが，質量は変化しない。**

▶**昇華**
固体 $\underset{\text{冷却}}{\overset{\text{加熱}}{\rightleftarrows}}$ 気体

□ **粒子のようす**　固体→液体→気体と変化するにつれて，粒子の運動が激しくなり，粒子の間隔《かんかく》が広くなる。

□ **融点《ゆうてん》と沸点《ふってん》**　固体が液体になるときの温度を**融点**，液体が**沸騰《ふっとう》**して気体になるときの温度を**沸点**という(液体が固体になるときの温度も融点に等しい)。**融点**（←水は 0℃，パルミチン酸は 63℃）**や沸点**（←水は 100℃，エタノールは 78℃）**は物質によって決まっている。**融点や沸点にあるとき，すべてが状態変化するまで**温度が変化しない。**

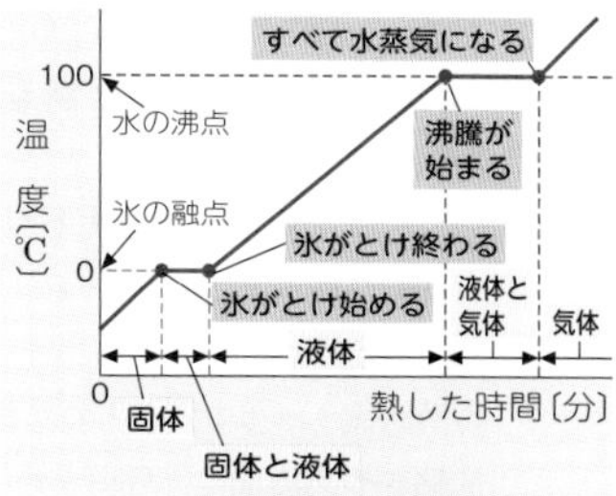


□ **蒸留** 重要　液体を熱して沸騰させ，出てくる気体を冷やして再び液体としてとり出すことを**蒸留**という。蒸留では，**沸点のちがいを利用して混合物を分離する**ことができる。

□ **蒸留による混合物の分離の実験**

① 右の図のような装置をつくり，枝つきフラスコに水 17cm³ とエタノール 3cm³ の混合物を入れて，弱火で加熱する。

② 出てきた液体を 2cm³ ずつ，3 本の試験管に集める。

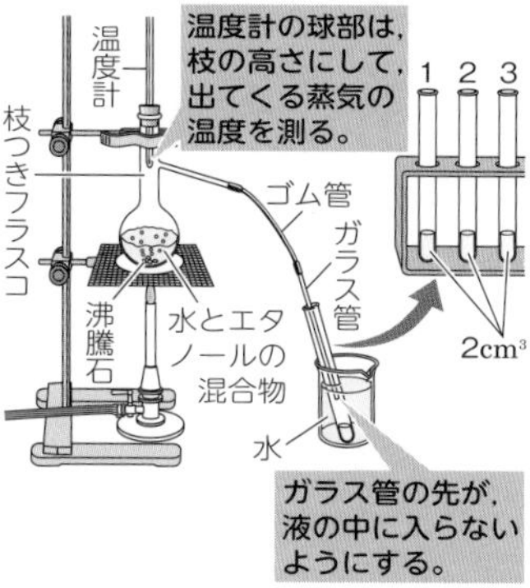


[結果]

① 温度変化のグラフは右図のようになり，**沸点がはっきりしない。**

② 1 本目はエタノールの割合が大きく，3 本目はほとんど水であった。

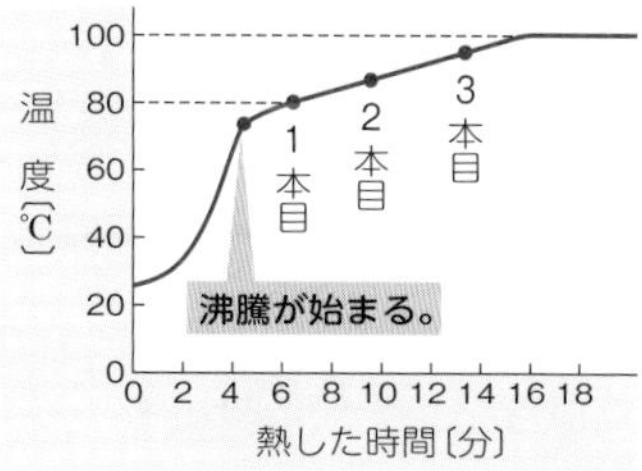

物質

# 18 いろいろな化学変化①

## 分解

□ **分解**《ぶんかい》　１種類の物質（化合物）が，２種類以上の別の物質に分かれる化学変化を**分解**といい，熱して分解することを，特に**熱分解**という。

**1 酸化銀の熱分解**

**酸化銀 ⟶ 銀＋酸素**　$2Ag_2O \longrightarrow 4Ag + O_2$

▶**検出方法**
●**銀**…スプーンなどでこすって光《こう》沢《たく》をみる。➡銀色に光る。
●**酸素**…試験管に集めて火をつけた線香を入れる。➡線香が炎を上げて燃えだす。

**2 炭酸水素ナトリウムの熱分解** 重要

**炭酸水素ナトリウム**（←白い粉末）
**⟶ 炭酸ナトリウム（←白い粉末）＋二酸化炭素＋水**

$2NaHCO_3 \longrightarrow Na_2CO_3 + CO_2 + H_2O$

**［実験上の注意］**

① 炭酸水素ナトリウムを入れた**試験管の口は下げておく。**
⚠ 水滴が加熱部分に流れて試験管が割れるのを防ぐため。

② **加熱をやめる前**に，石灰水から**ガラス管を出しておく。**
⚠ 石灰水がガラス管を通して逆流するのを防ぐため。

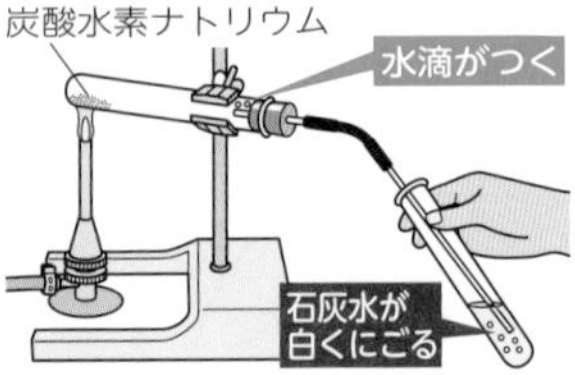


⚠ **検出方法**
●**炭酸ナトリウム**…水によく溶け，強いアルカリ性を示す。
※炭酸水素ナトリウムは水に少し溶け，弱いアルカリ性を示す。
●**二酸化炭素**…石灰水を白くにごらせる。
●**水**…青色の塩化コバルト紙を赤色にする。

## 水の電気分解

□ **水の電気分解** 重要　電流を流すことによって物質を分解することを**電気分解**という。

**陽極…酸素** $O_2$ **（体積１）**
**陰極…水素** $H_2$ **（体積２）**

□ **水の成分**　水素と酸素

□ **水，水素，酸素の間の関係**

| 水 | 分解 ⇄ 結びつく | 水素 | ＋ | 酸素 |
|---|---|---|---|---|
| $2H_2O$ | | $2H_2$ | | $O_2$ |

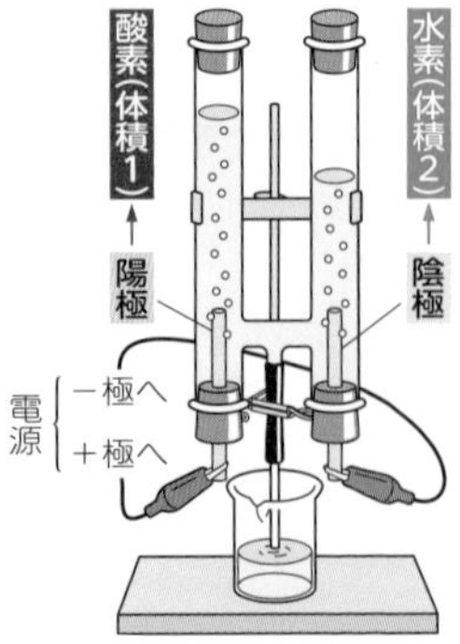

入試 直前チェック

- 水を電気分解すると，陽極側には酸素が，陰極側には水素が集まる。
- 化学反応式の左辺と右辺では，原子の種類と数が同じ。

## 物質をつくる粒子――原子と分子

□ **原子**　物質をつくっている**最小の粒子**。

□ **元素**　原子の種類。118 種類発見されている。

□ **分子**　いくつかの原子が結びついてできており，物質としての性質をもつ最小の粒子。

> ⚠ たとえば，酸素原子２個が結合して，酸素の性質をもつ酸素分子となる。

□ **単体と化合物**　１種類の元素からできている物質を**単体**，２種類以上の元素からできている物質を**化合物**という。

## 物質のつくりとその表し方

□ **元素記号**　元素をアルファベットを使って表す。
←大文字１文字か，大文字と小文字の２文字

例 水素…H　酸素…O　炭素…C　銅…Cu

□ **化学式** 重要　物質のなりたちを元素記号と数字で表した式。純粋《じゅんすい》な物質（単体・化合物）をつくっている原子の種類と数を示す。

例 ① 水素…$H_2$，酸素…$O_2$ ➡気体は２原子で１分子
ヘリウム（He）など例外もある→

② 炭素…C，銅…Cu ➡分子をつくらない物質

③ 化合物；水…$H_2O$，酸化銅…CuO

**［実戦コーチ］**

化学式は正しく書け！

（銅）

Cu　CU　cu

（塩化水素，塩酸）

HCl　Hcl

## 化学変化の表し方

□ **化学反応式**　例 マグネシウムの燃焼（酸化）（➡ p.101）

マグネシウム ＋ 酸素 ⟶ 酸化マグネシウム

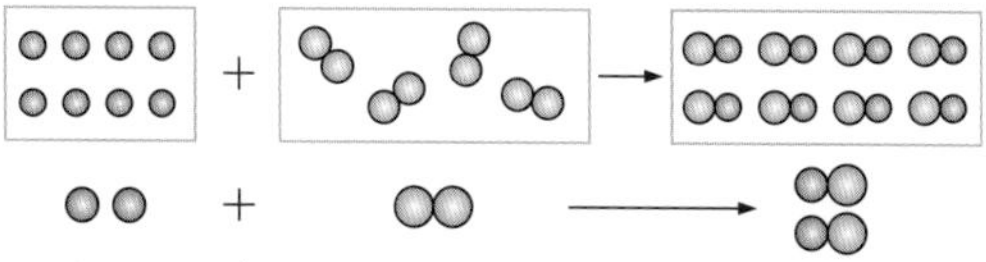

$2Mg + O_2 \longrightarrow 2MgO$

□ **化学反応式の書き方** 重要　例 $2Mg + O_2 \longrightarrow 2MgO$

① **反応する物質の化学式を左辺**に，**生成する物質の化学式を右辺**に書き，両辺を ⟶ で結ぶ。
←反応に関係しない物質は書かない

② **両辺の各原子の種類と数が等しくなる**ように，各化学式に係数をつける（右の実戦コーチ参照）。

**［実戦コーチ］**

①化学式を並べる。

$Mg + O_2 \longrightarrow MgO$

②酸素原子の数をそろえる。

$Mg + O_2 \longrightarrow 2MgO$

③マグネシウム原子の数をそろえる。

$2Mg + O_2 \longrightarrow 2MgO$

物質

# 19 いろいろな化学変化②

## 結びつく化学変化

□ **結びつく化学変化**　２種類以上の物質が結びつくと，別の新しい物質ができる。このときできた物質は**化合物**である。

**1 鉄と硫黄《いおう》の反応**

必出 **鉄＋硫黄**
**→ 硫化鉄《りゅうかてつ》**
$Fe + S \longrightarrow FeS$

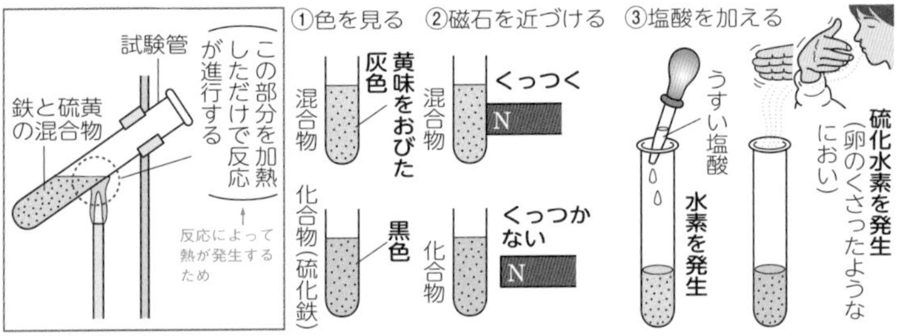


**2 銅と硫黄の反応**　硫黄の蒸気の中に熱した銅線や銅板を入れると，激しく反応して**硫化銅**ができる。

**銅＋硫黄 → 硫化銅**　($Cu + S \longrightarrow CuS$)

⚠ ふれ合っているだけでも，ゆっくり反応する。

## 酸化

□ **酸化《さんか》** 重要　物質が**酸素と結びつくこと**を**酸化**といい，酸化によってできた化合物を酸化物という。特に，熱や光を出しながら激しく酸化することを**燃焼**という。

**1 金属の酸化(燃焼)　結びついた酸素のぶん質量が増加。**

① **鉄の燃焼**　加熱したスチールウール(鉄)を酸素の中に入れると，火花を飛ばしながら激しく燃える。

▶**鉄の燃焼**

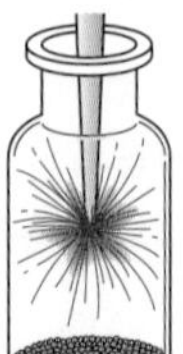

鉄＋酸素
→ 酸化鉄

② **銅の酸化**　ステンレス皿に銅粉を入れ，かき混ぜながら加熱すると，銅は空気中の酸素と結びつく。

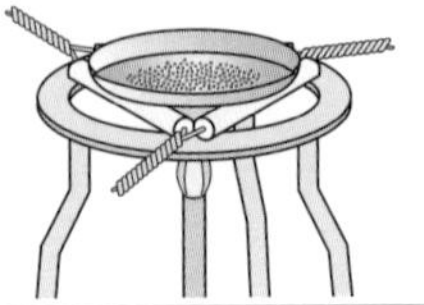

**銅＋酸素 → 酸化銅**

$2Cu + O_2 \longrightarrow 2CuO$

⚠ 酸化銅は，金属光沢《こうたく》のない**黒色**の物質である。

入試 直前チェック

鉄と硫黄の混合物を加熱すると，硫化鉄(FeS)が生じる。

酸化銅と炭素の混合物を加熱すると，銅と二酸化炭素が生じる。

③ **マグネシウムの燃焼**　空気中の酸素と結びつく(酸化する)ときに，**強い光や熱を出す。**

**マグネシウム＋酸素 ⟶ 酸化マグネシウム**

必出 $2Mg + O_2 \longrightarrow 2MgO$

**2 金属以外の物質の酸化**

① **水素の酸化**

**水素＋酸素 ⟶ 水**　($2H_2 + O_2 \longrightarrow 2H_2O$)

▶爆発的に反応して水ができる。

② **炭素の酸化**

**炭素＋酸素 ⟶ 二酸化炭素**　($C + O_2 \longrightarrow CO_2$)

**3 有機物の酸化**　エタノールやメタンなどの有機物を燃焼させると，二酸化炭素と水が発生する。

⚠ 有機物に含まれる炭素と水素がそれぞれ酸化して生じる。

## 還元

□ **還元《かんげん》** 重要　**酸化物から酸素がとり除かれる化学変化**を**還元**という。

⚠ 還元が起こるときは，同時に酸化も起こる。

**1 酸化銅の炭素による還元**　試験管に酸化銅と炭素の粉末を入れて加熱すると，**二酸化炭素が発生し，試験管に銅が残る。**

**酸化銅＋炭素 ⟶ 銅＋二酸化炭素**

還元

$2CuO + C \longrightarrow 2Cu + CO_2$

酸化

**酸化銅の炭素による還元**

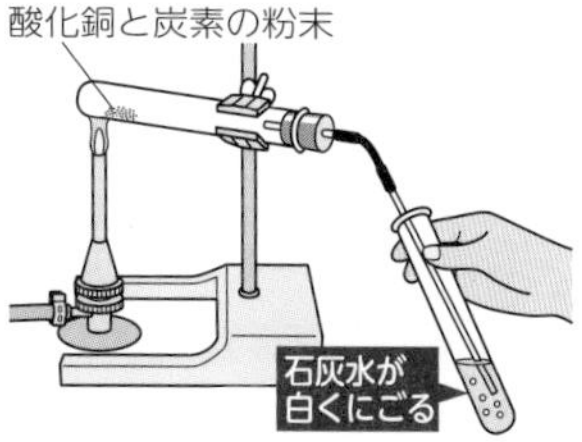


**2 酸化銅の水素による還元**　酸化銅を水素で満たした試験管に入れると，**水(水滴)が発生し，銅が残る。**

**酸化銅＋水素 ⟶ 銅＋水**

還元

$CuO + H_2 \longrightarrow Cu + H_2O$

酸化

## 化学変化と熱

□ **発熱《はつねつ》反応**　熱を発生し，**まわりの温度が上がる**反応。酸化(燃焼)，水素の発生，中和(➡ p.107)など。

▶酸化カルシウムと水の反応による発熱は，加熱用品に利用されている。

□ **吸熱《きゅうねつ》反応**　熱を吸収し，**まわりの温度が下がる**反応。アンモニアの発生，硝酸《しょうさん》アンモニウムの水への溶解など。

物質

# 20 化学変化と物質の質量

## 化学変化の前後の質量

□ **質量保存の法則** 重要 **化学変化の前後で，物質全体の質量は変化しない。**

反応前の物質の質量の和 ＝ 反応後の物質の質量の和

(理由) 化学変化では，**原子の組み合わせが変化するだけで，原子の種類や全体の数は変化しない**ため。

必出 化学変化では，**原子が新しくできたり，なくなったり，別の原子に変わったりしない。**

□ **金属の酸化(燃焼)と質量**

**開放された容器での反応**…酸化後，**質量が増加する。**

**密閉した容器の中での反応**…全体の**質量は変化しない。**

⚠ 空気中の酸素と結びつくため。

▶容器内の酸素としか結びつかないため。

□ **気体が発生する反応と質量**

例 **炭酸水素ナトリウム ＋ うすい塩酸**

⟶ **塩化ナトリウム ＋ 水 ＋ 二酸化炭素**

▶ $NaHCO_3 + HCl$
⟶ $NaCl + H_2O + CO_2$

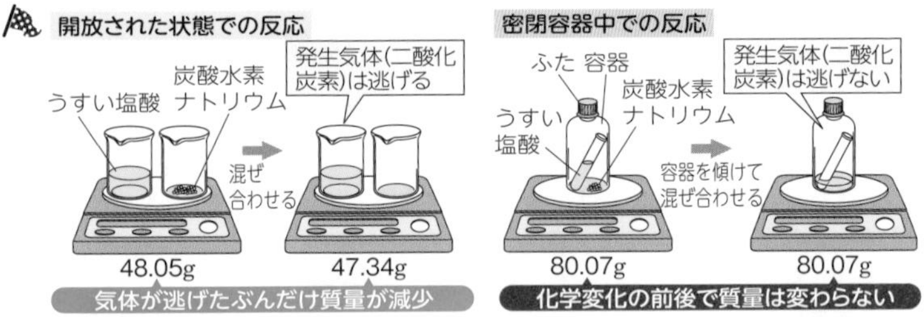


□ **沈殿ができる反応と質量** **外部との物質の出入りがないので，全体の質量は変化しない。**

例 (下線部の物質が沈殿する)

① うすい硫酸 ＋ うすい塩化バリウム水溶液

⟶ 塩酸 ＋ <u>硫酸バリウム</u>

② うすい硫酸 ＋ うすい水酸化バリウム水溶液

⟶ 水 ＋ <u>硫酸バリウム</u>

③ 炭酸ナトリウム水溶液 ＋ 塩化カルシウム水溶液

⟶ 塩化ナトリウム ＋ <u>炭酸カルシウム</u>

⚠ **硫酸バリウム**と**炭酸カルシウム**は**白い沈殿**となる。

▶ $H_2SO_4 + BaCl_2$
⟶ $2HCl + \underline{BaSO_4}$

▶ $H_2SO_4 + Ba(OH)_2$
⟶ $2H_2O + \underline{BaSO_4}$

▶ $Na_2CO_3 + CaCl_2$
⟶ $2NaCl + \underline{CaCO_3}$

**入試 直前チェック**

- 密閉しない場合，気体が発生する反応では質量が減少する。
- 銅：酸素＝４：１，マグネシウム：酸素＝３：２の比で反応する。

## 化学変化と質量の割合

### □ 金属を加熱したときの質量変化を調べる実験

① ステンレス皿に銅の粉末1.00gを広げる。

② 図１のように，銅の粉末を加熱する。

③ 加熱をやめ，冷えてから質量をはかる。

④ ②③をくり返し，質量の変化を調べる。

⑤ マグネシウムの粉末1.50gで同様の操作を行う。

（図１）

（図２）

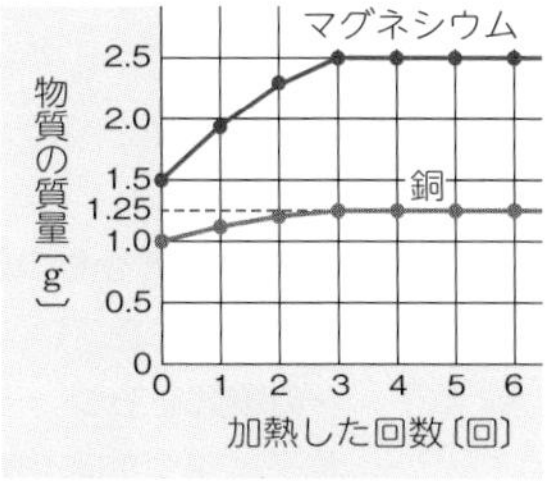


［結果］　図２にグラフでまとめた。

［考察］　一定量の**金属と結びつく酸素の質量には限度がある。**

銅は1.25g，マグネシウムは2.50g以上にはなっていない。

### □ 金属とその酸化物の質量の関係 重要

銅やマグネシウムの質量をいろいろ変えて，それぞれの酸化物の質量（質量が変化しなくなるまで加熱する）をはかると，次のグラフのような結果が得られる。

**原点を通る直線のグラフとなっている**ので，酸化物の質量が金属の質量に比例していることを示す。

（参考）　水素と酸素の反応（水の合成）

**質量比**
水素：酸素
＝１：８

**体積比**
水素：酸素
＝２：１

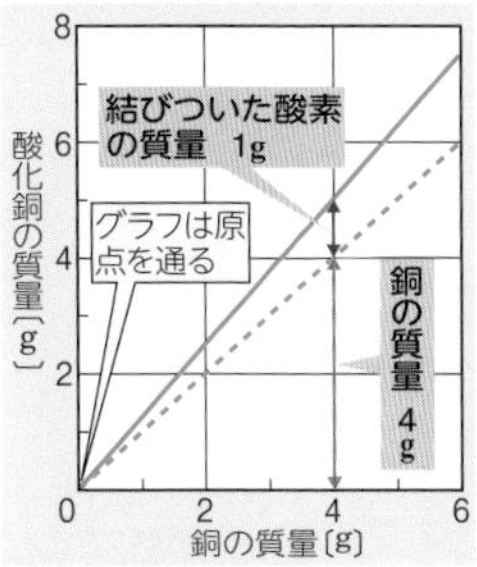


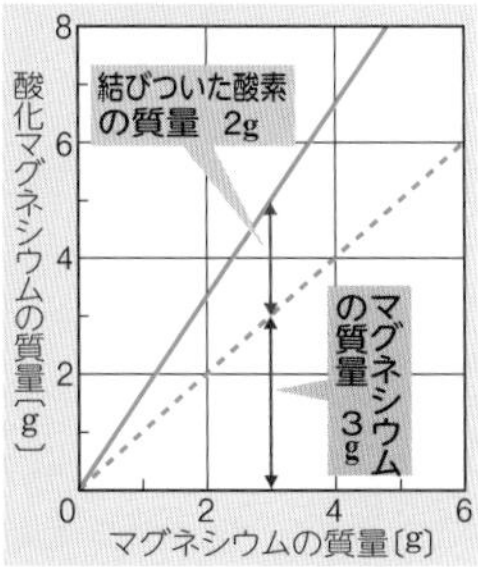


**一定量の金属と結びつく酸素の質量はつねに一定で，その割合は金属の種類によって決まっている。**

**銅：酸素＝４：１**　（酸化銅；５）

**マグネシウム：酸素＝３：２**　（酸化マグネシウム；５）

21

物質

# イオンと電池

## 水溶液とイオン

□ **電解質と非電解質**

1 **電解質《でんかいしつ》**　水に溶かすと，**その水溶液が電流を通す物質。**

例 塩化ナトリウム，塩化銅

2 **非電解質**　水に溶かしても，**その水溶液が電流を通さない物質。** 例 砂糖，エタノール

⚠ 純粋な水やエタノールは電流を通さない。

□ **原子の成り立ち**

1 **原子核**　**＋の電気をもつ陽子**と**電気をもたない中性子**からできている。

2 **電子**　**－の電気をもつ。**

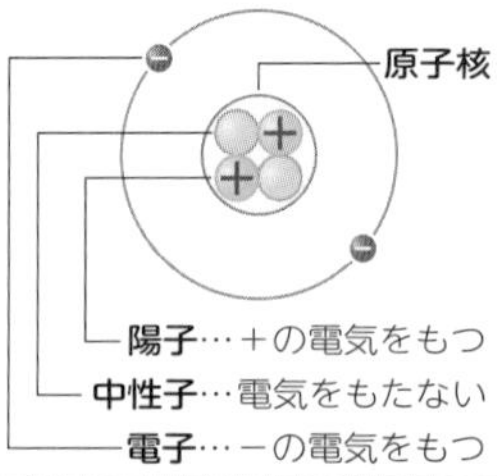


**ヘリウム原子の構造**

□ **イオン**　原子は電気的に中性だが，**電子を受けとったり，失ったりして電気を帯びる。**これを**イオン**という。

1 **陽イオン**　電子を失い**＋の電気**を帯びたもの。

2 **陰イオン**　電子を受けとり**－の電気**を帯びたもの。

□ **イオンを表す化学式**　元素記号を使って表す。

▶電子を2個失うと2＋と表し，電子を2個受けとると2－と表す。

| 陽イオン | | 陰イオン | |
|---|---|---|---|
| イオン | 化学式 | イオン | 化学式 |
| 水素イオン | $H^+$ | 水酸化物イオン | $OH^-$ |
| ナトリウムイオン | $Na^+$ | 塩化物イオン | $Cl^-$ |
| カリウムイオン | $K^+$ | 硫酸イオン | $SO_4^{2-}$ |
| 銅イオン | $Cu^{2+}$ | 硝酸イオン | $NO_3^-$ |
| 亜鉛イオン | $Zn^{2+}$ | 炭酸イオン | $CO_3^{2-}$ |
| マグネシウムイオン | $Mg^{2+}$ | 硫化物イオン | $S^{2-}$ |

□ **電離《でんり》** 重要　電解質が水に溶けて，陽イオンと陰イオンに分かれることを**電離**という。

▶水に溶けたときに電離してイオンを生じるものを**電解質**，水に溶けても電離せずにイオンを生じないものを**非電解質**という。

1 **塩化銅の電離**　$CuCl_2 \longrightarrow Cu^{2+} + 2Cl^-$

2 **塩化水素の電離**　$HCl \longrightarrow H^+ + Cl^-$

3 **塩化ナトリウムの電離**　$NaCl \longrightarrow Na^+ + Cl^-$

## 入試直前チェック

- 電解質が水に溶けると，陽イオンと陰イオンに分かれる。
- ダニエル電池では，−極が亜鉛板，＋極が銅板となる。

## 電気分解とイオン

□ **塩化銅水溶液の電気分解とイオン**（$e^-$は電子）

電離式：$CuCl_2 \longrightarrow Cu^{2+} + 2Cl^-$

陽極：$2Cl^- \longrightarrow Cl_2 + 2e^-$（塩素発生）

陰極：$Cu^{2+} + 2e^- \longrightarrow Cu$（銅が付着）

▶**刺激臭**《しげきしゅう》と**漂白**《ひょうはく》**作用**がある気体。

▶**赤色の固体**で，こすると**金属光沢**《こうたく》が現れる。

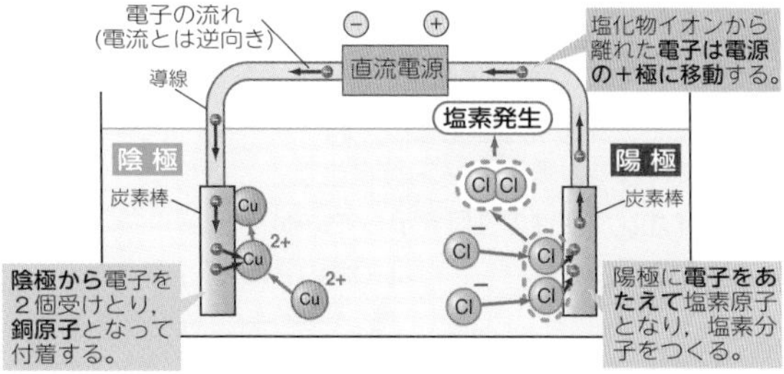


**［塩酸の電気分解］**

$HCl \longrightarrow H^+ + Cl^-$

陽極：$2Cl^- \longrightarrow Cl_2 + 2e^-$

陰極：$2H^+ + 2e^- \longrightarrow H_2$

## 電池

□ **イオンへのなりやすさ**　Mg ＞ Zn ＞ Fe ＞ Cu ＞ Ag

▲ 電子を放出して陽イオンになる。

□ **電池**　**電解質の水溶液に２種類の金属を入れて導線でつなぐ**と電圧が生じる。これを**電池**（化学電池）という。

□ **ダニエル電池** 重要　亜鉛板を硫酸亜鉛水溶液に，銅板を硫酸銅水溶液に入れて素焼き板などでしきった電池。

−極：$Zn \longrightarrow Zn^{2+} + 2e^-$

＋極：$Cu^{2+} + 2e^- \longrightarrow Cu$

必出 亜鉛原子１個が電子を２個放出して亜鉛イオンとなった。

必出 銅イオン１個が電子を２個受けとって，銅原子になった。

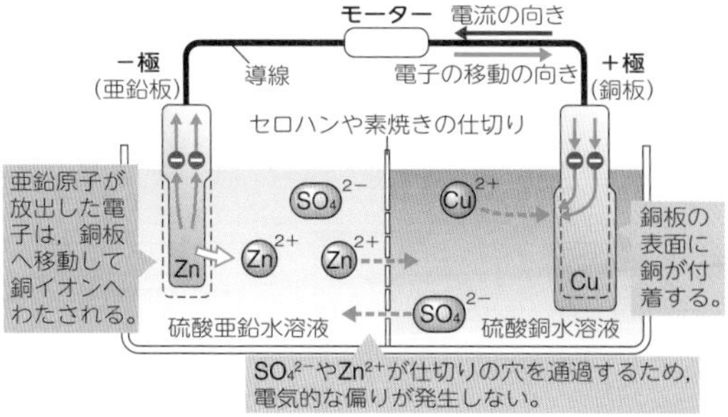


▲ イオンになりにくいほうの金属が＋極になる。

物質

# 22 酸・アルカリと中和

## 酸・アルカリ

□ **酸性とアルカリ性の特徴**

| | 酸性 | アルカリ性 |
|---|---|---|
| リトマス紙 | 青色→赤色 | 赤色→青色 |
| BTB 溶液 | 黄色 | 青色 |
| フェノールフタレイン溶液 | 無色 | 赤色 |
| マグネシウムとの反応 | 溶かして水素を発生 | 反応しない |

**必出 中性の水溶液の特徴**
①リトマス紙は変化しない。
② BTB 溶液は**緑**色になる。

□ **酸** 重要　水に溶けると電離して**水素イオン**($H^+$)を生じ，酸性を示す化合物。**水素イオンが酸性の性質を示している。**

例 塩化水素，硫酸《りゅうさん》

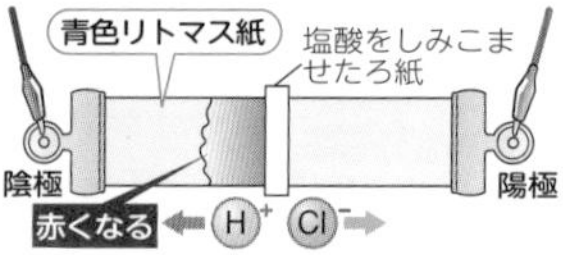


□ **酸の電離**

1 **塩化水素**　$HCl \longrightarrow H^+ + Cl^-$

2 **硫酸**　$H_2SO_4 \longrightarrow 2H^+ + SO_4^{2-}$

□ **アルカリ** 重要　水に溶けると電離して**水酸化物イオン**($OH^-$)を生じ，アルカリ性を示す化合物。**水酸化物イオンがアルカリ性の性質を示している。**

例 水酸化ナトリウム，水酸化カリウム

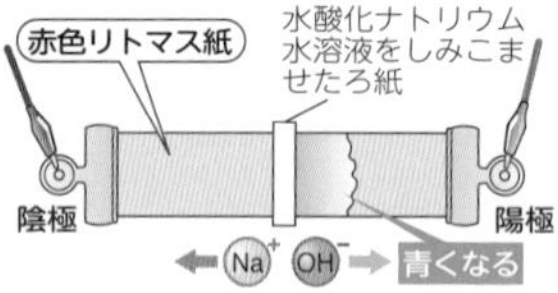


□ **アルカリの電離**

1 **水酸化ナトリウム**　$NaOH \longrightarrow Na^+ + OH^-$

2 **水酸化カリウム**　$KOH \longrightarrow K^+ + OH^-$

⚠ アンモニアは水酸化物イオンをもたないが，**水に溶けると水酸化物イオンをつくる**のでアルカリとされる。

$NH_3 + H_2O \longrightarrow NH_4^+ + OH^-$

⚠ pHは**pHメーター**や**万能 pH 試験紙**などで調べる。

□ **pH**《ピーエイチ》　水溶液の酸性やアルカリ性の強さは，**pH** という数値で表す。**7のとき中性**で，0～14 までである。

（pHが小さいほど酸性が強く，大きいほどアルカリ性が強い）

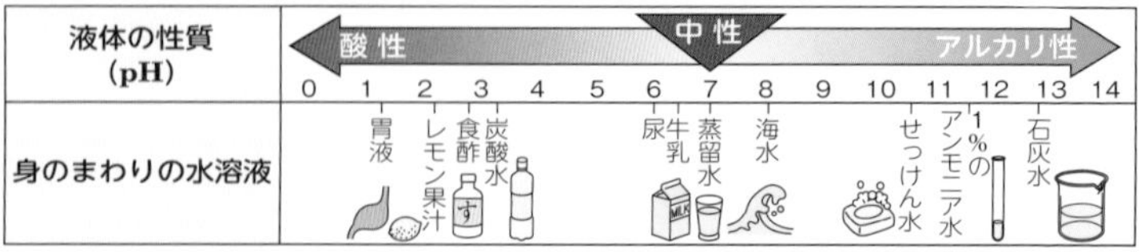

入試 直前チェック

- 酸が水に溶けると $H^+$，アルカリが水に溶けると $OH^-$ が生じる。
- 酸の陰イオンとアルカリの陽イオンが結びついて塩ができる。

## 中和と塩

□ **中和《ちゅうわ》**　酸とアルカリの水溶液を混ぜ合わせると，**水素イオンと水酸化物イオンが結びついて水ができ，互いの性質を打ち消し合う**。このような反応を中和という。

$H^+ + OH^- \longrightarrow H_2O$

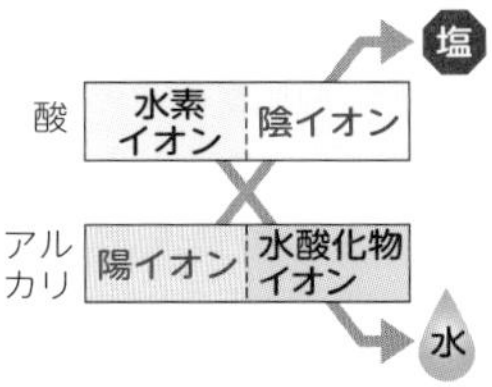


□ **塩《えん》** 重要　中和が起こるとき，**酸の陰イオンとアルカリの陽イオンが結びついてできる化合物**を塩という。

□ **塩酸と水酸化ナトリウム水溶液の中和**

**塩化水素＋水酸化ナトリウム ⟶ 塩化ナトリウム＋水**

$HCl + NaOH \longrightarrow NaCl + H_2O$

必出 **塩化ナトリウム**は食塩の主成分である。

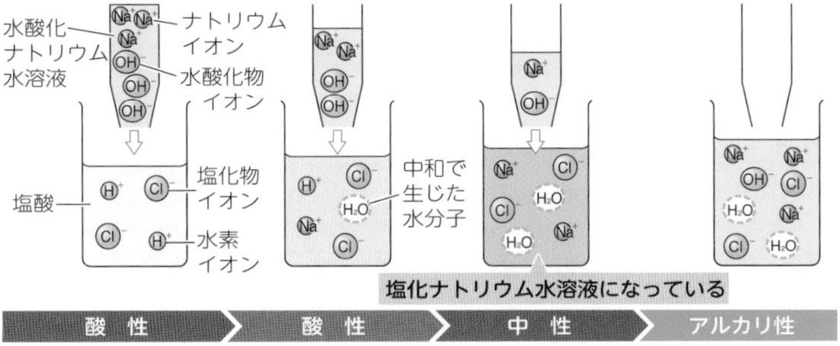


① それぞれの**イオンの数の変化**をグラフにすると，右図のようになる。

② 塩化ナトリウムは電解質であることに注意する。

塩酸に水酸化ナトリウム水溶液を加えたとき

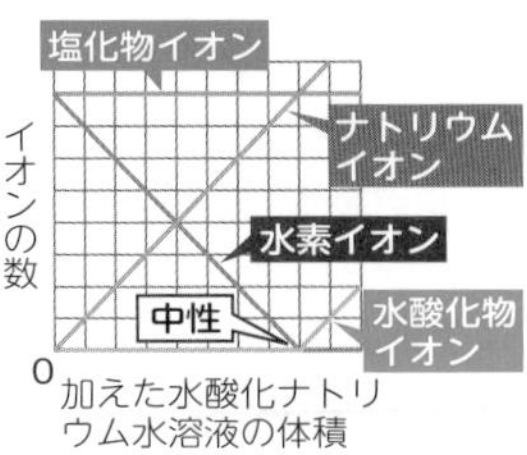


□ **その他の中和**

**1 硫酸と水酸化バリウム水溶液の中和**

$H_2SO_4 + Ba(OH)_2 \longrightarrow BaSO_4 + 2H_2O$（硫酸バリウム（塩））

**2 炭酸と水酸化カルシウムの中和**

$H_2CO_3 + Ca(OH)_2 \longrightarrow CaCO_3 + 2H_2O$（炭酸カルシウム（塩））

**3 硝酸と水酸化カリウムの中和**

$HNO_3 + KOH \longrightarrow KNO_3 + H_2O$（硝酸カリウム（塩））

⚠ 硫酸バリウムと炭酸カルシウムは水に溶けないため，白い沈殿となる。

# 23 光と音

エネルギー

## 光の性質

□ **光の進み方** 重要

① 光は**直進する。**

② 光が反射するとき

**入射角＝反射角**
↑反射の法則

③ 光が空気中から水中へ
またはガラス中↑

**屈折《くっせつ》角＜入射角**

光が水中から空気中へ
↑またはガラス中

**屈折角＞入射角**

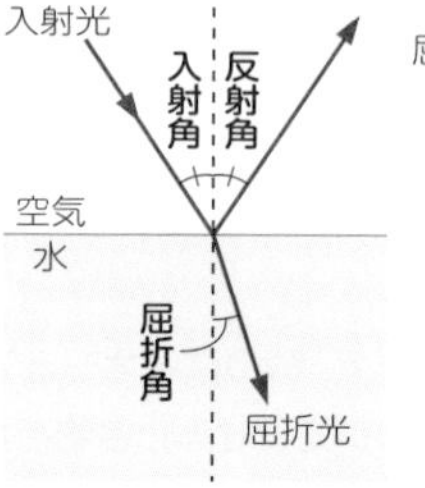


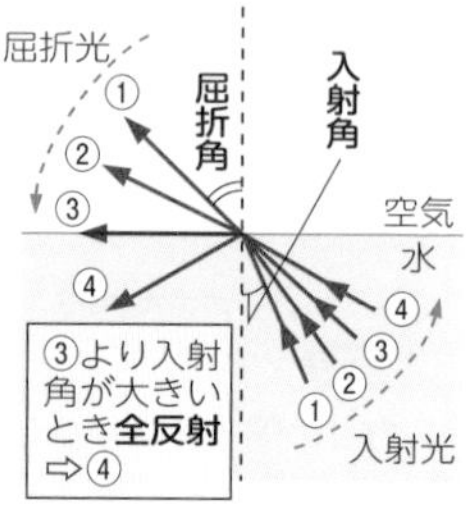


④ **全反射**　光が水やガラスから空気中へ進むとき入射角がある大きさ以上になると，**すべての光が反射する現象。**
↑水で約49°，ガラスで約42°

## 凸レンズのはたらき

□ 凸《とつ》レンズ

**1** **焦点《しょうてん》**　光軸《こうじく》に平行な光を当てたとき**光が集まる光軸上の点**。レンズの両側に１つずつ。

**2** **焦点距離**　凸レンズの中心から焦点までの距離。

図１

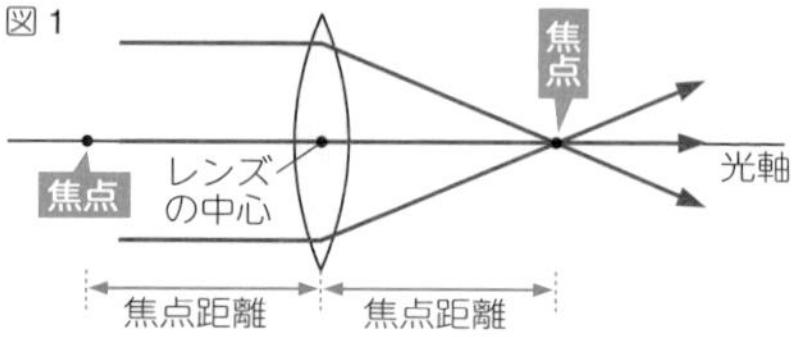


図２

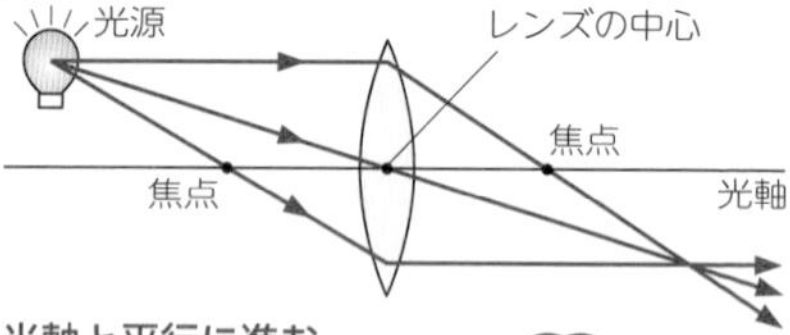


□ 凸レンズを通る光の進路

① **光軸と平行な光**➡レンズ通過後，**焦点を通る。**

② **レンズの中心を通る光**➡**直進。**

③ **焦点を通る光**➡レンズ通過後，**光軸と平行に進む。**

□ 凸レンズによってできる実像《じつぞう》 重要

① 物体を**焦点の外側**に置くとでき，**上下左右が反対。**
↑倒立という

② 図２の３本の光が交わった所にできる。

③ 実像は**スクリーンにうつすことができる。**

□ 凸レンズによってできる虚像《きょぞう》　物体を**焦点より内側**に置いたときにできる，**物体より大きな正立の像。**
虚像はスクリーンにうつすことができない↑

必出 虚像は，光を進行方向とは逆向きに延長して交わった所にできる。

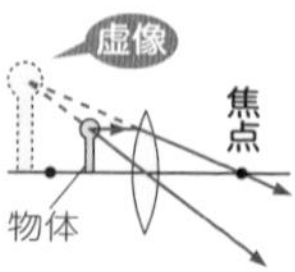

## 入試直前チェック

- 物体を焦点の外側に置くと，上下左右が反対の実像ができる。
- 音が高くなるのは，①弦が短いとき，②強くはったとき。

## 光の色

□ **光の色**　太陽光をプリズムに通すと，光が屈折してそれぞれの色に分かれる。

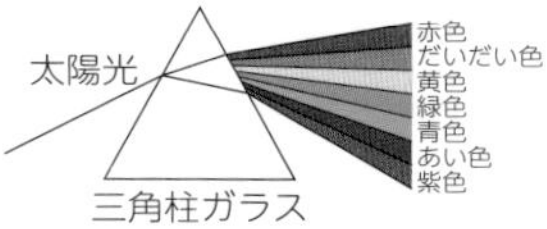


## 音の発生と伝わり方

□ **音を伝えるもの**　気体，液体，固体。
（気体 ←空気など／液体 ←水など）

□ **音が伝わるようす**　物体が振動すると，そのまわりの空気が振動し，その振動がまわりに広がる。

□ **音の速さ**　空気中で**約 340m/s**。気体＜液体＜固体

⚠ 空気は振動を次々に伝えるだけで，空気そのものが移動しているわけではない。

## 音の高さと大きさ

□ **振幅《しんぷく》**　振動のはばを**振幅**という。

□ **振動数**　1 秒間に振動する回数を**振動数**という。単位は**ヘルツ**(Hz)。

□ **音の高低** 重要
**振動数が多いほど**，**高い音**となる。

□ **音の大小** 重要
**振幅が大きいほど**，**大きな音**となる。

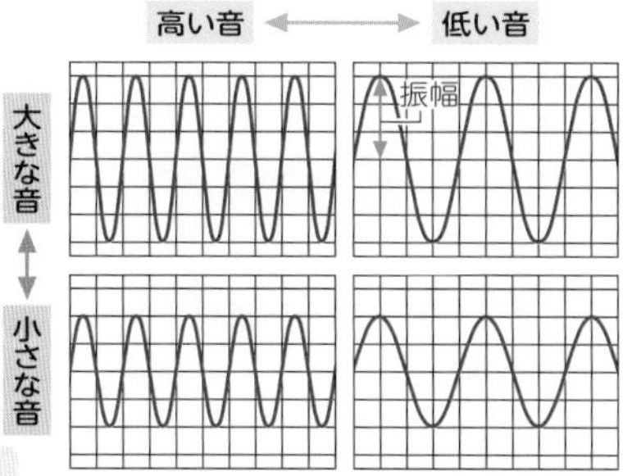


音の高低…振動数の多少で決まる。
音の大小…振幅の大小で決まる。

## 弦の振動と音

□ **弦の音の高低** 重要

1. **弦の長さ**　**弦の振動部分を短くする**ほど，**高い音**が出る。（←振動数が多くなる）
2. **弦をはる強さ**　**弦を強くはる**ほど，**高い音**が出る。（←振動数が多くなる）
3. **弦の太さ**　**細い弦**ほど，**高い音**が出る。（←振動数が多くなる）

□ **弦の音の大小**　**弦を強くはじく**と**大きな音**が出る。（←振幅が大きくなる）

# 24 エネルギー 力

## 力のはたらき

□ **力のはたらき**

① 物体の**運動の状態を変える。**

② 物体の**形を変える。**

③ 物体を**支える。**

□ **いろいろな力**

1 **重力**　地球が，地球上の物体を引く力。

2 **磁力**　磁石どうしや磁石と鉄の間ではたらく力。

3 **摩擦力**《まさつ》　物体どうしがふれている面で，物体の運動をさまたげる向きにはたらく力。

4 **電気の力**　電気がたまった物体に生じる力。

5 **弾性力**《だんせい》　変形された物体がもとにもどろうとするときに生じる力。変形した物体がもとにもどろうとする性質を**弾性**という。

⚠ **重力**と**磁力**，**電気の力**は，**はなれた物体間でもはたらく**。また，重力の向きは，つねに地球の中心方向(鉛直方向)であることに注意する。

## 力の表し方

□ **力の単位**　力の大きさは**ニュートン(N)**という単位で表す。**1N＝約100gの物体にはたらく重力**

□ **質量と重さ**　物質そのものの量を**質量**という。単位はgやkgで表し，場所が変わっても質量は一定。重さは物体にはたらく重力。重力は場所によって変わる。

↑上皿てんびんではかることができる（質量）

↑ばねばかりではかることができる（重力）

**必出** 月面上では重力が地球上の$\frac{1}{6}$倍になる。

□ **力の表し方** **重要**　重力は物体全体にはたらいているが，物体の中心を作用点とする1本の矢印で表す。

① **力の大きさ**…矢印の**長さ**で表す。

② **力の向き**…矢印の**向き**で表す。

③ **作用点(力のはたらく点)**…矢印の**始点**とする。

⚠ 矢印の長さを，力の大きさに比例した長さにする。

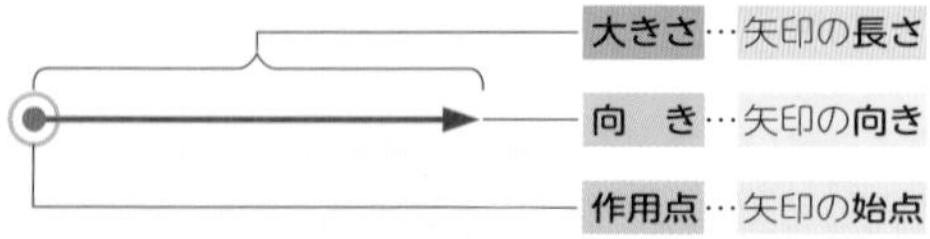

入試 直前チェック

- 力の三要素は，力の大きさ，力の向き，作用点。
- 静止している物体には，つり合う２力が必ずある。

## フックの法則

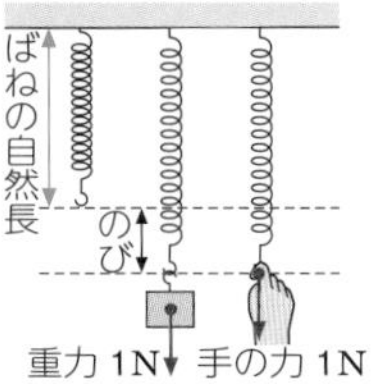


□ **フックの法則** 重要　右の図で，物体にはたらく重力と手がばねを引く力は同じであり，**ばねののびは，ばねに加わる力に比例する**。これを**フックの法則**という。

□ **グラフのかき方**

① 横軸に変化させた量(力の大きさ)，縦軸に変化した量(ばねののび)をとり，すべての測定値がかけるように目盛りを決める。

② 測定値を・などで記入する。

③ できるだけすべての測定値の近くを通るように直線を引く。
↑—原点を通る直線となる

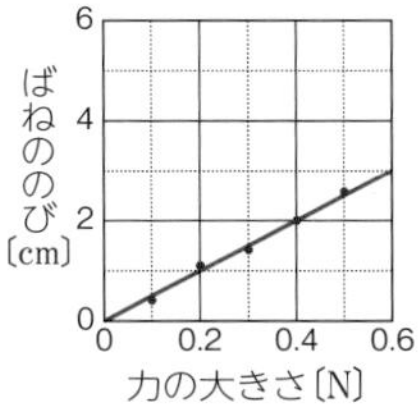


## 力のつり合い

□ **つり合い** 重要　物体にいくつかの力がはたらいているのに，**物体が静止**している状態。

□ **2力がつり合う条件**

① **同一直線上にある。**

② **向きが反対。**

③ **大きさが等しい。**

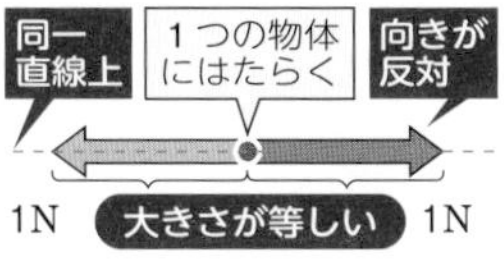


□ **2力がつり合う力の例**

●**垂直抗力《こうりょく》**…ある面がその面上の物体を押し返す力。面上の物体にはたらく**重力とつり合う。**

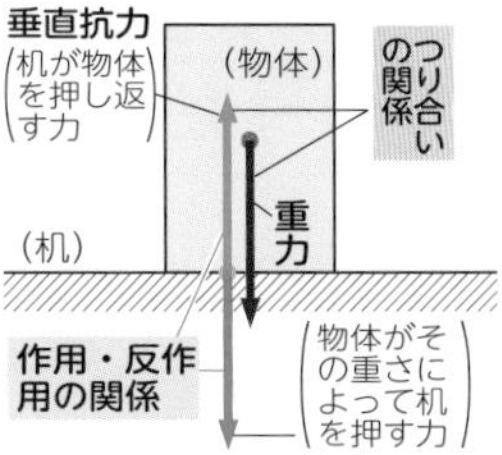


⚠ 垂直抗力は，面上の物体がその重さによって面を押す作用の反作用として面に生じる力で，物体を押し返すようにはたらく。

⚠ つり合いの関係にある力は，**同じ物体にはたらき合う力**であることに注意。
物体が面を押す力と面の垂直抗力とは，つり合いの関係ではなく，**作用・反作用**(➡ p.120)の関係である。

●**摩擦力**…物体を動かそうとする力とつり合う。

エネルギー

# 25 電流の流れ方

## 電気回路と電流・電圧・抵抗

□ 電流　**電源の＋極から出て－極に入る向き**に流れる。電流の強さは，**電流計Ⓐを回路に直列に入れてはかり，アンペア(A)**で表す。

| －端子 | ⇨電流の値 |
|---|---|
| 5A | ⇨ 1.50A |
| 500mA | ⇨150mA |
| 50mA | ⇨15.0mA |

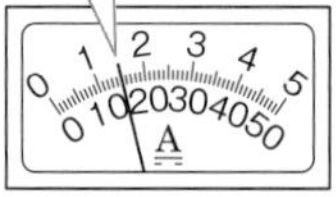


| －端子 | ⇨ 電圧の値 |
|---|---|
| 3V | ⇨ 1.20V |
| 15V | ⇨ 6.00V |
| 300V | ⇨ 120V |

□ 電圧　電流を流すはたらきの強さ。**電圧計Ⓥを回路に並列に入れてはかり，ボルト(V)**で表す。

□ 抵抗《ていこう》 重要　**電流の流れにくさ**の程度。**オーム(Ω)**で表す。

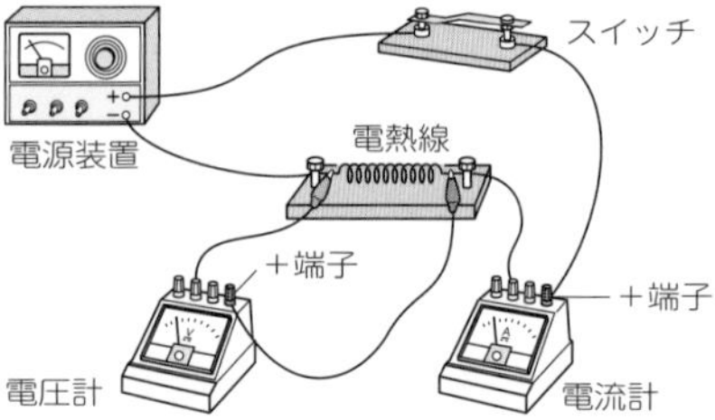


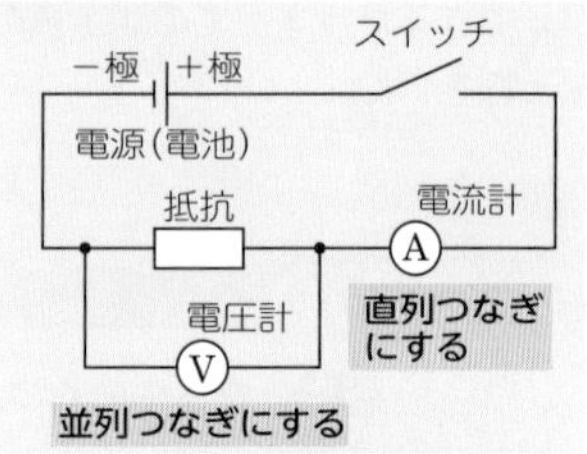


| | 直列回路 | 並列回路 |
|---|---|---|
| 回路図 | 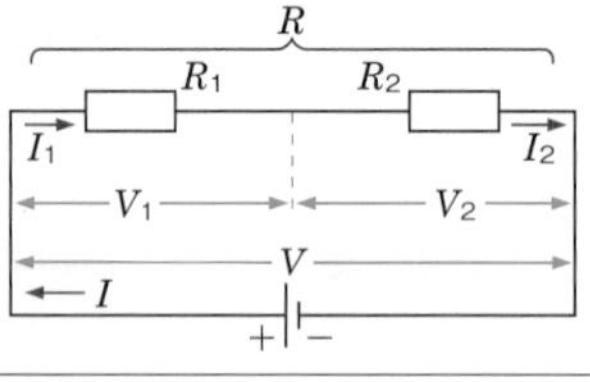  | 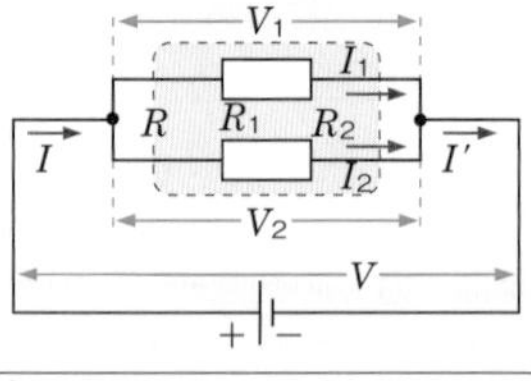  |
| 電流 | ●**回路のどの部分も等しい。** 全電流＝部分電流　$I=I_1=I_2$ | ●**分岐点《ぶんきてん》で枝分かれ**して流れる。(分岐前)$I=I_1+I_2=I'$(合流後) |
| 電圧 | ●各抵抗の両端の電圧(**部分電圧**)**の和は**，電源の両端の電圧(**全電圧**)に等しい。$V=V_1+V_2$ | ●各抵抗の両端の電圧(**部分電圧**)は，電源の両端の電圧(**全電圧**)**に等しい**。$V=V_1=V_2$ |
| 抵抗 | ●全抵抗は，**各抵抗の和**に等しい。$R=R_1+R_2$ | ●**各抵抗の逆数の和**が，**全抵抗の逆数**に等しい。$\frac{1}{R}=\frac{1}{R_1}+\frac{1}{R_2}$ |

## 入試 直前チェック

- 直列回路では，各部分の電圧の和は電源の電圧と等しい。
- 電圧〔V〕＝抵抗〔Ω〕×電流〔A〕

## 抵抗と電流・電圧

□ **電流と電圧の関係**

**抵抗を流れる電流は，その抵抗の両端に加わる電圧に比例する。**

➡**オームの法則**

① 「電圧－電流」のグラフは，**原点を通る直線**になる。
（↑比例する）

② グラフの傾《かたむ》きが小さいほど，電流が流れにくい。

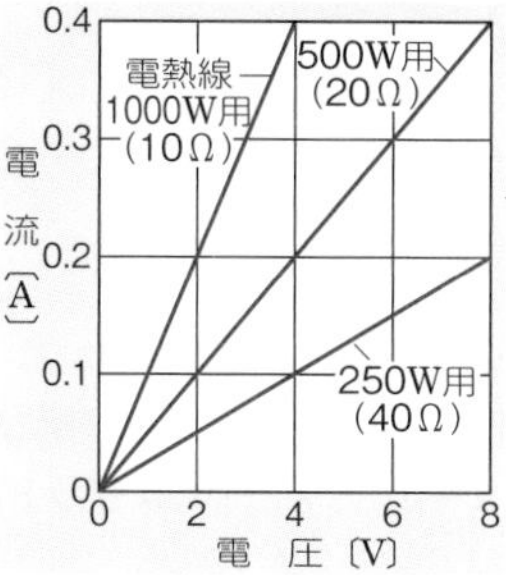


**必出** グラフの縦軸が電流の値，横軸が電圧の値であることに注意。

□ **電流・電圧・抵抗の関係** **重要**

**公式**

**電圧〔V〕＝抵抗〔Ω〕×電流〔A〕**

$$V=RI \longrightarrow I=\frac{V}{R} \longrightarrow R=\frac{V}{I}$$

**(電圧：$V$，電流：$I$，抵抗：$R$)**

## 物質の種類と抵抗のちがい

□ **導体**　金属のように抵抗が小さく，電気を通しやすい物質を**導体**という。銅はとくに電気を通しやすいので，導線の材料として用いられる。
（↑炭素を導体とするときもある）

□ **不導体(絶縁体)**　ガラスやゴム，プラスチックなどは電気をほとんど通さない。このような物質を**不導体**，または**絶縁体**という。電気器具の電源コードでは銅(導体)が電気を通し，そのまわりのビニル(不導体)が漏電《ろうでん》を防ぐ。

| | 物質 | 抵抗〔Ω〕 |
|---|---|---|
| 導体 | 銀 | 0.016 |
| | 銅 | 0.017 |
| | アルミニウム | 0.028 |
| | タングステン | 0.055 |
| | 鉄 | 0.10 |
| | ニクロム | 1.1 |
| 不導体 | ガラス | $10^{15}$〜$10^{18}$ |
| | ポリエチレン | $10^{20}$ |
| | ゴム | $10^{16}$〜$10^{21}$ |

↑いろいろな物質の抵抗の大きさ
(長さ1 m，断面積1 mm²)

エネルギー

# 26 電流による発熱と電子

## 電力と電力量

□ **電力** 重要 電流が熱や光，音などを発生したり，物体を動かしたりするはたらきを表す値を**電力**といい，**電流と電圧の積によって求められる**。単位は**ワット(W)**を用いる。

公式 **電力〔W〕＝電流〔A〕×電圧〔V〕**

⚠ 1kW＝1000W
電気器具には，100V-500Wなどと表示されているが，これは，100Vの電源につなぐと，500Wの電力を消費する器具であることを示している。

□ **電力量** 電流のはたらきの総量(消費された電気エネルギーの総量)を**電力量**といい，**電力と時間の積によって求められる**。単位はジュール(J)を用いる。**ワット時(Wh)**，**キロワット時(kWh)**を用いることもある。

公式
**電力量〔J〕＝電力〔W〕×時間〔s〕**
**電力量〔Wh〕＝電力〔W〕×時間〔h〕**

## 電流と発熱量

□ **電流による発熱量** **電力と時間の積によって求められる**。単位はジュール(J)を用いる。

公式 **発熱量〔J〕＝電力〔W〕×時間〔s〕**

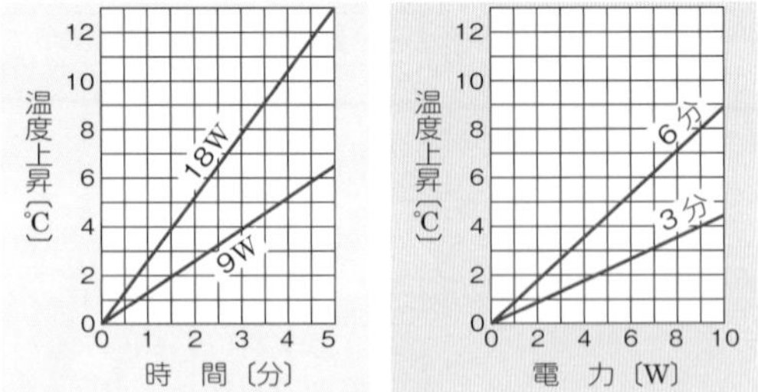


必出 電力が一定のとき，**発熱量は電流を流した時間に比例する。**

必出 電流を流す時間が一定のとき，**発熱量は電力に比例する。**

公式
**水が受けとった熱量〔J〕**
**＝4.2×水の質量〔g〕×上昇温度〔℃〕**

⚠ 1gの水の温度を1℃上昇させるのに必要な熱量は約4.2Jである。

## 入試 直前チェック

- 電力量〔J〕＝発熱量〔J〕＝電力〔W〕×時間〔s〕
- 陰極線は電子の流れで，－の電気を帯びている。

## 静電気

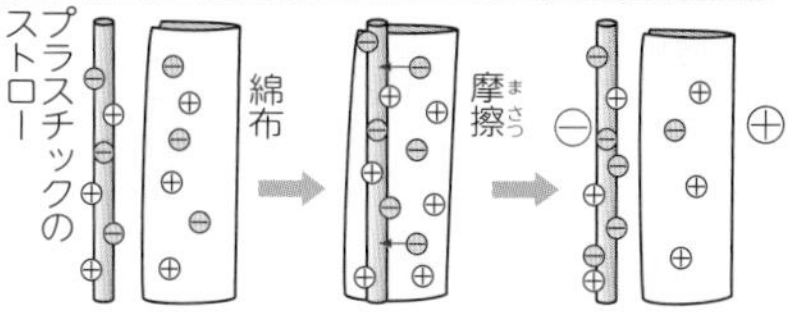


□ **静電気**　２種類の物体をこすり合わせたときに発生する電気。

□ **静電気の種類**　静電気には＋《プラス》の電気と，－《マイナス》の電気がある。

① 電気を通さない２種類の物体をこすり合わせたとき，**一方は＋の電気，もう一方は－の電気を帯びる。**

② **異なる種類どうしの電気(＋と－)は引き合い，同じ種類どうし(＋と＋，－と－)はしりぞけ合う。**

□ **放電**　たまった電気が流れだす現象や，電気が空間を移動する現象を**放電**という。

▶雷《かみなり》は，雲の中の水の粒や氷の粒などがこすれ合ってたまった静電気が放電されたものである。

## 陰極線と電流の正体

□ **陰極線《いんきょくせん》** 重要　真空放電管に電圧を加えたとき蛍光板《けいこうばん》を光らせる電子の流れ。現在では**電子線**とよぶことが多い。

① **－極**から出て**直進**する。　② **質量**をもつ。

③ **－の電気**を帯びている。　④ **磁界の影響**を受ける。

▶①通り道に金属板を置くと，**＋極側に影ができる。**

▶③図１のように，**＋極側に曲がる。**

▶④図２のように，**磁石を近づけると曲がる**(p.117 の**フレミングの左手の法則**を参照)。

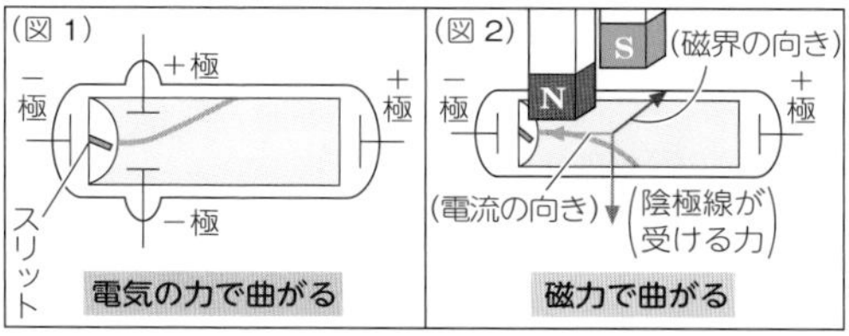


電気の力で曲がる　　磁力で曲がる

□ **電流の正体**　電流も**電子の流れであるが，電子の流れる向きは電流の向きと逆である。〔－極→＋極〕**

⚠ このような電子を**自由電子**という。

## 放射線とその利用

□ **放射線** 重要　X線やα線，β線，γ線などをまとめて**放射線**，放射線を出す物質を**放射性物質**という。

←放射線が人体に与える影響を表す量の単位をシーベルト(Sv)という

□ **放射線の性質**　物質を通りぬける，物質の構造を変えるなどの性質がある。

←ゴムの硬化，農作物の品種改良　←レントゲン検査

⚠ 放射性物質は人工的につくられたもののほかに，自然界にも存在している。

エネルギー

# 27 電流と磁界

## 磁石がつくる磁界

□ **磁界《じかい》**　磁力のはたらく範囲《はんい》のこと。

□ **磁界の向き** 重要

① **N極から出て，S極に向かう。**

② 磁針のN極がさす向き。

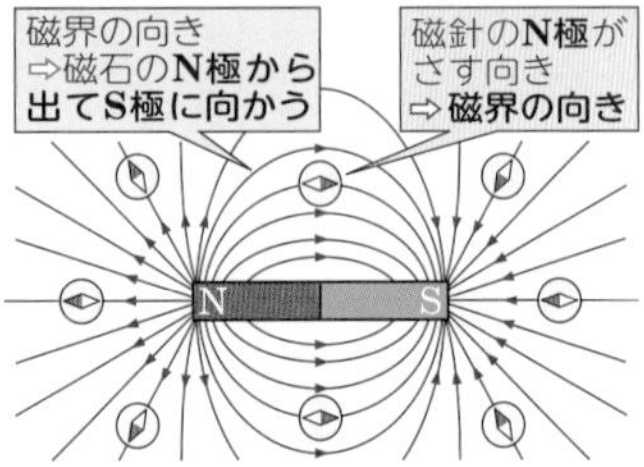


□ **磁力線《じりょくせん》**　磁界の向きや強さを表す線。急に折れ曲がったり，交わったりすることはない。

① 磁界の向きは，磁力線に矢印をつけて示す。

② 磁界の強さは，磁力線のこみぐあいで示す。
↑磁力線が密⇨磁界が強い

**磁極**　磁石の両端近くにある磁力の強い部分を**磁極**といい，それぞれN極，S極とよぶ。**同極どうしは反発し，異極どうしは引き合う**性質がある。

## 電流がつくる磁界

□ **直線電流がつくる磁界**

右ねじを電流の進む向きに動くように回すと，**右ねじを回す向きが磁界の向き**になる。

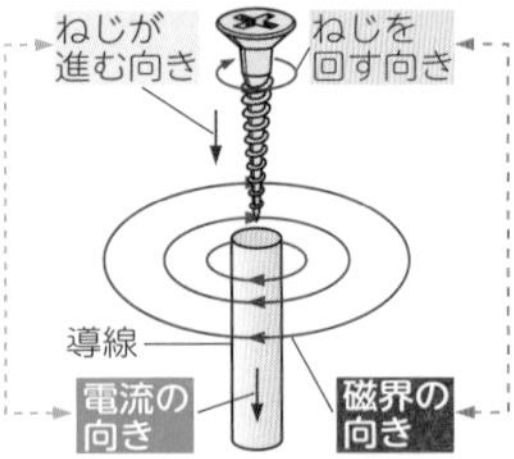


時計回り(右回り)に回すと進んでいくねじを右ねじという。

□ **コイルがつくる磁界** 重要

右手の4本の指を電流の向きにそろえてコイルをにぎると，**親指の向きが磁界の向き**になる。

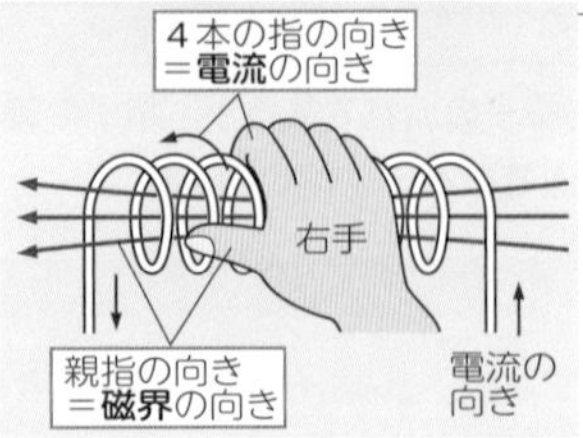


コイルを流れる電流をⓃ，Ⓢになぞらえて，コイルの端が何極になるかを判断する方法もある。この場合，コイルを端から見て，電流が時計回りか反時計回りかで判断する。

□ **コイルがつくる磁界の強さ** 重要

**コイルの巻数が多いほど，**コイルを流れる**電流が強いほど，磁界が強くなる。**また，コイルの中に**鉄心を入れる**と，磁界が強くなる。

入試 直前チェック

- コイルの巻数が多く電流が強いほど，磁界が強くなる。
- 磁石を動かす向きや極を逆にすると，誘導電流は逆向きになる。



## 磁界中で電流が受ける力

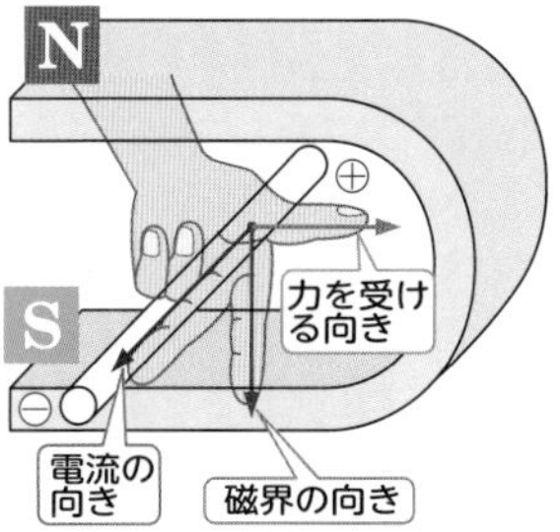


□ **磁界中で電流が受ける力**　磁界中に置いた導線に電流を流すと，導線が動く。

□ **フレミングの左手の法則**　磁界中で電流が受ける力の向きを判断する法則。

- **中指**…**電流**の向き
- **人さし指**…**磁界**の向き
- **親指**…**力**を受ける向き

⚠ 長い指から電・磁・力と覚える。

□ **導線の動き方**　電流の向きや磁界の向きを逆にすると，導線が反対向きに動く。電流を大きくしたり，磁界を強くしたりすると，導線の動きが大きくなる。

必出 電流と磁界の向きの両方を逆にすると，導線が動く向きは変わらない。

## 電磁誘導

□ **電《でん》磁《じ》誘導《ゆうどう》**　コイル内の磁界が変化すると，コイルに電圧が生じる現象。流れる電流を**誘導電流**という。

⚠ 誘導電流は，**外から加えた磁界の変化をさまたげる向きに流れる。**わかりやすくいえば，N極を遠ざければ，遠ざけまいとしてコイルの上端はS極になり，N極を近づければ，近づけまいとして上端がN極になるということ。

□ **磁界の変化と誘導電流の向き**

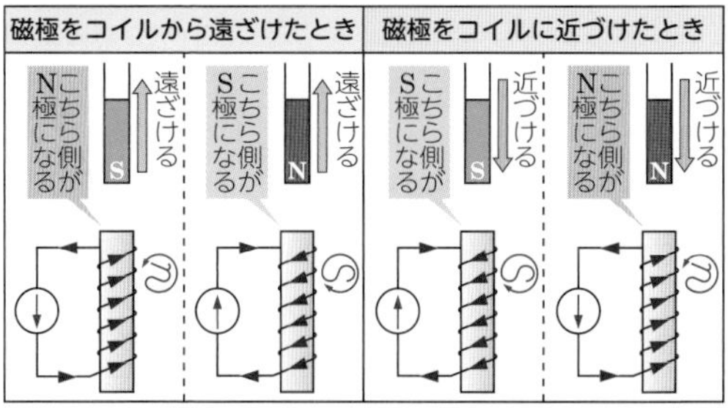


## 直流と交流

□ **直流**　**一定の向きに一定の大きさ**で流れる電流。

▶**乾電池による電流**など。

□ **交流**　**向きや大きさが周期的に変化**する電流。発電機で電磁誘導を利用してつくる。1秒あたりの波の数を**周波数**といい，単位には**ヘルツ(Hz)**を用いる。

↑誘導電流は交流

↑西日本では60Hz，東日本では50Hz

▶**家庭に供給される電流**など。

エネルギー

# 28 力の合成と分解

## 水圧と浮力

□ **水圧** 水の重さによる圧力。

① **水の深さが深くなるほど，水圧は大きくなる**（1mで10000Pa）。

② 同じ地点の水圧は，**あらゆる向きに，同じ大きさではたらく。**

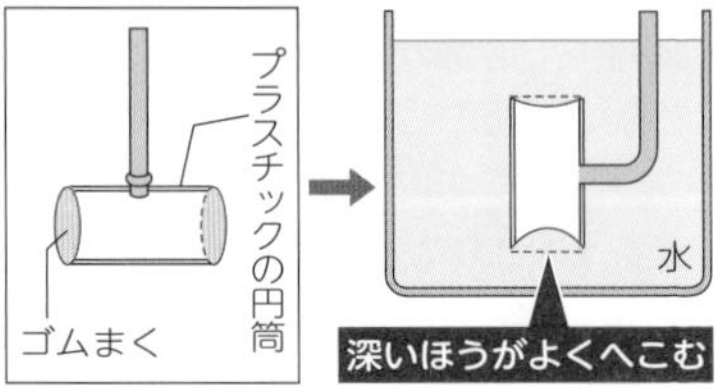


□ **浮力《ふりょく》** 水中の物体にはたらく上向きの力。

□ **浮力が生じるしくみ** 物体の側面にはたらく水圧は同じ深さで等しいが，上面にはたらく水圧よりも下面にはたらく水圧のほうが大きいため，その差が上向きの浮力となる。

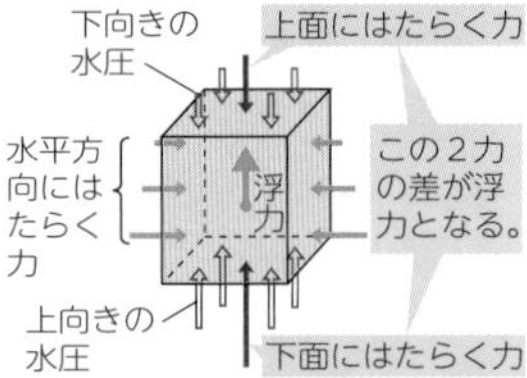


□ **浮力の大きさ** 重要 物体をばねばかりにつるして水中にしずめると，空気中ではかったときより小さい値を示す。この値の差が，浮力の大きさを示している。

⚠ 物体の水中部分の体積が大きいほど，浮力は大きくなる。

## 力の合成

□ **合力《ごうりょく》** 物体にはたらいているいくつかの力と同じはたらきをする1つの力を**合力**という。

□ **力の合成** 重要 合力を求めることを**力の合成**という。

**1 同じ向きの2力の合力**

① **力の向き**…2力と**同じ**向き

② **力の大きさ**…2力の大きさの**和**

必出 **同じ向きの2力の合力**

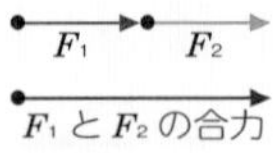


**2 反対向きの2力の合力**

① **力の向き**…**大きいほう**の力と同じ向き

② **力の大きさ**…2力の大きさの**差**

必出 **反対向きの2力の合力**

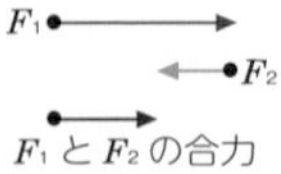


**3 方向がちがう2力の合成** 2つの力が別々の方向にはたらいていたとき，その**合力は，2つの力を表す矢印を2辺とする平行四辺形の対角線**を矢印としたものとして表される。

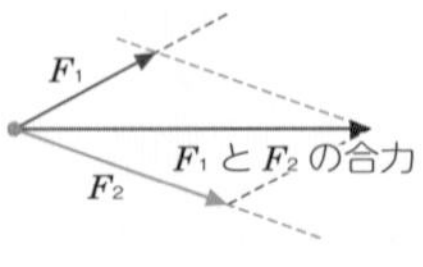

**入試 直前チェック**

- 浮力＝空気中でのばねばかりの値－水中でのばねばかりの値
- 分力は，もとの力の矢印を対角線とする平行四辺形の2辺で表す。

**4 方向のちがう３力のつり合い**　３つの力がつり合っているとき，そのうちの２つの力の合力は，**残りの１つの力とつり合っている。**これは，どの力の組み合わせでも成立する。

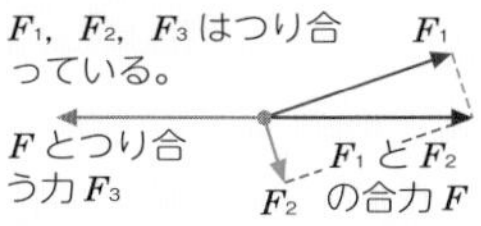


## 力の分解

□ **力の分解**　１つの力を，それと同じはたらきをする２つの力に分けることを**力の分解**という。

□ **分力《ぶんりょく》**　分解された２つの力を**分力**という。

□ **力の分解のしかた** 重要

① 分解する方向に２辺があり，**もとの力の矢印を対角線とする平行四辺形をつくる。**

② ①でかいた対角線をはさむ２辺が，分力を表す矢印となる。

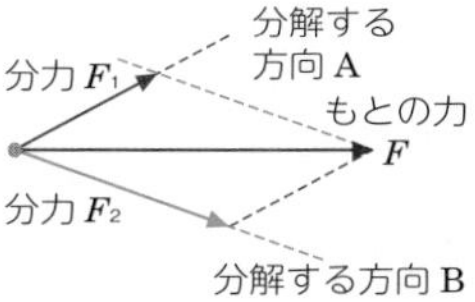


□ **斜面上の物体にはたらく力**(右図)

斜面上の物体にはたらく重力 OW は，**斜面にそった方向の分力 OA と斜面に垂直な方向の分力 OB に分解される**(摩擦力《まさつりょく》は考えないとする)。

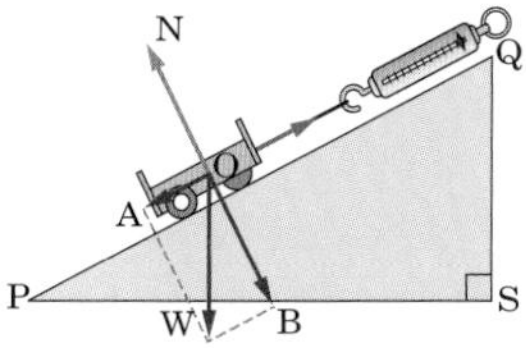


① 分力 OA は，ばねばかりが物体を引く力とつり合っている。

② 分力 OB は，垂直抗力 ON(実際には垂直抗力の作用点は物体と斜面の接点であるが，ここでは作用点をOとしている)とつり合っている。

③ 斜面の傾きを大きくすると，分力 OA は大きくなり，分力 OB は小さくなる。

**OA の大きさ**
$OA=OW\times\frac{QS}{QP}$

**OB の大きさ**
$OB=OW\times\frac{SP}{QP}$

□ **２本のひもでつるす場合の分力**　つるした物体の重力(←物体にはたらく重力)とつり合う力と分力とのなす角が右図のように**60°のとき，物体の重力とつり合う力と分力の大きさは等しくなる。**角度が小さくなると分力は小さくなり，角度が大きくなると分力は大きくなる。

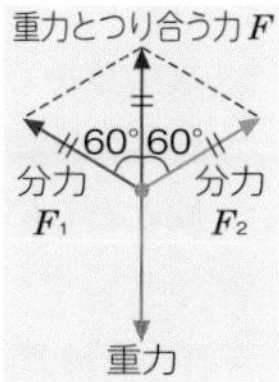

# 29 運動とエネルギー

## 運動と力

□ **速さ** 重要 決まった時間に進む距離で表す。

$$\text{速さ〔m/s〕} = \frac{\text{物体の進んだ距離〔m〕}}{\text{かかった時間〔s〕}}$$

⚠ **速さの単位**
m/s，km/h などがよく使われる。

□ **平均の速さ** ある区間を一定の速さで進んだと考えて求めた速さ。 例 時刻表から求めた速さ

□ **瞬間の速さ** ごく短い時間に移動した距離をもとに求めた速さ。 例 スピードメーターの表示

▶新幹線が，東京・博多間を移動する**平均の速さ**は約220km/h で，もっとも速い地点での**瞬間の速さ**は約300km/h である。

□ **作用・反作用** 物体Aが物体Bに力を加えたとき(**作用**)，物体Aは物体Bから同じ大きさで反対向きの力を受ける(**反作用**)。このようになることを**作用・反作用の法則**という。

必出 物体を床に置いたとき，物体が床を押す力が**作用**で，床から物体にはたらく垂直抗力が**反作用**である。

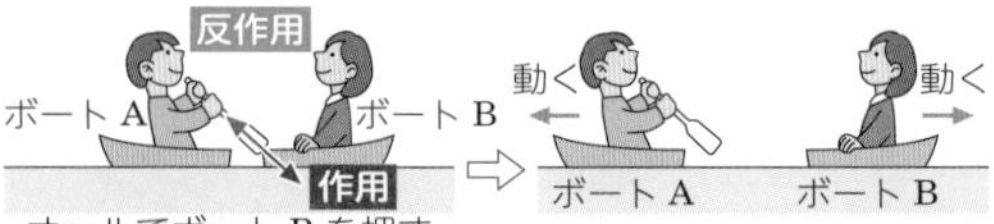

オールでボートBを押す

□ **力がはたらくときの運動**

**1 斜面を下る運動・落下運動** 運動の向きと同じ向きに力がはたらくため，**速さが時間とともに大きくなる。**

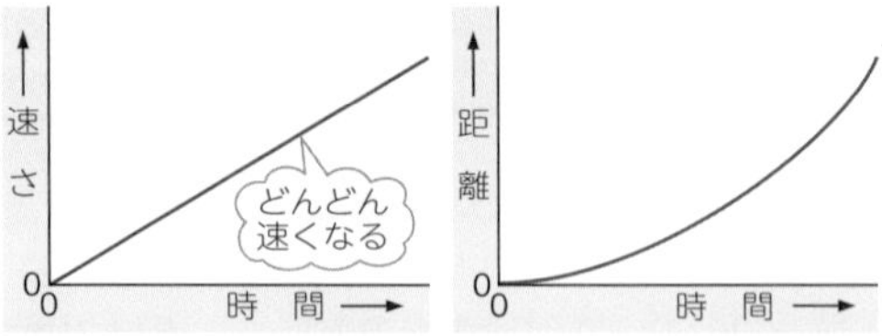


▶**斜面を下る台車の運動のグラフ**
斜面の傾きが大きくなるほど，グラフの傾きも大きくなる。

**2 なめらかでない水平面上の運動・斜面をのぼる運動**
運動の向きと反対向きに力がはたらくため，**速さが時間とともに小さくなる。**

⚠ なめらかでない水平面上の運動では，**摩擦《まさつ》力**が運動の向きと反対向きにはたらく。

□ **等速直線運動** 一定の速さで一直線上を移動する運動を**等速直線運動**という。

入試 直前チェック

斜面を下る運動では，速さが時間に比例する。

仕事率〔W〕＝仕事〔J〕÷かかった時間〔s〕

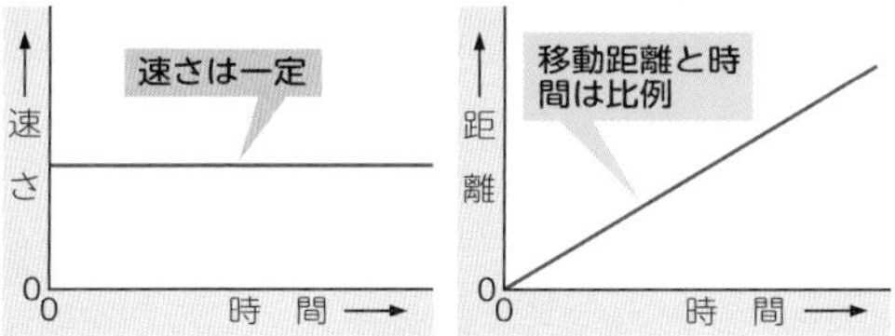


**必出 等速直線運動のグラフ**
縦軸，横軸がそれぞれ何を表しているか，注意すること。

□ 慣性《かんせい》の法則　物体に力がはたらかない，または，はたらいている力がつり合っているとき，**静止している物体は静止し続け，運動している物体はそのままの速さで等速直線運動を続ける。**これを**慣性の法則**といい，物体のもつこのような性質を**慣性**という。

⚠ 走っているバスが急ブレーキをかけると乗客は前へ傾き，急発進すると後ろへ傾く。

## 仕事とエネルギー

□ 仕事　物体に力を加えて力の向きに動かしたとき，力が物体に対して**仕事**をしたという。

**仕事〔J〕＝加えた力〔N〕×力の向きへの移動距離〔m〕**

⚠ 仕事の単位は**ジュール(J)**

□ 仕事の原理　てこや滑車《かっしゃ》などの道具や斜面などを使っても，仕事の大きさは変わらないということ。

□ 仕事率 重要　1秒間あたりにする仕事を**仕事率**という。

**仕事率〔W〕＝$\dfrac{\text{仕事〔J〕}}{\text{かかった時間〔s〕}}$**

⚠ 仕事率の単位は電力(➡ p.114)と同じ**ワット(W)**

□ エネルギー　仕事をできる能力を**エネルギー**という。

⚠ エネルギーの単位は仕事と同じ**ジュール(J)**

□ 位置エネルギー　高い位置の物体がもっているエネルギーを**位置エネルギー**という。

**「物体にはたらく重力×基準面からの高さ」に等しい。**

□ 運動エネルギー　運動している物体がもっているエネルギーを**運動エネルギー**という。

**「物体の質量×速さの2乗」の$\frac{1}{2}$に等しい。**

□ 力学的エネルギー保存の法則　**位置エネルギーと運動エネルギーの和は一定**である。

⚠ 位置エネルギーと運動エネルギーの和を，その物体の**力学的エネルギー**という。

□ エネルギーの保存　エネルギー変換の前後でエネルギーの総量が変化しないことを，**エネルギーの保存**という。

▶利用目的としていないエネルギーも含める。

環境

# 30 自然界とつり合い

## 土中の小動物と微生物のはたらき

□ **落ち葉の変化**　林の落ち葉は，層状になり，下ほど細かくくだかれ，黒い腐葉土《ふようど》となっている。

□ **落ち葉を食べる小動物**

▶土中には，このほか，ムカデ・ハサミムシ・クモなど，肉食の小動物もすんでいる。

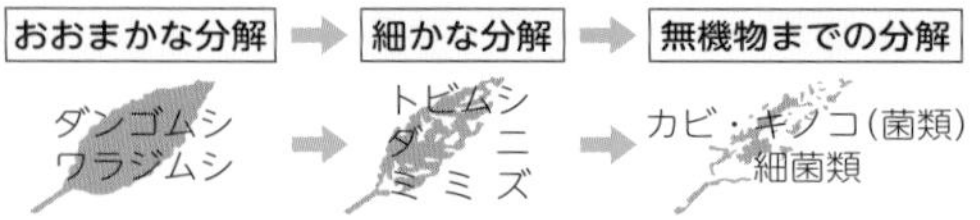


□ **微生物のはたらき**　**菌類**(カビ・キノコなど)，**細菌類**は，**有機物を無機物にまで分解**する。

必出 菌類や細菌類は，植物のように光合成を行うことができない。そのため，ふんや死がい中の有機物を吸収して生活する。

□ **微生物の生活**

1 **菌類**　からだは菌糸《きんし》という細長い糸のようなものでできており，**胞子**でふえる。
↑水と栄養分のある所に落ちると，発芽する

2 **細菌類**　からだは１つの細胞でできており(＝単細胞生物)，**分裂**してふえる。例 乳酸菌，納豆菌
↑からだの大きさは１～数$\mu m$

## 生物どうしのつながり

□ **生産者・消費者・分解者** 重要

1 **生産者**　無機物から有機物をつくる。**(植物)**

2 **消費者**　生産者がつくった有機物を消費する。**(動物)**

3 **分解者**　生物の死がいや動物の排出物などの有機物を無機物に分解する。**(土の中の小動物，菌類・細菌類)**

□ **食物連鎖《しょくもつれんさ》**　生物の間の食べる―食べられるのつながり。

⚠ 生産者である植物を消費者である草食動物が食べ，草食動物を肉食動物が食べる。

① 食物連鎖の出発点は，**植物**である。

② 食物連鎖の**上位にある生物ほど，少ない。**

③ 食物連鎖により生物数のつり合いを保持している。

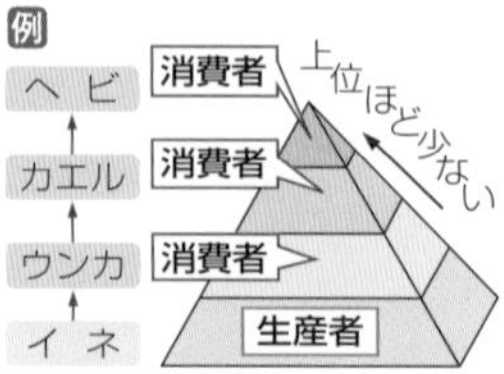


□ **食物網**　複数の食物連鎖が網の目のようにからみ合った，生物どうしの関係を**食物網**という。

⚠ １種類の生物が複数の食物連鎖に関係している。

入試 直前チェック

生産者は植物，消費者は動物，分解者は土の中の小動物や菌類・細菌類。

炭素は，光合成や食物連鎖，呼吸によって循環する。

□ **水中の食物連鎖**　水中の小さな生産者➡水中の小さな動物➡イワシ・アジ➡カツオ➡サメ

（水中でも食物連鎖のはじまりは植物）

▶植物プランクトンと動物プランクトンのことである。

□ **自然界のつり合い** 重要　生物の数は季節や年によって変動したり，ときには特定の種類だけ異常にふえたりすることがあるが，下の図のようにして増減をくり返してもとにもどる。

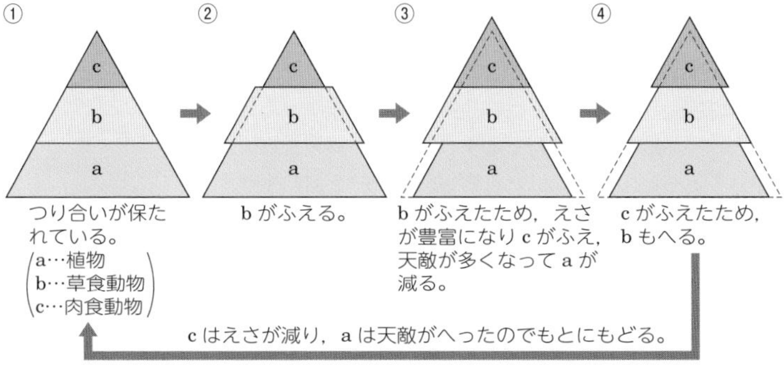


□ **つり合いの破壊**　自然環境が破壊されると，食物連鎖の数量関係や物質の循環のつり合いがくずれ，もとにもどるのに長い時間がかかったり，もとにもどらなかったりする。自然破壊は，**生物の種の絶滅の原因になる**ことがある。

⚠ 自然環境の破壊は，自然によるものと人間によるものとがある。

## 生物界における物質の循環

□ **炭素の循環**

① 大気中の二酸化炭素が**光合成**によって植物にとりこまれる。

② 有機物として**食物連鎖**で移動する。

③ **呼吸**によって二酸化炭素の形で大気中に出される。

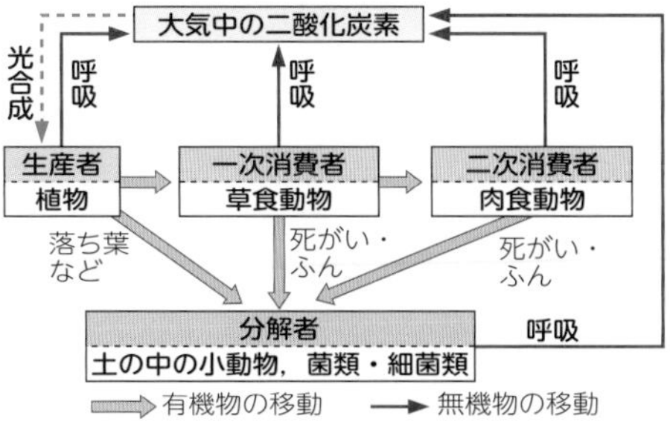

31

環境

# 自然と人間

## 身近な環境調査

□ **大気のよごれの調査**　**マツの葉の気孔**のよごれを調べ，場所ごとに比べる。

▶**カイヅカイブキの葉**のよごれを調べる方法もある。

□ **川の水のよごれの調査**　水生生物を採集する。

① **きれいな水…サワガニ**，カワゲラ，ウズムシなど。

② **少しきたない水…カワニナ**，ゲンジボタルなど。

③ **きたない水…ヒメタニシ**，シマイビルなど。

④ **大変きたない水…アメリカザリガニ**，ユスリカなど。

□ **外来生物（外来種）**　もともと生息していなかった地域に人間の活動によって持ちこまれた生物。外来生物によってもともと生息していた生物（在来生物）を含む生態系のバランスがくずれてしまうことがある。

⚠ 外来生物のマングースがヤンバルクイナを食べたり，外来生物のオオクチバスがほかの魚を食べたりして，在来生物の個体数が減少している。

## 環境破壊

□ **地球温暖化**　**二酸化炭素**などの**温室効果ガス**の急増によって，**地球全体の気温が上がりつつある**こと。

▶**温室効果**
地球から宇宙へ逃げる熱を吸収して，地球が冷えるのをさまたげるはたらき。温室効果をもつ気体を**温室効果ガス**という。

**1 二酸化炭素が急増した原因**

① 石油や石炭などの**化石燃料を大量消費したため。**

② 二酸化炭素を吸収する**熱帯雨林を大量伐採《ばつさい》したため。**

**2 問題点**　海水が膨張したり，氷河や極地の氷がとけたりして，**低地が水没する危険が出ている。**また，さまざまな**異常気象を引き起こす**原因となる可能性がある。

□ **オゾン層の破壊**　冷蔵庫やエアコンの冷却剤などに使用されていたフロン類によって，オゾン層が破壊され，地表に届く紫外線の量が増加している。

上空にあり，紫外線の一部を吸収するはたらきがある

⚠ 南極では，毎年9月～10月ごろにオゾンの量が極端に少なくなっているオゾンホールが出現している。

□ **水質汚濁**　生活排水が海や湖に大量に流れこむことで，植物プランクトンなどが大発生して，赤潮やアオコが起こることがある。

生活排水に含まれる窒素化合物を栄養源としている。

▶水中の酸素濃度が低下して，魚などが大量に死滅する。

□ **その他**　**酸性雨・光化学スモッグ**・水質汚染・土壌汚染など，さまざまな問題がある。

# 数学

数と式

# 01 数と計算

## 正負の数

□ **正負の数**　0 より大きい数を**正の数**といい，＋の符号《ふごう》をつけて表す。ただし，＋は省略することが多い。0 より小さい数を**負の数**といい，－の符号をつけて表す。

□ **正負の数と数直線**

① **数直線**　一直線上に基準とする点(**原点**)をとり，数を対応させたもの。

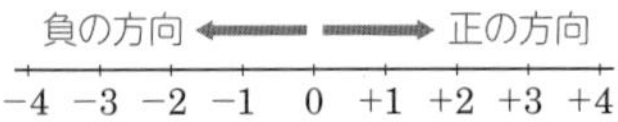


② **絶対値**　数直線上で，数を表す点と原点との距離《きょり》をその数の**絶対値**という。＋5，－5 の絶対値はともに 5

□ **正負の数の大小**

① **正の数は 0 より大きく，絶対値が大きいほど大きい。**

② **負の数は 0 より小さく，絶対値が大きいほど小さい。**

③ **正の数は負の数より大きい。**

**▶数の拡張**

**整数** ｛**正の整数(自然数)**，**0**，**負の整数**｝

分数・小数についても，負の分数・小数を考える。これにより，2－3 のように自然数の範囲《はんい》でできなかった計算が可能になる。

## 正負の数の計算

□ **正負の数の四則**

① **加法**
- **同符号の 2 数の和＝絶対値の和に共通の符号をつける。**　例　$(-3)+(-4)=-7$
- **異符号の 2 数の和＝絶対値の差に絶対値の大きい数の符号をつける。**　例　$(-7)+(+3)=-4$

② **減法**　**ひく数の符号を変えて加える。**

例　$(-3)-(-8)=(-3)+(+8)=+5$

③ **乗法** **除法**
- **同符号の 2 数の積(商)＝絶対値の積(商)に＋をつける。**　例　$(-5)\times(-9)=+45$
- **異符号の 2 数の積(商)＝絶対値の積(商)に－をつける。**　例　$(-15)\div(+3)=-5$

□ **四則混合計算** 重要　**乗除は加減より先に計算する。**

① **加減混合**はすべて加法にし，同符号どうしを先に計算。

② **乗除混合**(累乗《るいじょう》)は絶対値の乗除(累乗)をし，符号は

**負の数が偶数個《ぐうすうこ》→＋，負の数が奇数個《きすうこ》→－**

**▶累乗と指数**

$2\times2\times2=2^3$ のように，同じ数をいくつかかけたものを，その数の**累乗**といい，右かたの小さい数を**指数**という。

累乗では，

$\begin{cases}(-3)^2=9\\ -3^2=-9\end{cases}$

**の混同に注意！**

$(-3)^2-2^3$

$=9-8=1$

$(-3)^2+(-2)^3$

$=9+(-8)=1$

入試 直前チェック

- 四則が混じったときの計算順序を確認する。
- 平方根の計算は文字式の計算と同じようにできる。

## 平方根

□ **平方根《へいほうこん》** 重要　平方（2 乗）すると $a$ になる数を $a$ の**平方根**という。正の数 $a$ の平方根は$\sqrt{a}$，$-\sqrt{a}$ の 2 つある。

① **0 の平方根は 0 である。**負の数の平方根はない。

② 平方根の意味より　$(\sqrt{a})^2=a$，$(-\sqrt{a})^2=a$

③ $a$，$b$ が正の数で，$a<b$ ならば$\sqrt{a}<\sqrt{b}$

□ **平方根の近似値《きんじち》**　与《あた》えられた平方根を利用して求める。

> 例　$\sqrt{3.2}=1.789$，$\sqrt{32}=5.657$ である。$\sqrt{32000}$，$\sqrt{0.32}$ の近似値を求めよ。
>
> [解法]　① $\sqrt{\quad}$ 内を小数点から 2 けたごとに区切り，どちらを用いるかきめる。
>
> ② $\sqrt{\quad}$ 内が 2 けたずれると，平方根は 1 けたずれる。
>
> $\sqrt{3\,20\,00.}=\sqrt{3.2}\times100=1.789\times100=\mathbf{178.9}$
>
> $\sqrt{0.32}=\sqrt{32}\times\dfrac{1}{10}=5.657\times\dfrac{1}{10}=\mathbf{0.5657}$

▶数 { 有理数《ゆうりすう》 / 無理数《むりすう》

▶**有理数**　分数の形に書ける数。これを小数で表すと，有限小数または循《じゅん》環《かん》小数になる。

▶**無理数**　有理数でない数。$\sqrt{2}$，$\pi$ などで，小数で表すと，循環しない無限小数になる。

## 平方根の計算

□ **平方根の計算** 重要　$a$，$b$ を正の数とするとき，

① **平方根の積・商**　$\sqrt{a}\times\sqrt{b}=\sqrt{ab}$　　$\dfrac{\sqrt{a}}{\sqrt{b}}=\sqrt{\dfrac{a}{b}}$

② **$\sqrt{\quad}$ の中を簡単にする**　$\sqrt{a^2b}=\sqrt{a^2}\times\sqrt{b}=a\sqrt{b}$

③ **平方根の和・差**　$m\sqrt{a}+n\sqrt{a}=(m+n)\sqrt{a}$

④ **分母の有理化《ゆうりか》**　$\dfrac{1}{\sqrt{a}}=\dfrac{\sqrt{a}}{(\sqrt{a})^2}=\dfrac{\sqrt{a}}{a}$

▶$\sqrt{a}+\sqrt{b}=\sqrt{a+b}$ は誤り。複雑な計算では，乗法公式（p.130）を使うことが多い。

## 確認テスト

問　**$\sqrt{2}$ の小数部分を $a$ で表すとき，$\sqrt{32}$ の小数部分を $a$ を用いて表せ。**

答　$1<\sqrt{2}<2$ より$\sqrt{2}=1+a$　$\sqrt{32}$ の小数部分は，
$\sqrt{32}-5=4\sqrt{2}-5=4(1+a)-5=\mathbf{4a-1}$

**［実戦コーチ］**
$5<\sqrt{32}<6$ より，
整数部分は 5
小数部分は$\sqrt{32}-5$

数と式

# 02 式と計算

## 文字式

□ **文字式** 重要　数のかわりに文字を使って表した式を，**文字式**または**式**という。

① **式の表し方**

・**乗法の記号×は省略する。数は文字の前に書く。**

・**同じ文字の積は累乗《るいじょう》の形で表す。** 例　$a \times a \times a = a^3$

・**除法の記号 ÷ は省略し，分数の形で書く。**

② **式の値**　式の中の文字に数をあてはめることを**代入する**といい，代入して計算した結果を**式の値《あたい》**という。

▶**文字式の表し方**
数と文字の積では
(数)×(文字)
と書くが，このとき，1 は省略する。すなわち，
$1 \times a = a$ で，$1a$ とは書かない。

□ 数量を表す式・関係を表す式

① 数量を表す式は，必要な単位をつけて表す。

② 2 つの数量の等しい関係は**等式**で表し，2 つの数量の大小の関係は不等式で表す。

## 単項式・多項式

□ 単項式《たんこうしき》・多項式《たこうしき》

① **単項式**　数と文字の積だけで表された式。例　$-5xy^2$

② **多項式**　単項式の和の形で表された式。　例　$ax+by$

多項式の各単項式を**項**という。②の例では $ax$，$by$

▶**式の見方**
単項式や多項式の項で数の部分を**係数**という。しかし，特別な文字に注目し，他の文字や数を係数とみることもある。

□ 式の次数

① **単項式の次数**　かけ合わされている文字の個数。

② **多項式の次数**　各項の次数のうちで最も高い次数。

例　$2ax^2 = 2 \times a \times x \times x$ だから，次数は 3 次。

$x^2y^2 - 3xy^2 + xy$ では，$x^2y^2$ が 4 次だから，4 次。

□ 同類項《どうるいこう》 重要　単項式や多項式の項のうち，文字の部分がまったく同じものを**同類項**という。

例　$3ax$ と $-15ax$ は同類項，$xy$ と $x^2y$ は同類項ではない。

**同類項は 1 つの項にまとめることができる。**

例　$5a^2 - 7a^2 + 3a^2 = (5-7+3)a^2 = 1 \times a^2 = a^2$

例　$\sqrt{8} - 4\sqrt{2} + \sqrt{50} = 2\sqrt{2} - 4\sqrt{2} + 5\sqrt{2} = 3\sqrt{2}$

▶**平方根《へいほうこん》の和・差**
$\sqrt{\ }$ の中を簡単にし，$\sqrt{\ }$ の中が同じであるものを，同類項とみてまとめる。

入試 直前チェック

- 式の計算では，同類項かどうかをしっかり判断する。
- 指数の計算は丁寧に行う。

## 式の加法・減法

□ **多項式の加法・減法** 重要　次の順序で行う。

① まず，かっこをはずす。

$\boldsymbol{a+(b+c-d)=a+b+c-d}$ ← $+(\quad)$ は符号《ふごう》そのまま

$\boldsymbol{a-(b+c-d)=a-b-c+d}$ ← $-(\quad)$ は符号を変える

$\boldsymbol{a-\{b+(c-d)\}=a-(b+c-d)=a-b-c+d}$　内から

$\boldsymbol{a-\{b+(c-d)\}=a-b-(c-d)=a-b-c+d}$　外から

② 同類項があれば 1 つにまとめる。

▶**多項式の減法**
ひく方の多項式の各項の符号を変えて加えればよい。

## 式の乗法・除法

□ **単項式 × 単項式**　係数の積と文字の積をかける。

例　$12ab^2\times(-3ab)=-36a^2b^3$

□ **単項式 ÷ 単項式**　係数の商と文字の商をかける。

例　$36x^2y\div9xy=4x$

□ **累乗の形の乗除** 重要　累乗は同じ式のかけ算である。
わり算は逆数のかけ算と考えるとよい。

例　$(-2a^2)^3\div(-2a)^2\times3a=(-8a^6)\div4a^2\times3a$

$$=(-8a^6)\times\frac{1}{4a^2}\times3a=-\frac{24a^7}{4a^2}=-6a^5$$

□ **多項式 × 単項式**　単項式を多項式の各項にかける。

例　$(x^2-2x+1)\times3x^2=3x^4-6x^3+3x^2$

□ **多項式 ÷ 単項式**　多項式の各項を単項式でわる。

例　$(12a^2b^3-16a^3b+4ab)\div4ab=3ab^2-4a^2+1$

▶**指数についての法則**

$\boldsymbol{a^m\times a^n=a^{m+n}}$

$\boldsymbol{(a^m)^n=a^{m\times n}}$

$\boldsymbol{(ab)^n=a^nb^n}$

$\boldsymbol{a^m\div a^n=a^{m-n}}$

$\boldsymbol{a^m\div a^m=1}$

▶多項式と単項式の乗除は，分配法則が利用できる。

## 確認テスト

問　$\boldsymbol{\dfrac{4x-3y}{2}-\dfrac{x+2y}{3}}$ を計算せよ。

答　$\dfrac{4x-3y}{2}-\dfrac{x+2y}{3}=\dfrac{3(4x-3y)-2(x+2y)}{6}$

$=\boldsymbol{\dfrac{10x-13y}{6}}$

［実戦コーチ］
方程式ではないので，**分母をはらわないように！**

数と式

# 03 式の展開・因数分解

## 多項式の乗法

□ **多《た》項式《こうしき》の乗法**　分配法則を適用すれば計算できる。

例　$(a+b)(c+d)$

$=(a+b)X$　← $c+d=X$ とおく

$=aX+bX$

$=a(c+d)+b(c+d)$ ← $X$ をもどす

$=ac+ad+bc+bd$

例　$(3x+5)(2x-4)$

$=6x^2-12x+10x-20$

$=6x^2-2x-20$

⚠ 右のように，式を縦に並べて計算してもよい。

**計算のしかた**

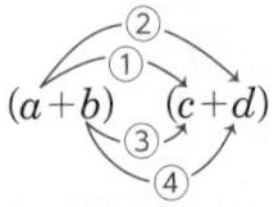


①　②　③　④

$=ac+ad+bc+bd$

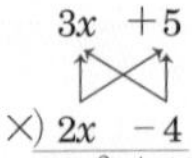


$6x^2+10x$

$\quad\ -12x-20$

$6x^2-\ 2x-20$

▶多項式の乗法では，下の**乗法公式**を適用できる場合が多いが，公式を適用できないときは，この多項式の乗法にもどって計算する。

## 乗法公式

□ **式の展開《てんかい》**　多項式の積を，1 つの多項式の形に表すことを，初めの式を**展開する**という。

□ **乗法公式** 重要　次の乗法公式を適用すると効果的。

**乗法公式**
- 2 項式の積　$(\boldsymbol{x}+\boldsymbol{a})(\boldsymbol{x}+\boldsymbol{b})$
  $=\boldsymbol{x}^2+(\boldsymbol{a}+\boldsymbol{b})\boldsymbol{x}+\boldsymbol{ab}$
- 和の平方　$(\boldsymbol{a}+\boldsymbol{b})^2=\boldsymbol{a}^2+2\boldsymbol{ab}+\boldsymbol{b}^2$
- 差の平方　$(\boldsymbol{a}-\boldsymbol{b})^2=\boldsymbol{a}^2-2\boldsymbol{ab}+\boldsymbol{b}^2$
- 和と差の積　$(\boldsymbol{a}+\boldsymbol{b})(\boldsymbol{a}-\boldsymbol{b})=\boldsymbol{a}^2-\boldsymbol{b}^2$

例　**乗法公式の適用例**

① $(x+3)(x-6)=x^2+(3-6)x-18=x^2-3x-18$

② $(3x+4y)^2=(3x)^2+2\times(3x)\times(4y)+(4y)^2$

$=9x^2+24xy+16y^2$

③ $(a+b-c)(a-b+c)=\{a+(b-c)\}\{a-(b-c)\}$

$=a^2-(b-c)^2=a^2-(b^2-2bc+c^2)=a^2-b^2+2bc-c^2$

④ $(\sqrt{5}-2)(\sqrt{5}+2)=(\sqrt{5})^2-2^2=5-4=1$

⑤ $(2\sqrt{3}-1)^2=(2\sqrt{3})^2-4\sqrt{3}+1=13-4\sqrt{3}$

▶**公式の覚え方**
よく似たものは，その違いを明白にしておくこと。
$(\boldsymbol{a}\pm\boldsymbol{b})^2$
$=\boldsymbol{a}^2\pm2\boldsymbol{ab}+\boldsymbol{b}^2$
である。

▶**乗法公式の適用**
与《あた》えられた式をみてどの公式を適用するかを考える。
① は 2 項式の積
② は和の平方
③ は和と差の積と差の平方
④ は和と差の積
⑤ は差の平方

入試 直前チェック

- 乗法公式は確実に覚える。
- 因数分解するときは，まず共通因数がないか確認する。

## 因数分解

□ **因数分解《いんすうぶんかい》**　展開とは逆に，1 つの多項式を単項式《たんこうしき》や多項式の積の形にすることを，初めの式を**因数分解する**という。また，積を作る各式を**因数**という。

□ **因数分解のしかた** 重要　次の順序で行う。

▶因数分解では，もうそれ以上分解できないところまで，因数に分解しなければならない。

$x^4-y^4$
$=(x^2)^2-(y^2)^2$
$=(x^2+y^2)\times(x^2-y^2)$
$=(x^2+y^2)\times(x+y)(x-y)$

**1** 共通因数（各項に共通な因数）があればくくり出す。

例　$20a^2-15ab+5ac=5a\times4a-5a\times3b+5a\times c$
$=5a(4a-3b+c)$

**2** 因数分解の公式（乗法公式の逆）を適用する。

因数分解の公式
$$\begin{cases} \boldsymbol{x^2+(a+b)x+ab=(x+a)(x+b)} \\ \boldsymbol{a^2+2ab+b^2=(a+b)^2} \\ \boldsymbol{a^2-2ab+b^2=(a-b)^2} \\ \boldsymbol{a^2-b^2=(a+b)(a-b)} \end{cases}$$

例　$x^2-5x+4$
$=(x-4)(x-1)$　← 積が 4 になる 2 数の組の中で和が $-5$ になるものをさがす。

例　$3ax^2-27a$
$=3a(x^2-9)$　← まず共通因数 $3a$ をくくり出す。
$=3a(x+3)(x-3)$

**3** 複雑な式では，項の組み合わせを考えて共通因数を見つけたり，式を 1 つの文字とみて公式を適用する。

例　$ax-ay+bx-by=a(x-y)+b(x-y)=(a+b)(x-y)$

## 確認テスト

問〉 $\boldsymbol{x=\sqrt{3}+1}$，$\boldsymbol{y=\sqrt{3}-1}$ のとき，$\boldsymbol{x^2+y^2}$ の値《あたい》を求めよ。

答　$x+y=2\sqrt{3}$，$xy=2$ である。
$x^2+y^2=(x+y)^2-2xy=(2\sqrt{3})^2-2\times2=\boldsymbol{8}$

問〉 $\boldsymbol{x=\sqrt{2}-1}$ のとき，$\boldsymbol{x^2+2x+3}$ の値を求めよ。

答　$x=\sqrt{2}-1 \rightarrow x+1=\sqrt{2} \rightarrow (x+1)^2=2$
$x^2+2x+1=2$ だから　$x^2+2x+3=2+2=\boldsymbol{4}$

**［実戦コーチ］**

**式の値の求め方**
代入しやすい形に変形することが大切。左の問題は，どちらも典型的なタイプ。要領をよくのみこもう。

数と式

# 04 整数の性質・素因数分解・近似値

## 式による証明

□ **文字式の利用**　数のかわりに文字を使うと，一般的に表すことができる。

例　$n$ を整数とすると

**偶数《ぐうすう》は $2n$，奇数《きすう》は $2n+1$**

と表すことができる。

□ **式による証明**　数の関係を文字式を使って証明すれば，一般的に成り立つことがいえる。

例　「偶数と奇数の和が奇数になる」ことは

$2m+(2n+1)=2m+2n+1=2(m+n)+1$

となることから，一般的にいえる。($m$，$n$ は整数)

▶**整数の分類**

3 でわったときの余りに目をつけると，$n$ を整数として，任意の整数は

$3n$,

$3n+1$,

$3n+2$

と表される。

## 素因数分解

□ **素因数分解《そいんすうぶんかい》**　自然数を素数だけの積で表すこと。

**素因数分解は，どういう順序で行ってもよい。**

例　48 を素因数分解するには，右のように素数で順にわっていって，その素数の積を作ればよい。

$48=2^4\times3$

```
2)48
2)24
2)12
2) 6
   3
```

▶**素数と素因数**

1 とその数以外に約数のない数を素数という。素数である因数を**素因数**という。

□ **素因数分解の利用** 重要

**1 平方数にするためにかける最小の自然数を求める。**

例　135 にできるだけ小さい自然数をかけてある数の平方数にする。$135=3^3\times5$ であるから，$3\times5=15$ をかけると，$3^4\times5^2=(3^2\times5)^2=45^2$ となる。

▶$\sqrt{135a}$ が自然数となるような最小の自然数 $a$ を求める場合も，この方法と同じである。

**2 最大公約数，最小公倍数を求める。**

例　$36=2^2\times3^2$ と $48=2^4\times3$ について，

最大公約数は $2^2\times3=12$　最小公倍数は $2^4\times3^2=144$

**3 約数の個数を求める。**

例　48 の約数は，$48=2^4\times3$ であるから，

1，2，3，$2^2=4$，$2\times3=6$，$2^3=8$，$2^2\times3=12$，

$2^4=16$，$2^3\times3=24$，$2^4\times3=48$ の 10 個ある。

▶**約数の個数**

48 の約数の個数 (1 と 48 も含《ふく》む) は，$48=2^4\times3^1$ より，

$(4+1)\times(1+1)$

$=5\times2=10$ (個)

となる。この方法も覚えておこう。

入試 直前チェック

- 素因数分解を利用した問題の解き方を確認する。
- 近似値と有効数字の意味を正しく理解する。

## 近似値と有効数字

□ **近似値《きんじち》** 重要　測定して得られた真の値《あたい》に近い値。

□ **誤差《ごさ》**　近似値から真の値をひいた差。

**誤差＝近似値－真の値**

例　ものさしではかった長さが 6.8cm のとき，
6.75≦(実際の長さ)＜6.85 となる。
よって，6.85－6.8＝0.05，6.8－6.75＝0.05 だから，この場合の誤差は 0.05 以下である。

▶真の値と四捨五入して得た近似値について，四捨五入した位と誤差の絶対値は，0.01 の位のときは，0.05 以下，0.001 の位ときは，0.005 以下となる。

□ **有効数字《ゆうこうすうじ》** 重要　実際に測定などで得られた信頼できる数字を有効数字といい，有効数字の部分をはっきりとさせるために，整数部分が 1 けたの小数と $10^n$ の積の形で表す。

**(整数部分が 1 けたの小数)×(10 の累乗《るいじょう》)**

例　17300m が 100m の位まで測定した値であるとき，有効数字は 1，7，3 であり，$a\times10^n$ の形で表すと，$1.73\times10^4$m となる。

▶有効数字が何の位かを求めるときは，この式を実際に計算することで調べることができる。

## 確認テスト

**〔実戦コーチ〕**
数に関する問題では，自然数と整数の違いにも注意しておくこと。

問　**2100 をできるだけ小さい自然数でわって，余りがなく，商がある自然数の平方になるようにするには，どんな数でわればよいか。**

答　$2100=2^2\times3\times5^2\times7$ であるから，
$3\times7=$**21**
でわると，商は $2^2\times5^2=10^2$ となる。

問　**ある数 $a$ の小数第 2 位を四捨五入すると 7.3 になった。このとき $a$ の値の範囲《はんい》を不等式で表せ。また，誤差の絶対値はいくら以下と考えられるか。**

答　小数第 2 位を四捨五入して 7.3 になるのは 7.25 以上 7.35 未満だから，**$7.25\leqq a<7.35$**
誤差の絶対値は **0.05 以下**

05

数と式

# 1次方程式

## 等式の性質

□ 等式の性質 **重要**　等式 $a=b$ が成り立つとき，

**1 両辺に同じ数や式を加えても，等式は成り立つ。**

**2 両辺から同じ数や式をひいても，等式は成り立つ。**

**3 両辺に同じ数や式をかけても，等式は成り立つ。**

**4 両辺を0でない同じ数や式でわっても，等式は成り立つ。**

$$a+m=b+m$$
$$a-m=b-m$$
$$am=bm$$
$$\frac{a}{m}=\frac{b}{m}$$
$$(m \fallingdotseq 0)$$

□ 移項《いこう》　等式の一方の辺にある項を，その符号《ふごう》を変えて，他方の辺に移すことができる。これを**移項**という。

例　$2x+1=6-3x \rightarrow 2x+3x=6-1$

▶移項は，等式の性質1，2による変形。

## 方程式と解

□ 方程式　$2x+1=6-3x$ のように，式の中の文字に，特別な値《あたい》(この場合は 1)を代入したときに限って成り立つような等式。$2x+3x=5x$ は方程式でない。

▶ $2x+3x=5x$ のような式は，$x$ のすべての値に対して成り立つ。

□ 方程式の解《かい》　方程式を成り立たせるような文字の値を，その方程式の**解**といい，すべての解を求めることを方程式を**解《と》く**という。

## 1次方程式の解き方

□ 1次方程式の解き方 **重要**　**($x$ の1次式)=0** の形になる方程式を **1次方程式**といい，次のように解く。

▶等式の性質を用いて，最も簡単な等式「$x=$(数)」を導く。

1 方程式を簡単にする。

・かっこがあれば，はずす。

・小数は 10 倍, 100 倍, …して整数に。

・分数は分母の最小公倍数をかけて，分母をはらう。

▶同じ数を**両辺**にかける。**かけ忘れに注意！**

2 移項して，$ax=b$ の形にする。

3 両辺を $a$ でわり，$x$ の値を求める。

〔**検算**〕$x$ の値を，もとの方程式の $x$ に代入して，等式が成り立つかを確かめる。

例
$$\frac{x}{6}-\frac{x-2}{2}=\frac{2}{3}$$
両辺に6をかけて
$$x-3(x-2)=4$$
$$x-3x+6=4$$
$$x-3x=4-6$$
$$-2x=-2$$
$$\boldsymbol{x=1}$$

**入試 直前チェック**

- 1次方程式の求めた解が正しいかどうか必ず確認する。
- 等式の変形は様々な場面で利用できる。



## 1次方程式の応用

□ **1次方程式を用いて文章問題を解く手順** 重要

1. **問題の意味をよく考え，何を $x$ で表すかをきめる。**
2. 問題に含《ふく》まれている数量を，$x$ を用いて表す。
3. **等しい量を見つけ，方程式を作る。**
4. その方程式を解き，解を求める。
5. **求めた解が問題に適するかどうかを調べる。**

▶基本的に，求めるものを $x$ とすることが多いが，例外もある。

例　A地からB地まで往復するのに，行きは毎時4km，帰りは毎時6kmの速さで歩き，往復に5時間かかった。往復の平均の速さを求めよ。

［解法］　A地からB地までの道のりを $x$km とすると，往復にかかった時間について，$\frac{x}{4}+\frac{x}{6}=5$　分母をはらうと，$3x+2x=60$　$5x=60$　$x=12$

12kmのとき，行き3時間，帰り2時間で適する。

(平均の速さ)＝(往復の距離)÷(かかった時間)であるから，

$12\times2\div5=4.8$　よって，往復の平均の速さは　**毎時4.8km**

## 等式の変形

□ **等式の変形**　いくつかの文字を含む等式で，その中の1つの文字を他の文字を用いた式で表すことを，**その文字について解く**という。

例　$S=\frac{(a+b)h}{2}$ を $h$ について解くと　$h=\frac{2S}{a+b}$

▶台形の面積を求める公式を，高さを求める公式に変形している。

### 確認テスト

問 **$x$ についての方程式 $3ax+a+26=0$ の解が4であるとき，$a$ の値を求めよ。**

答 解が4だから，$x$ に4を代入すると等式が成り立つ。　$12a+a+26=0$

これを $a$ についての方程式とみて解くと，

$13a+26=0$　$13a=-26$　$a=-2$

〔実戦コーチ〕

**方程式の解の意味**

解＝(等式を成り立たせる値)

により，$a$ についての方程式を作るのがコツ。

数と式

# 06 連立方程式

## 連立方程式と解

□ **連立方程式**　2 つ以上の方程式を組み合わせたもの。2 つの **2 元 1 次方程式**(2 つの文字を含《ふく》む 1 次方程式)を組み合わせたものを**連立 2 元 1 次方程式**という。

□ **連立方程式の解《かい》**　それぞれの方程式を，同時に成り立たせる文字の値《あたい》の組を，連立方程式の**解**といい，すべての解を求めることを連立方程式を**解《と》く**という。

## 連立方程式の解き方

□ **連立方程式の解き方**　2 つの方程式から 1 つの文字を含まない方程式を導くことを，その文字を**消去する**という。連立方程式は，文字の消去により 1 つの文字だけを含む方程式にして解くことができる。

□ **加減法・代入法** 重要　連立 2 元 1 次方程式の解き方には，文字の消去のしかたにより，次の方法がある。

① **加減法　2 つの方程式のある文字の係数の絶対値をそろえ，辺々をたしたり，ひいたりしてその文字を消去する。**

> 例 $\begin{cases} 3x+2y=9 \cdots ① \\ -x+3y=8 \cdots ② \end{cases}$ を加減法で解け。
>
> [解法]　②の両辺を 3 倍して　$-3x+9y=24 \cdots ③$
>
> ①と③の辺々を加えて　$11y=33$　　ゆえに　$\boldsymbol{y=3}$
>
> $y=3$ を①に代入して　$3x+6=9$　　ゆえに　$\boldsymbol{x=1}$

② **代入法　一方の方程式をある文字について解き，それを他方の方程式に代入して，その文字を消去する。**

> 例 $\begin{cases} 2x+y=7 \cdots ① \\ 3x-2y=0 \cdots ② \end{cases}$ を代入法で解け。
>
> [解法]　①を $y$ について解いて　$y=7-2x \cdots ③$
>
> ③を②に代入して　$3x-2(7-2x)=0$
>
> これを解いて　$\boldsymbol{x=2}$
>
> $x=2$ を③に代入して　$y=7-4=\boldsymbol{3}$

▶**加減法・代入法のどちらで解く**かは，与《あた》えられた方程式の形を見てきめる。
$x$ または $y$ の係数が 1 か $-1$ のときは，その文字について解いても係数が分数にならないから代入法でもよいが，そうでないときは係数が分数になるので，加減法がよい。
加減法で解くとき，両辺を何倍かする。**かけ忘れのないように注意する。**

入試 直前チェック

- 連立方程式は，加減法・代入法のどちらで解くと簡単か，見極める。
- 連立方程式は1次関数の式，2直線の交点の座標を求めることに利用できる。

## 連立2元1次方程式の解き方

□ **連立2元1次方程式を解く手順** 重要

① **各方程式を簡単にし，$ax+by=c$ の形に整理する。**

② **加減法・代入法のいずれかで解く。**

□ **$A=B=C$ の形の連立方程式**

$\begin{cases} A=B \\ A=C \end{cases}$ $\begin{cases} B=A \\ B=C \end{cases}$ $\begin{cases} C=A \\ C=B \end{cases}$ のいずれかに変形して解く。

▶ $A=B=C$ の連立方程式では，どの組み合わせでもよいが，**簡単になるものを選ぶ。**

## 連立方程式の応用

□ **連立方程式を用いて文章問題を解く手順**

① **問題をよく読み，何を $x$，$y$ で表すかをきめる。**

② **問題に含まれる数量を $x$，$y$ を用いて表す。**

③ **等しい量を見つけ，方程式を2つ作る。**

④ **連立方程式として解き，解を求める。**

⑤ **求めた解が問題に適するかどうかを調べる。**

▶ **何を $x$，$y$ で表すかをきめる**ときは，一般には求めるものを $x$，$y$ とすればよいが，方程式の作りやすさを考えて別のものを $x$，$y$ としてもよい。また，求めるものが1つでも，未知の量が2種類あるときは，文字を2つ用いる方が方程式が作りやすい。

> 例 昨年は600円でできたものが，今年は材料費が25%，人件費が50%上がったので850円かかるという。今年の人件費を求めよ。
>
> [解法] 昨年の材料費を $x$ 円，人件費を $y$ 円とすると
>
> $\begin{cases} x+y=600 \cdots ① \\ 1.25x+1.5y=850 \cdots ② \end{cases}$
>
> ②×4 $\quad 5x+6y=3400$
>
> ①×5 $\quad -)\ 5x+5y=3000$
>
> $y=400$ $\quad$ ①に代入して $x=200$
>
> 昨年の材料費が200円，人件費が400円で，適する。
>
> よって，今年の人件費は $400\times1.5=$ **600(円)**

□ **2直線の交点の座標** 重要 2直線 $ax+by=c$，$a'x+b'y=c'$ の交点の座標は，この2つの方程式を連立方程式として解き，計算で求めることができる。

**解の $x$，$y$ の値が，それぞれ交点の $x$ 座標，$y$ 座標。**

▶ **2点を通る直線の式の決定**も，結局は連立方程式の解法になる。

数と式

# 07 2 次方程式

## 2 次方程式と解

□ **2 次方程式**　各項《こう》を左辺に移項《いこう》して整理したとき，
**($x$ の 2 次式)$=0$** の形になる方程式。

□ **2 次方程式の解《かい》**　2 次方程式を成り立たせるような文字の値《あたい》を，その 2 次方程式の**解**といい，すべての解を求めることを 2 次方程式を**解《と》く**という。
**2 次方程式の解は，一般に 2 つある。**

▶ $x^2-3x=x^2+2$ は，整理すると，$-3x-2=0$ となるので，見かけは 2 次方程式であるが，これは 1 次方程式である。

## 簡単な 2 次方程式の解き方

□ **$ax^2+b=0$ の解き方**　数の項を右辺に移項し，$x^2=p(p\geqq0)$ の形にして，$p$ の平方根《へいほうこん》を求める。

$\boldsymbol{x^2=p \rightarrow x=\pm\sqrt{p}}$

例　$3x^2-15=0 \rightarrow x^2=5 \rightarrow \boldsymbol{x=\pm\sqrt{5}}$

□ **$(x+p)^2=q(q\geqq0)$ の解き方**　$x+p$ を 1 つの文字とみて，

$\boldsymbol{(x+p)^2=q \rightarrow x+p=\pm\sqrt{q} \rightarrow x=-p\pm\sqrt{q}}$

例　$(x-3)^2=16 \rightarrow x-3=\pm4 \rightarrow x=3\pm4 \rightarrow \boldsymbol{x=7,\ -1}$

例　$(x-3)^2=0 \rightarrow x-3=0 \rightarrow \boldsymbol{x=3}$　← 解は 1 つ

## 平方の形にする解き方

□ **平方の形の作り方** 重要　$x^2+px$ の式を平方の形にするには，**$x$ の係数 $p$ の半分の 2 乗を両辺に加えればよい。**

$$\boldsymbol{x^2+px+\left(\frac{p}{2}\right)^2=\left(x+\frac{p}{2}\right)^2}$$

□ **平方の形にする解き方**　$x$ を含《ふく》む項で左辺に平方の形を作る。**$(x+p)^2=q$**$(q\geqq0)$ の形にして解く。

> 例　$2x^2-x-2=0$ を解け。
>
> [解法]　両辺を 2 でわると　$x^2-\frac{x}{2}-1=0$
>
> $x^2-\frac{x}{2}+\left(-\frac{1}{4}\right)^2=1+\left(-\frac{1}{4}\right)^2$
>
> $\left(x-\frac{1}{4}\right)^2=\frac{17}{16}$　　$\boldsymbol{x=\frac{1}{4}\pm\frac{\sqrt{17}}{4}}$

▶右ページの**解の公式**も，この解き方により導くことができる。2 次方程式の解法の原理としてよく理解しておこう。

入試 直前チェック

- 2次方程式の解の公式は確実に覚える。
- 2次方程式の求めた解が問題の解答として適しているか確認する。

## 因数分解，解の公式による解き方

□ **因数分解《いんすうぶんかい》による方法**　$(x-a)(x-b)=0$ となるとき，
$x-a=0$ または $x-b=0$ より　$x=a$，$x=b$

> 例　$x^2-5x=14$ を解け。
> [解法]　移項すると　$x^2-5x-14=0$
> 左辺を因数分解すると　$(x-7)(x+2)=0$
> $x-7=0$ または $x+2=0$ より　$\boldsymbol{x=7,\ x=-2}$

□ **2次方程式の解の公式** 重要　$\boldsymbol{ax^2+bx+c=0}$（$a$，$b$，$c$ は定数，$a \neq 0$）の解は，次の公式により求められる。

**解の公式**　$$\boldsymbol{x=\frac{-b\pm\sqrt{b^2-4ac}}{2a}}$$

> 例　$\dfrac{1}{2}x^2+x-\dfrac{3}{4}=0$ を解け。
> [解法]　両辺を4倍して　$2x^2+4x-3=0$
> 解の公式に代入して　$\boldsymbol{x}=\dfrac{-4\pm\sqrt{4^2-4\times2\times(-3)}}{2\times2}$
> $=\dfrac{-4\pm\sqrt{40}}{4}=\boldsymbol{\dfrac{-2\pm\sqrt{10}}{2}}$

▶解の公式を使えばどんな2次方程式でも解けるが，簡単に因数分解できるものは因数分解による方法の方が簡単である。そこで，2次方程式を解くときは，次のように考えよう。
**①係数を整数にして，方程式を整理する。**
**②因数分解できないか調べ，できないものは解の公式により解く。**

## 2次方程式の応用

□ **2次方程式の応用** 重要　1次方程式のときと同じ要領で解く。**解が問題に適するかどうかの検討が大切。**

> 例　正方形の厚紙の4すみから1辺が1cmの正方形を切り取り，ふたのない箱を作ったら容積が16cm³になった。もとの厚紙の1辺は何cmか。
> [解法]　もとの正方形の1辺を $x$cm とすると，
> 題意より　$(x-2)^2=16$
> これを解くと　$x=6$，$-2$
> 正方形の1辺は正だから $x=-2$ は適さない。
> 1辺を6cmとすると適する。　　よって，もとの厚紙の1辺は　**6cm**

関数

# 08 関数・比例・反比例

## ともなって変わる量

□ **ともなって変わる 2 つの量**　ある 1 つの量が変わるにつれて，もう一方の量も変わるような 2 つの量。

例　300 円持っている人が，1 本 50 円の鉛筆《えんぴつ》を買うときの，買う本数と代金。

| 本数(本) | 1 | 2 | 3 | 4 | 5 | 6 |
|---|---|---|---|---|---|---|
| 代金(円) | 50 | 100 | 150 | 200 | 250 | 300 |

□ **変数と変域**　いろいろな値《あたい》をとる文字を**変数**といい，変数のとり得る値の範囲《はんい》を**変域**という。

例　上の例で，買う本数を $x$ 本，代金を $y$ 円とすると，$x$ と $y$ の関係は $y=50x$ と表される。このとき，

$x$ の変域…{1，2，3，4，5，6}

$y$ の変域…{50，100，150，200，250，300}

▶変数 $x$ がすべての数をとるときは，$x$ の変域を省略してもよい。

▶変数に対して，一定の数や文字を**定数**という。

## 関数と座標

□ **関数** 重要　**変数 $x$ と $y$ があって，$x$ の値をきめるとそれにつれて $y$ の値もただ 1 つきまるとき，$y$ は $x$ の関数であるという。**上の例の $y$ は $x$ の関数である。

□ **関数の表し方**　関数であることは，表や式やグラフで表すことができる。

□ **座標**　平面上の点の位置を表すのに用いる。右の図で，横の数直線を **$x$ 軸**《じく》，縦の数直線を **$y$ 軸**(両方合わせて**座標軸**)といい，座標軸の交点 O を**原点**という。

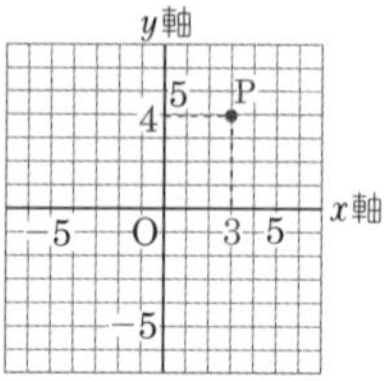


□ **点の座標**　右上の図の点 P の位置は，P から $x$ 軸，$y$ 軸に下ろした垂線と座標軸との交点の座標(目もり)3，4 の組 (3，4) で表し，(3，4) を **P の座標**という。また，3 を P の **$x$ 座標**，4 を P の **$y$ 座標**という。

▶**対称《たいしょう》な点の座標**
点$(a,\ b)$と
・**$x$ 軸について対称…$(a,\ -b)$**
・**$y$ 軸について対称…$(-a,\ b)$**
・**原点について対称…$(-a,\ -b)$**

入試 直前チェック

- 座標の表し方や座標の読み取りができる。
- 比例・反比例の性質を正しく理解する。

## 比例

□ **比例** 重要 変数 $x$，$y$ の間に，$\boldsymbol{y=ax}$ の関係があるとき，**$y$ は $x$ に比例する**という。（$a$ は 0 でない定数，**比例定数**という。）

□ **比例のグラフ** **原点を通る直線。**

① **$a$ は，$y$ の $x$ に対する比を表し，一定。**グラフの傾《かたむ》きを表す。

② **$a>0$ のとき，右上がり。**
**$a<0$ のとき，右下がり。**

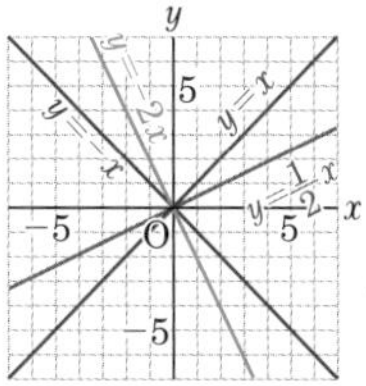


▶**比例の性質**
$y$ が $x$ に比例するとき，**$x$ が $m$ 倍になれば，$y$ も $m$ 倍になる。**

▶ $a>0$（$a<0$）のとき，$x$ が増加すれば，$y$ は増加（減少）する。

## 反比例

□ **反比例** 重要 変数 $x$，$y$ の間に，次の関係があるとき，**$y$ は $x$ に反比例する**という。

$\boldsymbol{y=\dfrac{a}{x}}$（$a$ は比例定数，$a \neq 0$）

□ **反比例のグラフ** **双曲線《そうきょくせん》**とよばれる曲線。

① **$a$ は，$x$ と $y$ の積を表し，一定。**
グラフ上の点の $x$，$y$ 座標の積。

② $a>0$ のとき，グラフは座標平面の右上と左下にある。
$a<0$ のとき，グラフは座標平面の左上と右下にある。

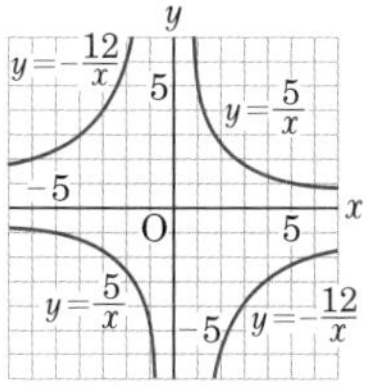


▶**反比例の性質**
$y$ が $x$ に反比例するとき，**$x$ が $m$ 倍になれば，$y$ は $\dfrac{1}{m}$ 倍になる。**

▶ **$y=\dfrac{a}{x}$ のグラフは，原点について対称。**

## 確認テスト

問 **$y$ は $x$ に比例し，$x=2$ のとき $y=-6$ である。$x=-3$ のとき，$y$ の値を求めよ。**

答 $y=ax$ とおくと，$-6=2a$ より　$a=-3$
$y=-3x$ で，$x=-3$ のとき　$y=-3\times(-3)=\mathbf{9}$

問 **$y$ が $x$ に反比例し，グラフが点 (2，3) を通るとき，$y$ を $x$ の式で表せ。**

答 $y=\dfrac{a}{x}$ とおくと，$3=\dfrac{a}{2}$，$a=6$　$\boldsymbol{y=\dfrac{6}{x}}$

〔実戦コーチ〕
$y=ax$，
$y=\dfrac{a}{x}$（$xy=a$）
の $a$ の値は，対応する $x$，$y$ の値またはグラフ上の 1 点の座標できまる。

関数

# 09 1 次関数

## 1 次関数とグラフ

□ **1 次関数** 重要　変数 $x$，$y$ の間に，次の関係があるとき，**$y$ は $x$ の 1 次関数である**という。

**$y=ax+b$**（$a$，$b$ は定数，$a \neq 0$）

① **$x$ に比例する部分 $ax$ と，つねに一定な部分 $b$ との和。**

② **$x$ の増加量に対する $y$ の増加量の割合（変化の割合）が一定で，$x$ の係数 $a$ に等しい。**

▶**1 次関数である**
↓
**$y=ax+b$ とおく。**
変化の割合 $a$ が一定な関数。

□ **1 次関数のグラフ**　$y=ax+b$ のグラフは，直線 $y=ax$ に平行で，点 $(0,\ b)$ を通る。

① $a$ を傾《かたむ》き，$b$ を切片《せっぺん》（**$y$ 切片**）という。$y=ax+b$ のグラフは，**傾き $a$，切片 $b$ の直線**である。

② **$a>0$ のとき右上がり。**

③ **$a<0$ のとき右下がり。**

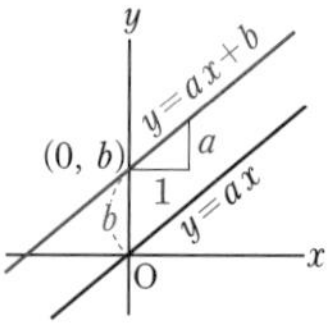


▶**グラフのかき方**
**まず切片をとり，その傾きのグラフをかく。**または，2 点をとって直線をかく。

## 直線の式（1 次関数の式）

□ **直線の式（1 次関数の式）の求め方** 重要

① **傾きが $a$，切片が $b$ の直線……$y=ax+b$**

▶比例は $y=ax+b$ で，$b=0$ の場合を表している。

② **傾きが $a$，点 $(m,\ n)$ を通る直線**

$y=ax+b$ に $x=m$，$y=n$ を代入して，$b$ を求める。

> 例　傾きが 3 で点 (2，1) を通る直線の式を求めよ。
> ［解法］　傾きが $3 \Rightarrow y=3x+b$　$x=2$ のとき $y=1$ より，
> $1=6+b$　　$b=-5$　　求める式は　**$y=3x-5$**

③ **2 点を通る直線の式**　直線の式を $y=ax+b$ とおき，2 点の $x$ 座標，$y$ 座標を代入して，$a$，$b$ を求める。

> 例　2 点 (3，1)，(6，−5) を通る直線の式を求めよ。
> ［解法］　直線の式を $y=ax+b$ とすると，
> (3，1) を通るから　$1=3a+b$
> (6，−5) を通るから　$-5=6a+b$
> これを解《と》くと，$a=-2$，$b=7$
> よって，求める式は　**$y=-2x+7$**

▶**平行な直線の傾きは等しい。**
次のタイプの問題も多い。
点 (2，1) を通り，直線 $y=3x+2$ に平行な直線の式を求めよ。

入試 直前チェック

1次関数のグラフの特徴を正しく理解する。

2直線の交点を求めて，関数とグラフの融合問題が解ける。



## 2元1次方程式のグラフ

□ **2元1次方程式のグラフ** 重要　2元1次方程式 $\boldsymbol{ax+by=c}$ を成り立たせる $x$，$y$ の値《あたい》の組 $(x,\ y)$ を座標とする点全体の集合。$\boldsymbol{ax+by=c}$ **のグラフは，**

① $a \neq 0$，$b \neq 0$ のとき　**直線** $\boldsymbol{y=-\dfrac{a}{b}x+\dfrac{c}{b}}$

② $a=0$，$b \neq 0$ のとき　$\boldsymbol{y=h}$ となり，$\boldsymbol{x}$ **軸《じく》に平行な直線。**

③ $a \neq 0$，$b=0$ のとき　$\boldsymbol{x=k}$ となり，$\boldsymbol{y}$ **軸に平行な直線。**

## 連立方程式の解と2直線の交点の座標

□ **連立方程式の解《かい》と2直線の交点の座標**

① $\begin{cases} \boldsymbol{ax+by=c} \\ \boldsymbol{a'x+b'y=c'} \end{cases}$ $\overset{\Longleftrightarrow}{\text{同じ}}$ $\begin{cases} \boldsymbol{ax+by=c} \text{ のグラフ} \\ \boldsymbol{a'x+b'y=c'} \text{のグラフ} \end{cases}$

**の解** $\boldsymbol{x=p}$，$\boldsymbol{y=q}$　　**の交点** $(\boldsymbol{p},\ \boldsymbol{q})$

② 2つの直線が**平行**のとき，**解はない。**

③ 2つの直線が**重なる**とき，**解は無数にある。**

□ **2直線の交点の求め方** 重要

① **直線と $\boldsymbol{y}$ 軸の交点**　直線の式で $\boldsymbol{x=0}$ とおく。

② **直線と $\boldsymbol{x}$ 軸の交点**　直線の式で $\boldsymbol{y=0}$ とおく。

③ **2直線の交点　2つの直線の式を連立方程式とみて解く。**

解の $x$ の値→ $x$ 座標，$y$ の値→ $y$ 座標

## 確認テスト

問　**直線 $\boldsymbol{x+2y=4}$ について，次の問いに答えよ。**

① **$\boldsymbol{x}$ 軸，$\boldsymbol{y}$ 軸との交点の座標を求めよ。**

② **直線 $\boldsymbol{y=x-1}$ との交点の座標を求めよ。**

答 ①　$y=0$ とおき $x=4$　$x$ 軸との交点 $(\mathbf{4},\ \mathbf{0})$

$x=0$ とおき $y=2$　$y$ 軸との交点 $(\mathbf{0},\ \mathbf{2})$

②　$\begin{cases} x+2y=4 \\ y=x-1 \end{cases}$ を解くと $\begin{cases} x=2 \\ y=1 \end{cases}$　交点 $(\mathbf{2},\ \mathbf{1})$

**［実戦コーチ］**

**軸との交点の座標**

$y$ 軸との交点

⇕

$x$ 座標が 0 の点

…$x=0$ として，式が成り立つ。

# 10 関数 $y=ax^2$

## 2乗に比例する関数

□ **2乗に比例する関数** 重要　変数 $x$, $y$ の間に，次の関係があるとき，**$y$ は $x$ の2乗に比例する**という。

$y=ax^2$（$a$ は比例定数，$a \neq 0$）

例　$y$ は $x$ の2乗に比例し, $x=2$ のとき $y=-8$ である。このとき，$y$ を $x$ の式で表すには，$y=ax^2$ とおき，$x=2$ のとき $y=-8$ → $-8=4a$ より　$a=-2$

求める式は　$y=-2x^2$

▶ **$y$ は $x$ の2乗に比例**
↓
**$y=ax^2$ とおく。**

## 関数 $y=ax^2$ のグラフ

□ **関数 $y=ax^2$ のグラフ** 重要　**$y=ax^2$ のグラフは放物線《ほうぶつせん》。**

① **原点を通り，$y$ 軸《じく》について対称《たいしょう》。**

**放物線の軸**…対称の軸（$y$ 軸）

**頂点**…放物線と軸との交点（原点）

$y=ax^2$のグラフ

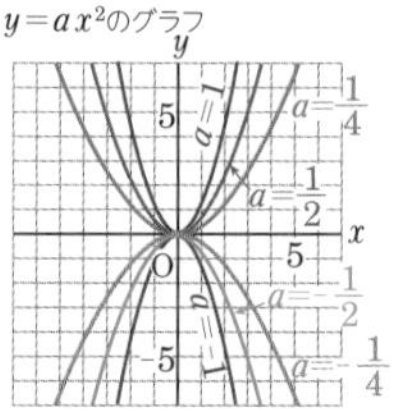


② **$a>0$ のとき，上に開いた形。**
**$a<0$ のとき，下に開いた形。**

③ $a$ の絶対値が大きいほど，開きが小さい。

④ **関数 $y=ax^2$ と $y=-ax^2$ は，$x$ 軸について対称。**

⑤

| 関数 | $a>0$ のとき | $a<0$ のとき | 変化の割合 |
|---|---|---|---|
| $y=ax+b$ | つねに増加 | つねに減少 | 一定で $a$ に等しい |
| $y=ax^2$ | 減少から増加に変わる | 増加から減少に変わる | 一定でない |

▶ **関数 $y=ax^2$ の最大値・最小値**
・**$a>0$ のとき，** つねに $y \geqq 0$ で，**最小値は0**
・**$a<0$ のとき，** つねに $y \leqq 0$ で，**最大値は0**

## 変化の割合

□ **変化の割合**　$x$ の関数 $y$ の変化の割合は，

$$\text{変化の割合}=\frac{y\text{ の増加量}}{x\text{ の増加量}}$$

□ **$y=ax^2$ の変化の割合**　$x$ が $x_1$ から $x_2$ まで増加したときの変化の割合は，$\dfrac{ax_2{}^2-ax_1{}^2}{x_2-x_1}=a(x_1+x_2)$

▶ 1次関数 $y=ax+b$ では，変化の割合は $a$ でつねに一定。

入試 直前チェック

- 関数 $\boldsymbol{y=ax^2}$ のグラフの特徴を理解する。
- 関数 $\boldsymbol{y=ax^2}$ のグラフと直線との交点の座標は，確実に求められるようにする。



## 関数 $y=ax^2$ の式・グラフと直線との交点

### □ 関数 $y=ax^2$ の式・グラフと直線の交点 重要

① **放物線の式**　関数 $y=ax^2$ は，原点以外の通る 1 点の座標がわかると $a$ の値《あたい》が求められて，式がきまる。

> 例　関数 $y=ax^2$ が点 (3，4) を通るとき，$a$ の値を求めよ。
> ［解法］　$y=ax^2$ に，$x=3$，$y=4$ を代入して　$4=a\times3^2$
> よって　$\boldsymbol{a=\frac{4}{9}}$

② **グラフと直線の交点**　関数 $y=ax^2$ のグラフと直線 $y=bx+c$ の交点の $x$ 座標は，$y$ を消去した 2 次方程式 $ax^2=bx+c$ の解《かい》である。

▶関数 $y=ax^2$ のグラフと直線は一般に 2 点で交わるから，$ax^2=bx+c$ の解も 2 つある。解が 1 つのとき，グラフと直線は**接する**。

> 例　関数 $y=x^2$ のグラフと直線 $y=2x+3$ の交点の座標を求めよ。
> ［解法］　$x^2=2x+3$　　$x^2-2x-3=0$ を解《と》くと　$x=3,\ -1$
> $x=3$ のとき　$y=3^2=9$
> $x=-1$ のとき　$y=1$
> よって　**(3，9)，(−1，1)**

## 確認テスト

**問** 関数 $\boldsymbol{y=-2x^2}$ について，$\boldsymbol{x}$ が $\boldsymbol{-4}$ から $\boldsymbol{0}$ まで増加するときの，変化の割合を求めよ。

答 $\dfrac{-2\times0^2-(-2)\times(-4)^2}{0-(-4)}=\dfrac{2\times4^2}{4}=\boldsymbol{8}$

**問** 関数 $\boldsymbol{y=ax^2}$ のグラフが 2 点 $\boldsymbol{(-4,\ 4)}$，$\boldsymbol{(8,\ b)}$ を通るとき，$\boldsymbol{b}$ の値を求めよ。

答 $4=a\times(-4)^2$ より　$a=\dfrac{1}{4}$

$y=\dfrac{1}{4}x^2$ となるので　$\boldsymbol{b=\frac{1}{4}\times8^2=16}$

**［実戦コーチ］**

**$y=ax^2$ の変化の割合**
グラフからもわかるように，$x$ の増加量が等しくても，区間によって $y$ の増加量は一定でないから，変化の割合は一定ではない。

図形

# 11 平面図形の基本

## 直線と角

□ **直線・線分・半直線**

① **直線**　**直線は 2 点できまる。**

② **線分**　直線 AB の A から B までの部分を**線分 AB** という。2 点 A，B を結ぶ線のうち，**線分 AB が最も短い**。線分 AB の長さを **2 点 A，B 間の距離《きょり》**という。

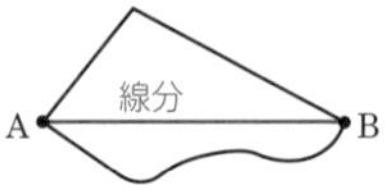


③ **半直線**　直線を 2 つに分けたそれぞれの部分。

□ **角・角の大きさ**　1 点から 2 つの半直線をひくと角ができる。

**角の単位と種類**　1 回転にあたる角の大きさが 360° である。

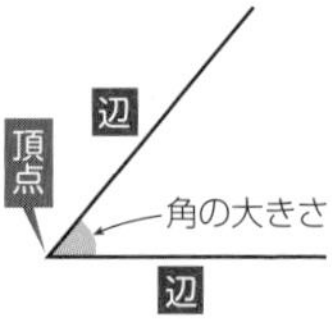


**直角**＝90° の角。

**鋭角《えいかく》**＝0° より大きく 90° より小さい角。

**鈍角《どんかく》**＝90° より大きく 180° より小さい角。

□ **対頂角** **重要**　2 つの直線が交わった点(**交点**)のまわりにできる角のうち，向かいあった角。対頂角が 2 組できる。

**対頂角は等しい。** $\angle a=\angle c$，$\angle b=\angle d$

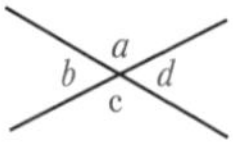


## 垂直と平行

□ **垂直**　2 直線 $a$，$b$ が交わってできる角が直角のとき，2 直線 $a$，$b$ は**垂直**であるといい，$\boldsymbol{a\perp b}$ と書く。また 2 直線の一方を他方の**垂線**という。

□ **点と直線との距離**　点 P から直線 $\ell$ に垂線 PH をひくとき，線分 PH の長さを**点 P と直線 $\ell$ との距離**という。

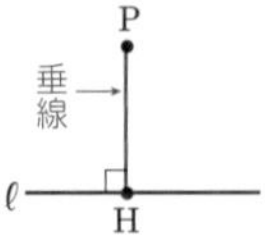


□ **平行**　同じ平面上の 2 直線 $a$，$b$ が交わらないとき，2 直線 $a$，$b$ は**平行**であるといい，$\boldsymbol{a /\!/ b}$ と書く。

**直線外の 1 点を通りその直線に平行な直線は 1 つある。**

▶**同じ平面上の 2 直線の位置関係**
{ **交わる**
{ **平行**
他に**重なる**場合がある。このとき，一直線になる。

入試 直前チェック

- 直線と角，垂直と平行の表し方は確実におさえる。
- 平行線があるときは，平行線の性質が利用できる。



## 平行線の性質

□ **同位角・錯角《さっかく》**　右の図で，

**同位角**　$\angle a$ と $\angle e$，$\angle b$ と $\angle f$，

$\angle c$ と $\angle g$，$\angle d$ と $\angle h$

**錯角**　$\angle b$ と $\angle h$，$\angle c$ と $\angle e$

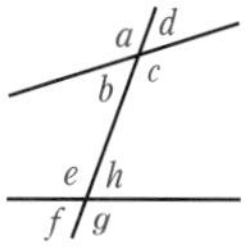


▶**平行線**　互いに平行ないくつかの直線。
3 直線 $a$，$b$，$c$ で **$a /\!/ b$，$b /\!/ c$ ならば $a /\!/ c$**

□ **平行線の性質** 重要　平行な 2 直線に 1 直線が交わるとき，

① **同位角は等しい。**

② **錯角は等しい。**

□ **2 直線の平行条件**　2 直線に 1 直線が交わるとき，

① **同位角が等しければ 2 直線は平行である。**

② **錯角が等しければ 2 直線は平行である。**

▶平行線の性質，2 直線の平行条件は，図形の基本性質として，証明にもよく使う。

## 点の集合と図形

□ **点の集合と図形** 重要

① **1 つの点から一定の距離にある点の集合** → 円

② **1 つの直線から一定の距離にある点の集合** → 平行線

③ **線分の両端《りょうたん》から等距離にある点の集合** → 垂直二等分線

④ **角の 2 辺から等距離にある点の集合** → 角の二等分線

□ **作図**　定《じょう》規《ぎ》とコンパスだけを用いて図をかくこと。基本作図を組み合わせてかく。図中の番号は作図の順序。

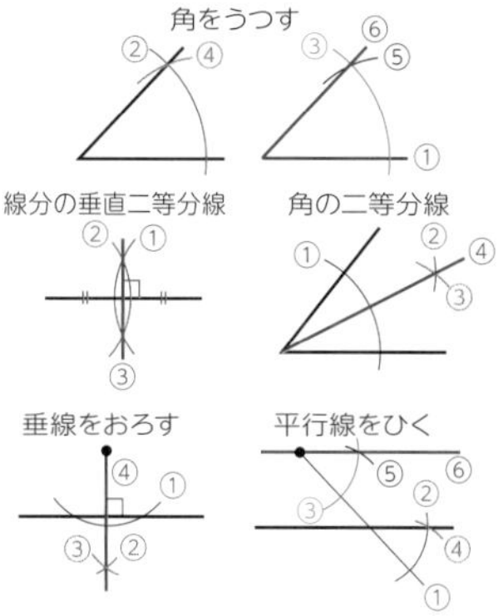


▶作図の要領

**△ABC の各頂点を通る円 O の作図**

・中心 O は A，B から等距離 → AB の垂直二等分線上

・中心 O は B，C から等距離 → BC の垂直二等分線上

・AB の垂直二等分線と BC の垂直二等分線をかき，交点を O とする。

・O を中心とし，半径 OA の円をかく。

図形

# 移動と合同

## 移動

□ **図形の移動**　図形の位置だけを変えること。

① **平行移動**　すべての点を一定の方向に一定の距離《きょり》だけ移動する。平行移動では，**対応する点を結ぶ線分は平行で，その長さは等しい。対応する線分は平行で，その長さは等しい。**

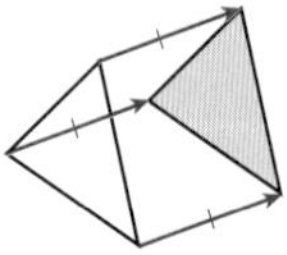

② **対称《たいしょう》移《い》動《どう》**　すべての点をある直線(**対《たい》称軸《しょうじく》**という)を折り目として折り返した位置に移す。**対称軸は，対応する点を結ぶ線分を垂直に2等分する。**

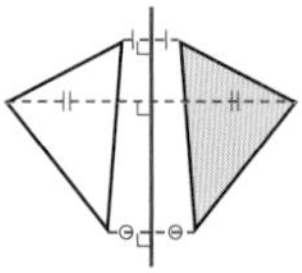

▶対称移動では図形が裏向きになる。

③ **回転移動**　すべての点を1点を中心として一定の角度だけ回転する。回転移動では，**対応する点は回転の中心から等距離にある。対応する点と回転の中心を結んでできる角はすべて等しい。**

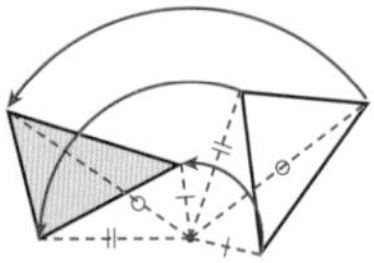

▶**回転の中心の作図**
対応する点を結ぶ線分の垂直二等分線の交点を求める。

## 合同な図形

□ **合同**　2つの図形がぴったり重なるとき，2つの図形は**合同**であるという。

① **対応する点，辺，角**　合同な2つの図形で，重なりあう点を対応する点，重なりあう辺を対応する辺，重なりあう角を対応する角という。

② **対応する線分の長さや角の大きさは等しい。**

▶**合同な図形の表し方**　△ABCと△DEFが合同で，AとD，BとE，CとFが対応するとき，**△ABC≡△DEF**と書く。

例　右の△DEFは，△ABCを回転させながら移動させたものである。

①　∠Fの大きさを求めよ。

②　EFの長さを求めよ。

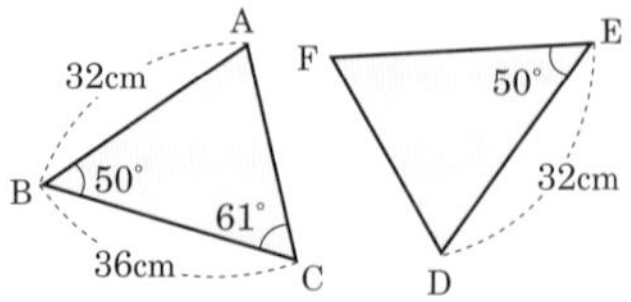


[解法]　①　合同な図形では，対応する角の大きさは等しい。　**∠F=∠C=61°**

②　対辺する辺の長さも等しい。　**EF=BC=36(cm)**

## 入試 直前チェック

- 図形の移動の特徴を確実に覚える。
- 三角形の合同条件を用いて証明問題が解ける。



### 三角形の合同

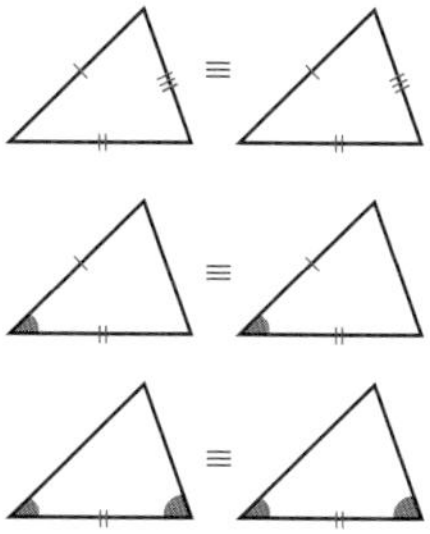

□ **三角形の合同条件**　2 つの三角形は，次のどれかが成り立つとき合同である。

① **3 組の辺がそれぞれ等しい。**

② **2 組の辺とその間の角がそれぞれ等しい。**

③ **1 組の辺とその両端《りょうたん》の角がそれぞれ等しい。**

□ **直角三角形の合同条件**　2 つの直角三角形は，次のどちらかが成り立つとき合同である。

① **斜辺《しゃへん》と 1 つの鋭角《えいかく》がそれぞれ等しい。**

② **斜辺と他の 1 辺がそれぞれ等しい。**

### 三角形の合同条件の利用

□ **多角形の合同**　いくつかの三角形に分けて，三角形の合同条件を用いる。

例　正方形，正五角形など正多角形は 1 辺の長さが等しければ合同。円は半径が等しければ合同。

□ **図形の性質**　三角形の合同条件を用いると，いろいろな図形の性質が調べられる。

▶**補助線**
図形の証明のときにひく直線のことを補助線という。

### 確認テスト

問　右の図で，点 O は AB および CD の中点である。このとき，AD∥BC となることを証明せよ。

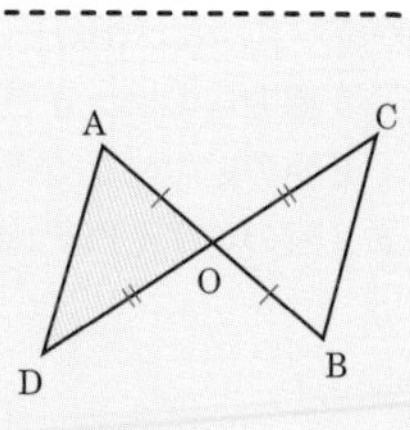


答　△ADO と△BCO において，
O は AB の中点だから　AO＝BO
O は DC の中点でもあるから　DO＝CO
対頂角は等しいので　∠AOD＝∠BOC
2 組の辺とその間の角がそれぞれ等しいので　△ADO≡△BCO
したがって　∠A＝∠B　　錯角《さっかく》が等しいので　AD∥BC

図形

# 13 相似な図形

## 相似な図形

□ **相似《そうじ》** 重要　1つの図形を形を変えずに一定の割合に拡大，または縮小したとき，その図形ともとの図形は相似であるという。相似な図形では，
**対応する部分の長さの比はすべて等しく，対応する角の大きさはそれぞれ等しい。**

▶**相似な図形の表し方**　△ABC，△DEF が相似で，A と D，B と E，C と F が対応するとき，
△ABC∽△DEF
と書く。

□ **相似比**　相似な図形の対応する部分の長さの比，またはその比の値《あたい》を**相似比**という。

□ **相似の位置**　2 つの図形の対応する点を通る直線がすべて 1 点 O で交わり，O から各図形の対応する点までの長さの比がすべて等しいとき，それらの図形は**相似の位置**にあるといい，O を**相似の中心**という。このとき，**対応する線分は平行になっている。**

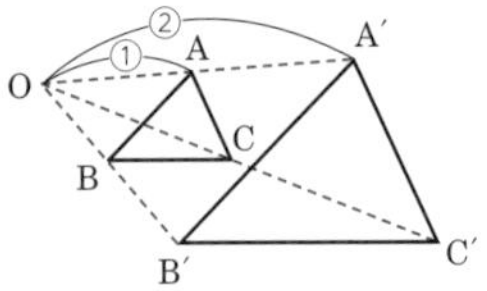


**相似の位置にある 2 つの図形は相似である。**

▶図形を拡大・縮小するときは，相似の位置にある図形をかくとよい。

## 三角形の相似

□ **三角形の相似条件** 重要　2 つの三角形は，次のどれかが成り立つとき相似である。
① **3 組の辺の比がすべて等しい。**
② **2 組の辺の比とその間の角がそれぞれ等しい。**
③ **2 組の角がそれぞれ等しい。**

▶**四角形以上の多角形の相似**
①対応する辺の比がすべて等しい
②対応する角がそれぞれ等しい
この 2 つを示さなくてはならない。

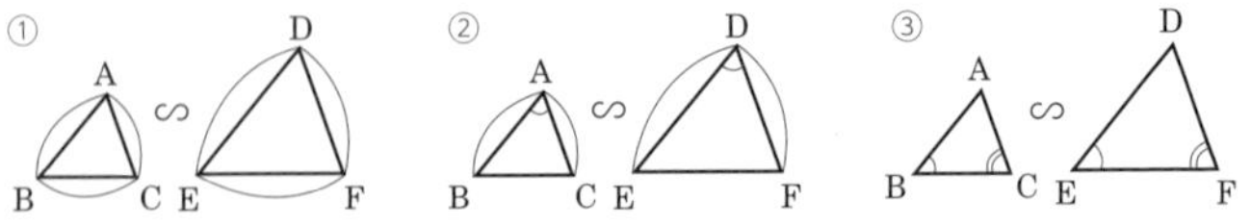

入試 直前チェック

- 三角形の相似条件は忘れずに覚える。
- 平行線の線分の長さを求めるときは，平行線と線分の比を利用する。



## 平行線と三角形

□ **平行線と三角形(1)** 重要 △ABC の 2 辺 AB, AC 上に，それぞれ点 P, Q があるとき，PQ∥BC ならば，

**AP：AB＝AQ：AC＝PQ：BC**

**AP：PB＝AQ：QC**

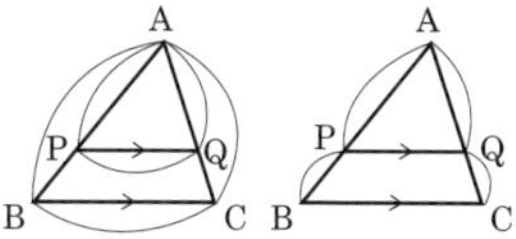


□ **平行線と三角形(2)** △ABC の 2 辺 AB，AC 上にそれぞれ点 P，Q があるとき

AP：AB＝AQ：AC ならば，PQ∥BC

AP：PB＝AQ：QC ならば，PQ∥BC

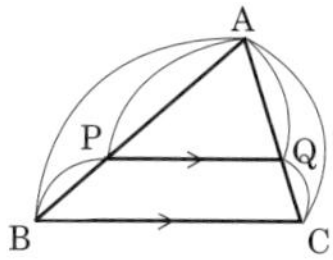


## 平行線と線分の比

□ **平行線と線分の比(1)** 重要 右の図のように，平行な 3 直線 $a$，$b$，$c$ に，2 直線 $\ell$，$m$ がそれぞれ点 A，B，C および点 A′，B′，C′で交わるとき，

**AB：BC＝A′B′：B′C′**

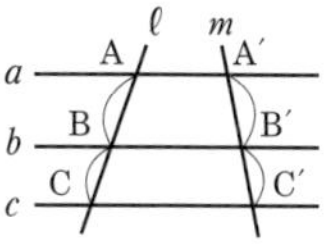


□ **平行線と線分の比(2)** 2 直線 $\ell$，$m$ がいくつかの平行な直線で切りとられるとき，同じ平行線の間にある線分の比はすべて等しい。

右の図で，$a$∥$b$∥$c$∥$d$ ならば，

AB：A′B′＝BC：B′C′＝CD：C′D′

＝AC：A′C′＝AD：A′D′＝BD：B′D′

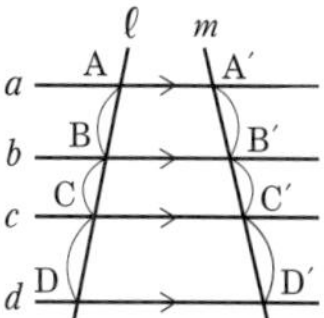


## 確認テスト

**問** 正三角形 ABC を，右の図のように DE を折り目として折り，頂点 A が辺 BC 上の点 F にくるようにした。このとき，△DBF と△FCE は相似であることを証明せよ。

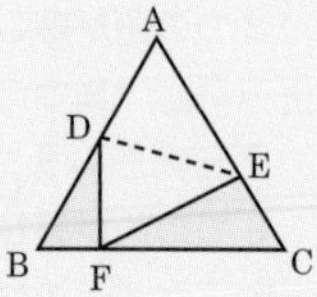


**答** △DBF と△FCE において ∠B＝∠C＝60°

一方 ∠BDF＋∠B＝∠DFE＋∠CFE

∠DFE＝∠A＝60°＝∠B だから ∠BDF＝∠CFE

2 組の角がそれぞれ等しいから △DBF∽△FCE

14

図形

# 三角形・四角形

## 定理と証明

□ 仮定・結論，逆

① **仮定・結論**　あることがらが「$p$ ならば $q$」という形で表されるとき，$p$ を**仮定**，$q$ を**結論**という。

② **逆**　「$p$ ならば $q$」ということがらに対して，「$q$ ならば $p$」ということがらを，もとのことがらの**逆**という。

□ 定理と証明

① **証明**　仮定から出発して，図形の基本性質などを根拠《こんきょ》として，結論を導くこと。

② **定理**　証明されたことがら。

▶**定義**　証明に際して，用語の意味は明確でなければならない。用語の意味をはっきり述べたものを**定義**という。

▶**反例**　あることがらが成り立たないことを示す例。

## 三角形の性質

□ 三角形の角

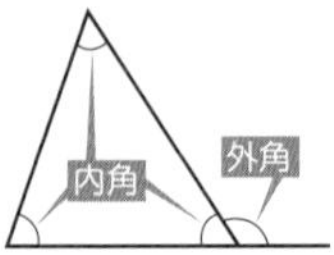


① **三角形の 3 つの内角の和は 180° である。**

② **三角形の外角は，それととなり合わない 2 つの内角の和に等しい。**

□ 二等辺三角形　**2 つの辺が等しい三角形。**（定義）

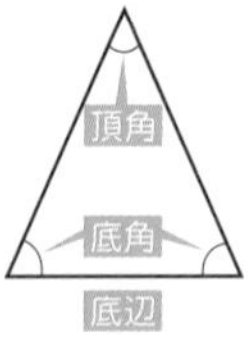


① **二等辺三角形の 2 つの底角は等しい。**

② **二等辺三角形の頂角の二等分線は底辺を垂直に 2 等分する。**

③ 二等辺三角形の頂角の二等分線，底辺の垂直二等分線，頂点と底辺の中点を結ぶ線分（**中線**という）は，すべて一致《いっち》する。

④ **2 つの角が等しい三角形は二等辺三角形である。**

□ 正三角形　**3 つの辺が等しい三角形。**（定義）

① **正三角形の 3 つの角は等しく，60° である。**

② **3 つの角が等しい三角形は正三角形である。**

□ 直角三角形　**1 つの角が直角の三角形。**（定義）

① **直角三角形の 2 つの鋭角《えいかく》の和は 90° である。**

② **直角三角形の斜辺《しゃへん》の中点は各頂点から等距離《とうきょり》にある。**

▶**三角形の辺の関係**
**三角形の 2 辺の和は残りの辺より大きい。また，2 辺の差は残りの辺より小さい。**
三角形がかけるかどうかを調べるときは，この性質を満たすかどうかを調べる。

▶正三角形では，角の二等分線と，その角の対辺の垂直二等分線が，それぞれ一致する。

入試 直前チェック

- 証明問題を解くときは，仮定・結論に注目する。
- 特別な四角形があるときは，どの四角形の性質が使えるか考える。



## 三角形に関するおもな定理

□ **中点連結定理** 重要 **三角形の 2 つの辺の中点を結ぶ線分は，残りの辺に平行で，その辺の半分に等しい。**

右の図で　$\mathbf{DE /\!/ BC}$，$\mathbf{DE = \frac{1}{2} BC}$

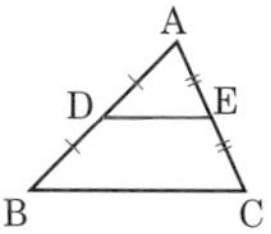


▶**中点連結定理**
三角形の 1 つの辺の中点を通り，他の辺に平行な直線は，残りの辺の中点を通る。
これも中点連結定理の 1 つである。

□ **三角形の重心**　三角形の 3 つの中線は 1 点(重心という)で交わり，その交点は中線を 2：1 の比に分ける。

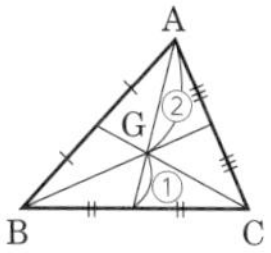


▶**中線**　三角形の頂点とその対辺の中点を結ぶ線分を**中線**という。

## 四角形の性質

□ **平行四辺形の性質** 重要　平行四辺形では，

① **2 組の対辺はそれぞれ等しい。**
② **2 組の対角はそれぞれ等しい。**
③ **対角線はそれぞれの中点で交わる。**

□ **平行四辺形になるための条件** 重要

① **2 組の対辺がそれぞれ平行である。**(定義)
② **2 組の対辺がそれぞれ等しい。**
③ **2 組の対角がそれぞれ等しい。**
④ **対角線がそれぞれの中点で交わる。**
⑤ **1 組の対辺が平行でその長さが等しい。**

□ **多角形の角の和と対角線の数**

$n$ 角形の内角の和 $= \mathbf{180^\circ \times (n-2)}$
外角の和 $= \mathbf{360^\circ}$

対角線の数 $= \mathbf{\dfrac{n(n-3)}{2}}$(本)

▶長方形・ひし形は平行四辺形の特別なものである。
・**長方形の対角線は等しい。**
・**ひし形の対角線は垂直に交わる。**

▶正方形は，長方形とひし形の両方の性質をもつ四角形。

15 図形

# 円の性質

## 円の弧と弦

□ **弧《こ》**　円周上に2点A，Bをとるとき，AからBまでの円周の一部分を弧**AB**といい，$\overset{\frown}{\mathbf{AB}}$と書く。

□ **弦《げん》**　$\overset{\frown}{AB}$の両端《りょうたん》の点を結んだ線分を**弦AB**という。弦が円の中心を通るとき，その弦は円の直径。**直径はいちばん長い弦**である。

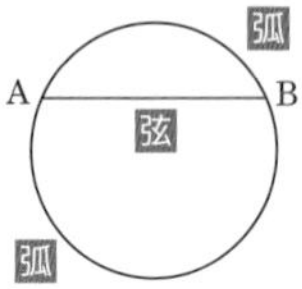


## 中心角・円周角と弧・弦

□ **中心角**　右の円Oにおいて，∠AOBを$\overset{\frown}{AB}$に対する**中心角**という。

□ **中心角の性質**　1つの円または半径の等しい円について，

① **等しい中心角に対する弧は等しい。**

② **等しい弧に対する中心角は等しい。**

③ **弧の長さは中心角に比例する。**

④ **等しい中心角に対する弦は等しい。**

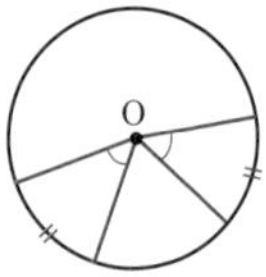


□ **円周角《えんしゅうかく》**　右の円の弧ABを除いた円周上に点Pをとるとき，∠APBを弧ABに対する**円周角**という。

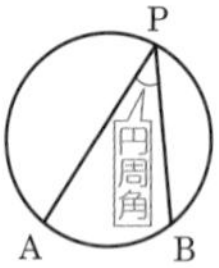


**半円の弧に対する円周角は直角。**

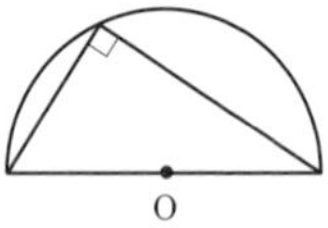


□ **円周角と弧**　1つの円で，

① **等しい弧に対する円周角の大きさは等しい。**

② **等しい円周角に対する弧は等しい。**

## 円の接線の性質

□ **接線・接点**　直線$\ell$が円Oに接するとき，直線$\ell$を円Oの**接線**といい，円と直線が接する点を**接点**という。

□ **円の接線の性質**　円の接線は，その接点を通る半径に垂直。

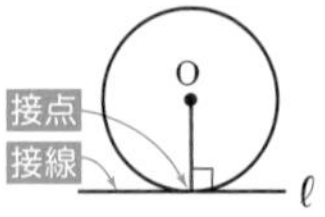

入試 直前チェック

- 円周角の定理を利用するときは，弧に注目する。
- 円周角の定理の逆を利用した証明問題が解ける。



## 円周角の定理と円周角の定理の逆

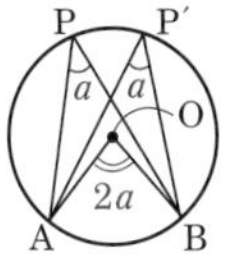


□ **円周角の定理**　1つの円で，ある弧に対する円周角の大きさは一定であり，その弧に対する中心角の大きさの$\frac{1}{2}$に等しい。

$$\angle \mathrm{APB}=\angle \mathrm{AP'B}=\frac{1}{2}\angle \mathrm{AOB}$$

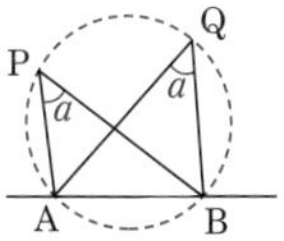


□ **円周角の定理の逆**　2点P, Qが直線ABの同じ側にあって，∠APB＝∠AQBならば，この4点は1つの円周上にある。

## 2つの円の位置関係

□ **2つの円の位置関係**　異なる2つの円の半径を$r$，$r'$ ($r>r'$)，中心間の距離を$d$とすると，2つの円の位置関係には，次の5つの場合がある。

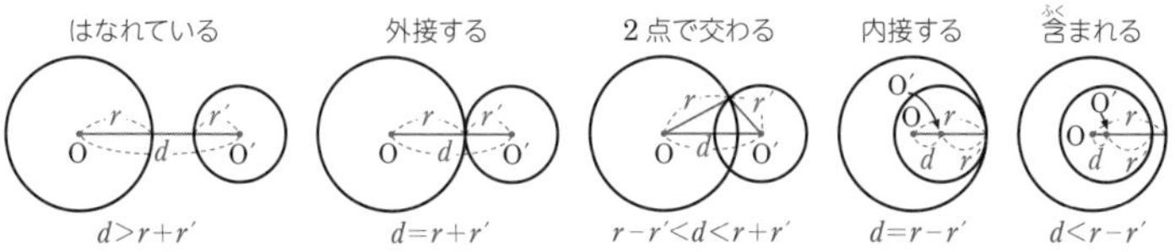


## 確認テスト

問 次の図で∠$x$の大きさを求めよ。

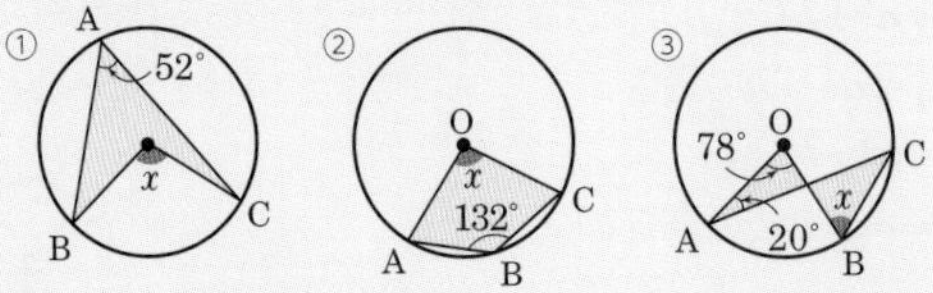


答 ① 中心角は円周角の2倍だから，∠$x$＝52°×2＝**104°**

② 中心Oのまわりの角に着目して　∠$x$＝360°−132°×2＝**96°**

③ ∠ACB＝78°÷2＝39°

2つの三角形の内角の和に着目して　∠$x$＋39°＝78°＋20°　∠$x$＝**59°**

図形

# 16 三平方の定理

## 三平方の定理

□ 三平方《さんへいほう》の定理(ピタゴラスの定理) 重要

① **直角三角形の直角をはさむ 2 辺の長さを $a$, $b$, 斜辺《しゃへん》の長さを $c$ とするとき, $a^2+b^2=c^2$ である。**

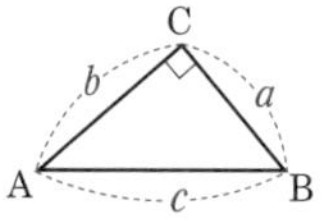


② **直角三角形の辺の計算** 2 辺の長さがわかっている直角三角形の残りの 1 辺の長さは,
$c=\sqrt{a^2+b^2}$, $a=\sqrt{c^2-b^2}$, $b=\sqrt{c^2-a^2}$

□ 三平方の定理の逆 **三角形の 3 辺の長さを $a$, $b$, $c$ とするとき, $a^2+b^2=c^2$ ならば, その三角形は長さ $c$ の辺を斜辺とする直角三角形である。**

▶三平方の定理で $a^2$, $b^2$, $c^2$ は各辺を 1 辺とする正方形の面積にあたる。
三平方の定理の証明では, このことを利用したり, 直角の頂点から斜辺に垂線をひき, 三角形の相似《そうじ》を利用したりする。

## 三角形の辺の平方関係

□ 三角形の辺の平方関係 △ABC の 3 辺の長さを $a$, $b$, $c$($c$ が最大, $c$ に対する角を∠C)とするとき,

① **$a^2+b^2>c^2$ ならば△ABC は鋭角《えいかく》三角形**(∠C<90°)

② **$a^2+b^2=c^2$ ならば△ABC は直角三角形**(∠C=90°)

③ **$a^2+b^2<c^2$ ならば△ABC は鈍角《どんかく》三角形**(∠C>90°)

▶三角形が, 鋭角三角形か直角三角形か鈍角三角形かの判定に用いる。

## 三平方の定理の利用

□ 対角線の長さ

① **長方形の対角線** $\sqrt{a^2+b^2}$(2 辺の長さ $a$, $b$)

② **正方形の対角線** $\sqrt{2}a$(1 辺の長さ $a$)

③ **直方体の対角線** $\sqrt{a^2+b^2+c^2}$

④ **立方体の対角線** $\sqrt{3}a$(1 辺の長さ $a$)

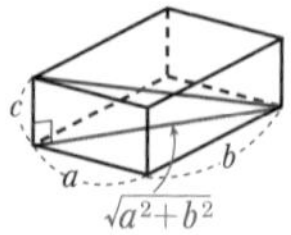


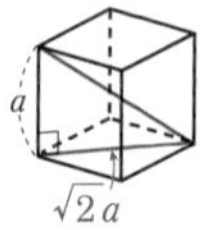

入試 直前チェック

- 直角三角形の辺の長さを求めるときに三平方の定理が利用できる。
- 三平方の定理は空間図形や関数とグラフにも応用できる。



□ **特別な直角三角形の辺の比**

① **鋭角が 30°，60° の直角三角形**

② **直角二等辺三角形**

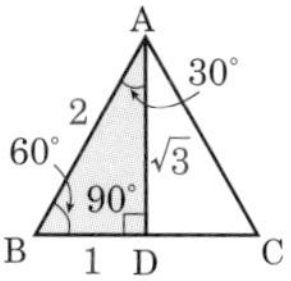


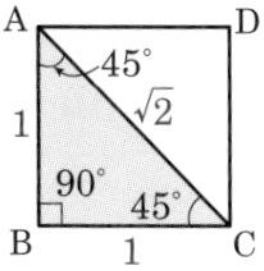


□ **正三角形の高さ・面積**　1 辺の長さが $a$ のとき，高さ $=\dfrac{\sqrt{3}}{2}a$，面積 $=\dfrac{\sqrt{3}}{4}a^2$

□ **2 点間の距離《きょり》**　座標平面上の 2 点 $A(x_1,\ y_1)$，$B(x_2,\ y_2)$ 間の距離は，

$$AB=\sqrt{(x_2-x_1)^2+(y_2-y_1)^2}$$

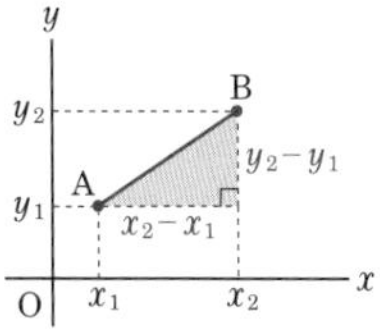


□ **平方根《へいほうこん》$\sqrt{n}$ の作図**　次の図のように，1 辺 1 の正方形の対角線の長さが $\sqrt{2}$ になることを利用し，その対角線と垂直な長さ 1 の線分を新たにかいて直角三角形を作ることで，平方根 $\sqrt{n}$ を作図することができる。

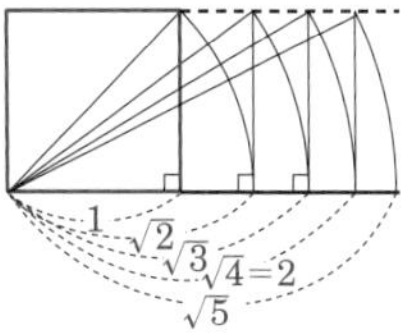


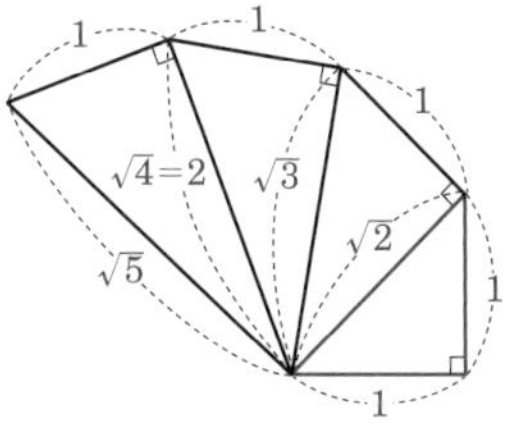


## 確認テスト

問 **3 辺の長さが 4cm，5cm，6cm の三角形で，6cm の辺を底辺としたときの高さを求めよ。**

答 右のように記号をつけ，

AH$=h$，BH$=x$ とする。

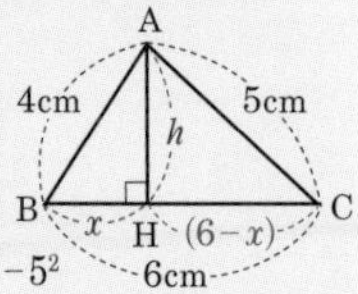


$x^2+h^2=4^2$…①

$(6-x)^2+h^2=5^2$…②

①−②より　$-6^2+12x=4^2-5^2$

$x=\dfrac{9}{4}$　①より $h=\sqrt{4^2-\left(\dfrac{9}{4}\right)^2}=\dfrac{5\sqrt{7}}{4}$ (cm)

**［実戦コーチ］**

三平方の定理の適用→直角三角形を作る。∠A が直角の直角三角形のときは，

**①面積を 2 通りに表す**

**②△ABC∽△HBA の利用**

などが簡単。

図形

# 17 空間図形

## 空間図形の基本

□ **平面の決定条件**　次のどれか1つが与《あた》えられれば，平面がただ1つにきまる。

① **1直線とその上にない1点**　② **同じ直線上にない3点**
③ **交わる2直線**　④ **平行な2直線**

□ **空間にある2直線の位置関係** 重要

| | | |
|---|---|---|
| **1点で交わる** | | **同じ平面上にある** |
| **交わらない** | **平行** | **同じ平面上にある** |
| | **ねじれの位置** | **同じ平面上にない** |

▶平面上の2直線は，交わらなければ平行であるが，空間にある2直線では，交わりもしないし，平行でもない場合がある。これが**ねじれの位置**である。

□ **直線と平面の位置関係**　次のうちどれかである。

① **交わる**　② **交わらない(平行)**　③ **直線が平面上にある**

□ **直線と平面の垂直** 重要　直線$\ell$が平面Pと点Oで交わり，直線$\ell$がOを通る平面P上のどの直線とも垂直であるとき，直線$\ell$は平面Pと**垂直**であるといい，$\ell \perp P$と書く。

**直線$\ell$が平面Pと点Oで交わり，$\ell$がP上のOを通る2直線$m$，$n$と垂直ならば，$\ell \perp P$である。**

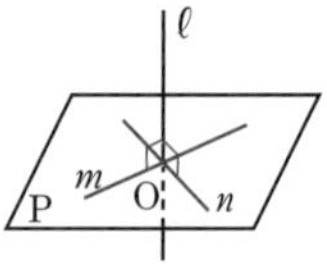


平面に垂直な直線を**垂線**という。平面上にない点Qから，その平面に垂線QHをひくとき，線分QHの長さを**点Qと平面との距離《きょり》**という。

▶**平行な2平面**
① $\ell \perp P$，$\ell \perp Q$ → $P /\!/ Q$
② $P /\!/ Q$，$\ell \perp P$ → $\ell \perp Q$

▶**3平面**
① $P /\!/ Q$，$Q /\!/ R$ → $P /\!/ R$
② $P /\!/ Q$，$Q \perp R$ → $P \perp R$

□ **平面と平面の位置関係**　次のうちどれかである。

① **交わる**(交わりを**交線《こうせん》**という)　② **交わらない(平行)**

□ **平面と平面の垂直**　平面PとQの交線を$\ell$とし，$\ell$上の1点を通り$\ell$に垂直な直線$m$，$n$を平面P，Q上にそれぞれひくとき，$m \perp n$ならば平面PとQは**垂直**であるといい，$P \perp Q$と書く。

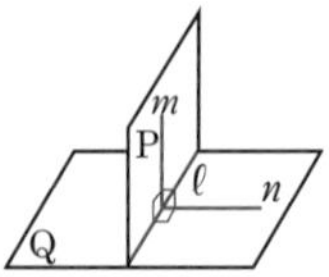

入試 直前チェック

- 直線や平面の位置関係は図とともに覚える。
- 回転体の特徴を確実におさえる。

## 多面体

□ **多面体**　平面だけで囲まれた立体。

① **角柱**　多角形をそれと垂直な方向に平行移動したときにできる立体。**2つの底面は平行で合同。側面はすべて長方形。**

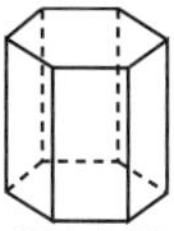

〔正六角柱〕

② **角錐《かくすい》**　多角形を底面とし，多角形の辺を1辺とする1点を共有する三角形で囲まれた立体。とくに，底面が正多角形で側面が合同な二等辺三角形であるものを**正角錐**という。

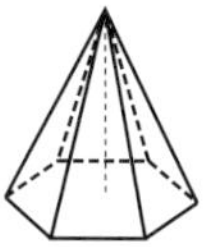

〔正六角錐〕

③ **角錐台**　角錐を底面に平行な平面で切り，小さい角錐を切り落としたもの。

□ **正多面体**　合同な正多角形で囲まれ，各頂点に集まる面の数が同じ立体。**正四面体，正六面体，正八面体，正十二面体，正二十面体**の5種類ある。

▶**正多面体の面の形**
**正四面体**(正三角錐)…**正三角形**
**正六面体**(立方体)……**正方形**
**正八面体**……**正三角形**
**正十二面体**……**正五角形**
**正二十面体**……**正三角形**

## 回転体

□ **回転体**　平面図形を1直線のまわりに1回転してできる立体。回転の軸《じく》となる直線を**回転の軸**，側面を作る線分を**母線《ぼせん》**という。

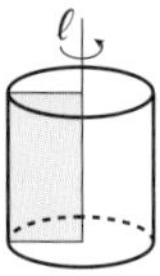

〔円柱〕

① **回転体を回転の軸に垂直な平面で切ると，切り口はつねに円。**

② **回転体を回転の軸を含《ふく》む平面で切ると，切り口は回転の軸について線対称《せんたいしょう》。**

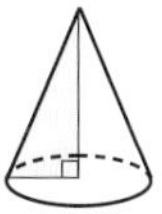

〔円錐〕

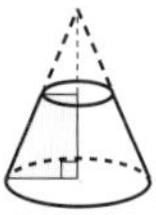

〔円錐台〕

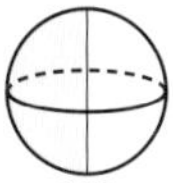

〔球〕

▶**切断**　立体を平面で切ること。切ったときの切り口の面を**切断面**，または**断面**という。

□ **投影図**　立体を平面上に表すのに，**真上から見た形(平面図)**と**真正面から見た形(立面図)**を組み合わせて表す方法。**真横から見た形(側面図)**をかくこともある。

# 18 図形の計量

**図形**

## 平面図形の周と面積

□ **多角形の周と面積**　周の長さを$\ell$，面積を $S$ とする。

① **長方形**
$\ell=2(a+b)$
$S=ab$

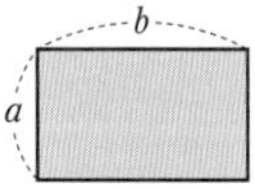


② **正方形**
$\ell=4a$
$S=a^2$

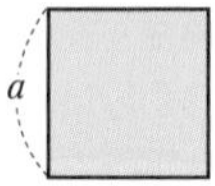


③ **三角形**
$S=\frac{1}{2}ah$

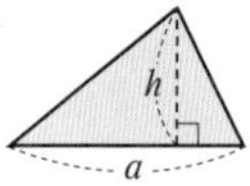


④ **平行四辺形**
$S=ah$

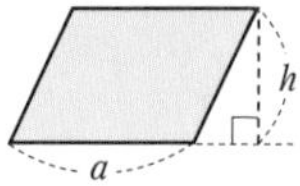


⑤ **ひし形**
$\ell=4c$
$S=\frac{1}{2}ab$

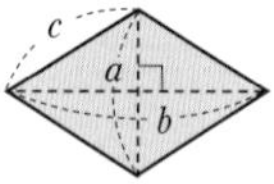


⑥ **台形**
$S=\frac{1}{2}(a+b)h$

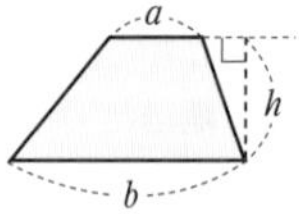


□ **円・おうぎ形の周と面積**　半径を $r$，周の長さを$\ell$，面積を $S$，円周率を$\pi$とする。

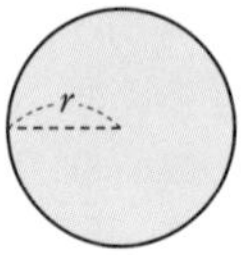


① **円**　$\ell=2\pi r$　　$S=\pi r^2$

② **おうぎ形**　おうぎ形の弧《こ》の長さ($\ell'$)や面積は，中心角 $a°$ に比例する。

$$\ell'=2\pi r\times\frac{a°}{360°}=\frac{\pi ra}{180}\quad \ell=2r+\frac{\pi ra}{180}$$

$$S=\pi r^2\times\frac{a°}{360°}=\frac{\pi r^2 a}{360}\text{ または }S=\pi r^2\times\frac{\ell'}{2\pi r}=\frac{1}{2}\ell' r$$

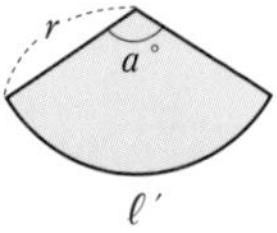


## 図形の性質と面積

□ **相似《そうじ》な図形の面積の比**　**相似な図形の面積の比は，相似比の 2 乗に等しい。**

□ **平行線と面積**　**線分 AB の同じ側に 2 点 P，Q があり，AB//PQ ならば，△PAB＝△QAB**(逆も成り立つ)

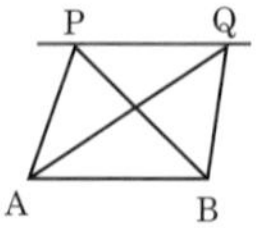


**▶三角形の面積比**
△ABC で，辺 BC 上の点を P とすると，
△ABP：△APC＝BP：PC
もよく使う。

□ **等積変形・面積の等分**

① **四角形を同じ面積の三角形に変形**

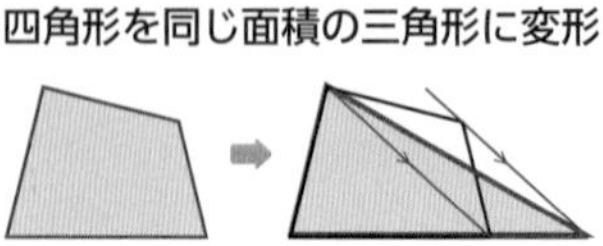

② **P を通る直線で 2 等分**

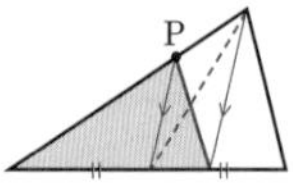

入試 直前チェック

- 平面図形の面積の公式は確実に覚える。
- 立体図形の表面積は展開図を利用して考える。

## 立体の表面積・体積

□ **多面体の表面積・体積**　表面積を $S$，体積を $V$，底面積を $A$ とする。

① **直方体**

$S=2(ab+bc+ca)$

$V=abc$

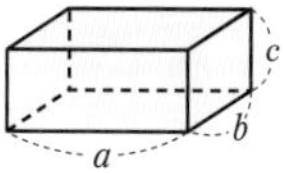


② **立方体**（1 辺の長さ $a$）

$S=6a^2$

$V=a^3$

③ **角柱**

側面積＝底面の周×$h$

$V=Ah$

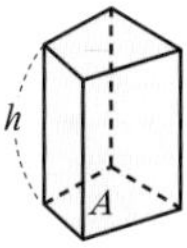


④ **角錐**《かくすい》

$V=\frac{1}{3}Ah$

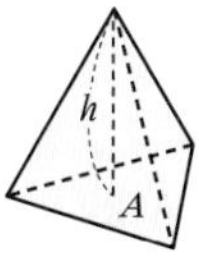


□ **回転体の表面積・体積**　表面積を $S$，体積を $V$，円周率を $\pi$ とする。

① **円柱**　$S=2\pi r^2+2\pi rh$　$V=\pi r^2h$

② **円錐**　$S=\pi r^2+\pi dr$　$V=\frac{1}{3}\pi r^2h$

③ **球**　$S=4\pi r^2$　$V=\frac{4}{3}\pi r^3$　（半径 $r$）

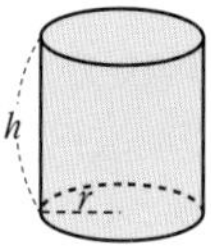


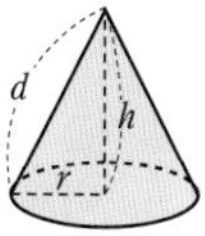


□ **相似な立体の表面積，体積の比** 重要

① **相似な立体の表面積の比は，相似比の 2 乗に等しい。**

② **相似な立体の体積の比は，相似比の 3 乗に等しい。**

例　円錐台で，母線《ぼせん》を延長してできる円錐を考えると，小さい円錐と全体の円錐は相似で，相似比は上底面と下底面の半径の比に等しい。

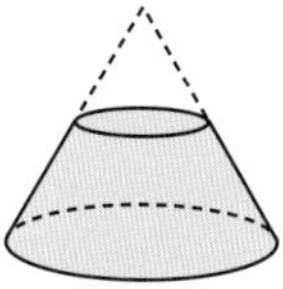

## 確認テスト

問　右の図は，円錐の展開図である。この円錐の表面積と体積を求めよ。

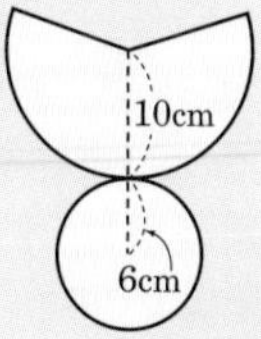


答　表面積 $=\pi\times6^2+\pi\times10\times6=\mathbf{96\pi(cm^2)}$

高さは，$\sqrt{10^2-6^2}=8$(cm)だから，

体積 $=\frac{1}{3}\pi\times6^2\times8=\mathbf{96\pi(cm^3)}$

19

データ

# データの整理と分析・標本調査

## データの整理

□ **度数分布表**　データの最大値と最小値を調べ，**階級の幅《はば》**(区間の幅)をきめて，各**階級**(区間)に属するデータの数(**度数**)を記録した右のような表。

| 階級(kg) | 度数 | 相対度数 | 累積度数 | 累積相対度数 |
|---|---|---|---|---|
| 以上　未満 | | | | |
| 35 ～ 40 | 2 | 0.05 | 2 | 0.05 |
| 40 ～ 45 | 4 | 0.10 | 6 | 0.15 |
| 45 ～ 50 | 10 | 0.25 | 16 | 0.40 |
| 50 ～ 55 | 12 | 0.30 | 28 | 0.70 |
| 55 ～ 60 | 8 | 0.20 | 36 | 0.90 |
| 60 ～ 65 | 4 | 0.10 | 40 | 1.00 |
| 計 | 40 | 1.00 | | |

□ **階級値**　度数分布表で，階級の中央の値《あたい》を**階級値**という。

例 50kg 以上 55kg 未満の階級では，$\dfrac{50+55}{2}=52.5(\mathrm{kg})$　が階級値となる。

□ **ヒストグラム(柱状グラフ)**　横軸《よこじく》にデータの数値をとり，階級の幅に区切る。縦軸に度数を目もる。**階級の幅を横とし，その階級の度数を縦とする長方形をかく。ヒストグラムでは，長方形の面積は階級の度数に比例している。**

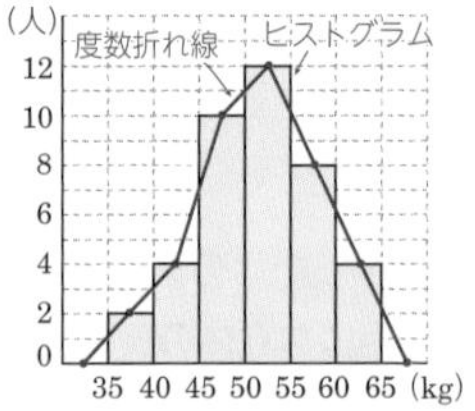


□ **度数折れ線(度数分布多角形)**　ヒストグラムの各長方形の上辺の中点を順に結び，両端《りょうたん》では階級の幅の半分だけ外側に点をとって結ぶ。**ヒストグラムの各長方形の面積の和と，度数折れ線の面積は等しい。**

□ **相対度数** 重要　**各階級の度数の，全体に対する割合。**全体との比較《ひかく》や，総数の異なるデータの比較などに便利。

$$\text{相対度数}=\frac{\text{階級の度数}}{\text{度数の合計}}$$

▶相対度数を用いてヒストグラムや度数折れ線をかくこともある。

相対度数は，統計的に確率を求めるときにも用いる。

□ **累積度数《るいせきどすう》**　各階級について，最初の階級からその階級までの度数の合計。

□ **累積相対度数**　各階級について，最初の階級からその階級までの相対度数の合計。

入試 直前チェック

- 度数分布表，ヒストグラム，度数折れ線の特徴を覚える。
- 四分位範囲，箱ひげ図の表し方を覚える。



## 代表値と範囲

□ **代表値**　データ全体を１つの数値で代表したもの。代表値には，**平均値**，**最《さい》頻値《ひんち》**(モード)，**中央値**(メジアン)がある。

□ **平均値(平均)** 重要　**データの値の合計をデータの総数でわった値。**

$$\text{平均値}=\frac{(\text{階級値}\times\text{度数})\text{の合計}}{\text{度数の合計}}$$

□ **中央値**　データの値を大きさの順に並べたときの中央の値。

□ **最頻値**　データの中で，もっとも多く出てくる値。

□ **範囲《はんい》(レンジ)**　データのちらばりぐあいを表す値。

**範囲＝最大値－最小値**

## 四分位範囲と箱ひげ図

□ **四分位数** 重要　すべてのデータを小さい順に並べ，4等分したときの3つの区切りの値。小さいほうから順に，第1四分位数，第2四分位数(中央値)，第3四分位数という。

▶データの数が偶《ぐう》数個《すうこ》か奇数個《きすうこ》によって，求め方が違う。

□ **四分位範囲**　第3四分位数から第1四分位数をひいた値。

□ **箱ひげ図**　データの分布の様子を表した図。

▶最小値，第1四分位数，中央値，第3四分位数，最大値を箱と線(ひげ)で表す。

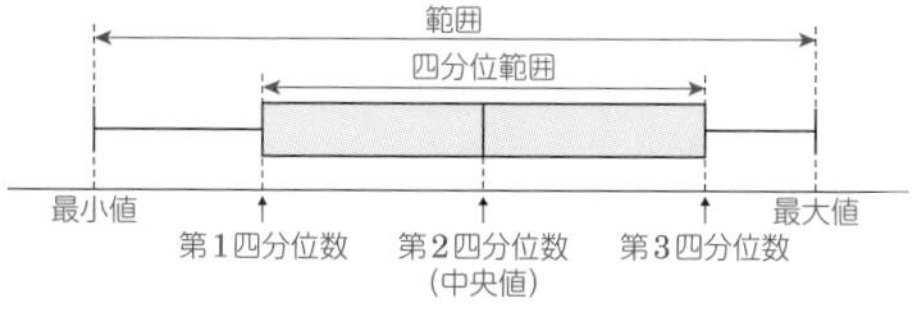


## 標本調査

□ **標本調査《ひょうほんちょうさ》**　調査の対象全体を**母集団《ぼしゅうだん》**，直接調べるために母集団からとり出した一部の集団を**標本**といい，標本から得られた結果から全体の性質を推定する方法。

▶**標本の大きさ**
標本に含《ふく》まれるデータの個数のこと。

□ **母集団の比率・平均の推定**　標本の大きさが大きいほど，標本の比率・平均は母集団の比率・平均に近づく。

データ

# 20 場合の数と確率

## 場合の数とその求め方

□ **場合の数の求め方**　数え落としや重複のないように，いろいろな場合を分類し，順序よく数えることが大切である。必要に応じて**樹形図**や**表**をかいて数えるとよい。

□ **和の法則**　同時には起こらないことがら A，B があって，それぞれ $a$，$b$ 通りの場合があるとき，

**A または B が起こる場合の数は $a+b$ 通り**

である。

> **例**　大小 2 つのさいころを投げたとき，出る目の数の和が 4 または 5 になる場合の数を求めよ。
> **[解法]**　出る目の数の組を（大の目，小の目）で表すと，和が 4 になる場合の数が，
> (1，3)，(2，2)，(3，1) の 3 通り
> 和が 5 になる場合の数が，
> (1，4)，(2，3)，(3，2)，(4，1) の 4 通り
> 和が 4 または 5 になる場合の数は，3＋4＝**7（通り）**

□ **積の法則**　2 つのことがら A，B があって，A には $a$ 通りの場合があり，そのそれぞれに対して B の起こる場合が $b$ 通りあるとき，

**A，B がともに起こる場合の数は $a\times b$ 通り**

である。

> **例**　1，2，3，4 の 4 つの数字で 3 けたの整数を作るとき，次の個数を求めよ。
> ①　同じ数字を何回でも使う
> ②　同じ数字を 1 回しか使わない
> **[解法]**　①　百，十，一のどの位にも 1 から 4 の 4 通りの数があてはめられるから，
> $4\times4\times4=4^3=$**64（個）**
> ②　百の位には 1 から 4 の 4 通り。そのそれぞれに対して十の位には，残りが 3 個だから 3 通り。さらにこれらのそれぞれに対して一の位には 2 通りの場合があるから，
> $4\times3\times2=$**24（個）**

**▶並べ方と選び方**
A，B，C 3 人の委員の中から，**委員長と副委員長を選ぶ**場合の数は，委員長席(P)と副委員長席(Q)を 2 つ並べ，そこに人をあてはめると考えると，並べ方の数を求めるのと同じである。

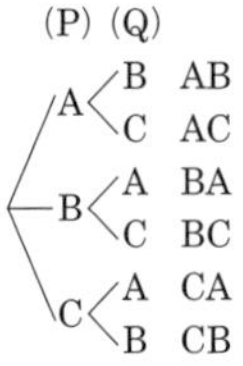


これが**樹形図**。
A，B，C 3 人の中から**委員 2 人を選ぶ**場合は，選んだ 2 人の区別の必要はないから，AB と BA は同じ場合となり，場合の数は 6÷2＝3（通り）である。（この場合，選ばない人は 1 人で，それが A，B，C のどれかで 3 通りと考えてもよい。）

入試 直前チェック

場合の数は樹形図や表を利用してもれなく数える。

確率を求めたら，これ以上約分できない形になっているか確認する。

## 確率と確率の求め方

□ **確率**　あることがらの起こりやすさを表す数を，そのことがらの起こる**確率**という。

① **必ず起こることがらの確率は 1，決して起こらないことがらの確率は 0 である。**

② あることがらの起こる確率を $p$ とすると，

$$0 \leqq p \leqq 1$$

③ **(A の起こらない確率) = 1 − (A の起こる確率)**

④ **同様に確からしい**　どの場合の起こることも同程度に期待できるとき，それらの各場合は，

**同様に確からしい**

という。

▶画びょうを投げて，針《はり》が上を向くか，下を向くかは同様に確からしいとはいえない。

□ **確率の求め方**　ある試みで，起こり得る場合が $n$ 通りあって，どの場合の起こることも同様に確からしいとする。このうち，ことがら A の起こる場合が $a$ 通りならば，1 回の試みで，

**A の起こる確率は** $\boldsymbol{\dfrac{a}{n}}$

である。

▶**確率の計算**

1 **起こり得るすべての場合の数を求め**，それらが同様に確からしいことを確かめる。

2 そのうちの**あることがらの起こる場合の数を求める。**

3 **あることがらの起こる確率を求める。**

> 例　大小 2 つのさいころを投げたとき，出る目の数の和が 4 または 5 になる確率を求めよ。
>
> [解法]　2 つのさいころの目の出方の総数は，大小とも 6 通りずつあるから，
>
> $6 \times 6 = 36$(通り)
>
> あり，これらのどの場合も同様に確からしい。
>
> 出る目の数の和が 4 または 5 になる場合の数は，左ページの例より 7 通りだから，
>
> 求める確率は $\boldsymbol{\dfrac{7}{36}}$

公式

# 21 発展的な公式・定理

## いろいろな公式・定理

□ **数列の和**　連続する $n$ 個の整数の和

① $\boldsymbol{1+2+3+4+\cdots+(n-1)+n=\dfrac{n(n+1)}{2}}$

② $\boldsymbol{a+(a+1)+(a+2)+\cdots+(a+n-1)}$

$\boldsymbol{=\dfrac{n\{a+(a+n-1)\}}{2}}$　{　}内は最初の数と最後の数の和

□ **関数 $y=ax^2$ のグラフと直線の式**　関数 $y=ax^2$ のグラフ上の2点P，Qを通る直線について，点Pの $x$ 座標を $p$，点Qの $x$ 座標を $q$ とする。

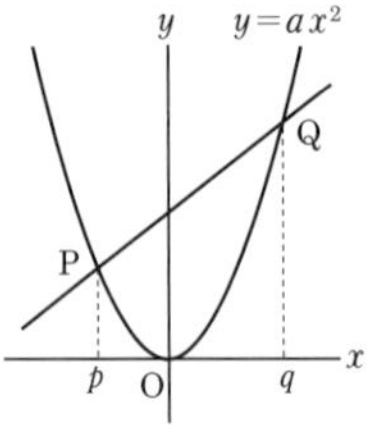


**傾《かたむ》き**　$\boldsymbol{a(p+q)}$

**切片《せっぺん》**　$\boldsymbol{-apq}$

□ **直線の垂直条件**　2直線 $y=ax+b$，$y=a'x+b'$ が垂直であるとき　$\boldsymbol{aa'=-1}$

□ **三角形の内接円の半径**

△ABCの面積を $S$，

△ABCの内接円の半径を $r$ とすると，

$$\boldsymbol{r=\frac{2S}{a+b+c}}$$

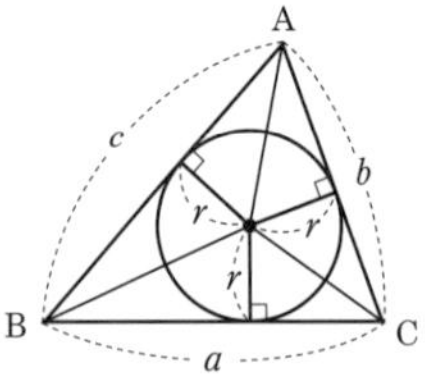


□ **オイラーの定理**　多面体の頂点，辺，面の数の関係

**頂点の数－辺の数＋面の数＝2**

□ **場合の数**

① **8個のものから5個とって1列に並べる場合**

$8\times7\times6\times5\times4$（5個）

8から始める

② **8個のものから5個のものを選ぶ場合**

$\dfrac{8\times7\times6\times5\times4}{5\times4\times3\times2\times1}$

分子8から，分母5から

▶ここにあげた公式や定理は，どれも覚えておくといろいろ役立つ。
たとえば，円周上の点の個数を $x$，その点を結ぶ弦《げん》の本数を $y$ とすると，$x$ と $y$ の関係は，

| $x$ | 2 | 3 | 4 | 5 | 6 |
|---|---|---|---|---|---|
| $y$ | 1 | 3 | 6 | 10 | 15 |

である。ここで

$3=1+2$

$6=1+2+3$

$10=1+2+3+4$

……………

となっている。
また，$x=6$ のときの $y$ の値《あたい》を求めることは，
6個の点から2個選ぶ場合の数と考えると，左の場合の数の②により，

$\dfrac{6\times5}{2\times1}=15$

となる。

# 英語

# 01 文の構造

## 5つの文の構造

▶文の骨組みとなる要素は次の4つ。
**主語**(S)
**動詞**(V)
**補語**(C)
**目的語**(O)

**1** S + V

□ He **swims** well. (彼はじょうずに泳ぐ)

**2** S + V + C (**S=C**)

□ You **are** a good swimmer, too.
(あなたも泳ぐのがじょうずだ)

**3** S + V + O (**S≠O**)

□ We **learn** English. (私たちは英語を学ぶ)

**4** S + V + O + O (**O≠O**)

□ My father **gave** me this dictionary.
(父は私にこの辞書をくれた)

**5** S + V + O + C (**O=C**)

□ He **made** me happy. (彼は私を幸せにした)

## 文の構造と動詞

▶**よく使う動詞**
**〈S + V + C〉**
be 動詞, look, seem, become, get など
**〈S + V + O + O〉**
ask, give, send, tell, buy, make など
**〈S + V + O + C〉**
call, name, make など

**6** S + be 動詞以外の動詞 + C(状態)

□ He **became** a doctor. (彼は医者になった)

□ He **looks** happy. (彼は幸せそうに見える)

**7** S + buy[ask] + O(人) + O(物)

□ You **bought** him the radio. **重要**
(あなたは彼にそのラジオを買ってやった)
→ You **bought** the radio **for** him.

□ You **asked** him some questions.
(あなたは彼にいくつか質問をした)

**8** S + call[name] + O + C

□ We **call** the dog Shiro. (私たちはその犬をシロと呼ぶ) **重要**

## There is 〜.

**9** There is[are] 〜. (〜がある)

□ **There are** six rooms in this house. **重要**
(この家には6つの部屋がある)

入試 直前チェック

S＋V＋O＋C の文では O＝C の関係になることに注意する。

S＋V＋O＋O は S＋V＋O＋to[for] 〜に書きかえられる。

● 5つの文の構造　英文には，次の5つの構造がある。

(a) **S + V** ……………… **主語(S)**と**動詞(V)**だけからなる文。(→1)

(b) **S + V + C** ………… 〈S + V〉に主語を説明する**補語(C)**の加わった文。**S=C** になる。You = a good swimmer (→2)

(c) **S + V + O**………… 〈S + V〉に動作の対象となる**目的語(O)**の加わった文。**S≠O** になる。We≠English (→3)

(d) **S + V + O + O** … 〈S + V〉に目的語が2つ続く文。2つの目的語はふつう「**〜に(人)**＋…**を(事物)**」の順。**O≠O** になる。me≠this dictionary (→4)

(e) **S + V + O + C** … 〈S + V〉に**目的語と補語**の続く文。補語が目的語を説明する。**O=C** になる。me=happy (→5)

● S + V + O + O ⇄ S + V + O + to[for] 〜

(a) 動詞が give, send などのときは **to**。

**S+give+O+O** ⇄ **S+give+O+to 〜**

(b) 動詞が buy，make などのときは **for**。(→7)

**S+buy+O+O** ⇄ **S+buy+O+for 〜**

● 注意すべき文の構造

**There is[are] 〜.** は「**〜がある**」。この場合，主語は is[are] のあとにおく。(→9)

have を使った文に書きかえることができる。

**There are** six rooms in this house.

= This house **has** six rooms.

［実戦コーチ］

〈S + V + O(〜に) + O(…を)〉の目的語の順序を入れかえるときは to または for が必要。**〈S + V + O(…を) + to[for] 〜(〜に)〉**となる。この文は〈S + V + O〉の構造である。

## 確認テスト

問 次の文を書きかえて，同じ意味を表すように下の文を完成せよ。

(1) She speaks English well.
She is a good (　　　　) of English.

(2) My house has four rooms.
(　　　　) are four rooms in my house.

(3) I bought my daughter a doll.
I bought a doll (　　　　) my daughter.

答

(1) speaker

(2) There

(3) for

02

# 疑問文・命令文・感嘆文

## 否定文・疑問文のつくり方

**1** 否定文のつくり方

□ She **is not** a teacher.（彼女は先生ではない）

□ He **does not come** here.（彼はここに来ない）

▶ isn’t，doesn’t のように短縮形もよく使われる。

**2** 疑問文のつくり方

□ **Is she** a teacher?（彼女は先生ですか）

□ **Does he come** here?（彼はここに来ますか）

## いろいろな疑問文

**3** or，疑問詞を用いた疑問文

□ Is she a doctor **or** a nurse?
（彼女は医者ですか，それとも看護師ですか）

□ **What** does he teach?（彼は何を教えますか）

**4** 付加疑問文

□ Tom read this book, **didn’t he?** 重要
（トムはこの本を読みましたね）

⚠ 付加疑問文の疑問形では，**主語を代名詞にかえ，否定には必ず短縮形(-n’t)を用いる。**

## 命令文

**5** 肯定の命令文

□ **Open** the door.（戸を開けなさい）

**6** 否定の命令文

□ **Don’t open** the door.（戸を開けるな）

**7** Let’ s で始める命令文

□ **Let’s play** tennis.（テニスをしましょう）

▶「～しましょう」とさそう文は，**命令文の最初に Let’s** をつける。

## 感嘆文

**8** What a [an] ＋形容詞＋名詞～!

□ **What a good singer** she is! 重要
（彼女はなんてじょうずな歌手なのだろう）

**9** How ＋形容詞 [副詞] ～!

□ **How fast** he runs!（彼はなんて速く走るのだろう）重要

**疑問文の語順**：
How tall is he?
V S

**感嘆《かんたん》文の語順**：
How tall he is!
S V

入試 直前チェック

- 肯定の付加疑問文は否定の短縮形＋主語の代名詞を文末につけることに注意。
- Don't ~. は You must not ~. で書きかえられる。



● **文の種類**　文は意味の上から次の４種類に分けられる。

- **平叙《へいじょ》文**…ふつうの文。「～です」「～する」のようにある事実を述べる文。
- **疑問文**…たずねるときの文。(→**2**)
- **命令文**…「～しなさい」「～してください」と命令・依頼を表す文。(→**5** **6**)
- **感嘆文**…「なんて～だろう」という強い感情を表す文。(→**8** **9**)

なお，「～ない」と打ち消す文を**否定文**(→**1**)といい，ふつう **not** を用いる。

● **いろいろな疑問文**

(a) **or を含《ふく》む疑問文**　「～か…か」とたずねる文。(→**3**)

(b) **疑問詞で始まる疑問文**　疑問詞は文の最初におく。(→**3**)
**what**「何」，**when**「いつ」，**where**「どこ」，**which**「どちら」，**who**「だれ」，**whose**「だれの」，**how**「どのように」など。

(c) **付加疑問文**　ふつうの文の最後に簡単な疑問形をつけた文。(→**4**)
「～しますね」「～ですね」と，**念をおしたり同意を求めたりする。**

〈**肯定文＋否定の疑問形**〉
Tom read this book, **didn't he?**
〈**否定文＋肯定の疑問形**〉
Tom didn't read this book, **did he?**

**〔実戦コーチ〕**
**否定の命令文⇄ You must not ~.** の書きかえに注意。
**Don't** be noisy.
⇄ **You must not** be noisy.（さわいではいけません）

● **命令文**　ふつう**動詞の原形**で始める。(→**5**)
否定の命令文は **Don't ＋動詞の原形**で始め，「～してはいけません」の意味を表す。(→**6**)
丁寧《ていねい》な命令文は最初か最後に **please** をつける。

● **感嘆文**　あとに**名詞があれば What**，**形容詞・副詞があれば How** で始める。(→**8** **9**)

## 確認テスト

**問** 次の文を指示に従って書きかえよ。

(1) Tom likes oranges.〔下線部をたずねる文に〕
(2) Ann wants to read the book.〔付加疑問文に〕
(3) This is a very interesting game.〔感嘆文に〕

**答**

(1) What does Tom like?
(2) Ann wants to read the book, doesn't she?
(3) What an interesting game this is!

ABC abc

# 03 答えの文・疑問詞・会話表現

## 疑問文と答え方

### 1 Yes，No で答える場合

□ “**Were you** sick yesterday?” “**Yes**, I was.”
（「あなたはきのう病気でしたか」「はい，病気でした」）

□ “**Does she like** dogs?” “**No**, she doesn’t.”
（「彼女は犬が好きですか」「いいえ，好きではありません」）

□ “**Can you swim**?” “**Yes**, I can.”
（「あなたは泳げますか」「はい，泳げます」）

### 2 Yes，No で答えない場合

□ “Is your cat white **or** black?” “It’s white.” **重要**
（「あなたのネコは白いですか，それとも黒いですか」「白いです」）

□ “**What** do you want?” “I want a baseball glove.”
（「あなたは何がほしいですか」「私は(野球の)グローブがほしいです」）

▶ **or を含《ふく》む疑問文，疑問詞で始まる疑問文**の答えには，**Yes，No は用いない。**

## 疑問詞

### 3 疑問代名詞

□ “**What** did you buy?” “I bought a hat.”
（「あなたは何を買いましたか」「帽子《ぼうし》を買いました」）

□ “**Which** is higher, Mt. Fuji or Mt. Asama?”
“Mt. Fuji is.” **重要**
（「富士山と浅間山はどちらのほうが高いですか」「富士山です」）

### 4 疑問副詞

□ “**Where** do you study?” “I study at home.”
（「あなたはどこで勉強しますか」「家で勉強します」）

□ “**Why** is he absent?” “**Because** he is sick.” （「彼はなぜ欠席なのですか」「病気だからです」） **重要**

□ “**How are you**?”
“Fine, thank you. And you?”
（「お元気ですか」「元気です。あなたは元気ですか」）

□ “**How much** is the book?” “It’s ten dollars.” （「その本はいくらですか」「10 ドルです」） **重要**

▶疑問詞にはWh- で始まる語とHow があり，いずれも**疑問文の最初におく。**

⚠

**How far ~?**
→距離《きょり》

**How long ~?**
→長さ

**How old ~?**
→年齢《ねんれい》

**How many ~?**
→数

**How much ~?**
→量

入試 直前チェック

- or や疑問詞を使った疑問文では Yes, No は使わず具体的に答える。
- Who, What, Which が主語になる場合の答え方に注意する。

● 疑問文と答え方 **重要** Yes, No を用いて答えるかどうかに注意する。

(a) **ふつうの疑問文**には，Yes，No を用いて答える。問いの文に助動詞 can などがあれば答えにも can を用いる。(→1)
また，問いの文が進行形・現在完了・受け身のときには，答えの文もそれに合わせるのが原則である。
"**Is** he **swimming?**" "Yes, he **is** (**swimming**)."
(「彼は泳いでいますか」「はい，泳いでいます」)

(b) **or を含む疑問文，疑問詞で始まる疑問文**には，Yes，No を使わず，たずねられている内容で答える。(→2)

● 疑問詞
- 疑問代名詞 **who，whose，what，which** (→3)
- 疑問副詞 **when，where，how，why** (→4)

(a) Who，What が**主語のとき**は，疑問詞に応じる語を主語にして答える。
"**Who cooked** this curry?" "My mother **did**."
(「だれがこのカレーを料理したのですか」)(「私の母です」)

(b) **Why ～?**(なぜ～か)には **Because ～.** か **To ～.** で理由や目的を答える。

(c) 〈**How** ＋形容詞・副詞 **～?**〉は「どれくらい～か」と程度や数量をたずねる。

● 会話表現　きまり文句を覚えよう。

**How are you (doing)?**(お元気ですか →4)，**How do you do?**(はじめまして)，**Excuse me.**(すみません)，**You are welcome.**(どういたしまして)，**This is ～ speaking.**(〔電話で〕こちらは～です)など

**［実戦コーチ］**
疑問詞が主語になる文の語順はふつうの文と同じで，**do[does, did]は用いない。**
Who used this car?
(Who＝主語，used＝動詞)
(だれがこの車を使いましたか)

## 確認テスト

問 次の問いに対する答えの文を下から選べ。

(1) Can you speak English?
(2) How old are you?
(3) Did he come by train or by bus?

ア I am thirteen years old.　イ Yes, I can.
ウ He came by bus.　エ How do you do?

答
(1) イ
(2) ア
(3) ウ

# 04 現在・過去・進行形

## 現在の文

**1** 現在の状態・習慣的動作

□ I **am** busy today.（きょう私は忙《いそが》しいです）

□ He often **visits** Tom.（彼はよくトムを訪れる）

**2** 一般的な真理

□ The earth **goes** round the sun.
（地球は太陽のまわりを回る）

▶現在形は，**習慣**や**真理**を表すこともあるため，必ずしも「今現在起こっていること」を表すとは限らない。

## 過去の文

**3** 過去の状態・動作・習慣的動作

□ He **was** a college student.（彼は大学生だった）

□ We **took** a walk.（私たちは散歩した）重要

□ He usually **did** his homework after dinner.
（彼はたいてい夕食後に宿題をした）

## 過去の否定文・疑問文

**4** was，were の場合

□ He **was not** sick.（彼は病気ではなかった）

□ **Were you** busy?（あなたは忙しかったですか）

**5** 一般動詞の場合

□ He **did not come**.（彼は来なかった）

□ “**Did you see** him?” “Yes, I did.” 重要
（「あなたは彼に会いましたか」「はい，会いました」）

▶過去の否定文・疑問文には do［does］ではなく **did** を用いる。

## 現在進行形・過去進行形

**6** 現在進行形（～している）

□ She **is swimming**.（彼女は泳いでいる）

**7** 過去進行形（～していた）

□ I **was reading** a book.（私は本を読んでいた）

**8** 進行形の否定文・疑問文

□ “**Is he running?**” “No, he **isn’t**.” 重要
（「彼は走っていますか」「いいえ，走っていません」）

⚠ 進行形の否定文・疑問文には **do［does, did］は用いない。**

入試 直前チェック

- 動詞の過去形の形は主語が何であってもかわらない。
- 過去進行形の be 動詞は，主語が単数のとき was，you と複数のとき were を使う。



●現在の文　現在の状態・習慣的動作（→**1**）や一般的な真理（→**2**）を表す。主語が３人称単数の場合，一般動詞は **-s，-es をつけた形**，have は **has**。

●過去の文　「〜でした」「〜した」の意味で，過去の状態・動作や過去の習慣的動作を表すには，動詞を過去形にかえる。（→**3**）（→ p.207 参照）

(a) be 動詞の過去形は **is，am → was，are → were**。
(b) ・一般動詞の過去形はふつう動詞の原形に **-d，-ed をつける**。
　like → **liked**，walk → **walked**
　・**子音字《しいんじ》＋ y** で終わる単語は **y を i にかえて -ed** をつける。cry → **cried**
　・**短母音＋子音字**で終わる単語は**子音字を重ねて -ed** をつける。stop → **stopped**
(c) 不規則に変化する動詞に注意。have → **had**，do → **did**，
　say → **said**，make → **made** など

●過去の否定文・疑問文

(a) **was，were の場合**　否定文は〈**was[were] not**〉（〜ではなかった），疑問文は〈**Was[Were]＋主語 〜?**〉（〜でしたか）。（→**4**）

(b) **一般動詞の場合**　否定文は〈**did not ＋動詞の原形**〉（〜しなかった），疑問文は〈**Did ＋主語＋動詞の原形 〜?**〉（〜しましたか）。（→**5**）
否定文・疑問文の場合は，過去の文でも動詞が原形になることに注意。

●進行形　基本の形は〈**be 動詞＋ -ing**〉。

現在進行形〈**am[are, is]＋ -ing**〉（→**6**）
過去進行形〈**was[were]＋ -ing**〉（→**7**）

否定文は〈**be 動詞＋ not ＋ -ing**〉（〜していない[いなかった]），疑問文は〈**be 動詞＋主語＋ -ing 〜?**〉（〜していますか[いましたか]）の形。（→**8**）

## 確認テスト

問 次の文の（　　）内の語を適当な形に直せ。

(1) Bob (live) in Tokyo now.
(2) (Do) he come to school yesterday?
(3) He (have) a big house ten years ago.
(4) He is (run) with his dog.
(5) “(Be) Bill writing a letter?” “Yes, he was.”

答

(1) lives
(2) Did
(3) had
(4) running
(5) Was

# 05 未来の文

## 未来の表し方

**1** 単純未来(～だろう)

□ I **will be** busy tomorrow.

(私はあす忙《いそが》しいだろう)

**2** 意志未来(～するつもりだ)

□ I **will go** there. (私はそこに行くつもりだ)

**3** 未来の否定文・疑問文

□ "**Will he come** here?" "No, he **won't**."

(「彼はここに来るだろうか」「いや，来ないだろう」)

必出 will not の短縮形は **won't** [wóunt]《ウォント》。

## Will you ～?, Shall I ～?

**4** Will you ～?

□ **Will you open** the window? 重要 〔依頼《いらい》〕

(窓を開けてくれませんか)

□ **Will you come** with us? 〔勧誘《かんゆう》〕

(私たちといっしょに来ませんか)

**5** Shall I[we] ～?

□ "**Shall I help** you?" "Yes, please." 〔相手の意向〕

(「手伝いましょうか」「はい，お願いします」)

□ "**Shall we have** lunch?" "Yes, let's." 重要 〔勧誘〕

(「昼食を食べましょうか」「はい，食べましょう」)

## be going to

**6** am[are, is] going to

□ I **am going to write** a letter to him. 重要 〔意志〕

(私は彼に手紙を書くつもりだ)

□ He **is going to get off** the bus. 〔近い未来〕

(彼はバスを降りようとしている)

⚠ be going to の be 動詞は，主語や時制に合わせて変化させる。

**7** be going to の否定文・疑問文

□ "**Are you going to have** a test tomorrow?"
"No, we **are not**."

(「あなたたちはあすテストがありますか」「いいえ，ありません」)

入試 直前チェック

- 主語が何であっても will のあとの動詞は原形にすることに注意。
- be going to ～では，be 動詞を変化させ，あとの動詞は原形にする。



● 未来の表し方　〈**will ＋ 動詞の原形**〉
- 単純未来「～だろう」（→**1**）
- 意志未来「～するつもりだ」「～しよう」（→**2**）

否定文は〈**will not ＋動詞の原形**〉，疑問文は **will を主語の前**に出す。（→**3**）

● 注意すべき未来の疑問文と答え方 **重要**

(a) **Will you ～?**（→**4**）

「～してくれませんか」〔依頼〕
　（答）Sure. / All right. / I'm sorry, I can't.
「～しませんか」〔勧誘〕
　（答）Yes, thank you. / No, thank you.

(b) **Shall I ～?**「～しましょうか」〔相手の意向〕（→**5**）
　（答）Yes, please. / No, thank you.
**Shall we ～?**「～しましょうか」〔勧誘〕（→**5**）
　（答）Yes, let's. / No, let's not.
Let's ～. で書きかえることができる。
**Shall we** have lunch? = **Let's** have lunch.

● be going to

(a) 〈**am [are, is] going to ＋動詞の原形**〉は「～するだろう」「～するつもりだ」「～しようとしている」の意味。（→**6**）

(b) 否定文は〈**am [are, is] not going to ～**〉，疑問文は〈**Am [Are, Is] ＋主語＋ going to ～?**〉。（→**7**）

**〔実戦コーチ〕**

次の書きかえに注意。
〈will not＋動詞の原形〉
⇄〈be 動詞＋not going to ＋動詞の原形〉；
〈Will ＋主語＋動詞の原形 ～?〉
⇄〈be 動詞＋主語＋going to ＋動詞の原形 ～?〉

## 確認テスト

問　日本文を参考にして，(　　)内に適当な1語を入れよ。

(1) (　　　) you clean my room?
(私の部屋を掃除《そうじ》してくれませんか)

(2) (　　　) I give you this hat?
(あなたにこの帽子《ぼうし》をあげましょうか)

(3) "Are you (　　　) to play tennis?" "Yes, I (　　　)."
(「あなたはテニスをするつもりですか」「はい，するつもりです」)

答

(1) Will

(2) Shall

(3) going, am

# 06 助動詞

## can と be able to

**1** can(～できる)，could(～できた)

□ I **can play** the piano. (私はピアノが弾《ひ》ける)

□ She **could dance** well.
(彼女はじょうずに踊《おど》ることができた)

**2** will be able to(～できるだろう)

□ You **will be able to ski** soon. 重要
(あなたはすぐにスキーができるようになるだろう)

⚠ can の過去形は **could**。発音[kúd《クドゥ》]に注意。「～できる」の未来の表現は **will be able to**。

## may

**3** may(～してよい，～かもしれない)

□ **May I read** this book? (この本を読んでいいですか) 重要

Yes, you **may**. (はい，読んでいいです)
No, you **may not**. (いいえ，読んではいけません)

□ He **may come** here after school.
(彼は放課後ここへ来るかもしれない)

## must と have to

**4** must(～しなければならない，～にちがいない)

□ **Must I go** now? (今，行かなければなりませんか)

Yes, you **must**. (はい，行かなければなりません)
No, you **don't have to**. (いや，その必要はありません)

□ He **must be** angry. (彼は怒《おこ》っているにちがいない) 重要

**5** had to，will have to

□ I **had to wait** for the bus. 重要
(私はそのバスを待たなければならなかった)

□ You **will have to help** your brother.
(あなたは弟[兄]の手伝いをしなければならないだろう)

⚠「～しなければならない」の過去の表現は **had to**。未来の表現は **will have to**。

## should

**6** should(～すべきだ)

□ You **should stay** home. (あなたは家にいるべきだ)

入試 直前チェック

- can と be able to は，ほぼ同じ意味を表す。
- must と have to は，ほぼ同じ意味を表す。

● can の用法　can は「～できる」の意味。（→1）

(a) 否定文　〈**can't[cannot]＋動詞の原形**〉
　　疑問文　〈**Can ＋主語＋動詞の原形 ～?**〉

can を使った疑問文：**Can you** ～?「～してくれますか」〔依頼《いらい》〕，**Can I** ～?「～してもよいですか」〔許可〕

(b) **現在形 can**
　　**過去形　could**（→1）
　　**未来の表現　will be able to**（→2）

● may，must の用法　（→3 4）

(a) **may**
　　「～してよい」〔許可〕
　　「～かもしれない」〔推量〕

**must**
　　「～しなければならない」（＝ have to）〔必要・義務〕
　　「～にちがいない」〔確信のある推量〕

(b) 疑問文とその答え方に注意。**don't have to** は「～する必要はない」。

**May I ～?**　（答）Yes, you **may**. / No, you **may not**.

**Must I ～?**　（答）Yes, you **must**. / No, you **don't have to**.
（または **need not**）

(c) must（～しなければならない）の過去・未来の表現には，**have to** を用いる。（→5）

**現在形 must**
　　**過去の表現　had to**
　　**未来の表現　will have to**

● should の用法　should は「～すべきだ」（義務・当然）の意味。（→6）

**〔実戦コーチ〕**

have to の否定形 **don't have to** は，「～する必要はない」と不必要を表す。禁止を表す **must not**（～してはいけない）とのちがいに注意。

## 確認テスト

問 次の文の（　）内に適当な１語を入れよ。

(1) "Can you swim?" "Yes, I (　　　)."
(2) "May I come in?" "Yes, you (　　　)."
(3) "Must I use this racket?"
"No, you don't (　　　) (　　　)."

答

(1) can
(2) may
(3) have to

07

# 名詞・冠詞

## 複数形

**1** 単数形と複数形

□ I have **a pen**. （私はペンを１本持っている）

□ I have **three pens**. （私はペンを３本持っている）

▶**規則変化**：語尾《こび》に **-s** または **-es** をつける。

## 注意すべき名詞の用法

**2** 集合名詞・抽象名詞・物質名詞

□ My **family** *are* all well. （私の家族はみな元気だ）

□ We like **music**. （私たちは音楽が好きだ）

□ **Cheese** is made from **milk**.
（チーズはミルクからつくられる）

**3** 物質名詞の数え方

□ Give me **a cup of** *tea*. （私にお茶を１杯《ぱい》ください） 重要

□ You have **two pieces of** *chalk* in your hand. （あなたは手に２本のチョークを持っている） 重要

▶「２杯の」「２本の」などは，cup, piece など**単位を表す語を複数形**にする。
「カップ2杯のお茶」two **cups** of tea

## a[an], the ＋名詞

**4** a[an]の注意すべき用法

□ We eat three meals **a day**. 〔～につき〕
（私たちは１日に３回食事をする）

□ **A horse** is a useful animal. 〔～というもの〕
（馬は役に立つ動物だ）

**5** the の注意すべき用法

□ **The sun** is larger than **the earth**.
（太陽は地球より大きい） 〔**the** ＋唯一《ゆいいつ》のもの〕

□ **The Thames** flows through London.
（テムズ川はロンドンを流れる） 〔**the** ＋河川名〕

**6** such a ～

□ I have never seen **such a** big fish. 重要
（私はそんなに大きな魚を見たことがない）

▶ **a[an], the をつけない場合**：
go to **school**（本来の目的を表す場所の名詞）
by **bus**（交通手段を表す by のあと）
play **baseball**（play のあとのスポーツ名）

**入試 直前チェック**

- a cup of ~や a piece of ~などの単位を表す表現はフレーズで覚える。
- 〈such a +形容詞+名詞〉の語順に注意する。



**●名詞の複数形**　名詞には次の種類がある。

| | | |
|---|---|---|
| 数えられる名詞 | **普通《ふつう》名詞** | book, desk など |
| | **集合名詞** | family, people など |
| 数えられない名詞 | **抽象名詞** | art, happiness など |
| | **物質名詞** | water, wood など |
| | **固有名詞** | Mary, Japan など |

数えられる名詞が２個[人]以上のときは，名詞を複数形にする。(→1)

(a) **規則変化**

- 大部分の語は語尾に **-s** をつける。book → **books**
- **-s, -ss, -ch, -sh, -x, -o** で終わる語は **-es** をつける。box → **boxes**
- 「**子音字《しいんじ》 +y**」で終わる語は **y** を **i** にかえて **-es** をつける。city → **cities**
- **-f**，**-fe** で終わる語は **f**，**fe** を **v** にかえて **-es** をつける。leaf → **leaves**

(b) **不規則変化**

man → **men**(母音変化)，child → **children**(語尾に -ren をつける)，sheep → **sheep**(単数と複数が同じ形)など。

**●注意すべき名詞の用法**　family などの集合名詞は個々のメンバーをさす場合には**単数形のまま複数として扱う。**(→2)物質名詞の「量」を表すには**容器や重さなど単位を表す語**を用いる。(→3)

food や fruit は種類を表すときに複数形になる。
many kinds of fruits
(たくさんの種類の果物)

**● a[an]，the の注意すべき用法**

(a) a[an]が「**～につき**」「**～というもの**」の意味を表す。(→4)

(b) 〈**the＋唯一のもの**〉〈**the＋河川・海洋名など**〉the Pacific(太平洋)(→5)

(c) 特定の形容詞のあとに a[an]，the がくる場合がある。(→6)

## 確認テスト

問 日本文を参考にして，(　　)内の語句を適当な形に直せ。

(1) There are two (knife) in the box.
(箱の中にナイフが２本ある)

(2) I want to buy two (piece of cake).
(私は２切れのケーキを買いたい)

答

(1) knives

(2) pieces of cake

ABC abc

# 08 代名詞

## 人称代名詞

**1** 人称代名詞の用法

□ **I** will introduce **him** to **your** sister.
（私は彼をあなたの妹に紹介《しょうかい》しましょう）

□ What time is **it** now?（今何時ですか）

□ **We** have much snow here in winter.
（ここは冬にはたくさんの雪が降る）

▶時・天候・距離《きょり》を表す it は**「それは」と訳さない。**一般《いっぱん》の「人びと」を表す we，you，they も訳さない。

## 所有代名詞・再帰代名詞

**2** 所有代名詞（〜のもの）

□ “Whose is this pen?” “It’s **yours**.”
（「このペンはだれのものですか」「あなたのものです」）

**3** 再帰代名詞（〜自身）

□ You must do the homework **yourself**. 重要
（あなたは自分で宿題をしなければならない）

## 不定代名詞

**4** some[any] of ＋名詞（いくつかの〜）

□ I know **some** of them.（彼らの何人かを知っている）

**5** one，other，another

□ He has a ball. You need **one**, too. 重要
（彼はボールを持っている。あなたもボールが必要だ）

□ **One** dog is white, and **the other** is black. 重要
（一方の犬は白色で，他方の犬は黒色です）

□ I don’t like this hat. Show me **another**. 重要
（この帽子《ぼうし》は気に入らない。別のを見せてください）

必出
**one 〜，the other ...**
２つのものについて「一方は〜，他方は…」の意味。

## 疑問代名詞

**6** who，what，which

□ **Who** broke the doll?（だれが人形をこわしましたか）重要

□ **What** are you looking for?　〔**for** の目的語〕
（あなたは何を探しているのですか）

⚠ who が主語の文は，疑問文でもふつうの文と同じ語順。

入試 直前チェック

- one, other, the other, another の区別ができるようにする。
- Who や What が主語になる疑問文は肯定文と同じ語順になることに注意する。



● **人称代名詞**　人称・格・数によって形がかわる。(→1)

**人称**…1人称(I, we), 2人称(you), 3人称(he, she, it, they)の3つがある。
**格**……主格，所有格，目的格の3つ。　**数**……単数，複数がある。

● **所有代名詞**　「**〜のもの**」の意味を表す形。単独で「所有格＋名詞」の意味を表す。It's **yours**. = It's *your pen*. (→2)

● **再帰代名詞**　-self, -selves のついた形で，「**〜自身**」の意味を表す。**for oneself**(独力で), **by oneself**(ひとりで)などの慣用表現に用いる。(→3)
複数形の場合は語《ご》尾《び》が -selves になることに注意。
They must do their homework them**selves**.
(彼らは自分で宿題をしなければならない)

● **不定代名詞**　some, any, one, other, another, all, both, each など

(a) some は肯定文に，any は否定文・疑問文に用いる。(→4)
I don't know **any** of them. (彼らのだれも知らない)

(b) one は前に出た名詞と同じ種類のものをさす代名詞。(→5)

(c) other は「ほかのもの」, another は「(同種の)別の1つのもの」。**one 〜, the other(s) …**(一方は〜他方[残り]は…), **some 〜, others …**(〜もあれば…もある), **each other**(互《たが》いに), **one another**(互いに)に注意。
We have known **each other** for years. (私たちは何年もお互いに知っている)

● **疑問代名詞**　who, what, which など
文の主語・補語・目的語になる。主語になる場合，語順はふつうの文と同じで，**疑問文の do[does, did]は用いない**ことに注意。(→6)
(×) Who *did* break the doll?

## 確認テスト

問 次の文の(　　)内に適当な語を下から選べ。

(1) (　　　) is raining hard.
(2) I did the work (　　　).
(3) One tulip is red, and the (　　　) is white.
(4) Please give me (　　　) cup of tea.
[other / myself / another / they / it]

答
(1) It
(2) myself
(3) other
(4) another

# 09 形容詞・副詞

## 形容詞の位置と用法

**1** 「形容詞＋名詞」「-thing ＋形容詞」

□ I have an **old** watch. （私は古い腕《うで》時計を持っている）

□ I found **nothing interesting** in the book. 重要
（その本には何もおもしろいところがないとわかった）

必出
something
anything
nothing
＋形容詞
の語順に注意。

**2** S ＋ V ＋形容詞

□ She is **pretty**. （彼女はかわいい）

## 数量形容詞

**3** many と much

□ Do you have **many**［**a lot of**］friends? 〔数〕
（あなたにはたくさんの友人がいますか）

□ I need **much**［**a lot of**］sugar. 重要 〔量〕
（私はたくさんの砂糖が必要だ）

**4** few と little

□ I have **a few** pens. （ペンを 2，3 本持っている）

□ I have **few** pens. （ペンをほとんど持っていない）

□ I want **a little** water. （水が少しほしい）重要

□ I want **little** water. （水はほとんどいらない）重要

⚠ **a のつかない few，little** は **「ほとんど～ない」** と否定的に訳す。

**5** some［any］

□ I have **some** books. （本を何冊か持っている）

□ Do you have **any** books? （本を何冊か持っていますか）

## 注意すべき数詞の用法

**6** the ＋序数詞

□ I caught the **first** bus. （私は始発のバスに乗った）

▶日付にも序数《じょすう》詞《し》を使う。May 5 = May **the fifth**

## 副詞の位置と用法

**7** 副詞の位置

□ He came **here yesterday**. （彼はきのうここに来た）

□ I **often** go skating. （私はよくスケートをしに行く）

入試 直前チェック

- 〈something[anything / nothing]+形容詞〉の語順に注意する。
- many，few は「数」，much，little は「量」に使う。

●形容詞　次の２つの用法がある。

**名詞・代名詞を修飾《しゅうしょく》する**…ふつう名詞・代名詞の前。（→**1**）
**補語になる**…be 動詞，become，look，get などのあと。（→**2**）

ただし，**1**の nothing interesting のように〈**-thing ＋形容詞**〉の語順になることがある。

●数量形容詞　「数」を表す形容詞と「量」を表す形容詞がある。（→**3** **4** **5**）

| | 数えられる名詞の「数」 | 数えられない名詞の「量」 |
|---|---|---|
| 「多くの」 | **many** | **much** |
| | **a lot of，lots of，plenty of** | |
| 「いくつか[いくらか]の」 | **some**［否定文・疑問文では **any** が多い］ | |
| 「少し～ある」 | **a few** | **a little** |
| 「ほとんど～ない」 | **few** | **little** |
| 「まったく～ない」 | **no** | |

●数詞　「数」を表す**基数《きすう》**と「順序」を表す**序数**がある。序数は first，second，third 以外は **-th** で終わる。ふつう前に the をおく。（→**6**）

not any = no
I do **not** have **any** sisters.
= I have **no** sisters.
（私には姉妹が一人もいない）

●副詞　時・場所・程度・様態などの意味を表す。

副詞の位置
**動詞を修飾**するもの…「動詞＋目的語・補語」のあとにおく。
**形容詞・副詞を修飾**するもの…その形容詞や副詞の前におく。

ただし，頻度《ひんど》を表す **often**，**always** などは**一般《いっぱん》動詞の前**，**be 動詞・助動詞のあと**におく。（→**7**）

## 確認テスト

問 次の文の(　　)内から適当な語句を選べ。

(1) I don't have (many / much) books.
(2) Do you need (many / much) money?
(3) There is (a few / a little) wine in the bottle.
(4) I want (cold something / something cold) to drink.

答

(1) many
(2) much
(3) a little
(4) something cold

# 10 比較

## 比較級・最上級のつくり方

**1** 規則変化

□ Your cat is **bigger than** his.
（あなたのネコは彼のより大きい）

□ Iron is **the most useful of** all metals.
（鉄はすべての金属の中で最も役に立つ）

**2** 不規則変化

□ He plays tennis **better than** Jim. 重要
（彼はジムよりうまくテニスをする）

必出
**〈比較級＋ than ～〉**（～より…）
**〈(the ＋)最上級 ＋ of[in] ～〉**（～の中で最も…）

▶長い語には more, most をつける。

## as ～ as ...

**3** as ～ as ...，not as ～ as ...

□ I am **as tall as** Tom. （私はトムと同じくらい背が高い）

□ Our house is **not as big as** yours.
（私たちの家はあなたの家ほど大きくない）

**4** as ～ as ... can

□ Run **as fast as you can**. （できるだけ速く走りなさい）

▶ **as ～ as possible** は as ～ as ... can とほぼ同じ意味を表す。
**4** ＝ Run *as* fast *as possible*.

## 比較級・最上級を用いた文

**5** 比較級・最上級の疑問文

□ “**Which** do you like **better**, apples or pears?” “I like pears **better**.” 重要
（「リンゴとナシではどちらのほうが好きですか」「ナシのほうが好きです」）

□ “**Who** can run **fastest of** the three?” “Bob can.”
（「3人の中でだれが最も速く走れますか」「ボブです」）

**6** 「比較級＋ than any other ～」
⇄「(the ＋)最上級＋ of[in] ～」

□ Tokyo is **bigger than any other city** in Japan. （東京は日本のほかのどの都市よりも大きい） 重要
→ Tokyo is **the biggest city** in Japan.
（東京は日本で最も大きい都市だ）

必出
〈比較級 ＋ than any other ～〉は最上級を用いて書きかえられる。
「～」には**単数名詞**がくることに注意。

## 入試 直前チェック

- 比較級は語尾《ごび》に -er，最上級は語尾に -est をつける。
- 〈比較級＋ than any other〉のあとの名詞は単数にすることに注意。

●**比較級・最上級のつくり方** 大部分の形容詞・副詞はそのまま語尾に -er，-est をつけるが，次のような場合に注意しよう。（→**1**）（→ **p.207** 参照）

(a) 語尾の e のあとに **-r**，**-st** をつける。large—**larger**—**largest**
(b) 語尾の **y** を **i** にかえて **-er**，**-est** をつける。easy—**easier**—**easiest**
(c) 語尾の子音字《しいんじ》を重ねて **-er**，**-est** をつける。hot—**hotter**—**hottest**
(d) **more**，**most** をつける。useful—**more** useful—**most** useful
(e) **不規則変化**　good / well—**better**—**best**（→**2**）
　　many / much—**more**—**most**　little—**less**—**least**

● **as ～ as ...**　〈**as ＋形容詞［副詞］の原級＋ as ...**〉は「**…と同じくらい～**」，〈**not as［so］＋形容詞［副詞］の原級＋ as ...**〉は「**…ほど～ない**」の意味を表す。not as［so］～ as ... は比較級を用いて書きかえられる。
**3** = Your house is **bigger than** ours.
〈**__ times as ＋原級＋ as ...**〉（…の一倍～）の表現も覚えておこう。
My pencil is **three times as long as** yours.
（私の鉛筆《えんぴつ》はあなたの鉛筆の３倍の長さだ）

●**比較級・最上級を用いた文**
〈**Which［Who］～＋比較級，A or B?**〉は「A と B ではどちらのほうが…か」，〈**What［Who］～＋最上級 ?**〉は「何［だれ］が最も…か」。（→**5**）
〈**比較級＋ than any other ～**〉は「ほかのどんな～よりも…」の意味。（→**6**）

**［実戦コーチ］**
Which do you like better, A or B?（A と B ではどちらのほうが好きですか）には I like **A better**. のように答える。

## 確認テスト

**問** 日本文を参考にして，（　　）内に適当な１語を入れよ。

(1) Mother gets up (　　　) of all.
（みんなの中で母がいちばん早く起きる）

(2) Which do you like (　　　), tea or coffee?
（お茶とコーヒーではどちらのほうが好きですか）

(3) Bob is (　　　) than any other (　　　) in his class.（ボブはクラスのほかのどの男の子よりも背が高い）

**答**
(1) earliest
(2) better
(3) taller, boy

# 11 受け身

## 受け身の形と意味

**1** ふつうの文⇄受け身の文

□ He **uses** this telephone. 〔ふつうの文〕

（彼はこの電話を使う）

□ This telephone **is used** by him. 〔受け身の文〕

（この電話は彼によって使われる）

▶受け身の基本形は〈**be 動詞＋過去分詞**〉。

**2** 過去形の受け身「was［were］＋過去分詞」

□ This window **was broken** by Jim.

（この窓はジムによってこわされた）

**3** 受け身の否定文・疑問文

□ This book **was not written** by Sam.

（この本はサムによって書かれなかった）

□ *Who* **was** this dress **made** *by*?

（この服はだれによってつくられましたか）

▶〔否定文〕
〈**be 動詞＋ not ＋過去分詞**〉
〔疑問文〕
〈**be 動詞＋主語＋過去分詞 ～?**〉

## 文の構造と受け身

**4** 「S ＋ V ＋ O ＋ O」の文の受け身

□ *I* **was given** *a watch* by my father.

（私は父から腕《うで》時計を与《あた》えられた）

□ *A watch* **was given** (to) *me* by my father. **重要**

（腕時計が父から私に与えられた）

▶「～に」にあたる目的語の前には to または for がつく。**to は省略可能。**

## 注意すべき受け身

**5** 助動詞を使った受け身

□ Many stars **can be seen** from here.

（たくさんの星がここから見られる）

**6** by ～の省略

□ English **is spoken** in America.

（アメリカでは英語が話される）

**7** by 以外の前置詞

□ I **was surprised at** the news. **重要**

（私はその知らせに驚《おどろ》いた）

**必出**
**be surprised** は「**驚く**」と訳す。

## 入試 直前チェック

- 受け身は〈be 動詞＋過去分詞〉の形。
- by ～を省略する受け身や by 以外の前置詞を使う受け身に注意する。



●ふつうの文と受け身の文　受け身は「**be 動詞＋過去分詞**」の形で表す。(→1)

| | | | |
|---|---|---|---|
| 〔ふつうの文〕 | He（彼は） | **uses**（使う） | this car.（この車を） |
| 〔受け身の文〕 | This car（この車は） | **is used**（使われる） | by him.（彼によって） |

**受け身の文への書きかえ方**

(1) ふつうの文の目的語を主語に。
(2) 動詞を〈be 動詞＋過去分詞〉に。
(3) ふつうの文の主語を by ～にする。代名詞は目的格にかえる。

●過去形の受け身　be 動詞を過去形にして〈**was**［**were**］＋過去分詞〉。(→2)

●否定文・疑問文　否定文は **be 動詞のあとに not** をおき，疑問文は **be 動詞を主語の前**に出す。**疑問詞があれば文頭**におく。(→3)

●文の構造と受け身

**〈S ＋ V ＋ O ＋ O〉の文**　２つの目的語を主語にして２通りの受け身が可能。主語にしなかった目的語は文中に残す。(→4)

●注意すべき受け身

(a) 助動詞を使った受け身は **be 動詞の前に助動詞**をおく。このとき be 動詞は原形の be となる。(→5)

(b) 「一般《いっぱん》の人」が主語の文は **by ～を省略する**。(→6)

*They* **speak** English in America. → English **is spoken** in America.

**by 以外の前置詞を使う受け身**(→7)

**be covered with ～**(～でおおわれている)，**be interested in ～**(～に興味がある)，**be known to ～**(～に知られている)など

**「～する」と訳す受け身**

**be born**(生まれる)，**be injured**(けがをする)，**be killed**(死ぬ)，**be surprised**(驚く)など

## 確認テスト

問 日本語を参考にして，(　　)内に適当な１語を入れよ。

(1) He is (　　　) by many people.　(愛されている)

(2) George (　　　) pleased (　　　) the new dictionary.　(新しい辞書を気に入っている)

答

(1) loved

(2) is, with

# 12 現在完了・現在完了進行形

## 現在完了の形

**1** 現在完了の文

☐ He **has** *just* **come** home.
（彼はちょうど帰宅したところだ）　〔現在完了〕

▶現在完了の形は〈**have［has］＋過去分詞**〉。

## 「完了」「結果」を表す現在完了

**2** 「完了」（～したところだ，～してしまった）

☐ She **has** *already* **arrived.**　（彼女はもう到着した）

☐ “**Have** you **bought** a ticket *yet*?” **重要**
（あなたはもう切符を買いましたか）

☐ “No, I **haven't**. I **have not bought** it *yet*.” **重要**
（いいえ，買っていません。私はまだそれを買っていません）

**必出**
〔肯定文で〕
**already**（もう）
→〔否定文では〕
**yet**（まだ）
→〔疑問文では〕
**yet**（もう）

**3** 「結果」（～してしまった（今は…だ））

☐ He **has gone to** Paris.　（彼はパリへ行ってしまった）

## 「経験」を表す現在完了

**4** 「経験」（～したことがある）

☐ I **have been to** Paris *before*. **重要**
（私は以前パリへ行ったことがある）

☐ You **have** *never* **visited** France.
（あなたはフランスを訪れたことがない）

☐ **Have** you *ever* **talked** to an American?
（あなたはアメリカ人に話しかけたことがありますか）

⚠ **have been to** は「**～へ行ったことがある**」（経験），**have gone to** は「**～へ行ってしまった**」（結果）の意味を表す。

## 「継続」を表す現在完了・現在完了進行形

**5** 「継続《けいぞく》」（ずっと～している）

☐ He **has been** sick *since yesterday*.
（彼はきのうから病気である）

☐ I **have been practicing** tennis *for two hours*.　（私は２時間ずっとテニスを練習している）

☐ *How long* **have** you **been** in Japan?
（あなたはどのくらいの期間，日本にいますか）

**必出**
**since ～**
（～以来）
**for ～**
（～の間）

入試 直前チェック

- 経験を表す現在完了の否定文は never を使って表せる。
- since → 過去の一時点を表す語句，for → 期間を表す語句が続く。



- **現在完了の形**　現在完了は〈**have [has] ＋過去分詞**〉の形で表す。
  - ⒜ 否定文は〈**have [has] not ＋過去分詞**〉，疑問文は〈**Have [Has] ＋主語＋過去分詞 ～?**〉。
    答え方は，**Yes, ～ have [has]. / No, ～ haven't [hasn't]**.
  - ⒝ 現在完了は，はっきり過去を示す yesterday，last ～，～ ago，just now や，疑問詞 when，what time とともに用いない。
    ただし，**since** yesterday などの形は可能。
- **「完了」　「～したところだ」「～してしまった」**（→**2**）
  **完了を表す副詞**：just，now，already，yet
  **have [has] been to** は経験と完了とで意味が異なる。
  - **I have been to** Paris *before*.　（以前パリに行ったことがある）〔経験〕
  - **I have** *just* **been to** Paris.　（ちょうどパリに行ってきたところだ）〔完了〕
- **「結果」　「～してしまった（今は…だ）」**（→**3**）
  go，come，lose などの動詞が用いられる。
- **「経験」　「～したことがある」**（→**4**）
  **経験を表す副詞（句）**：before，once，often，～ times，never，ever
- **「継続」　「ずっと～している」**（→**5**）
  - ⒜ **現在完了「継続」でよく使う動詞**：know，live，stay，be 動詞など。
  - ⒝ **現在完了進行形**　〈**have [has] been ＋ -ing**〉の形で表す。
    **現在完了進行形でよく使う動詞**：play，study，listen など。
  **継続を表す副詞（句）**：since ～，for ～，〔疑問文に〕How long ～?

## 確認テスト

問 日本語を参考にして，（　）内に適当な1語を入れよ。

⑴ Have you written your report (　　　)?
（もう書いてしまいましたか）

⑵ I have (　　　) (　　　) to Hawaii.
（一度もハワイへ行ったことがない）

⑶ He has (　　　) his watch.　（なくしてしまった）

⑷ She has been sick (　　　) a week.
（1週間ずっと病気だ）

答

⑴ yet

⑵ never been

⑶ lost

⑷ for

# 13 不定詞

## 名詞的用法の不定詞

**1** 主語・補語・目的語になる不定詞

□ **To study** English is fun.　〔主　語〕
（英語を勉強するのは楽しい）

□ My hobby is **to play** the piano.　〔補　語〕
（私の趣《しゅ》味《み》はピアノを弾《ひ》くことです）

□ I **want to be** a doctor.　〔目的語〕
（私は医者になりたい）

必出
不定詞は〈**to ＋動詞の原形**〉の形で表す。

▶ **want to ～**
（～したい）

## 形容詞的用法の不定詞

**2** 名詞・代名詞＋不定詞

□ Please give me **something to drink**. 重要
（私に何か飲み物をください）

## 副詞的用法の不定詞

**3** 目的（～するために）を表す不定詞

□ Tom went to the shop **to buy** a camera.
（トムはカメラを買うためにその店へ行った）

**4** 原因（～して）を表す不定詞

□ I'm happy **to see** you. 重要
（私はあなたに会えてうれしい）

▶ happy など**感情を表す形容詞**のあとについて，その原因を示す不定詞は副詞的用法。

## 不定詞を含む重要構文

**5** It is ～ for __ to ....

□ **It is** difficult **for me to read** this book. 重要
（私にはこの本を読むのはむずかしい）

**6** want［ask，tell］～ to ...

□ I **want you to study** English every day.
（私はあなたに毎日英語を勉強してもらいたい）

**7** let［help, make］～＋動詞の原形

□ **Let me know** your opinion.
（私にあなたの意見を聞かせて）

⚠ to のつかない不定詞（原形不定詞）を使う。

### 入試 直前チェック

- 原因を表す不定詞は感情などを表す形容詞のあとに〈to ＋動詞の原形〉を続ける。
- want[ask, tell]のあとには〈人＋ to ＋動詞の原形〉が続くので，語順に注意する。



●**不定詞**　〈**to ＋動詞の原形**〉を**不定詞**という。次の３つの用法がある。

| | | |
|---|---|---|
| 不定詞 | **名詞的用法** | 「〜すること」 |
| | **形容詞的用法** | 「〜するための(もの)」「〜すべき」 |
| | **副詞的用法** | 「〜するために」「〜して」 |

●**不定詞の３用法**

(a) **名詞的用法**　名詞と同じ働きをして，文の主語・補語・目的語になる。
**want to**(〜したい)，**begin to**(〜し始める)などに注意。(→1)

(b) **形容詞的用法**　形容詞と同じ働きをして，前の名詞・代名詞を修飾《しゅうしょく》。
**something to 〜**は「何か〜するもの」の意味を表す。(→2)
形容詞がつく場合は〈**something ＋形容詞＋ to 〜**〉の語順に注意する。
I want **something** *cold* **to drink**.
(私は何か冷たい飲み物がほしい)
形容詞的用法は，次のように前置詞を伴《ともな》うことがある。
I want some **friends to play with**.
(私はいっしょに遊ぶ友だちがほしい)

(c) **副詞的用法**　副詞と同じ働きをして，前の動詞・形容詞を修飾。(→3 4)

●**不定詞を含む重要構文**

(a) **It is 〜 for _ to ....** は「一が…することは〜だ」の意味。It を「それは」と訳さないように注意する。It は**形式主語**で，to ... 以下をさす。for _ は**意味上の主語**を表す。(→5)

(b) **want 〜 to ...** は「〜に…してもらいたい」，**ask 〜 to ...** は「〜に…するようにたのむ」(→6)，**tell 〜 to ...** は「〜に…するように言う」の意味。

(c) **let 〜＋動詞の原形**は「〜に…させる」(→7)，**help 〜＋動詞の原形**は「〜が…するのを助ける」，**make 〜＋動詞の原形**は「〜に…させる」の意味。

### 確認テスト

問 次の文の(　　)内から適当な語句を選べ。

(1) Do you want anything (eating / to eat / eaten)?
(2) We went there (meeting / to meet / met) them.
(3) He told (us / we / ours) to stand up.
(4) (That / This / It) is fun to play tennis.

答
(1) to eat
(2) to meet
(3) us
(4) It

# 14 不定詞の重要表現・分詞

## too ～ to ... ; ～ enough to ...

**1** too ～ to ...

□ She is **too busy to go** with us.

(彼女はあまりに忙《いそが》しいので私たちといっしょに行けない)

**2** ～ enough to ...

□ The tea is cool **enough to drink**.

(そのお茶は飲めるくらいに冷えている)

▶ enough の位置に注意。**形容詞または副詞のあと**にくる。

## 疑問詞＋不定詞

**3** how to ～, what to ～

□ I know **how to drive** a car. 重要

(私は車の運転のしかたを知っている)

□ He asked me **what to do**.

(彼は私に何をすべきかたずねた)

□ Please tell me **which pen to use**.

(どちらのペンを使うべきか私に教えてください)

## 名詞を修飾する現在分詞

**4** 現在分詞＋名詞

□ I found a **sleeping** *dog*. (眠《ねむ》っている犬を見つけた)

**5** 名詞＋現在分詞～

□ The *man* **speaking English** is an Indian. 重要

(英語を話している男の人はインド人だ)

⚠ 語句を伴《ともな》った分詞は名詞をうしろから修飾《しゅうしょく》する。

## 名詞を修飾する過去分詞

**6** 過去分詞＋名詞

□ He knocked at the **closed** *door*.

(彼はそのしめられたドアをノックした)

**7** 名詞＋過去分詞～

□ I got a *letter* **written in English**. 重要

(私は英語で書かれた手紙を受け取った)

必出

現在分詞は「**～している**」，過去分詞は「**～された**」と訳す。

入試 直前チェック

- 〈疑問詞＋ to ＋動詞の原形〉の語順に注意する。
- 分詞は1語で修飾する場合は前に，2語以上で修飾する場合はうしろにおく。

## too ～ to ... ; ～ enough to ...

(a) **too ～ to ...** は「**あまりに～すぎて…できない**」の意味。so ～ that ＿ cannot ... に書きかえられる。

1 = She is **so** busy **that** she **cannot** go with us.

(b) **～ enough to ...** は「**…できるくらい(十分に)～**」の意味。(→2)
enough は「十分に［な］」の意味を表す副詞または形容詞である。

## 疑問詞＋不定詞

(a) **how to** ～は「**～のしかた，どのように～すべきか**」の意味。主語・補語・目的語になる。ほかに **what to ～**(何を～すべきか)，**when to ～**(いつ～すべきか)，**where to ～**(どこへ［で］～すべきか)，**which to ～**(どちら［どれ］を～すべきか)などもある。(→3)

(b) what と which はあとに名詞をつけて，〈**what［which］＋名詞＋ to ～**〉の形になる場合がある。(→3)

## 形容詞的用法の分詞

現在分詞・過去分詞は名詞を修飾することがある。

(a) **分詞が単独のとき**は名詞の前において，「**分詞＋名詞**」の語順になる。(→4 6)

(b) **分詞が語句を伴うとき**は名詞のあとにおいて，「**名詞＋分詞～**」の語順になる。(→5 7)

**［実戦コーチ］**

「名詞＋分詞～」の語順は日本語とは逆に，**うしろから名詞を修飾**する。

a watch **made in Japan**
腕時計　日本でつくられた
(日本でつくられた腕《うで》時計)
分詞以下を先に訳すこと。

## 確認テスト

問 日本語を参考にして，(　　)内に適当な1語を入れよ。

(1) He is (　　) old to work. (年をとっているので働けない)
(2) I know (　　) to skate. (スケートのしかた)
(3) Please tell me (　　) to do next. (次に何をすべきか)
(4) It's a (　　) vase. (こわれた花びん)
(5) The boy (　　) at the door is Tom. (入口に立っている少年)

答
(1) too
(2) how
(3) what
(4) broken
(5) standing

ABC abc

# 15 動名詞

## 主語・補語になる動名詞

**1** 主語になる動名詞

□ **Swimming** is a good sport.

(泳ぐことはよい運動だ)

**2** 補語になる動名詞

□ His job is **driving** a bus.

(彼の仕事はバスを運転することだ)

▶動名詞は〔**動詞の -ing 形**〕の形で，「**～すること**」の意味を表す。

## 目的語になる動名詞

**3** like, begin など＋動名詞

□ I like **playing** football.

(私はフットボールをするのが好きだ)

□ She began **crying**. (彼女は泣き始めた)

**4** enjoy, stop など＋動名詞

□ We enjoyed **reading** the book. 重要

(私たちはその本を読んで楽しんだ)

□ He stopped **watching** TV.

(彼はテレビを見るのをやめた)

stop watching TV
(テレビを見るのをやめる)

stop to watch TV
(テレビを見るために止まる)

## 前置詞＋動名詞

**5** be good at -ing など

□ You are good at **playing** tennis.

(あなたはテニスをするのが得意だ)　〔**at の目的語**〕

□ I am looking forward to **seeing** you. 重要

(あなたに会うことを楽しみにしています)　〔**to の目的語**〕

▶**前置詞のあと**にくるのは不定詞ではなく動名詞。

## -ing を含む慣用表現

**6** go -ing, How about -ing?

□ My mother went **shopping** in Shibuya.

(母は渋谷《しぶや》へ買い物に行った)

□ How about **going** to the concert?

(コンサートに行くのはどうですか)

入試 直前チェック

- enjoy や finish のあとは不定詞ではなく動名詞が続く。
- look forward to のあとに動詞が続く場合は動名詞にすることに注意。



●動名詞とは　〔**動詞の -ing 形**〕の形で「**～すること**」の意味を表し，**名詞と同じ働き**をするものを**動名詞**という。動名詞は名詞的用法の不定詞と同様，**主語，補語，動詞の目的語**になるほか，**前置詞の目的語**にもなる。

●動名詞と不定詞

動詞によって，目的語に動名詞をとるか不定詞をとるかが決まっている。

(a) 動名詞と不定詞の両方をとる動詞　begin，start，like など

I like **playing** football. = I like **to play** football. (→3)

She began **crying**. = She began **to cry**.

(b) 動名詞だけをとる動詞　enjoy，finish など (→4)

He **finished reading** a book.（彼は本を読み終えた）

(c) 不定詞だけをとる動詞　hope，want など

I **want to go** to the movies.

（私は映画を見に行きたい）

(d) 両方とるが動名詞と不定詞とで意味が異なる動詞

forget，remember，try など

**Remember to go** there.

（そこへ行くのを覚えておきなさい）

I **remember going** there.

（私はそこへ行ったことを覚えている）

**〔実戦コーチ〕**

〈be 動詞＋動名詞〉を進行形と混同しないこと。〔動詞の -ing形〕が動名詞か現在分詞かは，**文全体の意味から判断**する。

My hobby **is playing** tennis.

（私の趣味《しゅみ》はテニスをすることだ）

●動名詞を使う表現

(a) 前置詞のあとに動詞がくるときは動名詞 (→5)

(b) -ing を含《ふく》む慣用表現　go -ing，How about -ing? など (→6)

## 確認テスト

問 次の文の(　　)内の動詞を適当な形に直せ。

(1) They enjoyed (skate) on the lake.
（彼らはその湖でスケートをして楽しんだ）

(2) He has just finished (do) the work.
（彼はちょうどその仕事をし終えたところだ）

(3) I stopped (play) the piano.
（私はピアノを弾《ひ》くのをやめた）

答

(1) skating

(2) doing

(3) playing

# 16 関係代名詞

## 関係代名詞の主格

**1** 先行詞(人)＋ who ～

□ I have *an uncle* **who lives in New York.** 重要
(私にはニューヨークに住んでいるおじがいる)

**2** 先行詞(動物・事物)＋ which ～

□ This is *the desk* **which was made by Tom.** 重要
(これはトムによってつくられた机です)

**3** 先行詞(人・動物・事物)＋ that ～

□ I have *a friend* **that is from Kyushu.**
(私には九州出身の友だちがいる)

▶関係代名詞で始まる節は**形容詞と同じ働き**をし，前**の名詞[先行詞]を修飾《しゅうしょく》する。**

## 関係代名詞の目的格と省略

**4** 目的格 who，which，that

□ He is *a teacher* **that every student knows.** (彼はどの学生もが知っている先生です) 重要

□ This is *the book* **which I have been looking for.** (これが私が探していた本です) 重要

▶目的格の関係代名詞は節中の**前置詞の目的語**にもなる。

**5** 関係代名詞の省略

□ Some of *the boys* **I invited** didn't come.
(私が招待した少年たちのうち何人かは来なかった)

□ *The bag* **I use every day** was made in France. (私が毎日使うかばんはフランス製だ)

必出
関係代名詞が省略されると〈**先行詞＋S＋V ～**〉の形になる。

## that の特別用法

**6** the ＋最上級～＋ that ...

□ This is **the best** *picture* **that I have ever painted.** (これは今までに私が描《か》いた最もよい絵だ)

**7** all，the only，the first など～＋ that ...

□ I will read **all** *the books* **that my father has.** (私は父の持っている本を全部読むつもりだ)

**入試 直前チェック**

- 主格の関係代名詞は，人→ who[that]，人以外→ which[that]を使う。
- 目的格の関係代名詞は，人→ that[who]，人以外→ which[that]を使う。

●**関係代名詞の働き**　次のように，代名詞の働きと接続詞の働きをかねる。

I have an uncle. + **He** lives in New York.

→ I have *an uncle* **who** lives in New York. (→1)

who 以下は形容詞節で，an uncle を修飾

●**関係代名詞の種類と用法**

- **who**　先行詞が「人」のときに用いる。(→1)
- **which**　先行詞が「動物・事物」のときに用いる。(→2)
- **that**　先行詞が「人」でも「動物・事物」でも用いる。(→3)

●**関係代名詞の格**　節中での働きによって格がかわる。語順に注意。(→1～4)

| | | | | |
|---|---|---|---|---|
| 主　格 | who | which | that | 先行詞＋関係代名詞＋動詞～ |
| 目的格 | who | which | that | 先行詞＋関係代名詞＋主語＋動詞～ |

●**関係代名詞の省略**　目的格 who，which，that は省略できる。(→5)

●**that の特別用法**　先行詞に**最上級の形容詞**(→6)，**the only** や **the first[last]**，**all**(→7)，**no**，**any**，**every** などがつくときは，ふつう that を用いる。また，先行詞が**「人＋動物・事物」であるとき**は，必ず that を用いる。

Do you know the girl and the dog **that** are running over there?

人＋動物

(あなたは向こうで走っている女の子と犬を知っていますか)

**〔実戦コーチ〕**

主格と目的格の見分け方。

(a)〈**who / which / that** ＋動詞～〉なら**主格**。

(b)〈**who / which / that** ＋主語＋動詞～〉なら**目的格**。

## 確認テスト

問　次の文の(　　)内に **who**，**which**，**that** のいずれかを入れよ。ただし，同じものを二度使わないこと。

(1) She was the first girl (　　　) came here.

(2) This is the picture (　　　) Tom painted.

(3) The girl (　　　) came here first was Jane.

答

(1) that

(2) which

(3) who

# 17 仮定法

## If ～の文

**1** If ＋主語＋(助)動詞の過去形 ～，主語＋助動詞の過去形＋動詞の原形 ....

□ **If** I **had** free time, I **would** read this book. 重要
(もしひまな時間があったら，私はこの本を読むのに)

必出 **〈If ＋主語＋(助)動詞の過去形 ～，主語＋助動詞の過去形＋動詞の原形 ....〉**の形。

□ **If** I **could** speak English, I **would** travel around the world.
(もし英語を話せたら，私は世界中を旅行するのに)

**2** If ＋主語＋ were ～，主語＋助動詞の過去形＋動詞の原形 ....

□ **If** I **were** you, I **would** study English hard. 重要 (もし私があなたなら，一生懸命《けんめい》に英語を勉強するのに)

▶ be 動詞は主語に関係なく，基本的には **were** を使う。口語では was も使われる。

□ **If** it **were** sunny, I **could** practice tennis.
(もし晴れていたら，私はテニスを練習することができるのに)

## I wish ～の文

**3** I wish ＋主語＋(助)動詞の過去形 ～.

□ I **wish** I **lived** in America. 重要
(私がアメリカに住んでいたらいいのに)

必出 wish のあとの動詞や助動詞は**過去形**。

□ I **wish** I **could** sing well.
(私がじょうずに歌うことができたらいいのに)

□ I **wish** I **were** a bird.
(私が鳥だったらいいのに)

## 仮定法と条件の文

**4** 仮定法

□ **If** I **could** understand animals' words, I **would** talk with my dog.
(もし動物の言葉が理解できたら，私は私の犬と話すのに)

⚠ **仮定法**は**現実とは異なる**こと，あるいは**実現の可能性が低い**ことを仮定するときに使われる。
**条件の文は実現の可能性がある**場合に使われる。

**5** 条件の文

□ **If** it **rains** tomorrow, I will stay home all day.
(もしあす雨が降るなら，私は１日中家にいる)

## 入試 直前チェック

- 仮定法では，if や wish に続く文の(助)動詞は過去形になる。
- 現在のことを言うとき，if 節内は仮定法の文→過去形，条件の文→現在形になる。



●仮定法　現実とは異なることや実現の可能性が低いことを仮定する場合に使われる。

●仮定法の形

(a) **〈If ＋主語＋(助)動詞の過去形 ～，主語＋助動詞の過去形＋動詞の原形 ....〉** の形で「もし～なら…なのに」という意味を表す。(→**1** **2**)

(b) **〈I wish ＋主語＋(助)動詞の過去形 ～.〉** の形で「～ならいいのに」という意味を表す。(→**3**)

動詞や助動詞は**過去形**を使うことに注意。

be 動詞を使う場合，主語に関係なく，基本的には **were** を使う。

●仮定法と条件の文

(a) 現実とは異なること，実現の可能性が低いことを言う場合

…**仮定法**を使う(→**4**)

**If** I **were** free now, I **could** go shopping.
　　過去形　　　　　過去形

(もし私が今ひまなら，買い物に行けるのに)

→実際にはひまではないので買い物に行けない。

(b) 実現する可能性があることを言う場合

…**条件の文**を使う(→**5**)

**If** I **am** free tomorrow, I will go shopping.
　　現在形

(もしあすひまなら，私は買い物に行く)

→あすひまになる可能性がある。

## 確認テスト

問〉次の文の(　　)内の動詞を適当な形になおせ。

(1) I wish I (know) his birthday.
(私が彼の誕生日を知っていればいいのに)

(2) If I (have) a lot of money, I would buy a new bike.
(もしたくさんのお金を持っていたら，新しい自転車を買うのに)

(3) If I (am) a baby, I could sleep all day.
(もし私が赤ちゃんなら，1日中眠《ねむ》ることができるのに)

答

(1) knew

(2) had

(3) were

# 18 前置詞

## 形容詞句と副詞句

**1** 前の名詞・代名詞を修飾する形容詞句

▶前置詞は**名詞・代名詞の前におく。** **on** *the desk*

□ *The pencil* **on the desk** is mine.
（机の上の鉛筆《えんぴつ》は私のものです）

**2** 動詞を修飾する副詞句

□ School *begins* **at eight**. （学校は８時に始まる）

## 注意すべき前置詞の用法

**3** at と on と in

▶ **at** night（夜に）, **in** the morning（朝に）なども慣用表現。

□ **at** six o'clock / **on** Sunday / **in** April
（６時に）　（日曜日に）　（４月に）

**4** till と by

□ I will wait for you **till** five o'clock. 重要
（５時まであなたを待ちましょう）

□ Come back **by** noon. （正午までにはもどりなさい） 重要

**5** in と into

□ He was **in** his room. （彼は自分の部屋にいた）

□ She went **into** the kitchen. 〔外から内へ〕
（彼女は台所へ入っていった）

**6** from と of

□ Butter is made **from** milk. 重要
（バターはミルクからつくられる）

□ This bat is made **of** wood. 重要
（このバットは木でつくられている）

be made from
原料：材質が変化

be made of
原料：材質に変化なし

## 群前置詞

**7** out of, in front of など

□ Jim came **out of** the classroom.〔内から外へ〕
（ジムは教室から出てきた）

□ There is a pond **in front of** the house. 重要
（その家の前に池がある）

入試 直前チェック

till「～まで(ずっと)」, by「～(ある時点)までに」のちがいに注意。

in front of ～や because of ～などの表現はセットで覚える。



● **前置詞の働き**　前置詞はふつう「前置詞＋名詞・代名詞」の形で句をつくる。

- **形容詞句**…形容詞の働きをして**前の名詞・代名詞を修飾《しゅうしょく》**する。(→1)
- **副詞句**……副詞の働きをして**動詞**(→2)・**形容詞などを修飾**する。

● **おもな前置詞の用法** 重要

(a) 時を表すもの：**at**（時刻，時の一点に），**on**（日・曜日に），**in**（月・季節・年などに）（→3）/ **till[until]**（～まで），**by**（～までに）（→4）/ **since**（～以来），**for**（～の間）/ **before**（～の前に），**after**（～のあとで）

(b) 場所を表すもの：**in**（～の中に），**into**（～の中へ）（→5），**at**（せまい場所に）/ **on**（～の上に），**under**（～の下に）/ **along**（～にそって），**across**（～を横切って）/ **by**（～のそばに），**around**（～のまわりに）

(c) その他：**from**（～から）〔原料〕，**of**（～で）〔材料〕（→6）/ **by**（手段で），**with**（道具で，～といっしょに）/ **for**（～のために）/ **about**（～について）

● **群前置詞**　2語以上の語群が一つの前置詞と同じ働きをするもの。(→7)

**out of ～**（～から），**because of ～**（～のために），**in front of ～**（～の前に），**at the center of ～**（～の中央に）

［実戦コーチ］

■動詞＋前置詞
**look for ～**（～を探す），
**think of ～**（～を考える），
**put on ～**（～を着る）

■be 動詞＋形容詞＋前置詞
**be famous for ～**（～で有名だ），
**be good at ～**（～が得意だ）

## 確認テスト

問 日本語を参考にして，(　　)内から適当な語を選べ。

(1) I was born (on / in) 2006.　(2006 年に)
(2) We had to cut it (by / with) a knife.　(ナイフで)
(3) He swam (across / through) the river.　(川を横切って)
(4) Let's go to the library (with / by) train.　(電車で)
(5) What are you looking (for / at)?　(探している)

答
(1) in
(2) with
(3) across
(4) by
(5) for

# 19 接続詞・間接疑問

## and, or, but の注意すべき用法

**1** both ～ and ..., either ～ or ...

□ **Both** *Tom* **and** *I* like baseball.

（トムも私もどちらも野球が好きだ）

▶**both ～ and ...** (～も…も両方とも)

**2** 命令文, ＋ and［or］～

□ **Study hard, and** you will succeed.

（一生懸命《けんめい》勉強しなさい，そうすれば成功するよ）

□ **Hurry up, or** you will be late for school.

（急ぎなさい，さもないと学校に遅《おく》れるよ）

⚠ 命令文のあとにくる and, or は「**そして**」「**または**」と訳さない。

## 接続詞 that

**3** S ＋ V ＋ that ～

□ I know **that you are busy**.

（私はあなたが忙《いそが》しいことを知っている）

**4** S ＋ V ＋ O ＋ that ～

□ I told him **that I wanted to go to Osaka**.

（私は彼に大阪へ行きたいと言った）

▶S ＋ V ＋ O ＋ that ～の形ではふつう that は**省略しない**。

**5** S ＋ V ＋ C ＋ that ～

□ I am sure **that you will win the game**.

（私はあなたが試合に勝つことを確信している）

## 間接疑問

**6** 疑問詞＋ S ＋ V

□ I know **who he is**. （私は彼がだれか知っている） **重要**

## 接続詞 when, if など

**7** when

□ It was very late **when I got home**.

（私が帰宅したときは，とても遅かった）

**8** if

□ **If it is rainy tomorrow**, I will stay home. **重要**

（もしあす雨降りなら，私は家にいるだろう）

入試 直前チェック

- 間接疑問は〈疑問詞＋主語＋動詞〉の語順に注意する。
- 接続詞 if の文では if のあとに「条件」が続く。

●接続詞の種類
- **等位《とうい》接続詞**　and, or, but, so
- **従属《じゅうぞく》接続詞**　that ; when, because, if, though

●等位接続詞の注意すべき用法

(a) **both ～ and ...** (～も…も両方とも), **not only ～ but (also) ...** (～だけでなく…も), **either ～ or ...** (～か…かどちらか一方) (→1)

(b) 「**命令文, ＋ and[or] ～**」(…しなさい, そうすれば[さもないと]～) (→2)

●名詞節を導く接続詞

(a) 接続詞 **that** は「～ということ」の意味で**名詞節を導く**。この that はしばしば省略される。時制の一致《いっち》に注意。

3→ I **knew** *that* you **were** busy. (私はあなたが忙しいことを知っていた)

(b) **疑問詞が名詞節を導く**こともある。(→6)　これを**間接疑問**という。

●副詞節を導く接続詞

**時**を表すもの：**when** (～するとき) (→7), **after** (～したあとで), **before** (～する前に), **since** (～して以来), **as soon as** (～するとすぐに)

**理由・条件**などを表すもの：**because** (～だから), **if** (もし～ならば) (→8), **though** (～だけれども), **so ～ that ...** (とても～なので…)

She was **so tired that** she could not run.
→ She was **too tired to** run.
(彼女はとても疲《つか》れていたので走れなかった)

**[実戦コーチ]**

間接疑問の語順に注意。
I know **what it is**.
疑問詞＋S＋V
疑問文の What is it? とちがって, 疑問詞のあとはふつうの文と同じ〈**S ＋ V**〉の語順になる。

## 確認テスト

問 日本語を参考にして, (　　)内に適当な1語を入れよ。

(1) I like (　　) cats and dogs. (ネコも犬も両方とも)

(2) (　　) (　　) (　　) he came home, he went to bed. (帰宅するとすぐに)

(3) He was (　　) angry (　　) he couldn't say a word. (とても怒《おこ》っていたので)

答

(1) both

(2) As soon as

(3) so, that

# 20 必出単語と語形変化

## 同意語・反意語・同音異義語

**1** 同意語

□ **〔動詞〕** begin—start, close—shut

□ **〔形容詞〕** difficult—hard, sick—ill **重要**

□ **〔名詞〕** present—gift, shop—store

**2** 反意語

□ **〔動詞〕** ask—answer, buy—sell, open—close

□ **〔形容詞〕** early—late, fast—slow, hot—cold, right—wrong, young〔new〕—old

□ **〔名詞〕** question—answer

▶**男性と女性：**
father—mother
brother—sister
son—daughter
man—woman
gentleman—lady

**3** 同音異義語

□ buy—by, blue—blew（blow の過去形）, hear—here, hour—our, new—knew, peace—piece, sun—son, won—one, write—right

## 語形変化

**4** 品詞による語形変化

□ **〔動詞と名詞〕** advise—advice, die—death, live—life, succeed—success

□ **〔名詞と形容詞〕** care—careful, rain—rainy

□ **〔形容詞と副詞・名詞〕** careful—carefully, happy—happiness

**5** 動詞の -ing 形

□ **〔動詞＋ -ing〕** singing, playing, talking

□ **〔e をとって -ing〕** skating, writing

□ **〔子音字を重ねて -ing〕** cutting, running, sitting, swimming

□ **〔ie を y にかえて -ing〕** lie → lying

**6** 動詞の３人称単数現在形

□ **〔動詞＋ -s, -es〕** plays, watches, goes

□ **〔y を i にかえて -es〕** studies, tries

**必出**

■**「子《し》音《いん》字《じ》＋ y」で終わる語：**
study→stud**ies**, stud**ied**
early → earl**ier**, earl**iest**
city → cit**ies**

■**「短母音＋子音字」で終わる語：**
run → run**ning**
stop → stop**ped**
big → big**ger**, big**gest**

## 入試 直前チェック

- 同意語や反意語はセットで覚える。
- 過去形・過去分詞は不規則動詞の変化をまとめて覚える。



**7** 規則動詞の過去形・過去分詞

□ **〔動詞＋ -d, -ed〕** closed, visited, washed

□ **〔y を i にかえて -ed〕** studied, cried

□ **〔子音字を重ねて -ed〕** stopped

**8** 不規則動詞の原形・過去形・過去分詞

□ **〔be 動詞, have〕** be—was〔were〕—been, have—had—had

□ **〔A—B—B〕** make—made—made, bring—brought—brought

□ **〔A—B—A〕** become—became—become,
come—came—come, run—ran—run

□ **〔A—B—C〕** do—did—done, give—gave—given,
go—went—gone, see—saw—seen,
speak—spoke—spoken, take—took—taken,
write—wrote—written

□ **〔A—A—A〕** cut—cut—cut, put—put—put,
read—read〔réd《レッド》〕—read〔réd《レッド》〕 **重要**

**9** 形容詞・副詞の比較変化

□ **〔-er, -est〕** long—longer—longest, early—earlier—earliest,
big—bigger—biggest

□ **〔more, most〕** beautiful—more beautiful—most beautiful,
slowly—more slowly
—most slowly

□ **〔不規則変化〕** good〔well〕—better—best,
bad〔ill〕—worse—worst,
many〔much〕—more—most,
little—less—least

> **〔実戦コーチ〕**
> more, most がつく語：
> difficult, famous,
> important, popular,
> interesting など

## 確認テスト

問 次の文の(　　)内の語を適当な形に直せ。

(1) She (study) English yesterday.
(2) He gets up (early) than his brother.
(3) I have a watch (make) in Switzerland.

答

(1) studied
(2) earlier
(3) made

# 21 必出重要熟語

**1**「動詞＋前置詞・副詞」　2語で1語の動詞と同じ働きをする。

☐ arrive at ～ （～に着く）
☐ **come from ～** （～出身である）
☐ **get off ～** （～を降りる）
☐ **get on ～** （～に乗る）
☐ get to ～ （～に着く）
☐ **get up** （起きる）
☐ **give up ～** （～をやめる）
☐ laugh at ～ （～を笑う）
☐ **listen to ～** （～を聞く）
☐ **look at ～** （～を見る）
☐ **look for ～** （～を探す） 重要
☐ **look like ～** （～に似ている）
☐ pick up ～ （～を拾い上げる）
☐ **put on ～** （～を着る）
☐ speak to ～ （～と話す）
☐ **stand up** （立つ）
☐ **take off ～** （～を脱《ぬ》ぐ）
☐ turn on ～ （〔ラジオなど〕をつける）
☐ turn off ～ （〔ラジオなど〕を消す）
☐ **wait for ～** （～を待つ）

**2**「動詞＋名詞・副詞＋前置詞」　3語で1語の動詞と同じ働きをする。

☐ **take care of ～** （～を世話する）
☐ **look forward to ～** （～を待ち望む） 重要
☐ **make friends with ～** （～と友だちになる）

**3**「動詞～＋前置詞…」

☐ **ask ～ for ...** （～に…をたのむ）
☐ **help ～ with ...** （～の…を手伝う）
☐ **thank ～ for ...** （～に…を感謝する）

**4**「be 動詞＋形容詞＋前置詞」

☐ be afraid of ～ （～をこわがる）
☐ be different from ～ （～と異なる）
☐ **be famous for ～** （～で有名だ）
☐ **be good at ～** （～が得意だ）
☐ be kind to ～ （～に親切にする）
☐ be late for ～ （～に遅《おく》れる）
☐ be proud of ～ （～を誇《ほこ》りに思う）
☐ be sorry for ～ （～を気の毒に思う）

**5**「be 動詞＋過去分詞＋前置詞」

☐ **be interested in ～** （～に興味がある）
☐ be surprised at ～ （～に驚《おどろ》く）
☐ be covered with ～ （～でおおわれている）

**6** 形容詞の働きをする熟語　数量を表すものが多い。

☐ **a cup of** （1杯《ぱい》の）
☐ **a few** （少数の）
☐ a kind of （一種の）
☐ **a little** （少量の）
☐ **a lot of** / lots of （多くの）
☐ **a pair of** （1対の，1足の）
☐ **a piece of** （1片の，ひと切れの）

入試 **直前チェック**

look at と look for，at first と for the first time など，同じ単語が入った熟語は意味もセットで覚えて，区別できるようにしよう。

## 7 副詞の働きをする熟語

時を表すもの

- □ **after a while** （しばらくして）
- □ **at first** （最初は） 重要
- □ at last （ついに，とうとう）
- □ at once （すぐに）
- □ **for a long time** （長い間）
- □ for a while （しばらくの間）
- □ **for the first time** （初めて）
- □ **long ago** （ずっと以前に）
- □ **on time** （時間どおりに）
- □ **right now** （ただ今，今すぐ）
- □ **these days** （このごろ）

範《はん》囲《い》・場所を表すもの

- □ **around the world** （世界中）
- □ **between ～ and ...** （～と…の間に）
- □ **far away** （遠く離《はな》れて）
- □ from ～ to ... （～から…へ）
- □ **in front of ～** （～の前に）
- □ **over there** （向こうに）

## 8 接続詞の働きをする熟語

- □ **both ～ and ...** （～も…も両方とも）
- □ either ～ or ... （～か…のどちらか）
- □ not ～ but ... （～ではなく…）

## 9 その他

- □ because of ～ （～なので）
- □ **each other** / one another （互《たが》い(に)）
- □ **for example** （例えば）
- □ for oneself （独力で，自分のために）
- □ **not ～ at all** （ぜんぜん～でない）
- □ **of course** （もちろん）

**［実戦コーチ］**

同じ動詞でも，あとにつく前置詞によって意味が異なることがある。
look **at** ～(～を見る)
look **for** ～(～を探す)
などに注意。

## 確認テスト

問 次の文の(　　)内に適当な１語を入れよ。

(1) He is good (　　) speaking English.
(2) He must (　　) care of his sister.
(3) He stopped in front (　　) my house.
(4) Both my mother (　　) my sister like curry.
(5) I'm good at playing sports, (　　) example, tennis, soccer, and basketball.

答

(1) at
(2) take
(3) of
(4) and
(5) for

# 22 必出重要構文

**1** There is [are] ～. (～がある)

□ **There are** five rooms in this house.
= This house **has** five rooms. (この家には5つ部屋がある)

**2** What [How] ～! (なんと～なのだろう)

□ **What a kind boy** he is! (彼はなんと親切な少年なのだろう)
= **How kind** he is! (彼はなんと親切なのだろう)

**3** S + V +物+ to [for] +人 (〔人〕に〔物〕を～する) 重要

□ He **gave** *the book* **to me**. = He **gave me** *the book*.
(彼は私にその本をくれた)

**4** Will you ～? (～してくれませんか)

□ **Will you open** the door? (戸を開けてくれませんか)
= **Please open** the door. (戸を開けてください)

**5** want ～ to ... (～に…してもらいたい)

□ I **want** you **to go** there.
(私はあなたにそこへ行ってもらいたい)

**6** tell ～ to ... (～に…するように言う)

□ He **told** *me* **to sing** a song. (彼は私に歌を歌うように言った)
= He **said** *to me*, **"Sing** a song."
(彼は私に「歌を歌って」と言った)

**7** It is ～ to .... (…することは～だ)

□ **It is** easy **to make** cakes. (ケーキをつくることは簡単だ)

**8** It is ～ for __ to .... (—が…するのは～だ) 重要

□ **It is** difficult *for me* **to speak** English.
(私が英語を話すのはむずかしい)

**9** too ～ to ... (あまりに～なので…できない) 重要

□ We are **too** tired **to** ski. = We are **so** tired **that** we **can't** ski.
(私たちはあまりに疲《つか》れているのでスキーができない)

**10** ～ enough to ... (…できるくらい十分に～)

□ I am rich **enough to buy** two cars.
(私は2台の車を買うだけのお金がある)

入試 直前チェック

too ～ to ... と so ～ that ＿ cannot ... など，言いかえられる構文は特にしっかり覚える。

11 so ～ that ...（とても～なので…）

□ I was **so** thirsty **that** I wanted something to drink.

（私はとてものどがかわいていたので，何か飲み物がほしかった）

12 so ～ that ＿ cannot ...（あまりに～なので―は…できない）重要

□ He is **so** weak **that** he **cannot** move the stone.

（彼はあまりに弱いのでその石を動かすことができない）

13 名詞＋ -ing ～（～している〔名詞〕）

□ I know the *boy* **playing** tennis.

＝ I know the *boy* **who is playing** tennis.

（私はテニスをしているその少年を知っている）

14 would like to ～（～したいと思う）

□ I **would like to have** a cup of coffee.

（コーヒーを１杯《ぱい》いただきたいのですが）

15 It is said that ～.（～ということが言われている）

□ **It is said that** she is a famous actress in Japan.

（彼女は日本では有名な女優だと言われている）

16 It is ～ since ....（…してから～になる）

□ **It is** two years **since** I came here.

（私がここに来てから２年になる）

17 though（～だけれども）

□ **Though** he is tall, he is not strong.

＝ He is tall, **but** not strong.

（彼は背が高いけれども強くない）

18 not only ～ but (also) ...（～だけでなく…も）

□ She is **not only** kind **but** also honest.

（彼女はやさしいだけでなく正直だ）

19 think that ～（～だと思う）

□ I **think that** Tom is very wise.

（私はトムはとてもかしこいと思う）

20 比較級＋ and ＋比較級（ますます～）

□ It’s getting **colder and colder**.

（ますます寒くなってきている）

では、実際に**「徒然草《つれづれぐさ》」**(兼好《けんこう》法師)第百九段の**〈高名《こうみょう》の木のぼり〉**を読んでみよう。

　高名の木のぼりといひしをのこ、人をおきてて、高き木にのぼせて梢《こずえ》を切らせしに、いと危《あや》ふく見えしほどはいふこともなくて、降《お》るる時に、軒長《のきたけ》ばかりに成りて、「あやまちすな。心して降りよ。」と言葉をかけはべりしを、「かばかりになりては、飛び降るとも降りなん。いかにかく言ふぞ。」と申しはべりしかば、「そのことに候《そうろう》。目くるめき、枝危ふきほどは、己《おのれ》が恐《おそ》れはべれば申さず。あやまちは、やすき所に成りて、必ず仕《つかまつ》ることに候。」といふ。
　あやしき下臈《げろう》なれども、聖人の戒《いまし》めにかなへり。鞠《まり》も、かたき所を蹴《け》出《い》だしてのち、やすく思へば、必ず落つとはべるやらん。

## □語句の意味をつかむ

**高名の木のぼり**＝有名な木登り(の名人)。**おきてて**＝指図して。**かばかり**＝これくらい。**降りなん**＝降りられよう。**かく**＝このように。**あやしき下﨟**＝官位・身分の低い者。**はべるやらん**＝言われているようです。

## □語法に注意して文脈をとらえる

**〔助詞の省略〕**「高名の木のぼりといひしをのこ」のあとには、主格を表す助詞が省略されている。

**〔主語の省略〕**「己が恐れはべれば申さず」の「申さず」の主語(われ＝高名の木のぼりといひしをのこ)が省略されている。

## □文意をとらえて味わう

　木登りの名人が、あやまちは安心した心のすきに乗じて起こるものだと言うのを筆者が聞いて、聖人の戒めに合う言葉だと感心したのである。

⚠**漢詩の形式**…漢詩は、古体《こたい》詩と近体《きんたい》詩に大別される。唐《とう》代の詩は近体詩だが、これは、さらに、一句が五音または七音でできていて全体が四句から成る**絶句《ぜっく》**と、全体が八句から成る**律詩《りっし》**とに分けられる。

**絶句** ─┬─ **五言絶句**
　　　　└─ **七言絶句**

**律詩** ─┬─ **五言律詩**
　　　　└─ **七言律詩**

**〈五言絶句の例〉**

絶句　杜《と》甫《ほ》

江ハ碧ニシテ鳥ハ逾白ク
山ハ青クシテ花ハ欲スレ然エント
今春看又過グ
何レノ日カ是レ帰年ナラン

江《こう》は碧《みどり》にして鳥は逾《いよいよ》白く
山は青くして花は然《も》えんと欲《ほっ》す
今春看《みすみす》又《また》過ぐ
何《いず》れの日か是《こ》れ帰年《きねん》ならん

21 読解

# 古文・漢文

入試直前チェック

- 歴史的かなづかいや古文特有の語法に注意して古文を読む。
- 返り点や漢文特有の言いまわしに注意して漢文を読む。

## 古文

□**古文と現代文のちがい** 重要 おもに次のような点である。

① 古文には、**現代語にない古語**や、**形は同じか似ていても意味用法の異なる語**が用いられる。これらは、覚えておく必要がある。

② 現代文では「現代かなづかい」が用いられるが、古文では、「**歴史的かなづかい**」が用いられる。

③ 古文では、主語や述語、主格を表す「が」、修飾《しゅうしょく》格を表す「を」などの助詞の省略が行われる。また、「**係《かか》り結び**」という特殊《とくしゅ》な語法もある。

□**古文の読み方** 一つ一つの語句の意味を適切にとらえるとともに、係り結びなど古文特有の語法にも注意して、文脈をおさえ、内容を正しく読み取る。そのうえで、古人のものの見方や考え方などを、考えてみる。

## 漢文

□**漢文とその訓読** 重要 漢文とは、中国の文章のことで、これを日本語風に読むことを、**訓読**という。訓読する場合には、日本語と語順のちがう部分に読む順序を示す**返り点**（「レ点」や「一・二点」など）をつけ、活用語には**送りがな**をつける。

□**漢文の読み方** 訓読のきまりに従って読み下《くだ》し、漢文特有の言いまわしを知って、その意味を正しくとらえる。

---

必出 **歴史的かなづかい**
「をとこ（男）」「もみぢ（紅葉）」「には（庭）」「あふぎ（扇）」のような、**平安時代の書き方に基づくかなづかい**である。

▼**係り結びの法則**
文中に「ぞ」「なむ」「や」「か」という助詞がくると文末は連体形、「こそ」がくると、已然《いぜん》形で結ぶというきまりである。

▼**漢文の返り点**

□**レ点**
寸鉄殺ス㆑人ヲ。
（寸鉄人を殺す。）

□**一・二点**
疑心生ズ㆓暗《あん》鬼《き》ヲ㆒。
（疑心暗鬼を生ず。）

いはばしる垂水《たるみ》の上のさわらびの萌《も》え出《い》づる春になりにけるかも

〔万葉集・志貴皇子《しきのみこ》〕

〔意味〕 いつしか冬も過ぎて、岩の上を激しく流れ落ちる滝《たき》のほとりに、かわいいわらびが芽を出す春になったのだなあ。

〔解説〕 **句切れなし**の歌。初句の「いはばしる」は、岩の上を音を立てて流れ落ちるという意味をもって「垂水」にかかる**枕詞《まくらことば》**。そうそうと流れ落ちる滝の水と、柔《やわ》らかな芽をふいたさわらびが対照をなし、生気にあふれた春のいぶきが感じられる。初句から三句まで一気にうたい、四句・結句を**字余り**（「萌え出づる春に」＝八音）と詠嘆《えいたん》の助詞「かも」でふくらみをもたせている。

白鳥《しらとり》はかなしからずや空の青海のあをにも染《そ》まずただよふ

〔若山牧水《ぼくすい》〕

〔解説〕 **二句切れ**の歌。「かなしからずや」は、かなしくないのだろうか、の意。空も海もすべて青一色、その周囲の青さにも染まらないで漂《ただよ》う白鳥＝かもめの、孤独《こどく》で純潔な姿を初句・二句で表現し、三句・四句でたたみかけるように風景全体を大きく感動的にえがき、結句で白鳥に対する哀愁《あいしゅう》の気持ちをうたっている。

閑《しず》かさや岩にしみ入る蟬《せみ》の声

〔松尾芭蕉《まつおばしょう》〕

〔意味〕 ああ、静かだなあ。鳴いている蟬の声は、静かさをいっそう深くして、その声は、まるで岩の中にしみ通るように感じられる。

〔解説〕 **季語**は、「**蟬（夏）**」。「奥《おく》の細道」の旅中、山形の立石寺《りゅうしゃくじ》での作。立石寺は、全山が岩でおおわれている。「閑かさや（「や」は**切れ字**）」に、自然の静寂《せいじゃく》が表現されている。

万緑《ばんりょく》の中や吾子《あこ》の歯生え初《そ》むる

〔中村草田男《くさたお》〕

〔解説〕 辺りにあふれるような新緑、これが「**万緑**」で、漢語的な強いひびきの中に初夏の生気を表現する**季語**。その緑を背景に「吾子の歯（わが子の生え始めたばかりの歯）」をとらえた感動が「中や」の**切れ字**にこめられている。

夏草に汽罐車《きかんしゃ》の車輪来て止まる

〔山口誓子《せいし》〕

〔解説〕 **季語**は、「**夏草（夏）**」。夏草と機関車、森閑《しんかん》とした草むらと車輪のひびきは、自然と人工、静と動の対照を感じさせる。伝統的な俳句の世界に近代的な素材をもちこんだ句で、「来て止まる」には、圧倒《あっとう》するような量感の動きと静止がとらえられている。

## 20

**読解**

# 短歌・俳句

**入試直前チェック**

短歌は、形式や句切れに注意して、リズムや情景を味わう。
俳句は、形式や季語、切れ字に注意して、リズムや情景を味わう。

### 短歌

□ **短歌とその形式**　短歌は、和歌の一種で、長歌《ちょうか》に対するもの。**五・七・五・七・七**（五・七・五の三句を**上《かみ》の句**、七・七の二句を**下《しも》の句**という）の五句三十一音を定型とするが、三十一音より多い、**字余り**の歌もある。

□ **短歌の句切れ**　意味や調子の切れめが初句のあとにあるものを**初句切れ**といい、以下、**二句切れ・三句切れ・四句切れ**がある（**句切れなし**もある）。そして、二句切れ・四句切れから生じるリズムを**五七《ごしち》調**、初句切れ・三句切れから生じるリズムを**七五《しちご》調**という。

### 俳句

□ **俳句とその形式**　俳句は、**五・七・五**の三句十七音に感動をもりこんだ、**最も短い定型詩**。短歌と同じく、十七音より多い、**字余り**の句もある。

□ **俳句の季語**　俳句には、**季節を示す語**（**季語**または**季題**という）が原則入る。（——が季語）

例　校塔《こうとう》に鳩《はと》多き日や卒業す〈春〉　買ひもどる風鈴《ふうりん》にはや町の風〈夏〉
赤とんぼ筑波《つくば》に雲もなかりけり〈秋〉　落ち葉たくけむりまとひて人きたる〈冬〉

□ **俳句の切れ字** **重要**　**句中または句末に置いて意味の切れめを示す語**で、**「や」「かな」「けり」**などが、そのおもなものである。

□ **短歌・俳句の味わい方**　**季節**や**情景**を明らかにして、その情景に託《たく》したり直接に表現したりした**作者の感動の中心**をとらえる。その場合、句切れや、倒置《とうち》・省略などにも注意する。

---

**▼短歌の句切れ**

□ 秋近し／電燈《でんとう》の球《たま》のぬくもりのさはれば指の皮膚《ひふ》に親しき　**〈初句切れ〉**

□ 白鳥はかなしからずや／空の青海のあをにも染まずただよふ　**〈二句切れ〉**

□ 病《やまい》のごと思郷《しきょう》のこころ湧《わ》く日なり／目にあをぞらの煙《けむり》かなしも　**〈三句切れ〉**

□ 街をゆき子どものそばを通るときみかんの香《か》せり／冬がまた来る　**〈四句切れ〉**

□ ゆく秋の大和《やまと》の国の薬師《やくし》寺《じ》の塔《とう》の上なる一《ひと》ひらの雲　**〈句切れなし〉**

**▼自由律俳句**

五・七・五の定型にとらわれない句を、自由律俳句という。

つの句を並立《へいりつ》させる**対句**《ついく》といった、感動を強く表すために用いられる表現技法に注意する。また、詩にリズムを与《あた》える、**定型の音数**、行《ぎょう》の初め・終わりの音をそろえる**頭韻**《とういん》**・脚韻**《きゃくいん》、同じ語句をくり返す**反復**《はんぷく》などにも注意する。

□内容を正しくつかんだうえで、題名や、詩中にくり返し出てくる語句などにも注意して、**作者の感動の中心（主題）**をとらえる。

では、実際に、**「ぼろぼろな駝鳥《だちょう》」**（高村光太郎《たかむらこうたろう》）を読んでみよう。

何がおもしろくて駝鳥を飼うのだ。
動物園の四坪《つぼ》半のぬかるみの中では、
脚《あし》が大股《おおまた》すぎるじゃないか。
頸《くび》があんまり長すぎるじゃないか。
雪の降る国にこれでは羽がぼろぼろすぎるじゃないか。
腹がへるから堅《かた》パンも食うだろうが、
駝鳥の眼《め》は遠くばかり見ているじゃないか。
身も世もないように燃えているじゃないか。
瑠璃《るり》色の風が今にも吹《ふ》いて来るのを待ちかまえているじゃないか。
あの小さな素朴《そぼく》な頭が無辺大の夢で逆《さか》まいているじゃないか。
これはもう駝鳥じゃないじゃないか。
人間よ、
もうよせ、こんなことは。

**□うたわれていることがらをとらえる**

うたわれているのは、動物園のおりの中の駝鳥だが、作者の思いは、駝鳥への感情だけにとどまっていない。

**□語句の意味をつかむ**

**身も世もない**＝じっとしていられない。**瑠璃**＝つやのある青い宝石。**無辺大の**＝限りなく大きい。

**□表現を味わう**

「〜じゃないか」という形を**くり返し**て、感動を高め、最後に、「人間よ、もうよせ、こんなことは。」と、**倒置**の形で、短く強く、作者の心情をはき出している。

**□作者の感情をとらえる**

初めは、大きな駝鳥を動物園の狭《せま》いおりの中で飼うことの不自然さを、やや客観的に述べているが、しだいに駝鳥へのあわれみが強まり、主観的になるとともに、感動も高まっていく。最後に至って、駝鳥の自由を奪《うば》った人間に対する怒《いか》りをあらわにしている。

**〔対句〕**
耳にはよしきり。ほほにはひかり。

# 19 詩 読解

入試 直前チェック

- 詩の形式・文体・内容による種類のちがいを理解する。
- 全体の情景や表現技法、感動の中心などの読み方をつかむ。

## 詩とその種類

詩とは、ものごとに強く心を動かされたその感動を、詩的なイメージと結びつけ、あるリズム(韻律《いんりつ》)をもって表したもの。次のような種類がある。

□ **形式上の種類**　句の音数が決まっていて行《ぎょう》や連《れん》(何行かのまとまり)が一定の形になっている**定型詩**、音数などにこだわらず自由な形で表現される**自由詩**、普通《ふつう》の文章の形で詩としてのリズムが感じられる**散文詩**がある。

□ **文体上の種類**　文語を用いた**文語詩**と、口語《こうご》を用いた**口語詩**とがある。なお、文語詩には定型詩が多く、口語詩、特に現代のものは、ほとんどが自由詩である。

□ **内容上の種類**　喜びや悲しみなどの心情をうたった**叙情《じょじょう》詩**が、現代詩の中心で、ほかに、自然の景色《けしき》をうたった**叙景詩**、物語や出来事をうたった**叙事詩**などもある。

## 詩の読み方

□ うたわれている**中心内容**をとらえる。

□ 季節・時刻・場所など、**場面**・**情景**をとらえる。

□ **全体の組み立て**をとらえる。連に分けられているものは、内容上から、各連相互《そうご》の関係などをつかんでおく。

□ **表現技法** 重要　直喩《ちょくゆ》・隠喩《いんゆ》・擬人《ぎじん》法などの**比喩**や、語句の順序を普通とは逆にする**倒置《とうち》**、文を組み立てる一部をはぶく**省略**、同じような長さ・意味で用語・音調もつり合いのとれた二

---

▼**文語の定型詩**

　千曲川《ちくまがわ》旅情の歌

小諸《こもろ》なる　古城のほとり
雲白く　遊子《ゆうし》悲しむ
緑なす　はこべはもえず
若草も　しくによしなし
　…　〔島崎藤村《しまざきとうそん》〕

　各行とも、五音と七音から成っている。

必出 **表現技法の例**

〔**倒置**〕
彼《かれ》は知っていた　小さい額《ひたい》が狙《ねら》われているのを

〔**省略**〕
漁夫は海を愛している
いまもこの生きている海を
……

誰《だれ》かを教育する、という場合、教育しようとすることに何らかの価値があるということは、その必要条件と言っていいだろう。しかし、実際に教育を行おうとすると、価値の問題は困難な状況《じょうきょう》をひき起こしてくる。

たとえば、ある幼稚《ようち》園が自由にのびのびと子どもを育てることに価値をおいていても、その親たちは、他の幼稚園では英語を教えていることを例に出して、ここの幼稚園では何も教えてくれないから駄目《だめ》だと批判するかもしれない。

あるいは、「よい高校」として有名な高校に必死の受験勉強をして入学した高校生が、受験勉強などまったくつまらない、と言って学校へ行かなくなることもある。親や教師が説得しても、「よい大学に入学することが、価値あることとは思えない」と主張する。

ここに二つの例をあげたが、これに類することはいくらでもある。価値観、人生観の差によって、随分《ずいぶん》と違《ちが》う意見がでてくるのである。このことが、現在のわが国の教育を非常に難しい状況に追いこんでいると思われる。

### □ 必出 部分の意味をとらえる

上の文章では、「これ(に類する)」と「この(ことが)」という指示語が用いられている。**指示語は、その前、特に直前の叙述《じょじゅつ》部分に注意して、指示内容をとらえる**のだが、指示する内容が多いこともあるので、注意しなければならない。「これ(に類する)」は、第二・第三段落の内容(二つの例)を指示している。また、「この(ことが)」は、「価値観、人生観の差によって、随分と違う意見がでてくるのである。」という内容を指示している。

### □ 意味段落を考えて全文の構成をつかむ

この文章は、第一段落で**問題の提起**が行われ、第二・第三段落でその**具体的な例**があげられ、第四段落でこれらの**内容がまとめて**述べられている。

**第一段落** ─┬─ **第二段落**
　　　　　 └─ **第三段落** ─── **第四段落**

### □ 全文の要旨をとらえる

全文の要旨は、**まとめ・結びの部分**(ここでは第四段落)に注意してとらえる。「親、教師、子どものそれぞれの価値観、人生観の差がわが国の教育を難しい状況に追いこんでいる。」となる。

## 18

## 読解　論理的な文章

**入試直前チェック**

- 論理的文章の種類と性格を理解する。
- 論理的文章の全体と部分の読み方をつかむ。

### 論理的な文章の種類

論理的な文章とは、客観的な視点で、筋道を立てて書かれた文章。**論説文・説明文・評論文**のほかに、**記録文・報告文**(**報道文**)なども含《ふく》まれるが、たとえば記録文にも文学的な内容のものがあるように、一概《いちがい》に「論理的な文章」と分類できない性格のものもあるので注意する。

### 論理的な文章の読み方

□全文を一読して、**論述・説明の内容の大体**をとらえる。その場合、**題**(**文題**)にも注意。

□**部分の意味**を正しくとらえる。部分といっても、全体との関連において考えなくては、その正しい意味はとらえられない。

⚠指示語の指示内容も文脈からつかんでおく。

□**事実と意見**　論述・説明の展開をとらえ、事実を述べた部分と意見を述べた部分、事実や意見を述べた部分とその例をあげた部分とを区別して、**意味上から段落分け**をする。

□**要点と段落構成**　各段落の要点をとらえて、次に、段落相互《そうご》の関係を考え、まとめられる段落どうしはまとめて、たとえば論説文ならば**序論**(**前置き**)・**本論**(**説明**)・**結論**(**結び・まとめ**)といった、**全文の構成**をつかむ。

□**要旨《ようし》・論旨** **重要**　結論の部分に注意して、**筆者が論述・説明しようとした中心的な内容**(**要旨・論旨**)をとらえる。その際、**文中にくり返し出てくる語句**(**キーワード**)に注意する。

では、実際に**「子どもと学校」**(河合隼雄《かわいはやお》)の一節を読んでみよう。

---

**▼段落に着目した文章構成の型**

□**二段型**…説明―結論、逆に、結論―説明という組み立て。

□**三段型**…序論―本論―結論という組み立て。

□**四段型**…起―承―転―結という、漢詩のような組み立て。

**▼要旨・論旨に着目した文章構成の型**

□**頭括《とうかつ》型**…文章の初めに結論が述べられるもの。

□**尾括《びかつ》型**…文章の終わりに結論が述べられるもの。

□**双括《そうかつ》型**…文章の初めと終わりに結論が述べられるもの。

〔父が商売上の罪で斬刑《ざんけい》に処せられることを知った長女のいち（十六歳《さい》）は、大人たちに相談せず、妹や弟を連れて奉行《ぶぎょう》所に行き、父の助命願書を差し出した。〕

「おまえの申し立てにはうそはあるまいな。もし少しでも申したことに間違《まちが》いがあって、人に教えられたり、相談をしたりしたのなら、今すぐに申せ。隠《かく》して申さぬと、そこに並べてある道具で、誠《まこと》のことを申すまで責めさせるぞ。」佐々《さ さ》は責め道具のある方角を指さした。

いちはさされた方角を一目見て、少しもたゆたわずに、「いえ、申したことに間違いはございません。」と言い放った。その目は冷ややかで、その言葉は静かであった。

「そんならいま一つおまえに聞くが、身代わりをお聞き届けになると、おまえたちはすぐに殺されるぞよ。父の顔を見ることはできぬが、それでもいいか。」

「よろしゅうございます。」と、同じような、冷ややかな調子で答えたが、少し間をおいて、何か心に浮《う》かんだらしく、「お上《かみ》のことには間違いはございますまいから。」と言い足した。

佐々の顔には、不意打ちにあったような、驚愕《きょうがく》の色が見えたが、それはすぐに消えて、険しくなった目が、いちの面《おもて》に注がれた。憎悪《ぞうお》を帯びた驚異の目とでも言おうか。しかし佐々は何も言わなかった。

□ **場面を考える**

場所を表す言葉はないが、佐々という人物（奉行）が、いちを取り調べていること、「責め道具」が並べられてあることから、奉行所内の取り調べ所（白州《しらす》＝白い砂や小石を敷《し》きつめた、罪人を問いただす場所）だとわかる。

□ **表現に注意して登場人物の性格・心情をとらえる**

主人公は、いちである。佐々の脅《おど》かしの言葉にも、「少しもたゆたわず」「冷ややかな調子で」「静か」に答えている。その態度からは、十六歳の娘《むすめ》らしさは全く感じられない。特に、最後につけ足した「お上のことには間違いはございますまいから。」という言葉が、いちの冷静で鋭《するど》い人間像を浮かび上がらせる。

一方、佐々のほうは、初めは十六歳の娘であるいちの本音を聞こうとして、脅かしたりしていたのだが、いちの態度から、しだいに、自分の考えていたことが間違っていたように感じてくる。そして、いちの最後の言葉を聞くに至って「驚愕」し、小娘ではなく、鋭く対決する一人の相手として、いちを見るのである。

□ **主題をとらえる**

この文章は、父の命を助けようとしてお上に対するいちの冷静な様子を、みごとにえがき出している。

# 17

読解

# 文学的な文章

入試 直前チェック

- 表現方法のちがいから、文学的な文章の種類をおさえる。
- 場面や人物の言動から、人物の心情や人物像をとらえる。

## 文学的な文章の種類

「文学的な文章」には、**小説（物語）**・**戯曲**《ぎきょく》・**随筆**《ずいひつ》・**紀行文**《きこう》などの種類（ジャンル）がある。本来、詩歌《しいか》（韻文《いんぶん》）も含《ふく》むが、これらはあとの章で取り上げることとし、ここでは散文の文学的文章を扱《あつか》うことにする。

## 文学的な文章の読み方

□ **あらすじ**　一読して、**話のあらすじ**や、**人物の行動の順序**をとらえる。

□ **場面**　描写《びょうしゃ》部分をもとにして、**話が展開する各場面**や、**人物の目にうつる情景**を、できるだけはっきりと頭に思いえがくようにする。

□ **登場人物の心情** 重要　会話の部分や行動を述べた部分、さらには語り手が説明した部分などに注意して、**登場人物の性格・心情**、**人物像**をとらえる。

□ **表現上のくふう**　**直喩**《ちょくゆ》（「～のよう」とたとえる言い方）・**隠喩**《いんゆ》（直接たとえる言い方）・**擬人**《ぎじん》**法**（人間でないものを人間のように表す言い方）といった比喩、音や様子などの感じを表す**擬**《ぎ》**声**《せい》**語**・**擬態**《ぎたい》**語**の使用など、**表現上のくふう**に注意する。また、会話（心内語）と説明の部分、説明と描写の部分を見分け、**文体**にも注意する。

□ **主題**　題名や、中心人物の言葉や行動、話のクライマックス部分などに注意して、**作者がその作品で表そうとした中心的な考えや思い（主題）**をとらえる。

では、実際に、**「最後の一句」**（森鷗外《もりおうがい》）の一節を読んでみよう。

---

必出 **小説（物語）の三要素**

□ **登場人物**（だれが）・**場面**（どこで）・**事件**（どうした）の三つで、小説（物語）は、この三つの要素が組み合わさって、人生のさまざまな様子をえがき出したり、作者の考えを述べたりするのである。

▼**比喩の例**

□ **直喩**
りんごのような頬《ほお》

□ **隠喩**
氷の刃《やいば》

□ **擬人法**
花が笑う。

## 昭和時代

□ **伊豆《いず》の踊子《おどりこ》** 重要 **川端康成《かわばたやすなり》**作。旧制高校生の主人公が伊豆の旅で一人の踊《おど》り子に心ひかれるという青春文学で、新鮮《しんせん》な感覚的手法でえがかれている。

□ **蟹工船《かにこうせん》** **小林多喜二《こばやしたきじ》**作。カムチャツカの海に出漁する蟹工船で階級的に目ざめていく労働者群像をえがいた、**プロレタリア文学**の代表的作品。

□ **夜明《よあ》け前** **島崎藤村《しまざきとうそん》**作。作者の父をモデルに、近代社会の夜明けを、木曽《きそ》山中の一宿場《しゅくば》を舞《ぶ》台《たい》に描写《びょうしゃ》した歴史小説。

□ **路傍《ろぼう》の石** **山本有三《やまもとゆうぞう》**作。主人公吾一《ごいち》少年が人間の真実に生きようとする姿を、おとなの世界の矛盾と対照的に示した作品。

□ **走れメロス** 重要 **太宰治《だざいおさむ》**作。自分の身代わりとなった友を救うために走るメロスの姿を通して、人と人との友情や信頼《しんらい》をえがいた作品。

□ **智恵子抄《ちえこしょう》** **高村光太郎《たかむらこうたろう》**作。死別した智恵子夫人への愛情をうたった、恋愛《れんあい》詩集の傑作《けっさく》。

□ **細雪《ささめゆき》** 重要 **谷崎潤一郎《たにざきじゅんいちろう》**作。大阪船場《せんば》の旧家の四人姉妹の人間像と生態を、王朝風・絵巻物風の情緒《じょうちょ》や手法をただよわせてえがいた作品。

□ **夕鶴《ゆうづる》** **木下順二《きのしたじゅんじ》**作。素朴《そぼく》な農夫と、彼《かれ》に助けられて人間の姿に身を変えた鶴の物語。人間の美しさ・哀《かな》しさをえがいた戯曲《ぎきょく》。

### ▼大正時代の文学流派

□ **耽美《たんび》派**……永井荷風《ながいかふう》・谷崎潤一郎・佐藤春夫《さとうはるお》

□ **白樺《しらかば》派**……武者小路実篤《むしゃのこうじさねあつ》・有島武郎《ありしまたけお》・志賀直哉

□ **新思潮《しんしちょう》派**……菊池寛《きくちかん》・芥《あくた》川龍之介《がわりゅうのすけ》

### ▼世界の代表的な文学作品

**ハムレット**……**シェークスピア**(イギリス)作。王子ハムレットを主人公とした悲劇的な戯曲。シェークスピアには、ほかに「**ベニスの商人**」「**オセロ**」「**リア王**」「**ロミオとジュリエット**」などの作品がある。

**ファウスト**……**ゲーテ**(ドイツ)作。ファウストの魂《たましい》の遍歴《へんれき》をえがく戯曲。

**戦争と平和**……**トルストイ**(ロシア)作。ナポレオン戦争時代のロシアの社会をえがいた長編小説。

**罪《つみ》と罰《ばつ》**……**ドストエフスキー**(ロシア)作。自分は選ばれた人間であると自負する一大学生の老婆《ろうば》殺しをえがいた小説。

**若草物語**……**オルコット**(アメリカ)作。南北戦争中の四姉妹の物語。

**レ=ミゼラブル**……**ユーゴー**(フランス)作。一片のパンを盗《ぬす》んだ主人公ジャン=バルジャンの一生をえがき、人道主義の思想をまとめた小説。

**にんじん**……**ルナール**(フランス)作。「にんじん」のあだ名をもつ少年の日常と成長をえがく物語。

**車輪の下**……**ヘッセ**(ドイツ)作。立身出世を期待する周囲に押《お》しつぶされる少年の姿をえがき、生きることの意味を考えさせる作品。

16

文学

# 日本文学史②

入試 直前チェック

- 外国文化の影響《えいきょう》を受けた、明治時代の文学史をつかむ。
- 抑圧《よくあつ》から自由・多様化へと至る昭和時代の文学史をおさえる。

## 明治時代

□ **浮雲《うきぐも》** 重要 **二葉亭四迷《ふたばていしめい》**作。明治初頭の社会において、世俗《せぞく》的な考えになじめない青年・文三《ぶんぞう》の迷いをえがいたもので、言文一致体《げんぶんいっちたい》の文章の先がけとして有名である。

□ **五重塔《ごじゅうのとう》** **幸田露伴《こうだろはん》**作。「のっそり十兵衛《じゅうべえ》」と呼ばれる大工《だいく》が、あらゆる冷笑・妨害《ぼうがい》にもめげず、情熱を打ちこんで五重塔を完成する物語。

□ **破戒《はかい》** **島崎藤村《しまざきとうそん》**作。生《お》い立ちを隠《かく》せという父の戒《いまし》めと、真実を求める考えとの矛盾《むじゅん》に苦悩《くのう》する若者の姿をえがいた、**自然主義文学の指標**となった作品。

□ **坊《ぼ》っちゃん** **夏目漱石《なつめそうせき》**作。物理学校を卒業した主人公が、四国松山《まつやま》の中学校に教師として赴《ふ》任《にん》してひき起こす事件を、ユーモラスにえがいた作品。

## 大正時代

□ **山椒大夫《さんしょうだゆう》** **森鷗外《もりおうがい》**作。安寿《あんじゅ》と厨子王《ずしおう》の姉弟が、母親と離《はな》れ離《ばな》れにされて、山椒大夫という人買いに売られ、苦労を重ねる物語。

□ **清兵衛《せいべえ》と瓢簞《ひょうたん》** **志賀直哉《しがなおや》**作。瓢簞が好きでたまらない少年と、彼《かれ》を理解しない周囲の大人たちとを対照させてえがいた作品。志賀直哉には、長編の代表作「**暗夜行路《あんやこうろ》**」もある。

□ **鼻** **芥川龍之介《あくたがわりゅうのすけ》**作。「今昔《こんじゃく》物語集」「宇治拾遺《うじしゅうい》物語」などの説話文学から題材を得たもので、人間心理の微妙《びみょう》な屈折《くっせつ》と明暗とを巧《たく》みにえがいたもの。「**羅生門《らしょうもん》**」で認められた作者は、この作品で漱石から激賞され、世に出た。

---

**▼明治時代のおもな詩歌集と作者・訳者**

□ **於母影《おもかげ》**（森鷗外ら）

□ **若菜集《わかなしゅう》**（島崎藤村）

□ **天地有情《てんちうじょう》**（土井晩翠《どいばんすい》）

□ **海潮音《かいちょうおん》**（上田敏《うえだびん》）

□ **邪宗門《じゃしゅうもん》**（北原白秋《きたはらはくしゅう》）

□ **みだれ髪《がみ》**（与謝野晶子《よさのあきこ》）

□ **一握《いちあく》の砂《すな》**（石川啄木《いしかわたくぼく》）

**▼明治時代の文学思潮**

□ **写実《しゃじつ》主義**……坪内逍遥《つぼうちしょうよう》・二葉亭四迷

□ **擬《ぎ》古典主義**……幸田露伴・尾崎紅葉《おざきこうよう》

□ **浪漫《ろうまん》主義**……森鷗外・与謝野晶子

□ **自然主義**……島崎藤村・田山花袋《たやまかたい》

□ **反自然主義**……夏目漱石・森鷗外

## 鎌倉時代

□**新古今和歌集《しんこきんわかしゅう》** 重要 歌集 **〔編者〕**＝藤原定家《ふじわらのさだいえ》ら **〔内容〕**＝後鳥羽上皇《ごとばじょうこう》の命によって編まれた勅撰和歌集。**万葉集・古今和歌集とともに三大和歌集の一つ。**

□**方丈記《ほうじょうき》** 随筆 **〔作者〕**＝鴨長明《かものちょうめい》 **〔内容〕**＝作者が見聞した天変地異と人生の無常を述べたもので、隠者《いんじゃ》（俗世《ぞくせ》を捨てて山野に住んだ人）の書いた文学の先がけとなった作品。

□**宇治拾遺物語《うじしゅういものがたり》** 説話集 **〔編者〕**＝不明 **〔内容〕**＝**説話**の時代といわれる中世を代表する作品。

□**平家物語《へいけものがたり》** 重要 軍記物語 **〔作者〕**＝不明 **〔内容〕**＝滅《ほろ》びゆく運命の平氏を中心に、はげしい歴史の動きを生き生きと伝えた、**軍記物語の最高傑作《けっさく》。**琵琶《びわ》法師の語りで広められた。

□**徒然草《つれづれぐさ》** 重要 随筆 **〔作者〕**＝兼好法師《けんこうほうし》 **〔内容〕**＝鎌倉《かまくら》末期の動乱の世をのがれた作者が、自由な立場から自然や世相《せそう》について書いたもの。

## 室町時代

□**太平記《たいへいき》** 軍記物語 **〔作者〕**＝不明 **〔内容〕**＝南北朝の争乱を中心にえがく。

□**（連歌《れんが》）** 和歌の上《かみ》の句と下《しも》の句を別々の人がよみ、これをくり返すもの。

□**（謡曲《ようきょく》）** 観阿弥《かんあみ》・世阿弥《ぜあみ》父子によって大成された、「能《のう》」という劇の脚本《きゃくほん》。

□**（御伽草子《おとぎぞうし》）** 説話的な小説の総称《そうしょう》。「鉢《はち》かづき」「一寸法師《いっすんぼうし》」などが有名。

## 江戸時代

□**奥《おく》の細道** 重要 紀行文 **〔作者〕**＝松尾芭蕉《まつおばしょう》 **〔内容〕**＝作者が江戸から東北・北陸を経て大垣《おおがき》（現岐阜県）に至るまでの旅の様子を書いた、**わが国紀行文中の最高傑作。**俳句と文章から成る。

□**日本永代蔵《えいたいぐら》** 浮世草子《うきよぞうし》 **〔作者〕**＝井原西鶴《いはらさいかく》 **〔内容〕**＝当時の町人の社会での利欲や金銭にからむ人間の苦しみなどを扱《あつか》った、**町人物**の傑作《けっさく》。

---

**▼江戸時代のその他の文学**

**作品**

□**世間胸算用《せけんむねさんよう》**（浮世草子・井原西鶴）

□**曽根崎心中《そねざきしんじゅう》**（浄瑠璃《じょうるり》・近松門左衛門《ちかまつもんざえもん》）

□**国性爺合戦《こくせんやかっせん》**（浄瑠璃・近松門左衛門）

□**雨月《うげつ》物語**（読本《よみほん》・上田秋成《あきなり》）

□**古事記伝《こじきでん》**（国学・本居宣長《もとおりのりなが》）

□**東海道中膝栗毛《ひざくりげ》**（滑稽《こっけい》本・十返舎一九《じっぺんしゃいっく》）

□**南総里見八犬伝《なんそうさとみはっけんでん》**（読本・曲亭《きょくてい》〈滝沢《たきざわ》〉馬琴《ばきん》）

□**おらが春**（句文集・小林一茶《いっさ》）

# 15

文学

# 日本文学史①

入試直前チェック

わが国の文学のおこりである上代《じょうだい》(奈良時代)の作品をおさえる。
かな文字の発明による女流文学の開花についてとらえる。

## 奈良時代

□ **万葉《まんよう》集** 重要　歌集　**〔編者〕**＝不明(大伴家持《おおとものやかもち》ともいわれる)　**〔内容〕**＝古墳《こふん》時代から奈良時代末ごろまでの長歌《ちょうか》・短歌など約四千五百首を集めた、**現存するわが国最古の歌集**。全二十巻。

□ **古事記《こじき》**　歴史書　**〔編者〕**＝太安万侶《おおのやすまろ》　**〔内容〕**＝稗田阿礼《ひえだのあれ》の暗誦《あんしょう》していた**日本上古からの伝説・神話・歴史**を整理・記録した歴史的物語。全三巻。

□ **日本書紀《にほんしょき》**　歴史書　**〔編者〕**＝舎人親王《とねりしんのう》・太安万侶ら　**〔内容〕**＝中国に対し、対外的に日本の優勢と皇室の尊厳とを示そうとしてつくられた。全三十巻。

## 平安時代

□ **竹取《たけとり》物語** 重要　作り物語　**〔作者〕**＝不明　**〔内容〕**＝かな文字による、現存する**わが国最古の物語**で、「かぐや姫《ひめ》の物語」として有名である。

□ **伊勢《いせ》物語**　歌物語　**〔作者〕**＝不明　**〔内容〕**＝在原業平《ありわらのなりひら》をモデルに、多くの恋《こい》の場面をえがく。

□ **古今《こきん》和歌集** 重要　歌集　**〔編者〕**＝紀貫之《きのつらゆき》ら　**〔内容〕**＝**わが国最初の勅撰《ちょくせん》和歌集**。全二十巻。

□ **源氏《げんじ》物語**　物語　**〔作者〕**＝紫式部《むらさきしきぶ》　**〔内容〕**＝光《ひかる》源氏を主人公とし、当時の宮廷《きゅうてい》や貴族の生活をえがいた、**五十四帖《じょう》から成る**、**本格的な長編物語**。

□ **枕草子《まくらのそうし》** 重要　随筆《ずいひつ》　**〔作者〕**＝清少納言《せいしょうなごん》　**〔内容〕**＝宮廷内の生活から得た経験や鋭《するど》い観察力による感想を簡潔に書いた、**わが国最古の随筆文学**。

□ **今昔《こんじゃく》物語集**　説話《せつわ》集　**〔編者〕**＝不明　**〔内容〕**＝「今は昔」の書き出し。約千余話から成る。

---

▼**「万葉集」の代表歌人**

□ **額田王《ぬかたのおおきみ》**
□ **大伴旅人《おおとものたびと》**
□ **大伴家持**
□ **柿本人麻呂《かきのもとのひとまろ》**
（以上）叙情《じょじょう》歌人

□ **山部赤人《やまべのあかひと》**…叙景歌人
□ **山上憶良《やまのうえのおくら》**…人生派歌人

▼**「古今和歌集」の代表歌人**

□ **在原業平**
□ **小野小町《おののこまち》**
□ **紀貫之**
□ **紀友則《とものり》**
□ **凡河内躬恒《おおしこうちのみつね》**

⚠ **「枕草子」と「源氏物語」の対比**

□ **枕草子**　「をかし」の文学＝知的
□ **源氏物語**　「あはれ」の文学＝情趣《じょうしゅ》的

## 創作

自分の頭で考えて書いた文でも、「作文」とちがって、題材に空想や想像をはたらかせ、新しい世界をつくり出そうとして書き上げたものを、「創作」という。

- **絵や写真を見て話をつくる。**
- **一つの文章や、物語の続きを書く。**
- **物語などを改作したり脚色《きゃくしょく》したりする。**
- **新しく物語などをつくる。**

創作は自分がつくり出す世界であるから、一つの題材からどんどん想像を広げていき、思い切って自由に書くことが大切である。

## 手紙の種類と書き方

□**社交的な手紙**＝親しい人に近況《きんきょう》報告やお祝いの言葉などを伝えるために出すもので、真心をこめて書く。

□**事務的な手紙**＝案内や問い合わせ・注文など、必要な用件を伝えるために出すもので、用件を主に、ごく簡潔に書く。

□**手紙文の形式**　次のような形で書く。

- **前文**…書き出しの言葉（「拝啓《はいけい》」「前略」など）とあいさつ。あいさつの部分では、時候のあいさつを述べる、相手の安否を問う、自分の様子を伝える、などが、その内容となる。
- **本文**…伝えたい用件や内容を書く部分。尋《たず》ねたいこと・頼《たの》みたいことがあれば、その理由も書いておくとよい。
- **末文**…終わりのあいさつを述べる部分。最後に「敬具」「草々」など、書き出しの言葉に対応する言葉を添《そ》える。
- **あとづけ**…日づけ・自分の名前・受取人の名前を書く部分。自分の名前は、日づけの次の行の下のほうに書き、受取人の名前は、下に「様《さま》・殿《どの》」をつけてその次の行の上のほうに書く。

---

**▼文集**

個人の作文を集めたものと、仲間の作文を集めたものとがあるが、内容的には、読書感想文集・創作文集・研究記録文集というように種類分けされる。

**▼手紙を書くときの注意**

□目の前にいる相手に話しかけるつもりで、親しみの気持ちをこめて書く。

□目上《めうえ》の人や知らない相手には、敬語を使って書く。

□用件を、はっきりと書く。

□文字は、丁寧《ていねい》に読みやすく書く。

□返事は、すぐに出すように心がける。

14

表現

# 書く―作文・手紙

入試 直前チェック

**文章を組み立てる際は、中心点・順序・まとまりに注意する。**

**手紙は、書き方のきまりに従い、相手と目的を意識して書く。**

## 作文の基本

よい文章を書くためには、日常生活の中で何にでも関心をもってよく観察し、さらに、多くの書物を読むことで、ものの見方・考え方を養うことが基本となる。

□**主題を決める**　いろいろな材料のうちで**何をいちばん書きたいか**を決めることが、出発となる。課題作文(特定の主題を与《あた》えられた作文)の場合も、**「題名」と最も関係の深い内容の材料**を選び、主題を決める。

□**材料を集める**　よい作文は豊富な材料から生まれるので、主題が決まれば、それに関する、できるだけ**多くの材料を集める**とよい。

□**構成を考える** 重要　材料が集まったら、次には、その組み立てを考える。

●**中心点をはっきりさせる**…読み手に、何が主題かを示す。

●**順序よく書く**…材料を取捨選択《せんたく》し、全体としていくつかの柱を立てる。

●**まとまりよく書く**…つながりを考えながら、段落ごとにまとめる。

□**記述する**　実際に書くときは、文の書き出しや結びなどをくふうし、自分の素直な気持ちを**自分自身の言葉**で表現するように心がける。

□**推敲《すいこう》する**　書き上げた文章を読み直して、よいものに仕上げる。その際、次の二つの面から検討を加えることが大切である。

●**内容面**…主題に合っているか、表現に過不足はないか、など。

●**形式面**…送りがな・かなづかい・漢字・文法上の誤りはないか、など。

〔実戦コーチ〕

**推敲のしかた**

① 送りがな・かなづかいの誤りはないか。
② 漢字の誤りはないか。
③ 語句の意味上での重複はないか。
④ 句読点は正しく打たれているか。
⑤ 敬語は正しく用いられているか。
⑥ 慣用的な表現に誤りはないか。
⑦ 文体は統一されているか。
⑧ 主語と述語は正しく対応しているか。

●**尊敬の意味を表す接尾語《せつび》**　例 母上　村田様　大山氏

⚠目上の人物でも、家族など自分の側に属する人のことを他人に話す場合には、尊敬語を用いない。

例 兄が申しました。（「お兄さん」とは言わない。「申し」は謙譲語）

□**謙譲語**　重要　話し手側の人物の動作・物事をへりくだって言うことで、間接的に相手や話題中の人物に敬意を表す言葉。

●**謙譲の意味を含む体言・動詞**　例 私《わたくし》が拝見しました。

●**「お（ご）……する」の形**　例 私がご連絡《れんらく》しましょう。

●**謙譲の意味を表す接頭語**　例 愚息《ぐそく》　拙宅《せったく》　粗茶《そちゃ》

□**丁寧語《ていねい》**　聞き手に敬意を表したり、話をやわらげたりする言葉。

●**丁寧の意味を含む動詞**　例 その品は当店にございます。

●**丁寧の意味を表す補助動詞**　例 私も存じております。

●**丁寧の助動詞「です」「ます」**　例 父は外出中です。

●**丁寧の意味を表す接頭語「お」「ご」**　例 お皿　ごちそう

**必出　尊敬動詞と謙譲動詞**

| 普通《ふつう》動詞 | 尊敬動詞 | 謙譲動詞 |
|---|---|---|
| する | なさる | いたす |
| いる | いらっしゃる | おる |
| 見る | ご覧になる | 拝見する |
| 食べる | あがる<br>召《め》しあがる | いただく |
| 言う | おっしゃる | 申す<br>申しあげる |
| 来る<br>行く | おいでになる<br>いらっしゃる | 参る<br>伺《うかが》う |

## 話し合い

□議長の承諾《しょうだく》を得てから発言する。

□意見はあらかじめまとめておき、発言は簡潔に行う。

□人の発言はよく聞いて、その内容を正しくとらえる。

□話し合いの形式の一つである会議は、次のような順序で進める。**開会を宣言する**（議長）**→前回の議事録の朗読**（書記）**とその承認→前回の持ちこし議事と新しい議事についての討議・採決→議事録の朗読とその確認→閉会を宣言。**

▼**動議**

会議で、議事の予定にはないが、必要と思われるときに提案することを動議といい、主要動議・修正動議・補助動議・休憩《きゅうけい》動議・閉会動議などの種類がある。

13

表現

# 話す―敬語

入試 直前チェック

- 話し言葉の特徴《とくちょう》をおさえ、目的や状況《じょうきょう》に合わせた使い方に注意する。
- 聞き手や動作主に注意して、尊敬語《そんけいご》と謙譲語《けんじょうご》を使い分ける。

## 話し言葉の特徴

□即時《そくじ》性にすぐれるが、すぐ消えてしまうという欠点をもつ。

□文が短く、その構造も平易である。

□倒置《とうち》・補足・省略が多く、語順の不整序などの表現が目立つ。

□**アクセント**（音の高低）・**イントネーション**（抑揚《よくよう》）でその意味を判別することができる。

## 方言と共通語

□**方言**　ある地方で話されている言葉全体を、その地方の「方言」という。長い間に地域により言葉が別々に発達したものである。

□**共通語**　東京方言をもとにしてできた、全国どこでも通じる言葉。

## 敬語とその種類

□**尊敬語** 重要 相手や話題中の人物の動作・物事を高めて敬意を表す言葉。

- **尊敬の意味を含《ふく》む体言・動詞**　例 先生がおっしゃる。
- **尊敬の意味を表す補助動詞**　例 先生が話してくださる。
- **尊敬の助動詞「れる」「られる」**　例 先生が読まれる。
- **「お（ご）……になる」の形**　例 どなたもお笑いになる。
- **尊敬の意味を表す接頭語**　例 貴校　尊父《ぶ》　令嬢《じょう》

---

▼**標準語**

共通語を洗練して、一定の基準で統一した言葉を標準語という。

必出 **尊敬と謙譲**

尊敬表現と謙譲表現は混同されることが多いので、注意する。

□**お……になる**
□**ご……になる**　}**尊敬**
□**お……する**
□**ご……する**　}**謙譲**

## 送りがな

□ **送りがなのつけ方の原則** 重要 **用言**は活用語尾を送る。
例 敬《うやま》う・生きる・考える〈動詞〉 潔《いさぎよ》い・快《こころよ》い〈形容詞〉

□ ただし、次のような例外もある。

● **「新しい」のように語幹が「し」で終わる形容詞は、「し」から送る。**

● **語幹が「か」「やか」「らか」で終わる形容動詞は、その音節から送る。**
例 静かだ・健《すこ》やかだ・明らかだ

● **活用語尾より前の音節から送る用言がある。**
例 教《おそ》わる・捕《つか》まる〈動詞〉 明るい・大きい・少ない〈形容詞〉

□ **活用語尾以外の部分に他の語を含《ふく》む用言**は、その**含まれている語の送り方**に従って送る。
例 押《お》さえる・聞こえる〈動詞〉 重たい・憎《にく》らしい〈形容詞〉

□ **名詞**は送りがなをつけないのが原則だが、次のように**最後の音節を送るものもある。**
例 辺《あた》り・勢《いきお》い・後《うし》ろ・幸《さいわ》い・幸《しあわ》せ・互《たが》い・情《なさ》け・自《みずか》ら

□ **転成名詞**は、**もとの語の送り方**に従って送る。（ただし、送りがなをつけないものもある。）
例 動き・晴れ・当たり・向かい・近く・遠く
趣《おもむき》・卸《おろし》・隣《となり》・話《はなし》・舞《まい》・折《おり》・係《かかり》・並《なみ》・割《わり》〈送りがなをつけないもの〉

□ **副詞**は**最後の音節**を送る。 例 必ず・少し・再び・最も・全く

□ **複合語**は、**もとの各語の送り方**に従って送る。（ただし、慣用に従って送りがなをつけない複合名詞がある。）
例 田植え・生き物・愚《おろ》か者・打ち合わせる・聞き苦しい
小包《こづつみ》・手当《てあて》・字引《じびき》・植木《うえき》・受付《うけつけ》〈送りがなをつけない複合名詞〉

---

**【実戦コーチ】**

**「よろこばしい」の送りがな**

「よろこばしい」は、語幹が「し」で終わる形容詞だが、語幹に「よろこぶ（喜ぶ）」という動詞の未然形「よろこば（喜ば）」を含んでいる。したがって、この語を、漢字と送りがなで書き表すとしたら、「喜ばしい」となる。

▼**読み誤りを防ぐ送りがな**
最後の音節を送る名詞は、それを送らないと読みまちがえる恐《おそ》れがある。
□ 辺《あた》り→辺《へん》
□ 後《うし》ろ→後《あと・のち・ご》
□ 幸《さいわ》い・幸《しあわ》せ→幸《さち・こう》
□ 情《なさ》け→情《じょう》

# 12 表記 現代かなづかい・送りがな

入試直前チェック

「ぢ」「づ」などの書き分けに注意する。

活用語尾《ごび》をおさえ、それぞれの語の送り方や例外に注意する。

## 現代かなづかい

□助詞の「は」「へ」は、発音は「ワ」「エ」でも、**そのまま書く。**

例 兄は 町へ 出かけました。

□**助詞の「を」**は、「お」と書き分ける。

例 弟と 映画を 見た。

□**「言う」**は「ゆう」ではなく、**「いう」**と書く。

□**ア・イ・ウ・エ段の長音**は、発音どおりに「あ」「い」「う」「え」で表す。

例 おかあさん（お母さん） おにいさん（お兄さん） くうき（空気） おねえさん（お姉さん）

□**オ段の長音**は、「う」で表すのがきまりである。

例 おとうさん（お父さん） おうじ（王子） きのう（昨日）

□**「ジ」「ズ」と発音するもの**は、ふつう「じ」「ず」で表すが、**次のような場合に限って「ぢ」「づ」を使う。**

●**二語の連合によって「ち」「つ」が「ジ」「ズ」と濁《にご》った場合**

例 はなぢ（鼻血＝はな＋ち） みかづき（三日月＝みか＋つき）

●**一語（単純語）において「ち」「つ」の下に「ジ」「ズ」が続く場合**

例 ちぢむ（縮む） つづく（続く）

□**拗音《ようおん》**を表す「や」「ゆ」「よ」、**促音《そくおん》**を表す「つ」は、**右下に小さく書く。**

例 しゃしん（写真） しゅじん（主人） ちょしゃ（著者） いった（行った） がっこう（学校）

▼**エ段の長音**でも、漢字の音からきたものは「え」ではなく、「い」と書く。

□けいかく（計画）
□せんせい（先生）
□けいれい（敬礼）

▼**発音どおり「お」で表すオ段の長音**

□おおい（多い）
□おおきい（大きい）
□とおる（通る）
□とどこおる（滞る）
□とおい（遠い）
□おおやけ（公）
□こおり（氷）
□とお（十）
□もよおす（催す）

| 語 | 例文 | 品詞 | 識別のポイント |
|---|---|---|---|
| れる | 妹はみんなに愛される。 | 助動詞 | 場合は助動詞。そうでない場合、上の語とともに**一語となる**ものが動詞の活用語尾で、**二語となる**ものが、助動詞「られる」の一部である。 |
| | 映画がただで見られる。 | 助動詞「られる」の一部 | |
| でも | ここはあまり静かでもない。 | 形容動詞の活用語尾＋副助詞 | いちばんややこしい識別。**取り除いても意味があまり変わらない「も」**は、副助詞。まず、この見きわめから着手する。**「で＋も」**の場合は、「で」が形容動詞の活用語尾か、断定の助動詞か、格助詞か、接続助詞「て」の濁《にご》ったもの(動詞の音便形に接続)かを判断する。**一語の「でも」**の場合は、動詞の音便形に接続していれば接続助詞、それ以外の語に接続していれば副助詞となる。他に、接続詞「でも」もある。 |
| | この帽子《ぼうし》は彼のものでもないそうだ。 | 断定の助動詞＋副助詞 | |
| | わたしの家でもラジオ体操をしている。 | 格助詞＋副助詞 | |
| | ここならば騒《さわ》いでもかまわない。 | 接続助詞＋副助詞 | |
| | 何度呼んでも返事がない。 | 接続助詞 | |
| | 彼ならば何でもわかる。 | 副助詞 | |
| ので | 古いために値段が安いのである。 | 格助詞＋断定の助動詞 | 「ので」を**「のだ」と置きかえられる**ものが、格助詞＋断定の助動詞。「のだ」で置きかえられないもののうち、**原因・理由を表すもの**が接続助詞で、そうでないものが格助詞＋格助詞。 |
| | 荷物が重いので疲《つか》れた。 | 接続助詞 | |
| | 安いのでがまんしよう。 | 格助詞＋格助詞 | |

〔な〕
・形容動詞の活用語尾
・連体詞の一部
・断定の助動詞
・終助詞

〔に〕
・形容動詞の活用語尾
・副詞の一部
・助動詞の一部
・格助詞

**▼助動詞「られる」の一部である「れる」**
上の例文の「見られる」は、動詞「見(る)」＋助動詞「られる」となる。

**▼体言の資格をつくる格助詞「の」**
上の例文中の「安いので」の「の」は、**「もの」などの語で置きかえられる**。

11

文法

# 語の識別

**入試直前チェック**

**語の識別では、品詞が異なることのほか、同じ品詞で意味・用法が異なることもある。それぞれの見分け方を覚える。**

| 語 | 例文 | 品詞 | 見分け方 |
|---|---|---|---|
| ない | 今日はあまり寒くない。 | 形容詞 | 「ない」の上に**「は」「も」などの助詞**が入れられれば、形容詞。入れられないもので、「ない」の上の語が**単独の一語**である場合は、助動詞。そうでない場合は、形容詞の一部。 |
| | 呼んでもだれも返事をしない。 | 助動詞 | |
| | 人生ははかない。 | 形容詞の一部 | |
| らしい | 彼《かれ》は男らしい人だ。 | 形容詞の一部 | 「らしい」の上に**「である」を入れて**文意が変わらなければ、助動詞。変われば、形容詞の一部。 |
| | あそこに立っているのは男らしい。 | 助動詞 | |
| だ | この紙は柔《やわ》らかだ。 | 形容動詞の活用語尾《ごび》 | **「だ」を「な」に変えて**適当な体言に連ねられれば、形容動詞の活用語尾。「な」に変えられないもので、**動詞の音便形に接続**しているものは、過去・完了の助動詞。それ以外の語に接続しているものが断定の助動詞。 |
| | 荷物を下まで運んだ。 | 過去・完了《かんりょう》の助動詞 | |
| | 美しい花だ。 | 断定の助動詞 | |
| | 水が静かに流れる。 | 動詞の活用語尾 | 「れる」の上の語が**単独の一語**である |

**実戦コーチ**

**自立語の「ない」——形容詞**

「ない」の上に「は」「も」などの語を入れられるということは、その「ない」が単独の一文節、すなわち形容詞であることを示している。

**▼接尾語の「らしい」**

「男らしい人」の「らしい」は、体言について**形容詞をつくる**接尾語。

**必出「な」「に」の識別**

「だ」と同じように**形容動詞の語幹**がからむものに、「な」「に」の識別がある。

□けれど(けれども)　確定の逆接、前置き、並立・対比を示す。

□のに　確定の逆接を示す。

□ので　確定の順接(原因・理由)を示す。

□から　確定の順接(原因・理由)を示す。

□て(で)　確定の順接(原因・理由)、単純な接続、並立、補助・被《ひ》補助を示す。

□ながら　確定の逆接、二つの動作が同時に起こる意味を示す。

□たり(だり)　並立、例示を示す。

〔副助詞〕　用言・体言、その他の語に付属して、いろいろな意味を添《そ》えるもの。

□は　他と区別して特に取り出す意味や、強調を示す。

□も　他にも同類があること、並立、強調を示す。

□こそ　強調を示す。

□さえ　一例をあげて他を類推させる意味、それと限る意味、添加《てんか》を示す。

□でも　一例をあげて他を類推させる意味、例示としてだいたいのことがらを示す。

□しか　それと限る意味を示す。

□まで　一例をあげて他を類推させる意味、それと限る意味、動作(作用)の帰着点を示す。

□ばかり　だいたいの程度、それと限る意味、動作が完了《かんりょう》して間もないことを示す。

□だけ　程度、それと限る意味を示す。

□くらい(ぐらい)　だいたいの程度・限度を示す。

□など　例示を示す。

〔終助詞〕　おもに文末に付属して、いろいろな意味を添えるもの。

□か　疑問・反語、感動を示す。

□な(なあ)・よ・ね　感動、念を押《お》す、呼びかけなどを表す。

---

▼上にあげたもの以外の副助詞

□ほど＝程度を示す。

□きり(ぎり)＝限定を示す。

□なり＝例示してひかえめに限定する意味、並立を示す。

□やら＝不確実なこと、並立を示す。

□か＝不確実なこと、並立を示す。

▼上にあげたもの以外の終助詞

□な＝禁止を示す。

□や＝感動、呼びかけ、念を押す意味を示す。

□ぞ＝念を押す意味を示す。

□さ＝軽い断定、強調を示す。

□の＝軽い断定、疑問を示す。

□とも＝強調を示す。

# 10

文法

# 活用しない付属語

入試直前チェック

助詞は数が多く、意味の区別や他の品詞と見分けることが大切。特に、格助詞「の」や「に」、「で」の意味・用法の識別に注意。

## 助詞

格助詞・接続助詞・副助詞・終助詞の四つに大別することができる。

〔格助詞〕 おもに**体言に付属**して、その体言と他の語との**資格(関係)を示す**もの。

□**が** その文節が**主語**であることを示す。

□**の** 重要 その文節が**連体修飾《しゅうしょく》語**や**主語**であることを示す。そのついた語を**体言と同じ資格**にする。

□**を** 動作(作用)の**対象**(目的)・**起点**(出発点)・**方向**や、経過する**場所**・**時間**を示す。

□**に** 重要 動作(作用)のおこなわれる**場所**・**時間**、動作(作用)の**目的**・**帰着点**・**対象**・**状態**・**結果**・**原因(理由)**や、**受け身のもと**・**使役の目標**、**比較《ひかく》の基準**、**並立**を示す。

□**へ** 動作の**方向**・**帰着点**・**対象**を示す。

□**と** 動作(作用)を**ともにするもの**・**相手**、**比較の基準**、作用や変化の**結果**、**引用**、**並立**を示す。

□**から** 動作(作用)の**起点**、**原因(理由)**、**材料**を示す。

□**より** **比較の基準**や、**それと限る**意味を示す。

□**で** 重要 動作(作用)のおこなわれる**場所**、**手段(材料)**、**原因(理由)**や、**時期を限る**意味を示す。

〔接続助詞〕 **活用語に付属**して、これを**あとに続けるはたらき**をするもの。

□**ば** **仮定の順接**、**一般《いっぱん》条件**、**並立**を示す。

□**と** **仮定の順接**、**仮定の逆接**、**一般条件**、**確定の順接**を示す。

□**ても(でも)** **仮定の逆接**・**確定の逆接**を示す。

□**が** **確定の逆接**、**前置き**、**並立**・**対比**を示す。

---

**▼仮定・確定・一般条件**

□**仮定条件**……まだ成立していないか、または、成立しえないことがらを条件とすること。

例 雨が降れば、中止する。

□**確定条件**……事実を条件とすること。

例 雨が降り出したので、中止する。

□**一般条件**……まだ成立していないことがらでも、ある状況《じょうきょう》のもとでは必ず起こるという場合の、その状況を条件とすること。

例 春になると、新芽が出る。

| | | | | | | | |
|---|---|---|---|---|---|---|---|
| **させる** | させ | させ | させる | させる | させれ | させろ させよ | 五段・サ変以外の動詞の未然形。 |
| **れる** | れ | れ | れる | れる | れれ | れろ れよ | 五段・サ変動詞の未然形。 |
| **られる** | られ | られ | られる | られる | られれ | られろ られよ | 五段・サ変以外の動詞などの未然形。 |
| **ない** | なかろ | なかっ なく | ない | ない | なけれ | ○ | 動詞・助動詞の未然形。 |
| **ぬ(ん)** | ○ | ず | ぬ(ん) | ぬ(ん) | ね | ○ | 動詞・助動詞の未然形。 |
| **たい** | たかろ | たかっ たく | たい | たい | たけれ | ○ | 動詞・助動詞の連用形。 |
| **らしい** | ○ | らしかっ らしく | らしい | らしい | らしけれ | ○ | 体言、動詞・形容詞などの終止形、形容動詞の語幹。 |
| **そうだ** | そうだろ | そうだっ そうで そうに | そうだ | そうな | そうなら | ○ | 「様態」は、動詞の連用形、形容詞・形容動詞の語幹など。「伝聞」は、活用語の終止形。 |
| **そうです** | そうでしょ | そうでし | そうです | (そうです) | ○ | ○ | |
| **ようだ** | ようだろ | ようだっ ようで ように | ようだ | ような | ようなら | ○ | 用言および一部の助動詞の連体形、助詞「の」、連体詞「この」「その」など。 |
| **ようです** | ようでしょ | ようでし | ようです | (ようです) | ○ | ○ | |
| **だ** | だろ | だっ で | だ | (な) | なら | ○ | 体言、一部の助詞、動詞・形容詞などの終止形。 |
| **です** | でしょ | でし | です | (です) | ○ | ○ | |
| **ます** | ませ ましょ | まし | ます | ます | ますれ | ませ まし | 動詞・助動詞の連用形。 |
| **た(だ)** | たろ(だろ) | ○ | た(だ) | た(だ) | たら(だら) | ○ | 活用語の連用形。 |
| **う** | ○ | ○ | う | (う) | ○ | ○ | 「う」は、形容詞・形容動詞・五段動詞の未然形。「よう」は、五段以外の動詞の未然形。 |
| **よう** | ○ | ○ | よう | (よう) | ○ | ○ | |
| **まい** | ○ | ○ | まい | (まい) | ○ | ○ | 五段動詞などの終止形、五段以外の動詞などの未然形。 |

⚠ 可能・自発・尊敬の「れる」「られる」には、命令形がない。

⚠ 伝聞の「そうだ」には、連用形の「そうで」と終止形しかない。伝聞の「そうです」には未然形がない。

▼**助動詞の活用の型**

□ **動詞型活用**……せる・させる・れる・られる

□ **形容詞型活用**……ない・たい・らしい

□ **形容動詞型活用**……そうだ・ようだ・だ

□ **特殊《とくしゅ》型活用**……そうです・ようです・です・ます・た(だ)・ぬ(ん)

□ **無変化型**……う・よう・まい

09

文法

# 活用する付属語

入試直前チェック

助動詞は、それぞれの語のもつ意味を理解し、どのような語に接続するか、どのような語と置きかえられるかに注意する。

## 助動詞

□せる・させる　**使役**（他に動作をさせる）を表す。例 字を書かせる。　案を考えさせる。

□れる・られる 重要 **受け身**（他から動作を受ける）、**可能**（～することができる）、**自発**（動作が自然に起こる）、**尊敬**を表す。

□ない・ぬ（ん）　**打ち消し**を表す。例 東京へは行かない。　雨が少しも降らぬ（ん）。

□たい　**希望**を表す。例 海で泳ぎたい。

□らしい　**推定**（根拠《こんきょ》に基づいて推《お》し量る）を表す。例 雨が降るらしい。

□そうだ・そうです　**様態**《ようたい》（そういう様子だ）、**伝聞**《でんぶん》（人からそう伝え聞いた）を表す。

□ようだ・ようです　**たとえ**、**推定**、**例示**（例をあげる）を表す。

□だ・です　**断定**を表す。例 あれが僕《ぼく》の学校だ。　これは事実です。

□ます　**丁寧**《ていねい》に言う意味を表す。例 花が咲《さ》きます。

□た（だ）　**過去**（すでに動作がすんだ）、**完了**《かんりょう》（たった今動作がすんだ）、**存続**（動作の結果が状態として存在している）、**想起**（ある事実を思い出す）を表す。

□う・よう　**推量**、**意志**、**勧誘**《かんゆう》を表す。例 雨が降るだろう。　早く一緒《いっしょ》に出かけよう。

□まい　**打ち消しの推量・意志**を表す。例 だれも行くまい。　僕も絶対に行くまい。

| 助動詞 | 未然形 | 連用形 | 終止形 | 連体形 | 仮定形 | 命令形 | 接続 |
|---|---|---|---|---|---|---|---|
| せる | せ | せ | せる | せる | せれ | せろ<br>せよ | 五段・サ変動詞の未然形。 |

**必出 注意すべき助動詞の用法**

**〔れる・られる〕**

□人に呼ばれる。**〈受け身〉**

□だれでも覚えられる。**〈可能〉**

□昔がしのばれる。**〈自発〉**

□先生がこられる。**〈尊敬〉**

**〔そうだ〕**

□雪が降りそうだ。**〈様態〉**

□雪が降るそうだ。**〈伝聞〉**

**〔ようだ〕**

□まるで楽園のようだ。**〈たとえ〉**

□だれかいるようだ。**〈推定〉**

□きみのような人になりたい。**〈例示〉**

例 さっと 顔色が 変わった。……ふと・やがて・バタバタ・すやすや

□ **程度の副詞** 物事の**性質**・**状態**などの**程度**を示すもの。

例 雨は ますます ひどく なる。……かなり・特に・少し

□ **呼応の副詞** 重要 受ける文節に**特定の言い方を要求する**もの。このような副詞を受けて一定の言い方で結ぶことを、**副詞の呼応**という。

例 まるで 天国のようだ。**〈たとえる言い方と呼応〉**

……なぜ・たぶん・もし・決して・まさか・ぜひ

## 連体詞

□ 例 わが 国の 問題だ。……この・あらゆる・大きな・たった

## 接続詞

□ **順接**を示すもの＝だから・それで・すると・したがって

□ **逆接**を示すもの＝が・けれど(も)・しかし

□ **並立**《へいりつ》を示すもの＝そして・また・および・ならびに

□ **累加**《るいか》を示すもの＝しかも・そのうえ・それに・なお

□ **対比**・**選択**《せんたく》を示すもの＝または・それとも・あるいは

□ **説明**・**補足**を示すもの＝なぜなら・つまり・ただし

□ **転換**《てんかん》を示すもの＝ところで・さて・ときに・では

## 感動詞

□ 例 ああ・あら・まあ**〈感動〉** おい・さあ・やあ**〈呼びかけ〉** はい・いいえ・うん**〈応答〉**

---

もっと ゆっくり 歩きなさい。**〈副詞を修飾〉**

**▼副詞の呼応**

□ なぜ泣くのか。**〈疑問と呼応〉**

□ たぶん雨だろう。**〈推量と呼応〉**

□ もし負けても、仕方ない。**〈仮定と呼応〉**

□ 決して言わない。**〈打ち消しと呼応〉**

□ まさか忘れまい。**〈打ち消し推量と呼応〉**

□ ぜひおいでください。**〈希望と呼応〉**

**▼順接と逆接**

□ **順接**＝前のことがらを原因・理由とする内容があとにくる接続関係。

□ **逆接**＝前のことがらと反対の関係を表すことがらがあとにくる接続関係。

08

文法

# 活用しない自立語

入試直前チェック

副詞の三種類の働きを覚え、特に呼応の副詞に注意する。
接続詞の表す意味と、文や文節どうしの関係をおさえる。

## 名詞

□ 普通名詞《ふつう》　**一般《いっぱん》的な物事**の名称《めいしょう》を表すもの。

例 山・川・動物・植物・平和・学問

□ 固有名詞　人名・地名・書名など、**固有の物事**の名称を表すもの。

例 紫式部《むらさきしきぶ》・リンカーン・北海道・利根川《とねがわ》・日本・万葉集《まんようしゅう》

□ 数詞　ものの**数・量や順序**などを表すもの。

例 一・二つ・三個・第十・百番・何度・いくつ

□ 代名詞　物事の名称をいう**代わり**に、直接その物事を指し示すもの。

| 種類 | | 自称（一人称） | 対称（二人称） | 他称（三人称） | | | 不定称 |
|---|---|---|---|---|---|---|---|
| | | | | 近称 | 中称 | 遠称 | |
| 人称代名詞 | | わたくし<br>わたし<br>ぼく | あなた<br>きみ<br>おまえ | こいつ<br>このかた | そいつ<br>そのかた | あいつ<br>あのかた<br>かれ | どいつ<br>どなた<br>だれ |
| 指示代名詞 | 物事 | | | これ | それ | あれ | どれ |
| | 場所 | | | ここ | そこ | あそこ | どこ |
| | 方向 | | | こちら | そちら | あちら | どちら |

## 副詞

□ 状態の副詞　動作・作用の**状態**を明らかにするもの。

▼**形式名詞**

名詞には、ほかに、本来の意味がうすれ、**補助的・形式的に使われる**形式名詞がある。

例 話す　ことが　好きだ。

（——線部が形式名詞）

▼**名詞の注意すべき用法**

名詞は、主語・述語・修《しゅう》飾《しょく》語となるが、時を示す普通名詞や数詞が**単独で連用修飾語となる**用法に注意する。

例 子犬が　きのう生まれた。
子犬が　五ひき生まれた。

▼**副詞の注意すべき用法**

副詞は、主として連用修飾語となるが、**体言や他の副詞を修飾する**こともある。

例 もう　一度　読んで　みなさい。

**〈体言を修飾〉**

□**五段活用動詞**　「ない」に連なる形(未然形)の活用語尾が**ア段の音**になるもの。例 書か|ない

□**上《かみ》一段活用動詞**　「ない」に連なる形(未然形)の活用語尾が**イ段の音**になるもの。例 起き|ない

□**下《しも》一段活用動詞**　「ない」に連なる形(未然形)の活用語尾が**エ段の音**になるもの。例 受け|ない

□**カ行変格活用動詞**　特殊《とくしゅ》な活用をする。**「来る」**の一語。

□**サ行変格活用動詞**　特殊な活用をする。**「する」**と複合動詞**「○○する」**。

| 活用の種類 | 基本形 | 語幹 | 未然形 | 連用形 | 終止形 | 連体形 | 仮定形 | 命令形 |
|---|---|---|---|---|---|---|---|---|
| 五段活用 | **書く** | 書(か) | か・こ | き・い | く | く | け | け |
| 五段活用 | **帰る** | 帰(かえ) | ら・ろ | り・っ | る | る | れ | れ |
| 五段活用 | **遊ぶ** | 遊(あそ) | ば・ぼ | び・ん | ぶ | ぶ | べ | べ |
| 上一段活用 | **起きる** | 起(お) | き | き | きる | きる | きれ | きろ・きよ |
| 下一段活用 | **受ける** | 受(う) | け | け | ける | ける | けれ | けろ・けよ |
| カ行変格活用 | **来る** | ―― | こ | き | くる | くる | くれ | こい |
| サ行変格活用 | **する** | ―― | し・せ・さ | し | する | する | すれ | しろ・せよ |

## 形容詞・形容動詞

形容詞・形容動詞は、**物事の性質や状態**などを表す単語。

| 品詞 | 基本形 | 語幹 | 未然形 | 連用形 | 終止形 | 連体形 | 仮定形 | 命令形 |
|---|---|---|---|---|---|---|---|---|
| 形容詞 | **正しい** | 正(ただ)し | かろ | かっ・く | い | い | けれ | ○ |

| 品詞 | 基本形 | 語幹 | 未然形 | 連用形 | 終止形 | 連体形 | 仮定形 | 命令形 |
|---|---|---|---|---|---|---|---|---|
| 形容動詞 | **元気だ** | 元気(げんき) | だろ | だっ・で・に | だ | な | なら | ○ |
| 形容動詞 | **元気です** | 元気(げんき) | でしょ | でし | です | (です) | ○ | ○ |

**▼自動詞と他動詞**

主語自身の動作・作用を表す動詞を**自動詞**といい、主語の動作・作用を他に対するはたらきかけとして表す動詞を**他動詞**という。

例 自動車が、止まる。**〈自動詞〉**

警官が　自動車を、止める。**〈他動詞〉**

**▼特別な活用の形容動詞**

**「こんなだ」「そんなだ」「あんなだ」「どんなだ」**や**「同じだ」**は、連体形の**「―な」**という形がなく(「同じだ」は、「の」「のに」「ので」に連なる場合にだけ現れる)、体言に連なる場合は、「こんな話」のように語幹が使われる。

また、連体形「―です」は、特別な場合に用いられる。

**▼形容詞の音便(ウ音便)**

連用形の活用語尾が**語幹の一部とともに変化する**ものがある。

例 それが正しゅうございます。(正し|く)

**07**

文法

# 活用する自立語

入試直前チェック

- あとに続く語や語形で、活用形を判断することができる。
- 動詞の活用の種類は「ない」に連なる形の活用語尾《ごび》から判断する。

## 活用形

□**未然形** 「ない」「う」「よう」などに連なる形。

□**連用形** 「ます」「た(だ)」などに連なる形。

□**終止形** そこで言い切る形。

□**連体形** 「とき」などの体言に連なる形。

□**仮定形** 「ば」などに連なる形。

□**命令形** 命令して言い切る形。

**例** 行**か**ない　行**き**ます　行**く**　行**く**とき　行**け**ば　行**け**

「行」が語幹、太字が活用語尾。「ない」や「ます」をつけてみれば、活用形がわかる。

## 音便

五段活用動詞の連用形が「た(だ)」などに連なるとき、また、形容詞の連用形が「ございます」などに連なるとき、活用語尾の音が変化する。これを**音便**(その活用形を**音便形**)という。

□**イ音便** 「書いた」のように「―い」の形をとるもの。

□**促《そく》音便** 「取った」のように「―っ」の形をとるもの。

□**撥《はつ》音便** 「読んだ」のように「―ん」の形をとるもの。

□**ウ音便** 「美しゅうございます」のように「―う(ゅう)」の形をとるもの。

## 動詞

動詞は、**動作・作用・存在**を表す単語。活用のしかたから、次の五つに分けられる。

**▼語幹と活用語尾**

用言は、語形上、活用する際に形の変わる部分＝**活用語尾**と、変わらない部分＝**語幹**とから成るのが普通《ふつう》だが、カ行変格活用動詞「来る」や、サ行変格活用動詞「する」は、語幹と活用語尾の区別がつかない。また、上一段・下一段活用動詞のうちでも、たとえば、「見る」「寝《ね》る」などは、語幹と活用語尾の区別がつかない。

□**単語**

- **自立語**
  - **活用する** — 述語になる **(用言)**
    - ウ段の音で言い切る — **動詞**
    - 「い」で言い切る — **形容詞**
    - 「だ」「です」で言い切る — **形容動詞**
  - **活用しない**
    - 主語になる **(体言)** — 物事の名称《めいしょう》を表す — **名詞**
    - 修飾語《しゅうしょく》になる
      - おもに用言を修飾する — **副詞**
      - 常に体言を修飾する — **連体詞**
    - 接続語になる — **接続詞**
    - 独立語になる — **感動詞**
- **付属語**
  - **活用する** — **助動詞**
  - **活用しない** — **助詞**

## 合成してできた単語

単語には、もともと一単語であるものと、合成して一単語になったものとがある。

□**複合語**《ふくごうご》　二単語以上が結合してできた単語。

**例**　朝風　教え子《ご》　愚《おろ》か者　**〈複合名詞〉**
旅立《だ》つ　話し合う　近寄る　**〈複合動詞〉**
心細《ぼそ》い　蒸《む》し暑い　古くさい　**〈複合形容詞〉**

□**派**《は》**生語**《せいご》　それだけでは単語としての独立性をもたず、常に単語の上または下について、語調を整えたり、意味を強めたり添《そ》えたりする語を、**接頭語**・**接尾語**《せつび》という。この接頭語・接尾語が単語と結合してできた単語が、派生語である。

**例**　ま昼　うちあける　か細《ぼそ》い　**〈接頭語＋単語〉＝〈派生語〉**
甘《あま》み　おとなぶる　男らしい　**〈単語＋接尾語〉＝〈派生語〉**

---

**▼体言**
自立語で、活用がなく、主語になることができる単語を、**体言**という。したがって、**体言＝名詞**となる。
名詞から代名詞を切り離《はな》して、これを一品詞とする説があるが、その場合は、名詞・代名詞の二品詞を合わせて体言とする。

**▼用言**
実体を表す言葉（＝名詞）を**体言**というのに対して、作用を表す言葉を**用言**という。これは、**動詞・形容詞・形容動詞**の三品詞。詳《くわ》しくは、次項参照。

**▼複合語の音変化**
**例**「春雨」
はる＋あめ→はるさめ
**例**「炭火」
すみ＋ひ→すみび

# 06 文法 単語の種類

入試直前チェック

- 自立語と付属語を見分け、文節と単語を正確につかむ。
- 品詞の文法上の性質をもとにした分類のしかたを理解する。

## 自立語と付属語

□ **自立語《じりつご》** 単独で文節をつくることができる単語。

例 美しい｜花が｜たくさん｜咲《さ》きます。

□ **付属語《ふぞくご》** 単独で文節をつくることができず、常に自立語について文節の一部になる単語。

例 美しい 花が｜ たくさん 咲きます｜。

## 活用する語としない語

□ **活用する語**

例

- 美しい → 美し**かろ**う／美し**かっ**た／美し**く**ない／美し**けれ**ば
- 咲く → 咲**か**ない／咲**き**ます／咲**け**ば／咲**こ**う
- ます → 咲き**まし**た／咲き**ましょ**う／咲き**ますれ**ば／咲き**ませ**ん

□ **活用しない語** 例 花・が・たくさん

## 品詞分類

□ **品詞** 重要 単語は、自立語か付属語か、活用するかしないかによって、四種に分類され、さらに、この他の文法上の性質をもとに、次の十のグループに細分される。このように分けられた各グループを、**品詞**という。

---

▼**二語以上から成る文節**

上の例文で、「美しい」「たくさん」は、自立語一語で一文節となっているが、「花が」「咲きます」は、自立語が一語（「花」「咲き」）と付属語が一語（「が」「ます」）の二語でそれぞれ一文節となっている。

**二語以上から成る文節は、自立語一語に、付属語が一語、またはそれ以上ついたものとなる。**

性質などを述べる「どうする」「どんなだ」「何だ」などにあたる部分を、**述語（述部）**という。

□ **修飾語《しゅうしょく》（修飾部）** あとの部分をくわしく（「どんな」「どのように」「どこに」「だれに」「いつ」など）説明する部分をいう。

例 花が たくさん 咲く。

□ **接続語（接続部）** 「何々だが」「何々だから」「何々だと」のように、**条件や理由など**を示して述語（述部）へかかっていく部分をいう。

例 あやまったが、父は 許さなかった。

□ **独立語（独立部）** 他の成分と直接の関係をもたない部分をいう。

例 まあ、花が咲いた。**〈感動〉** ねえ、これを見て。**〈呼びかけ〉**
忍耐《にんたい》、これが大切だ。**〈提示語〉** うん、そうしよう。**〈応答を表す語〉**

## 文節相互の関係

□ **主・述の関係** 主語（主部）を述語（述部）が受ける関係をいう。

例 花が 咲く。

□ **修飾・被《ひ》修飾の関係** 修飾語と、修飾される文節（**被修飾語**）との関係をいう。

例 美しい 花が たくさん 咲く。

□ **接続の関係** 接続語とそれがかかる文節との関係をいう。

例 あやまったが、父は 許さなかった。

□ **並立《へいりつ》（対等）の関係** 対等に並ぶ文節どうしの関係をいう。

例 野にも 山にも 春が きた。

□ **補助の関係** 下の文節がすぐ上の文節に補助的な意味を添《そ》える関係をいう。

例 花が 咲いて いる。

> ⚠ 並立・補助の関係にある文節どうしは、ひとまとまりで、文の成分になる。

**▼文の構造上の種類**

□ **単文**＝主語・述語が一組だけの文。

例 花が 咲く。

□ **重文**＝二組以上の主語・述語の関係が並立の関係にある文。

例 花が 咲き、鳥が うたう。

□ **複文**＝文の成分中に主語・述語の関係を含《ふく》む文。

例 花の 咲く 春が きた。

**▼連体修飾と連用修飾**

上の例文で、「美しい」と「花が」は**連体修飾**（体言にかかる）の関係、「たくさん」と「咲く」は**連用修飾**（用言にかかる）の関係にある。

なお、連体修飾の文節は、下の文節と連文節を構成して文の成分となる。（「美しい花が」で、「咲く」にかかる主部。）

05

文法

# 文の組み立て

入試 直前チェック

- 文を組み立てている成分のそれぞれの役割をおさえる。
- 文節相互《そうご》の関係から、文の意味を正確につかむ。

▼**文章とは**
いくつかの「文」が続いて、全体でまとまった考え（思想）などを述べたもので、言葉の最も大きな単位である。

## 言葉の単位

□**文**　**一つのまとまった意味をもたせて言い切る**ひと続きの言葉で、書くときには、その終わりに**句点**（。）をつける。

例 美しい花がたくさん咲《さ》きます。〈**一つの文**〉

□**文節**　「文」を、意味や発音のうえから、**自然さを失わずにできるかぎり短く**くぎったひとくぎりをいう。

例 美しい　花が　たくさん　咲きます。〈**四つの文節**〉

□**単語**　「文」を、文節よりもさらに細かく分けて、**意味をもつ最小の単位**、または、「文」を組み立てる**役目を果たす最小の単位**にまでくぎった場合の、それぞれの単位をいう。

例 美しい　花　が　たくさん　咲き　ます。〈**六つの単語**〉

## 文の成分

□**主語（主部）・述語（述部）** 重要　「文」は、基本的には、次のような型に分けられる。

▼**何が　どうする**……花が　咲く。
▼**何が　どんなだ**……色が　美しい。
▼**何が　何だ**……きみが　犯人だ。

**文の主題となる「何が」にあたる部分**を、**主語（主部）**といい、この主語（主部）の動作・状態・

⚠二つ以上の文節（連文節）から成る文の各成分を、主部・述部……とよぶ。

〔実戦コーチ〕
**文節のくぎり方**
例 美しいネ花がネたくさんネ咲きますネ
「ネ」や「サ」などの音が入れられるところでくぎるようにする。

□ **腹を割る**……包み隠《かく》さず打ち明ける。

□ **腹をくくる**……覚悟《かくご》を決める。

□ **尾《お》ひれをつける**……大げさに言う。

□ **しのぎをけずる**……激しく争う。

□ **やぶから棒**……だしぬけに物事を行う。

□ **目がない**……たいそう好きだ。

□ **目が高い**……ものの価値を見極《みきわ》める能力がある。

□ **そりが合わない**……気が合わない。

□ **二の足を踏《ふ》む**……しりごみする。

□ **雀《すずめ》の涙《なみだ》**……ごくわずかなことのたとえ。

## 故事成語

中国に伝わる**古い物語や歴史上の有名な出来事に基づく**語句。

□ **漁夫《ぎょふ》の利《り》**……両者が争っているすきに、第三者が利益を横取りすること。

□ **蛍雪《けいせつ》の功《こう》**……苦労して学問に励《はげ》んだ、その成果。

□ **五十歩百歩《ごじっぽひゃっぽ》**……差はあるけれども、本質的なちがいはないということ。

□ **他山《たざん》の石《いし》**……どんなことでも、自分をみがくもとになるということ。

□ **蛇足《だそく》**……あっても益にならない、余計なもの。

□ **矛盾《むじゅん》**……つじつまの合わないこと。

## ことわざ

昔から言い伝えられた**生活の知恵や教訓**などが含まれる語句。

□ **雨降って地《じ》固まる**……ごたごたのあったあとは、かえって物事がよくおさまる。

□ **石の上にも三年**……どんなことでも辛抱《しんぼう》強くやれば成功するということ。

□ **馬の耳に念仏**……わからない者にいくら言い聞かせてもむだなこと。

□ **千里の道も一歩から**……遠い目標を達成するには身近なことから着実に進めなければならない。

□ **案ずるより産むが易《やす》し**……実際にやると案外簡単である。

□ **良薬口に苦《にが》し**……本当にためになる忠告は聞き入れづらい。

---

□ **端的《たんてき》**＝簡単で明白なさま。

□ **偏見《へんけん》**＝かたよった、公正でない考え方。

□ **あらわ**＝ろこつ。むき出し。

□ **いぶかる**＝あやしむ。疑う。

□ **おおらか**＝おうようなさま。

□ **くつろぐ**＝体を楽にする。

□ **こもごも**＝かわるがわる。

□ **さながら**＝まるで。

**▼対義・類義のことわざ**

**〈対義のことわざ〉**

□ **立つ鳥あとを濁《にご》さず**

↔

□ **あとは野となれ山となれ**

**〈類義のことわざ〉**

□ **泣き面《つら》に蜂《はち》**

＝

□ **弱り目にたたり目**

04

言葉

# 語句の意味

入試直前チェック

慣用句は、全体として特別な意味をもっていることに注意する。
ことわざは、その言葉が含《ふく》んだ知恵《ちえ》や教訓を覚える。

## 多義語

文脈から考えて意味をとらえよう。

□ **しのぐ**
① 危険をしのぐ→乗りこえる
② 相手をしのぐ→まさる
③ 寒さをしのぐ→がまんする
④ 雨をしのぐ→防ぐ

□ **重い**
① この荷物は重い→重量が大きい
② 重い役目につく→大切な
③ 病気が重い→ひどい
④ 心が重い→うっとうしい

## 慣用句

二語以上が結びついて、全体として**特別な意味**をもつ語句。

□ **あごを出す**……ひどく疲《つか》れる。
□ **腕《うで》によりをかける**……大いにはりきる。
□ **肩《かた》をもつ**……味方をする。
□ **耳が痛い**……聞き入れるのがつらい。
□ **舌を巻く**……非常に驚《おどろ》き感心する。
□ **腰《こし》が低い**……人にへりくだる。
□ **手に余る**……自分の力では処理できない。
□ **手を焼く**……もてあます。
□ **歯が立たない**……対抗《たいこう》できない。
□ **足もとを見る**……人の弱みにつけこむ。
□ **顔が広い**……多くの人とつきあいがある。
□ **口が堅《かた》い**……秘密などをしゃべらない。
□ **口を切る**……最初に発言する。
□ **首を長くする**……待ちこがれる。
□ **手がかかる**……労力がかかる。
□ **手を尽《つ》くす**……できるだけのことをする。
□ **猫《ねこ》をかぶる**……おとなしく見せかける。
□ **鼻が高い**……得意である。

---

**▼語の種類**

□ **和語**＝昔から日本で使われている言葉。
□ **漢語**＝中国から伝わった言葉。
□ **外来語**＝中国以外の外国から伝わった言葉。

必出 **注意すべき意味の語**

□ **安易《あんい》**＝よく考えず、いいかげんなこと。
□ **意図《いと》**＝ある目的をもった考え。
□ **沿革《えんかく》**＝物事の移り変わり。歴史。
□ **故意《こい》**＝わざと。
□ **象徴《しょうちょう》**＝形のないことがらを具体的なものに託《たく》して表すこと。
□ **辛酸《しんさん》**＝つらく苦しい思い。「辛酸をなめる」。

## おもな同訓異字

- □あやまる
  - 目測を□る …… 誤
  - 失敗を□る …… 謝
- □うつす
  - 文章を□す …… 写
  - 画像を□す …… 映
  - 住居を□す …… 移
- □こたえる
  - 質問に□える …… 答
  - 要望に□える …… 応
- □つとめる
  - 会社に□める …… 勤
  - 勉強に□める …… 努
  - 議長を□める …… 務
- □おくる
  - 荷物を□る …… 送
  - 賞状を□る …… 贈
- □おさめる 重要
  - 成功を□める …… 収
  - 会費を□める …… 納
  - 全国を□める …… 治
  - 学問を□める …… 修
- □かげ
  - □に隠《かく》れる …… 陰
  - □が見える …… 影
- □たつ
  - 退路を□つ …… 断
  - 連絡《れんらく》を□つ …… 絶
  - 布地を□つ …… 裁

## おもな同音異義語

- □アンショウ
  - 詩を□□する …… 暗唱
  - □□に乗り上げる …… 暗礁
- □イシ
  - □□が強い …… 意志
  - □□表示をする …… 意思
- □カンシン
  - 演技に□□する …… 感心
  - 星に□□をもつ …… 関心
  - 人の□□を買う …… 歓心
- □イゾン
  - 親に□□する …… 依存
  - □□はない …… 異存
- □カンシ
  - 衆人□□ …… 環視
  - 厳重な□□ …… 監視
- □ホショウ 重要
  - 品質を□□する …… 保証
  - 安全を□□する …… 保障
  - 損害を□□する …… 補償
- □セイカン
  - 無事□□する …… 生還
  - 事態を□□する …… 静観
- □シンボウ
  - □□が厚い人 …… 信望
  - □□強い人 …… 辛抱
- □ショウガイ
  - □□を克服《こくふく》する …… 障害
  - 銀行の□□係 …… 渉外
  - 相手に□□を加える …… 傷害
  - 短い□□を閉じる …… 生涯

---

### 〈音読みが異なるもの〉

- □委（イ）…… 委《い》員《いん》 ／ 季（キ）…… 季《き》節《せつ》
- □遺（イ）…… 遺《い》跡《せき》 ／ 遣（ケン）…… 派《は》遣《けん》
- □快（カイ）…… 快《かい》速《そく》 ／ 決（ケツ）…… 決《けっ》定《てい》
- □施（セ）…… 施《せ》工《こう》 ／ 旋（セン）…… 旋《せん》回《かい》
- □着（チャク）…… 試《し》着《ちゃく》 ／ 著（チョ）…… 著《ちょ》書《しょ》
- □徴（チョウ）…… 徴《ちょう》収《しゅう》 ／ 微（ビ）…… 微《び》妙《みょう》
- □末（マツ）…… 末《まつ》尾《び》 ／ 未（ミ）…… 未《み》来《らい》
- □滅（メツ）…… 滅《めつ》亡《ぼう》 ／ 減（ゲン）…… 減《げん》税《ぜい》
- □輸（ユ）…… 輸《ゆ》入《にゅう》 ／ 輪（リン）…… 輪《りん》郭《かく》 ／ 論（ロン）…… 論《ろん》理《り》
- □縁（エン）…… 縁《えん》起《ぎ》 ／ 緑（リョク）…… 緑《りょく》地《ち》 ／ 録（ロク）…… 録《ろく》音《おん》
- □持（ジ）…… 持《じ》参《さん》 ／ 特（トク）…… 特《とく》別《べつ》 ／ 待（タイ）…… 待《たい》遇《ぐう》

03

漢字

# 書き取り・読み

入試直前チェック

同訓異字は、文脈や文全体の意味から使い分けを考える。

同音異義語は、漢字一つ一つの意味を考え、適切に使い分ける。

## よく出題される書き取り

- □ 実力を**はっき**する。　発揮
- □ **ふくざつ**な構造をした機械。　複雑
- □ 携帯《けいたい》電話が**ふきゅう**する。　普及
- □ 勉強の**こうか**が現れる。　効果
- □ まぎれもない**しょうこ**を示す。　証拠
- □ 中学生を**たいしょう**にした調査。　対象
- □ 道路を**かくちょう**する。　拡張
- □ **きたい**どおりの活躍《かつやく》をする。　期待
- □ **こうふん**が抑《おさ》えられない。　興奮
- □ 賞金を**かくとく**した。　獲得
- □ 銀行にお金を**あず**ける。　預
- □ 歴史に名を**きざ**む。　刻
- □ 不足した所を**おぎな**う。　補
- □ 船が波間を**ただよ**う。　漂
- □ 食品店を**いとな**んでいる。　営
- □ 決勝戦に**のぞ**む。　臨
- □ 落とし物を**ひろ**う。　拾
- □ 空の雲を**なが**める。　眺
- □ **たし**かな情報が入った。　確
- □ 風もなく**おだ**やかな天気。　穏

## よく出題される読み

- □ **納得**　なっとく
- □ **容易**　ようい
- □ **抱える**　かか
- □ **隔てる**　へだ
- □ **凝視**　ぎょうし
- □ **示唆**　しさ
- □ **促す**　うなが
- □ **慰める**　なぐさ
- □ **成就**　じょうじゅ
- □ **維持**　いじ
- □ **募る**　つの
- □ **拒む**　こば
- □ **渋滞**　じゅうたい
- □ **率直**　そっちょく
- □ **妨げる**　さまた
- □ **詳しい**　くわ
- □ **克服**　こくふく
- □ **怠惰**　たいだ
- □ **挑む**　いど
- □ **巧み**　たく

---

**▼似形異字《じけいいじ》**

形は似ているが、異なる字どうしを似形異字という。

**〈音読みが同じもの〉**

- □ イ｛違……違法《いほう》／偉……偉人《いじん》｝
- □ キ｛記……記録《きろく》／紀……紀元《きげん》｝
- □ カン｛環……環境《かんきょう》／還……還元《かんげん》｝
- □ コウ｛功……成功《せいこう》／巧……技巧《ぎこう》｝
- □ ジョ｛除……除外《じょがい》／徐……徐行《じょこう》｝
- □ シン｛浸……浸水《しんすい》／侵……侵略《しんりゃく》｝
- □ ソク｛側……側面《そくめん》／測……測量《そくりょう》｝
- □ カイ｛壊……壊滅《かいめつ》／懐……懐旧《かいきゅう》｝

① **相対する漢字どうし**を組み合わせたもの。

**例** 増進《ぞうしん》↕減退《げんたい》　延長《えんちょう》↕短縮《たんしゅく》　真実《しんじつ》↕虚偽《きょぎ》　寒冷《かんれい》↕温暖《おんだん》　上昇《じょうしょう》↕下降《かこう》

② **相対する漢字と共通する漢字**からなるもの。

**例** 正常《せいじょう》↕異常《いじょう》　鋭角《えいかく》↕鈍角《どんかく》　就任《しゅうにん》↕辞任《じにん》　輸出《ゆしゅつ》↕輸入《ゆにゅう》　事前《じぜん》↕事後《じご》

③ **打ち消す意味をもつ漢字**を用いたもの。

**例** 便利《べんり》↕不便《ふべん》　平凡《へいぼん》↕非凡《ひぼん》　可決《かけつ》↕否決《ひけつ》　有害《ゆうがい》↕無害《むがい》　清潔《せいけつ》↕不潔《ふけつ》

④ **全体として対義語**となるもの。

**例** 理想《りそう》↕現実《げんじつ》　権利《けんり》↕義務《ぎむ》　賛成《さんせい》↕反対《はんたい》　原因《げんいん》↕結果《けっか》　生産《せいさん》↕消費《しょうひ》

□ **類義語**　意味がほぼ同じ語どうしを類義語という。

**例** 悪事《あくじ》―非行《ひこう》　休養《きゅうよう》―静養《せいよう》　利用《りよう》―活用《かつよう》　貢献《こうけん》―寄与《きよ》　了解《りょうかい》―納得《なっとく》　不安《ふあん》―心配《しんぱい》

## 三字熟語・四字熟語

□ **三字熟語の構成**

① 二字熟語に**一字つけ加わった**もの。

**例** 不自然　未完成　無関係　非常識　初対面　間一髪《かんいっぱつ》　案内書　臨場感《りんじょうかん》

② 三字が**対等の関係**で並んだもの。

**例** 衣食住《いしょくじゅう》　松竹梅《しょうちくばい》　雪月花《せつげっか》　真善美《しんぜんび》

□ **四字熟語の構成**

① **二字熟語どうし**が結びついたもの。

**例** 完全無欠《かんぜんむけつ》　質疑応答《しつぎおうとう》　用意周到《よういしゅうとう》　主客転倒《しゅかくてんとう》

② 四字が**対等の関係**で並んだもの。

**例** 東西南北《とうざいなんぼく》　喜怒哀楽《きどあいらく》　起承転結《きしょうてんけつ》

---

**例** 小豆(あずき)　為替(かわせ)　五月雨(さみだれ)　時雨(しぐれ)　梅雨(つゆ)　真面目(まじめ)

▼**熟語の修飾関係**

三字・四字熟語の①の型の場合、修飾・被《ひ》修飾、主・述などの関係で結び付いている。

**必出 注意すべき対義語**

□ 一般《いっぱん》↕特殊《とくしゅ》
□ 解散《かいさん》↕集合《しゅうごう》
□ 歓喜《かんき》↕悲哀《ひあい》
□ 許可《きょか》↕禁止《きんし》
□ 偶然《ぐうぜん》↕必然《ひつぜん》
□ 倹約《けんやく》↕浪費《ろうひ》
□ 故意《こい》↕過失《かしつ》
□ 困難《こんなん》↕容易《ようい》
□ 自由《じゆう》↕束縛《そくばく》
□ 需要《じゅよう》↕供給《きょうきゅう》
□ 親切《しんせつ》↕冷淡《れいたん》
□ 内憂《ないゆう》↕外患《がいかん》

# 02 熟語

漢字

**入試直前チェック**

- 漢字一字ごとの意味から、二字熟語の構成を考える。
- 三字熟語・四字熟語は、二字熟語を含《ふく》んでいるか考える。

## 二字熟語

### □ 二字熟語の構成

① **似た意味**の二字が**対等**の関係で組み合わされるもの。
例 永久《えいきゅう》(ながい・ひさしい)……歓喜《かんき》　知識《ちしき》　豊富《ほうふ》　精密《せいみつ》　強硬《きょうこう》　善良《ぜんりょう》

② **反対の意味**の二字が**対等**の関係で組み合わされるもの。
例 遠近《えんきん》(遠い・近い)……高低《こうてい》　苦楽《くらく》　軽重《けいちょう》　寒暑《かんしょ》　攻守《こうしゅ》　主従《しゅじゅう》

③ 上の字の意味が下の字の意味を**修飾《しゅうしょく》する**もの。
例 再会《さいかい》(再《ふた》び会う)……洋画《ようが》　国宝《こくほう》　晩秋《ばんしゅう》　美談《びだん》　暖流《だんりゅう》　楽勝《らくしょう》　優遇《ゆうぐう》　激突《げきとつ》

④ 動作を表す字の下に**目的を表す**字がつくもの。
例 読書《どくしょ》(書を読む)……着席《ちゃくせき》　開会《かいかい》　観劇《かんげき》　作文《さくぶん》　借金《しゃっきん》　尽力《じんりょく》　提案《ていあん》　就職《しゅうしょく》

⑤ 「不《ふ》」「非《ひ》」「未《み》」「無《む》」などの字によって、下の字の意味を**打ち消す**もの。
例 不変《ふへん》(変わらない)……不安《ふあん》　不備《ふび》　非常《ひじょう》　非凡《ひぼん》　未満《みまん》　未来《みらい》　無限《むげん》　無視《むし》

⑥ 「然《ぜん》」「的《てき》」「如《じょ》」「性《せい》」などの、**接尾《せつび》語的な字**が下にくるもの。
例 同然《どうぜん》(同じようす)……突然《とつぜん》　依然《いぜん》　詩的《してき》　静的《せいてき》　欠如《けつじょ》　躍如《やくじょ》　慢性《まんせい》　悪性《あくせい》

### □ 二字熟語の読み

音《おん》だけ、もしくは訓《くん》だけで読まれるのが普通《ふつう》であるが、例外もある。

① **重《ジュウ》箱《ばこ》読み**(上の字を音、下の字を訓で読む読み方)　例 本屋(ホンや)　客間(キャクま)

② **湯《ゆ》桶《トウ》読み**(上の字を訓、下の字を音で読む読み方)　例 荷物(にモツ)　身分(みブン)

### □ **対義語** 重要

相反・対応する意味を表す語どうしを対義語という。

---

▼**特殊《とくしゅ》な熟語**

対応する意味の二字が結びついて、一方の字の意味だけで用いられたり、本来とはちがった意味で用いられたりするものがある。

例 多少《たしょう》(少し)
春秋《しゅんじゅう》(年月)

▼**長い熟語を略したもの**

三字以上の熟語を省略した熟語(略称《りゃくしょう》・通称)もある。

例 国連《こくれん》(国際連合)
特急《とっきゅう》(特別急行)

▼**熟字訓《じゅくじくん》**

一字一字の音訓には関係なく、熟語として特別な読み方をするもの。

## 部首

□へん　漢字の左をつくっている部分。　例 亻《にんべん》 木《きへん》 氵《さんずい》 阝《こざとへん》 忄《りっしんべん》
□つくり　漢字の右をつくっている部分。　例 刂《りっとう》 欠《あくび》 殳《るまた》 阝《おおざと》 隹《ふるとり》
□かんむり　漢字の上をつくっている部分。　例 宀《うかんむり》 冖《わかんむり》 艹《くさかんむり》 竹《たけかんむり》 罒《あみがしら》
□あし　漢字の下をつくっている部分。　例 灬《れんが》 皿《さら》 儿《ひとあし》 㣺《したごころ》 氺《したみず》
□にょう　漢字の左から下へめぐっている部分。　例 辶《しんにょう》 廴《えんにょう》 走《そうにょう》 鬼《きにょう》
□たれ　漢字の上から左下へたれている部分。　例 厂《がんだれ》 广《まだれ》 疒《やまいだれ》 尸《しかばね》 戸《とだれ》
□かまえ　漢字のまわりを囲んでいる部分。　例 囗《くにがまえ》 門《もんがまえ》 冂《どうがまえ》 匚《はこがまえ》 行《ぎょうがまえ》

## 筆順

□原則①　上から下へ。　例 言＝亠 亠 亖 亖 言
□原則②　左から右へ。　例 川＝丿 川 川
（二大原則）
□原則③　交差するときは、縦画よりも横画が先。　例 十＝一 十
□原則④　左右よりも中が先。　例 小＝亅 亅 小
□原則⑤　中よりも外側が先。　例 同＝丨 冂 冋 同
□原則⑥　右払《はら》いよりも左払いが先。　例 文＝亠 ナ 文
□原則⑦　つらぬく縦画は最後。　例 事＝一 亓 亊 事
□原則⑧　つらぬく横画は最後。　例 女＝𡿨 女 女
□原則⑨　横画と左払いでは、短いほうが先。　例 右＝ノ ナ 右　左＝一 ナ 左

## 画数

□画数をかぞえるときの注意 **重要**　二画以上に見えて一画にかぞえるものがある。
例 力＝㇆ 力（二画）　口＝丨 𠃍 口（三画）　水＝亅 オ 水 水（四画）

---

**【実戦コーチ】**

**部首の呼び方**
「木《きへん》」「竹《たけかんむり》」「走《そうにょう》」などは、形から部首名がわかる。そうでないものは、覚えてしまおう。

**▼筆順の原則の例外**
□原則③の例外
田＝冂 冂 田 田
□原則④の例外
火＝丶 丷 丷 火
□原則⑤の例外
区＝一 フ ヌ 区
□原則⑧の例外
世＝一 卄 廿 世

**▼画数を誤りやすい漢字**
□二画＝了・九・刀
□三画＝己・与・弓・及
□四画＝凶・乏・互・氏・五

01

漢字

# 漢字の知識

入試直前チェック

- 漢字の成り立ちを覚え、特に音を表す部分に注意する。
- 部首が漢字のどの部分で、部首名は何なのかをつかむ。

## 六書

□ **象形《しょうけい》文字**　形のあるものを、**その形にかたど(象)って**示したもの。

例  ↓ 山　 ↓ 目　 ↓ 馬　 ↓ 鳥

□ **指事《しじ》文字**　形のない事がらを、**点や線を用いて指し示した**もの。

例 一 ↓ 一　ニ ↓ 二　・一 ↓ 上　一・ ↓ 下

□ **会意《かいい》文字**　象形・指事の**文字を合成して、新しい意味を表す**ようにしたもの。

例 男＝「田」と「力」で、田で力仕事をするおとこを表す。

□ **形声《けいせい》文字**　二つの文字を組み合わせたもので、**一方は形**(**意味**)、**一方は声**(**発音**)を表すもの。

例 江＝「氵」が水に関係する意味を表し、「工」が音「コウ」を表す。

□ **転注《てんちゅう》**　もとの意味から**新しい意味に発展させて**使ったもの。

例 楽《ガク》＝音楽(もとの意味) ↓ 音楽を聞くのはたのしい ↓ 楽《ラク》《たの(しい)》

□ **仮借《かしゃ》**　もとの意味とは関係なく、**音だけを借りて表した**もの。

例 巴里《パリ》　亜米利加《アメリカ》　世話《せわ》

## 音と訓

□ **音《おん》(音読み)**　中国での発音をもとにした読み方。

□ **訓《くん》(訓読み)**　漢字の意味に合った日本の言葉をあてはめた読み方。

例 山＜サン(音)／やま(訓)

□ **音と訓の見分け方** 重要　発音から意味がつかみにくい読み方が音、意味がわかる読み方が訓。

---

▼六書《りくしょ》

象形・指事・会意・形声は、漢字の成り立ちに関する分類。転注・仮借は、漢字の使われ方に関する分類である。

▼**まぎらわしい音・訓**

音と訓の見分け方は、上記のように発音から意味がつかめるかどうかで判断できるものが多いが、中には判断の難しいものもある。

□ 愛　アイ――音

□ 世｛セ・セイ――音／よ――訓

□ 州｛シュウ――音／す――訓

□ 幕｛バク／マク｝――ともに音

# 国語

□ 編集協力　㈲マイプラン　小南路子　田中浩子　出口明憲　冨田有香　鳥居竜三
西澤智夏子　坂東啓子　待井容子　松本陽一郎
□ 本文デザイン　山口秀昭（Studio Flavor）
□ DTP　㈲マイプラン
□ 図版作成　㈲マイプラン
□ 写真提供　ColBase（https://colbase.nich.go.jp/）　PIXTA（Q'ju Creative）
アフロ（AFP　Alamy　Jon Arnold Images）
□ イラスト　スタジオオイル藤井一士　林拓海

シグマベスト
**高校入試　５科の要点整理**



編　者　文英堂編集部
発行者　益井英郎
印刷所　株式会社天理時報社
発行所　株式会社文英堂
〒601-8121　京都市南区上鳥羽大物町28
〒162-0832　東京都新宿区岩戸町17
(代表)03-3269-4231

●落丁・乱丁はおとりかえします。